PNR(Puritans and Reformed Publishing Company)
개혁주의신학사는 청도교 신학과 개혁 신학에 관한 기독교 서적을 출판하는 출판사이며, 자유주의 신학과 다원주의 신학을 배척하며 순수한 기독교 신앙을 보수하기 위하여 설립된 문서선교 기관이다. PNR KOREA(개혁주의신학사)는 CLC가 공동으로 운영하는 출판사이다.

추천사 1

최 덕 성 박사
브니엘신학교 총장

고경태 박사가 출간하는 『웨스트민스터 신앙고백서 해설』(*An Exposition of the Westminster Confession of Faith: Standard Text of Presbyterian*)은 개혁신앙의 정수인 웨스트민스터 신앙고백서(1646)의 한글 번역과 해설을 담고 있습니다.

웨스트민스터 신앙고백서는 개혁 신앙 전통이 남긴 위대한 신앙 유산입니다. 정통 기독교 신앙의 고백과 진리를 담고 있습니다. 오랜 기간 논의와 담론을 거쳐 만들어졌으며, 역사상 기독교 진리를 가장 명료하게 설명한 소중한 신앙 문서입니다.

바이러스의 공격으로 나라와 교회가 어수선한 상황입니다. 국가가 예배를 제한하는 상태에서 신앙이 흔들리지 않을지 사뭇 걱정됩니다. 이러한 시기에 출간되는 이 저서는 기독인과 교회의 지도자들이 혼돈의 시대에 자기와 교회의 신앙을 하나님이 기뻐하는 자리에 위치시키는 데 큰 도움이 될 것입니다.

고경태 박사는 '신학박사' 학위를 가진 진지한 신학자입니다. 전문성을 가진 학자가 신앙고백서 내용을 정확하게 소화하고 그것을 현대 구어체 한글로 번역했습니다. 자기 언어로 이해하며 제시하려고 노력합니다. 번역 과정에서 고백서가 담고 있는 교리 내용을 정확하게 이해하였다고 합니다. 이것을 교회 현장에서 장로, 집사, 권사 교육에 사용했다고 합니다.

신앙고백서는 시대와 역사의 산물입니다. 웨스트민스터 신앙고백서는 성경의 가르침을 일목요연하게 정리하여 알기 쉽게 제시합니다. 그것이 작성되던 시대의 유럽 개신교 신앙은 놀라울 정도로 탁월했습니다. 신앙적으로 더 탁월한 시대가 도래하고 성경에 부합하는 새 신앙고백서가 만들어질 때까지 웨스트민스터 신앙고백서는 우리의 신앙 안내서 역할을 충실히 할 것입니다.

웨스트민스터 신앙고백서의 현대 구어체 번역과 해설서 출간은 개혁신학의 가치를 올바로 평가할 수 있는 계기가 될 것이 분명합니다. 고경태 박사의 웨스트민스터 신앙고백서 해설로 한국 교회는 교리적으로 진일보하게 될 것입니다.

신학자가 자신의 이해와 해설을 덧붙여 출간하는 책은 한국어권 교회들과 독자들에게 소중한 도움을 줄 것이라 생각하여 출간을 축하하며 독자들에게 기쁜 마음으로 추천합니다.

추천사 2

김 천 수 박사
한영대학교 신약학 교수

   한국 교회는 우리말로 번역된 성경을 선교사들이 오기 전부터 가지고 있었던 복된 교회입니다. 그리고 받은 복이 성경을 바로 이해하고 정리한 고백서입니다. 한국 교회 특히 장로교회를 중심으로 개혁신학이 확장되기를 기대합니다.
   장로교회의 표준 문서가 된 웨스트민스터 신앙고백서의 내용을 이해하며 증진하는 것이 좋은 모습입니다. 그래서 우리는 웨스트민스터 신앙고백서를 장로교의 표준문서라 합니다. 이러한 연유로 장로교회에 속한 신학 연구자들은 이 분야에 집중하여 많은 연구를 하고 그 결과물을 발표 출판하고 있습니다.
   고경태 박사님도 교회 목회 사역과 함께 서울한영대학교에서 조직신학을 가르치는 강사로 활동하고 있습니다. 고 박사님이 교회 현장에서 성도들과 함께 고백하기 위해 준비하고 연구한 그 내용이 학문의 현장으로 접목되는 과정을 묶어 출판됨을 기쁘게 여깁니다.
   고경태 박사님의 연구 결과도 수많은 『웨스트민스터 신앙고백서 해설서』 중 한 작품이 될 것입니다. 하지만 독자 여러분이 고경태 박사님이 연구하여 교회와 학교에서 가르친 내용을 읽어 가면 그의 독특한 면들을 발견하게 될 것입니다.
   고 박사님은 처음부터 웨스트민스터 신앙고백서 해설집을 집필하겠다는 구도로 시작된 것이 아닙니다. 교회 사역 현장에서 교육을 위해 마련된 글들이기 때문에 이론적인 면 못지않게 현장의 소리도 들을 수 있습니다.
   특히, 고 박사님이 사역 현장에서 몸부림하며 성도들에게 전달하고 싶은 목사의 심정을 발견하게 됩니다. 마치 바울이 서신을 통해 교회를 바로 세우려 했던 그

열정과 내용을 알 수 있습니다.

　나아가 고 박사는 교회 현장 사역과 교수 사역을 동반하기 때문에 현장과 학문이 잘 조화되어 있습니다. 학문적 번역과 현장에서 경험한 주해 내용이 있어 많은 도움이 될 것입니다. 각주에는 궁금한 것들을 보충하여 흥미를 더해 주었습니다. 주해 부분은 경어체로 표현하여 문장 구성을 구분시켜 놓고 있습니다. 각주에는 참고적인 신학과 도서의 근거 등을 제시하였습니다. 그래서 1646년 작성된 문서의 이해와 함께 21세기 대한민국 장로교회 신학 상황까지 살필 수 있도록 하였습니다.

　한국 장로교회가 웨스트민스터 신앙고백서를 충분하게 숙지한다면 장로교회 신학을 구현하며, 보다 더 성숙한 개혁을 수행할 수 있을 것입니다. 고경태 박사님의 저서가 그러한 과정에 기여가 있을 것으로 생각합니다. 사랑하는 동역자의 출판을 축하하며 기쁜 마음으로 추천합니다.

추천사 3

김 영 우 박사
전(前) 총신대학교 총장

    현대를 다원주의 시대라고 합니다. 나와 다른 존재 자체를 온전히 인정하는 것을 말합니다. 다원주의는 다양한 문화가 공존하는 글로벌 시대와 여러 사상이 공존하는 민주주의의 덕목으로 인정됩니다. 절대적인 것을 인정하지 않는 상대주의와 달리 다원주의는 피아(彼我)의 우월성 여부와 상관없이 타자를 있는 그대로 받아들이자는 주장입니다. 그 결과 우리 기독교 신앙도 옳고 그름을 가리지 말고 사랑의 마음으로 서로 인정하자는 목소리가 교회 안에서조차 커지고 있습니다. 심지어 구원에 대하여도 이를 적용할 정도입니다.
    하지만 이런 주장은 예수님의 가르침과 다른 것으로 진정한 신앙인으로서는 수용하기 곤란합니다. 왜냐하면, 예수님은 예[肯定]와 아니오[不定]를 분명히 하도록 당부하셨기 때문입니다. 그렇다면 우리의 신앙을 구성하는 인식에서도 옳고 그릇됨을 판명하기 위해서는 진정코 무엇이 있어야 할까요?
    당연히 캐논인 성경이 기준이라고 확신합니다.
    물론 성경 자체가 하나님이 내려주신 계시로서 그 기준상 절대적이고 명백한 위치를 점유하고 있다 하여도 성경의 진술은 워낙 다량, 복잡, 다양하기 때문에 한 손에 쥐듯 일목요연한 파악을 위해서는 안내서 요량의 작업이 기필코 필요합니다. 이를 위한 수고 중 하나가 17세기 전반에 시도된 웨스트민스터 신앙고백서인데 그 완성도가 타에 비해 월등합니다.
    그 때문에 한국 장로교회는 역사적 교회 신앙의 파악과 고백의 일환으로 이 신앙고백서를 교회 차원에서 채택하여 교회 신앙의 공고백(公告白)으로 삼고 있습니다. 그리하며 목사, 장로, 집사 임직 등 교회의 주요 봉사자를 세움에 있어 그들이 이와 같은 신앙고백을 공유하는지 여부를 공개적으로 확인하곤 합니다.

혹자는 400여 년 전의 고문서가 오늘 눈부시게 발전된 현대에 무슨 소용이 있겠느냐고 반문하면서 이 기념비적인 문헌을 휴지조각 취급할지 모르나, 이 고백서가 성경의 기준을 착실하게 반영하고 있는 한, 인류가 발전했다 해도 인간은 여전히 변함이 없다는 요한 볼프강 괴테의 통찰을 참고한다면, 그 가치를 부인할 수 없을 것입니다. 그들의 단견(短見)대로 한다면 능히 성경 역시 이 고백서보다 더 쾌쾌 묵은 고문서로 간주해야 할 것이나, 그런 주장의 그릇됨은 성경의 기준을 심령에 품고 살아야 하는 오늘날의 인간이 성경이 주어진 당시의 인간과 하등 다름없이 이기적이고 죄에 노출되어 있다는 데 있다 할 것입니다. 그런 인간에게 성경은 변함없이 세대불고적(世代不考的) 가치를 소지하고 있습니다.

이와 같은 맥락에서 볼 때 이번 고경태 박사께서 분망한 일선 목회 현장의 교육적 섬김을 토대로 이 웨스트민스터 신앙고백 해설서를 한국 교회에 제공하는 것은 크게 환영할 일이기에 경향 각지의 그리스도인들에게 견실한 신앙의 기준을 확립하기 위한 일조에 기실 특별함이 있다 싶어 기쁘고 간곡한 마음으로 추천합니다.

추천사 4

림 헌 원 목사
기독교진리수호연구협회 대표

고경태 박사가 웨스트민스터 신앙고백서 해설 출판에 대해서 추천하게 되어 기쁩니다. 우리 기독교진리수호연구협회(기진협)에서 고 박사가 웨스트민스터 신앙고백서에 대해서 몇 번 발제를 해서 그가 갖고 있는 개념에 대해 대략적으로 알고 있습니다. 그런데 좀 더 구체적인 내용으로 출판된다고 하니 기쁩니다. 우리 기진협과 함께 진행된 작업이라 생각되어 큰 의미가 있습니다.

고 박사는 웨스트민스터 신앙고백서를 근거로 한국 장로교회가 세워지기를 주장하고 있습니다. P&R 출판사의 "웨스트민스터 총회" 시리즈에 포함된다고 하니 기쁘기도 합니다. 웨스트민스터 신앙고백서에 대한 많은 연구 저술들이 있는데, 고 박사는 장로교회의 근거로써 명확하게 밝히고 있습니다. 그것은 웨스트민스터 신앙고백서가 모든 교회를 위한 문서가 아니라, 장로교회의 근거가 되는 문서라는 것이 기본 전제이기 때문입니다.

고 박사는 발제에서 웨스트민스터 신앙고백서에 대해서 청교도주의와 관련하여 분석하기도 했습니다. 저술에서는 이 부분에 대해서 밝히지 않고 있으며, 신앙고백서에 대한 이해를 추구하고 있습니다. 웨스트민스터 신앙고백서는 잉글랜드 런던에서 작성된 것인데, 왜 스코틀랜드 교회가 채택했고, 잉글랜드 교회는 채택하지 않는 비대칭에 대해서 제시한 적이 있습니다. 웨스트민스터 신앙고백서는 17세기 영국에서 많은 교회가 참여했지만, 스코틀랜드 교회만 표준 문서로 채택하고 있습니다. 교회사에는 많은 신비가 있는데 웨스트민스터 신앙고백서도 그 중 하나일 것입니다.

고 박사는 청교도주의(독립파)는 런던 사보이 궁에서 '사보이 선언'(1658년)으로 웨스트민스터 신앙고백서를 포기한 것으로 이해했습니다. 그리고 1660년 왕정이 복원된 뒤에 스코틀랜드 교회는 국왕 찰스 2세와 제임스 2세에게 상상할 수 없는 박해를 받았습니다. 그리고 1688년 명예혁명으로 교회가 복원될 수 있었고, 당시는 국가와 분리된 교회였습니다. 그 스코틀랜드 교회가 표준 문서로 채택한 것이 웨스트민스터 신앙고백서입니다. 한국 장로교회가 웨스트민스터 신앙고백서를 잘 이해하고 바르게 정립하려는 고 박사의 노고를 기쁘게 생각하며, 그의 저술이 한국 교회에 큰 기여를 할 수 있으리라 생각하며 추천합니다.

웨스트민스터 신앙고백서 해설

장로교회의 믿음

An Exposition of the Westminster Confession of Faith
: Standard Text of Presbyterian.
Written by Kyungtae Ko
All rights reserved.
Korean Edition Copyright © 2022 by Presbyterian and Reformed Publishing, Seoul, Korea.

웨스트민스터 신앙고백서 해설
장로교회의 믿음

2022년 4월 20일 초판 발행

지 은 이 | 고경태

편　　집 | 박지영
디 자 인 | 서민정, 박성준
펴 낸 곳 | 개혁주의 신학사
등　　록 | 제21-173호(1990. 7. 2.)
주　　소 | 서울특별시 서초구 방배로 68
전　　화 | 02-586-8761~3(본사) 031-942-8761(영업부)
팩　　스 | 02-523-0131(본사) 031-942-8763(영업부)
이 메 일 | clckor@gmail.com
홈페이지 | www.clcbook.com
송금계좌 | 기업은행 073-085852-01-016 예금주: 개혁주의 신학사
일련번호 | 2022-32

ISBN 978-89-7138-081-9 (94230)
ISBN 978-89-7138-044-4 (세트)

이 책의 저작권은 (사)개혁주의 신학사가 소유합니다.
신저작권법에 의하여 한국 내에서 보호를 받는 저작물이므로 무단 전재와 무단 복제를 금합니다.

♠ *Westminster Assembly and the Reformed Faith Series 9* ♠
-An Exposition of the Westminster Confession of Faith : Standard Text of Presbyterian-

9
웨스트민스터 신앙고백서 해설

장로교회의 믿음

고경태 지음

PNR

목차

추천사 1 **최덕성 박사** | 브니엘신학교 총장   1

추천사 2 **김천수 박사** | 한영대학교 신약학 교수   3

추천사 3 **김영우 박사** | 전(前) 총신대학교 총장   5

추천사 4 **림헌원 목사** | 기독교진리수호연구협회 대표   7

머리말 웨스트민스터 신앙고백서(1643-1648) 중심의 역사   14

제1장 성경에 대하여   31

제2장 하나님과 거룩하신 삼위일체에 대하여   69

제3장 하나님의 영원한 작정에 대하여   86

제4장 창조에 대하여   111

제5장 섭리에 대하여   118

제6장 사람의 타락, 죄 그리고 형벌에 대하여   129

제7장 인간과 맺으신 하나님의 언약에 대하여   139

제8장 중보자, 그리스도에 대하여   149

제9장 자유의지에 대하여   166

제10장 효과적인 소명에 대하여   173

제11장 칭의에 대하여   183

제12장 양자에 대하여   197

제13장 성화에 대하여   205

제14장 구원하는 믿음에 대하여   211

제15장 생명으로 가는 회개에 대하여   217

제16장 선행에 대하여   227

An Exposition of the Westminster Confession of Faith:

Standard Text of Presbyterian

제17장 성도들의 견인에 대하여	239
제18장 은혜와 구원의 확신에 대하여	245
제19장 하나님의 율법에 대하여	251
제20장 그리스도인의 자유와 양심의 자유에 대하여	264
제21장 경건한 예배와 안식일에 대하여	272
제22장 합법적 맹세와 서원에 대하여	285
제23장 시민 정부에 대하여	295
제24장 혼인과 이혼에 대하여	303
제25장 교회에 대하여	311
제26장 성도의 교통에 대하여	320
제27장 성례에 대하여	327
제28장 세례에 대하여	334
제29장 주의 만찬에 대하여	342
제30장 교회 치리에 대하여	354
제31장 총회와 공의회에 대하여	360
제32장 사람의 사후 상태와 죽은 자의 부활에 대하여	368
제33장 최후 심판에 대하여	373
나가는 말	378

머리말

웨스트민스터 신앙고백서(1643-1648) 중심의 역사

웨스트민스터 신앙고백서(The Westminster Confession of Faith)는 장로교 사역자와 성도들이 알아야 할 표준문서(The Westminster Standards)입니다. 장로교 표준문서는 웨스트민스터 신앙고백서, 소요리문답, 대요리문답, 예배모범, 교회 정치 등으로 구성되어 있습니다.[1]

우리가 사용하는 '영국'(英國)이란 국가 이름은 20세기에 형성된 어휘입니다. 영국은 UK(United Kingdom)를 번역한 것입니다. UK는 잉글랜드(England), 스코틀랜드(Scotland), 웨일즈(Wales), 북아일랜드(Northern Ireland)로 구성된 연방 국가입니다. UK는 18세기에 확정되었습니다. 그리고 20세기에 아일랜드 일부가 독립해서 분리되었습니다. 영국의 종교개혁은 잉

---

[1] The Westminster Confession of Faith(1646년 작성, 1647년 스코틀랜드 의회 승인, 1648년 잉글랜드 의회 승인), 소요리문답(소교리문답, Westminster Shorter Catechism, 1643년에 시작되어 1648년에 문답), 대요리문답(대교리문답, Westminster Larger Catechism, 1643년에 시작되어 1647년에 완성), 예배모범(the Directory for Public Worship, 1644년 작성, 1645년 스코틀랜드 의회 승인), 교회정치(The Form of Church-Government to be ufed in the Church of England and Ireand 혹은 The Form of Presbyterial Church Government, 1645년 스코틀랜드 교회에서 승인, 1648년 잉글랜드에서 채택). 네덜란드 개혁파는 세일치신조(Three Forms of Unity), 벨직신앙고백서, 하이델베르크요리문답, 도르트 신경을 표준문서로 합니다. 신앙고백서에 요리문답이 있는 구도입니다. 정성호 역 『웨스트민스터 총회의 문서들』(서울: 개혁주의 성경연구소, 2018). 장대선, 『가정예배』, 『웨스트민스터 예배모범 스터디』, 『스코틀랜드장로교회의 제2치리서』(고백과 문답). 신원균, 『웨스트민스터 다섯 가지 표준 문서』(서울: 디다스코, 2015).

글랜드 종교개혁이며, 장로교는 스코틀랜드 종교개혁과 관련이 있습니다. 웨스트민스터 신앙고백서는 최초로 네 왕국이 한 신앙으로 구성할 것을 협약한 "엄숙 동맹과 언약"(The Solemn League and Covenant, 1643)에 근거한 것입니다.

잉글랜드 종교개혁은 헨리 8세와 관련이 있습니다. 헨리 8세(1509-1547)가 통치할 때 1517년 신성 로마 제국의 한 수도사인 루터(Martin Luther)가 게시한 95개조 반박문에서 종교개혁이 발화되었습니다.

헨리 8세는 T.크롬웰(T. Cromwell, 1485-1540)과 T.크랜머(T. Cranmer, 1489-1556)를 중심으로 사회와 종교를 개혁하였습니다. 종교 부분은 켄터베리 대주교인 크랜머를 중심으로 진행하였습니다.

크랜머는 1531년 대륙의 신학을 수집하기 위해 파견되어, 시몬 그리나에우스(Simon Grynaeus)를 만났고, 1532년 뉘른베르크에서 루터를 추종하는 오시안더(Andreas Osiander, 1498-1552)와 친분을 가졌습니다. 크랜머는 오시안더의 조카인 마가레트(Margaret Osiander)와 비밀리에 혼인하였습니다. 크랜머는 잉글랜드로 귀국해서 헨리 8세와 종교개혁을 주도하였습니다.[2]

1536년 헨리 8세는 수장령(首長令 Acts of Supremacy, 1534)을 거부하는 수도자들을 처형하고 수도회를 해산, 재산을 압수하였으며, 1539년에 "6조 신조"(Six Articles)를 반포하였습니다.

헨리 8세 뒤를 에드워드 6세(Edward VI, 1537[1547 즉위]-1553)가 계승하면서, 크랜머가 주도하는 종교개혁이 두각을 나타냈습니다. 크랜머는 종교개혁을 위해서 프랑스 갤리선에 갇혀 있는 스코틀랜드 존 낙스를 영입하였고(1549), 유럽에서 사역하는 부처(Martin Bucer, 1491-1551)와 피터 버미글리(Peter Martyr Vermigli, 1499-1562) 등을 초청하였습니다.

---

2 Carter Lindberg, 『유럽의 종교개혁』, 조영천 역 (서울: CLC, 2012). 471.

그런데 에드워드 6세 통치 기간이 길지 않았습니다. 크랜머가 주도하여 1549년 「기도서」(Book of Common Prayer)를 작성하고, 1553년 루터와 칼빈주의를 절충한 "42 신조"를 작성하였습니다.

에드워드 6세를 계승한 왕은 헨리 8세의 첫 부인 스페인 공주 케서린의 딸인 메리(Mary I, 1516[1553 즉위]-1558)였습니다. 메리의 어머니 케서린은 스페인 공주로 매우 강한 구교(교황주의) 성향이었고, 그녀의 딸인 메리는 구교로 돌이키려는 것을 추구하였습니다.

그래서 개혁 성향의 사역자들을 처형하였고 추방하였습니다. 존 낙스도 그때 대륙으로 피했는데, 신성로마제국에서 제네바로 이주하면서 잉글랜드 피난민들을 대상으로 사역하였습니다. 크랜머는 처형당하였습니다. 크랜머는 잉글랜드국교회의 효시와 같은 평가를 받습니다.[3]

메리가 주도하는 교황주의로의 회귀는 잉글랜드 시민들이 용인하지 않았습니다. 메리의 폭정에서 생존한 앤 볼린의 딸 엘리자베스 1세(Elizabeth I, 1533-[1558 즉위]-1603)가 수장령 체계를 완성시켰습니다. 엘리자베스 1세는 중용(Via Media) 정책으로 강력한 국교회 정책을 확립하였습니다. 1563년 파커 대주교(Archbishop Matthew Parker, 1504-1575)는 "42개 신조"를 개정하여 "39개 신조"(Thirty-Nine Articles)로 변경하였습니다.

1570년 교황이 엘리자베스를 파문하여 압력을 가하였고, 잉글랜드에서는 개혁을 강조하는 청교도(Puritan)가 형성되었습니다. 1560년 스코틀랜드에서 존 낙스가 "스코틀랜드 신앙고백서"를 발표하면서 개혁을 주도하였습니다. 1561년 「제1치리서」(1St Book of Discipline)를 작성하여 교회 질서를 확립하였습니다.

---

[3] "토머스 크랜머의 생애와 잉글랜드 종교개혁," "성공회 신학-전례포럼," https://blog.naver.com/ktyhbgj/221757055228.

엘리자베스 사후(死後) 튜더 왕조(Tudor dynasty, 1485-1603)는 단절되었고, 튜더 왕조의 한 혈통인 스코틀랜드 왕 제임스 6세(James VI, 1567-1603)가 잉글랜드 제임스 1세(James I, 1603-1625)로 등극하면서, 스코틀랜드와 잉글랜드 통합 왕(스튜어트 왕조, Stuart dynasty)이 되었습니다.

제임스 1세의 왕권신수설을 기반으로 교회 질서는 강력한 주교 제도(Episcopal Church)를 추구하였습니다. 국교회 주도에 잉글랜드 개혁을 포기한 분리주의자들(Separatists 혹은 Brownist)은 신대륙으로 이주하기도 하였습니다.[4] 분리주의자들은 1620년 개척된 식민지로 이주하였고, 메이플라워에 탄 분리주의자들은 필그림 파더로 식민지 플리머스를 개척하였습니다. 이들은 식민지에서 회중파 교회(Congregationalism)를 형성하였습니다. 잉글랜드청교도들은 '독립파'(獨立派, Independents)라고 합니다. 독립파 안에도 다양한 분파가 존재합니다. 독립파 내부에는 수평파(Levellers, 분배파, Diggers)가 다수 있었습니다.

제임스 1세 뒤를 이은 찰스 1세(Charles I, 1600-1649)는 더 강력한 왕권신수설에 근거해서 폭압 정치(종교 통제, 주교주의와 공동 기도문 등)를 펼쳤는데 스코틀랜드에서 적극적으로 거부하였습니다. 찰스 1세는 스코틀랜드를 정복하기 위한 재정 확보를 위해서 부당하게 단기의회(短期議會, Short Parliament, 1640)를 개최하였습니다. 단기의회 후 찰스 1세는 스코틀랜드에 대한 전쟁 배상금 지불을 위해서 의회를 개회하였습니다.

그런데 의회 요구를 무리하다고 생각하여 의회 결정을 거부하면서 해산시켰습니다. 그러나 의회는 왕명을 거부하면서 장기의회가 형성되었습니다. 결국, 잉글랜드에서 의회파와 왕당파로 나뉘어 내전(1642-1651)이 발

---

[4] 북아메리카 신대륙에 형성된 첫째 도시는 1607년 제임스 1세의 승인을 받은 런던 회사가 현재 버지니아주에 속한 체서피크만(Chesapeake Bay) 인근에 세운 제임스타운(Jamestown)이었다. 신대륙에 생긴 최초 거주지는 잉글랜드 왕의 승인으로 자치권을 가지고 출발하였으나, 1624년에 자치권을 박탈당하고 잉글랜드 국왕이 직접 통치하는 식민지가 되었다.

발하였습니다. 처음에 의회파는 수세에 몰렸는데, 1643년 잉글랜드 의회파와 스코틀랜드 언약도 그리고 아일랜드, 이 세 세력은 "엄숙 동맹과 언약"을 체결하였습니다.

"엄숙 동맹과 언약"에 근거해서 잉글랜드 내전에 스코틀랜드가 참여했고, 크롬웰의 별기군 운용으로 찰스 1세의 왕당파는 약해졌습니다. "엄숙 동맹과 언약"을 수행하기 위해(한 개혁된 종교를 위한 문서 작성) 잉글랜드 의회는 종교회의를 웨스트민스터 사원에서 소집하였습니다(1643.7.1-1648.2.22). 회의는 121명의 잉글랜드와 아일랜드 성직자와 30여 명의 평신도로 구성하였습니다. 그들이 회의할 때마다 진행한 기도 등은 놀라운 경건의 모습을 갖고 있습니다.

웨스트민스터 총회에 스코틀랜드 교회 성직자 4명과 평신도 귀족 2명이 참관인(observer) 자격으로 참석하였습니다. 목사는 알렉산더 헨더슨(Alexander Henderson, 1583-1646), 사무엘 러더포드(Samuel Rutherford, 1600-1661), 로버트 베일리에(Robert Baillie, 1602-1662), 조지 길레스피(George Gillespie, 1613-1648)였습니다. 이 과정에서 맺어진 결실이 웨스트민스터 신앙고백서입니다.

그런데 결과적으로 잉글랜드 웨스트민스터 사원에서 작성한 웨스트민스터 신앙고백서는 스코틀랜드장로교회만 채택하여 장로교 표준문서가 되었습니다. 웨스트민스터 표준문서(Westminster Standards)는 웨스트민스터 신앙고백서(Confession of Faith), 대요리문답(Larger Catechism), 소요리문답(Shorter Catechism), 교회정치(Church Government) 및 예배 모범(Directory of the Worship)이 있습니다.[5]

---

[5] 장대선의 『웨스트민스터신앙고백 스터디』 (고백과문답, 2016), 『웨스트민스터신앙고백 예배모범 스터디』 (고백과문답, 2018), 장종원 역, 『유스 디비눔』 (고백과문답, 2018), 『교회를 세우는 가정 예배』 (고백과문답, 2017) 등을 참고하라. 장대선은 1646년 작성된 신앙고백서보다 먼저 1645년 "웨스트민스터 예배모범"이 작성되었다고 제시하였다.

1646년 12월 3일 완성한 웨스트민스터 신앙고백서를, 스코틀랜드 의회는 1647년 4월 29일 표준문서로 채택하였고, 1648년 잉글랜드 의회에서 채택하였습니다. 우리는 스코틀랜드장로교회가 채택한 1647년의 웨스트민스터 신앙고백서를 기준으로 합니다.[6]

1648년 12월, 크롬웰(Oliver Cromwell, 1599-1658)은 장기 의회(Long Parliament)의 왕과 협상을 주장하는 다수의 잉글랜드 장로교회를 무력으로 축출하고 3분의 1 정도의 독립파로 구성한 잔부의회(Rump Parliament)를 구성하고, 웨스트민스터 신앙고백서를 외면하였습니다. 1649년 1월 찰스 1세를 재판대에서 사형을 구형하여 1월 30일 처형하여 공화국을 출범시켰습니다.

크롬웰은 아일랜드와 스코틀랜드를 정벌하였습니다. 스코틀랜드에 머물던 찰스 2세는 프랑스로 망명하였고, 스코틀랜드의 주요 대학에 독립파 학자들을 포진시켰습니다. 크롬웰 공화정의 프로파간다(propaganda)를 『실낙원』의 저자인 존 밀턴(John Milton, 1608-1674)이 수행하여 정권(잉글랜드의 공화정, the Commonwealth of England)을 형성시켰습니다. 존 오웬(John Owen, 1616-1683)은 크롬웰의 종군목사였고 옥스퍼드대학교 부총장(1652-1658)이 되었습니다.

크롬웰이 1658년 죽었고, 독립파들은 존 오웬의 주도로 10월 사보이 궁에 모여 선언문(A Declaration of the Faith and Order owned and practised in the Congregational Churches in England)을 작성하였습니다.[7] 1660년 브레다 선언(Dec-

---

[6] 김영규, "정암 박윤선과 웨스트민스터 신앙고백", 「기독교개혁신보」 2008년 11월 20일. 김영규 박사는 합신 교단은 1647년 문서를 표준문서로 채택한 것이 박윤선 박사의 인도라고 밝혔다. "1647년 8월 27일 웨스트민스터 신앙고백서(1646/7년 1월 출판물 혹은 1647년 5월 출판물)를 하나님의 말씀에 기초한 가장 전통적인(most orthodox) 고백으로 판단하여 채택하였던 스코틀랜드 에딘버러 총회와, 소수의 연합 개혁장로교회(Associated Reformed Presbyterian Church)와, 독립 혹은 자유 장로교회들(Free Presbyterian Church etc.) 이외에는 드물다고 할 수 있다"

[7] 존 오웬(John Owen, 1616-1683)은 웨스트민스터 회의에 참석하지 않았다. 웨스트민

laration of Breda)과 함께 찰스 2세로 왕정이 복고되었고, 1661년 잉글랜드 의회는 웨스트민스터 신앙고백서 결의를 무효를 선언하면서, 1556년 채택한 "39개 조항"(Thirty-Nine Articles)으로 전환하였습니다.

"엄숙 동맹과 언약"으로 작성된 웨스트민스터 신앙고백서는 스코틀랜드 장로교회의 신앙고백이 되었습니다. 찰스 2세와 제임스 2세는 강력한 국교회 종교 정책으로 스코틀랜드 언약도들은 죽음의 시간(Killing Times, 1679-1688, 혹은 1638년 국민언약부터)을 당해야 하였습니다.

명예혁명(名譽革命, Glorious Revolution, 1688)으로 종교의 자유가 확립되어 1690년 스코틀랜드 언약도(Presbyterian Covenanter)는 웨스트민스터 신앙고백서로 장로교 체계를 확립했습니다. 1707년 연합법(聯合法, Acts of Union)으로 잉글랜드와 스코틀랜드가 연합 국가를 형성했습니다. 2014년 스코틀랜드는 연방에서 독립을 위한 투표에 들어갔지만 부결되었고(독립 찬성 44.7퍼센트), 스코틀랜드 국민당은 분리독립 의지를 꺾지 않고 있습니다.

대영제국(UK)은 잉글랜드국교회, 스코틀랜드장로교회로 정착하여 한 연방 국가를 이루었지만 두 종교 체계를 구성하였습니다. 웨스트민스터 신앙고백서를 작성할 때 잉글랜드 각 종파(국교회, 회중파, 장로교회) 지도자들이 참석하였지만, 표준문서로 유지하는 집단은 스코틀랜드장로교회 계열뿐입니다.

18세기 계몽철학(Enlightenment)과 자연신론(Deism)이 번성하였고, 스코틀랜드도 그 여파를 피하지 못하였습니다. 합리주의적 경향, 알미니안, 삼위일체 부인 등을 신학교에서 관용하는 것과 배격해야 한다는 의견이 형성되었습니다.

스터 회의에 참석한 5명의 독립파 지도자(dissenting brethren), 토마스 굿윈(Thomas Goodwin, 1600-1680), 예레미야 버로우(Jeremiah Burroughs, 1600-1646), 필립 나이(Philip Nye, 1595-1672), 시드락 심슨(Sydrach Simpson, 1600-1655), 윌리엄 브릿지(William Bridge, 1600-1670)가 주도하였다.

스코틀랜드장로교총회가 관용을 추구하였을 때, 악더라더 노회는 명확하게 거부하였습니다(Marrow Controversy, 1717-1723). 악더라더 노회와 총회의 논쟁에서 믿음의 순수성과 전도의 긴박성 그리고 목회적 열성을 주장하던 사역자들이 '매로우맨들'입니다. 그들은 『현대 신학의 정수』(*The Marrow of Modern Divinity*, 1645)를 기본으로 주장하였기에 붙여진 별칭입니다.

총회는 1732년 『현대 신학의 정수』를 금지 도서로 결정했습니다. S. 퍼거슨 박사는 총회가 삼위일체를 거부하는 심슨 교수는 용인하면서 엄격한 매로우맨들을 단죄하였다고 평가하였습니다.[8]

스코틀랜드 장로교는 몇 차례 분리가 발생했습니다.

첫 번째, 에벤에셀 어스킨(Ebenezer Erskine, 1680-1754)을 중심으로 분리교회(Secession Church)를 창립하였습니다.

두 번째, 1761년 토마스 길레스피를 중심으로 구원교회(Relief Church)로 분열하였습니다.

세 번째, 1843년 토마스 찰머스(Thomas Chalmers)도 목사임명권에 반대하여 '스코틀랜드자유교회'(The Free Church of Scotland) 총회를 설립하였습니다.

1874년 스코틀랜드 의회는 목사임명권을 폐기하였습니다. 1847년 분리노회와 구원대회가 '연합장로교회'(The United Presbyterian Church)를 구성하였습니다. 1900년대 자유교회와 합동하여 '스코틀랜드 합동 자유교회'를 형성하였는데, 거기에 반대한 자유교회가 지금까지 현존하고 있습니다.

---

8   싱클레어 퍼거슨, 『온전한 그리스도』, 정성묵 역 (서울: 디모데, 2018).

스코틀랜드 합동 자유교회는 2007년 스코틀랜드 장로교 총회와 연합하였습니다. 2013년 스코틀랜드장로교총회는 성공회, 감리교, 구세군 등 다수 교회가 연합된 프레쉬 익스프레션(Fresh Expression)에 파트너십을 맺고 있습니다. 스코틀랜드장로교회는 연합한 총회, 타 개신교와 파트너십을 맺은 장로교회와 스코틀랜드자유교회로 구성되어 있습니다.[9]

라은성 박사는 네덜란드와 스코틀랜드의 교회가 분열하는 과정에서 개혁 신학의 주도권이 미국으로 옮겨졌다고 제시하였습니다. 우리는 그 개혁 신학의 주도권(네덜란드 개혁파와 스코틀랜드장로교회)이 이제 한국 장로교에 있다고 이해하고 있습니다. 그래서 우리는 웨스트민스터 신앙고백서를 시작으로 종교개혁의 신앙고백문서에 대한 정확한 이해를 확립하여야 합니다.

박형룡 박사(朴亨龍, 1897-1978)는 네덜란드 개혁파 신학을 전수했습니다. 박 박사는 한국 장로교 정체성을 "청교도적 개혁주의 정통신학"이라고 제시하였습니다. 이것이 복(福)이기도 하고 혼란의 원인이 되기도 합니다. 한국 교회에 표준문서 이해에 대한 약화를 가져왔기 때문입니다.

서철원 박사는 좀 더 명료한 이해로 한국 신학이 복음에 합당하여, 죄 사함과 영생의 복음을 전할 수 있는 체계를 확립하였습니다. 스코틀랜드의 언약신학이 한국 장로교회에 명확하게 구현되지 않았습니다.[10]

17세기 아메리카 식민지에 모든 종파가 자기 종교를 확립하기 위해서 이주하였습니다. 안식교의 도시가 있고, 재세례파로 구성된 지역도 있습니다.

가장 먼저 이주한 종파는 필그림 파더(Pilgrim Fathers)로 그들은 잉글랜드 청교도 독립파 중 분리파 청교도(Separatists Puritan)입니다. 그들은 아메리카에서 회중파(Congregation)로 자리 잡았습니다. 장로교회, 네덜란드 개혁파

9　스코틀랜드자유교회(https://freechurch.org)는 지금도 존재하며 스코틀랜드와 미주 지역에 100여 개 교회로 총회를 구성하고 있다.
10　김중락, 『스코틀랜드 종교개혁사』 (서울: 흑곰북스, 2017).

들도 신대륙으로 이주하여 정착하였습니다. 장로교회는 북장로교, 남장로교로 나뉘었고 다양하게 교파 분열을 하였습니다.

미국 침례교가 주된 종파가 된 것은 장로교는 분쟁했고 침례교는 성경 연구와 전도했기 때문이라는 분석도 있습니다. 18세기 유럽 교회는 진화론, 계몽철학의 영향을 받은 자유주의가 범람하였습니다. 1910년 미국 교회에서 유럽의 사조를 강하게 거부하는 근본주의 운동(根本主義, fundamentalism)이 일어났습니다. 근본주의는 장로교, 회중파, 감리교, 침례교 등 모든 종파에서 나타났고, 종파를 초월해서 한 사조를 이루었습니다.

다음은 근본주의 5대 강령입니다.

(1) 성경의 영감과 무오성
(2) 그리스도의 동정녀 탄생
(3) 그리스도의 기적 인정
(4) 그리스도의 대속적 죽으심
(5) 그리스도의 부활과 재림

근본주의 5대 강령이 정당한 가르침이지만 교파를 넘어 협약하는 것에 문제점이 있습니다. 장로교는 엄격한 교리 체계를 갖고 광의적 교회를 이루는 것이 아니라 지역 교회를 이루기 위해 전력하기 때문입니다.

조선에 들어온 선교사들은 근본주의적 경향과 부흥 운동의 영향을 가진 사역자들이 많았습니다. 한국 개신교가 장로교회가 다수이지만 장로교 신학이 부족한 이유일 것입니다.

단순한 복음(예수 천당 불신 지옥, 4영리)으로 급성장하였습니다. 그러나 이단과 거짓 가르침에 무참하게 난도당하고 있습니다. 우리 신학교에서 유럽 교회를 본받지 말자고 교수님들이 외쳤는데, 동남아시아 선교지 교회에서 한국 교회를 본받지 말자고 외치고 있다고 합니다. 한국 장로교회가 바른 신학과 장로교 정치원리로 교회를 바르게 세워, 생명을 얻을 구원의 복음을 전파해야 합니다.

장로교는 니케아 신경(325년), 콘스탄티노플 신경(381년), 에베소 신경(431년), 칼케돈 신경(451년)을 정통 신조(Creed)로 삼고, 웨스트민스터 신앙고백서를 표준문서(Standard Text)로 믿습니다. 그리고 칼빈 사상이 프랑스, 독일, 네덜란드로 확장되었고, 그 지역에서도 믿음의 문장이 작성되었습니다. 독일의 하이델베르크 신앙고백서, 네덜란드의 도르트 신경, 벨직 신앙고백서 등 개혁파의 신앙고백서를 바른 믿음의 문장으로 존중합니다.

조선 시대(고종) 1816년 서천 마량포에 상선에 의해서 성경이 전래되었고, 고대도에 루터파 선교사 귀츨라프가 사역을 시도하였습니다. 1866년 토마스 선교사(런던선교회)가 제너럴셔먼호에 동승하여 사역하려다 순교하였습니다. 중국 선양에서 존 로스 선교사(스코틀랜드 장로교 선교사)는 우리말로 성경을 번역하기도 하였습니다. 그런데 개신교는 천주교와 달리 서쪽에서 우리나라에 들어오지 못하였습니다.

1884년 미국 북장로교 선교사 알렌이, 1885년 미국 북장로교 선교사 언더우드와 미국 감리교 선교사 아펜젤러가 제물포로 입국하여 전도 사역을 본격적으로 시작하였습니다. 1891년 언더우드 선교사는 안식년으로 미국으로 들어갔고, 남장로교 선교부에 조선 사역 참여를 독려하였습니다.

1892년 7인의 남장로교 선교사(Seven Pioneers)가 호남 지역을 중심으로 사역을 전개하였습니다. 1907년 조선예수교장로교회 독노회를 조직할 때, "12신조"를 신앙고백으로 채택하였습니다. 선교사들이 조선 교회가 웨스트민스터 신앙고백서를 이해할 실력이 부족하다고 판단했기 때문입니다.

1963년 48회 합동 총회에서 웨스트민스터 신앙고백서(1647년, 33개조)를 표준문서로 채택하였습니다. 그리고 지금은 각 교단(고신, 대신, 통합, 합신)

마다 웨스트민스터 신앙고백서를 표준문서로 채택하고 있기에 더욱 힘써 믿음의 도리를 붙잡고 묵상해야 할 것입니다.

1647년[11]의 웨스트민스터 신앙고백서를 채택하는 한국 장로교 교단은 합동, 합신, 대신입니다. 고신 교단은 1903년 미국에서 수정한 문서(35조)를 채택하고 있으며, 통합과 기장은 각 총회에서 수정한 문서를 채택하고 있습니다. 그러나 표준문서의 이름은 웨스트민스터 신앙고백서입니다. 필자는 웨스트민스터 신앙고백서(33조)와 "수정된(1903년[35조], 한국-통합과 기장) 웨스트민스터 신앙고백서"로 구분합니다.

우리는 신앙고백서 원문에 대한 전문적인 주해가 아닌 간략한 묵상 거리로 제시하려고 합니다. 원문을 이해하기 쉽게 번역하려고 시도하였습니다. 주 예수께서 세우신 교회에 주신 믿음의 도리를 잘 묵상하는 것이 신앙에 큰 유익이 될 것입니다.

교리의 필요성, 신앙고백서의 가치를 거부하는 것은 역사적 신앙의 가치를 부정하는 것으로 적당하지 않습니다. 자기 신앙의 정체를 밝히지 않은 것은 공적 사역자로 적당하지 않습니다. 장로교는 웨스트민스터 신앙고백서를 믿음의 문서로 세우고 있습니다(다음부터 '웨스트민스터 신앙고백서'는 약자로 'WCF'로 사용합니다).

---

[11] 1646년 웨스트민스터 신앙고백서를 완성하였고, 1647년 스코틀랜드 의회 승인, 1648년 잉글랜드 의회에서 일부 수정하여 승인하였다.

1. WCF의 특징은 가장 먼저 '성경'이라는 항목을 제시한 것입니다

어떤 신앙고백서에도 먼저 '성경' 항목이 등장하는 것은 없습니다. 벨직 신앙고백서에서도 성경에 대해서 고백하지만 가장 맨 앞에 위치하지는 않습니다.

성경이 가장 앞에 나온 것에 대해서 필자는 미래 예언적 예비라고 생각합니다. 18세기부터 성경의 권위는 일반 문서의 권위로 추락하였고, 66권 성경 목록의 권위도 사라져 버렸습니다. 그런 기반 위에 자유주의 신학이 등장하여 교회는 급격히 세속화되었습니다. 믿음의 선진들이 미래의 후진들을 위한 위한 예견적인 준비였다고 봅니다.

니케아 공의회(325년)에서 아리우스를 이단으로 단정하였습니다. 아리우스는 예수를 '유사한 하나님'(*homoiousion*, 유사실체)으로 고백하여 이단이 되었습니다. 알렉산드리아 대주교였던 알렉산더는 '동일한 하나님'(*homoousion*, 동일실체)을 고백하여 정통 교리 삼위일체를 확립하였습니다. 이 교리를 아타나시우스가 단독자로 수호하여 확립하였습니다. 그러나 아리우스 이단의 모습은 아직까지 영향력을 발휘하고 있습니다. 아리우스는 예수 그리스도를 하나님으로 고백하였는데 이단으로 정죄되었습니다.

17-19세기 자유주의에서는 인간 예수만을 주장하면서 성경을 일반문서와 동일하게 평가하였습니다. 자유주의 이후로는 인간 예수를 말해도 이단으로 정죄할 수 없는 상태가 되었습니다. 자유주의 이후에 성경의 권위가 이단을 분별하는 중요한 시점이 되었습니다. 성경의 권위를 바르게 인식하는 것이 거룩한 교회 세움에 매우 중요한 가치가 되었습니다.

WCF는 제일순위로 성경의 권위와 내용을 선포하였습니다. 장로교인은 오직 믿음의 도리인 WCF(1646)를 따라 바른 믿음에 서야 합니다. 성경에 대한 절대적 권위는 그리스도인만이 주장할 수 있습니다. WCF 첫째 항목이 성경이라는 것은 의미가 각별합니다. 성경은 유일한 하나님의 말씀이고,

성경을 떠난 어떤 하나님의 말씀도 없습니다.

WCF는 교회 직분자가 직분 서약을 하는 기본입니다. 장로교 목사, 장로, 집사는 임직식에서 반드시 WCF 문서를 바른 믿음으로 신봉할 것을 서약합니다. 직분은 교회의 주(主)이신 예수 그리스도께 받은 소명이기에, 직분을 수행할 믿음의 문서에 서약해 공동체적 규약을 이루어야 합니다.

교회는 동일한 믿음으로 운영되어야 할 체계이기 때문입니다. 교회는 하나님께서 자기 피로 세우신 하나님의 기관입니다. 하나님의 기관인 교회에서 힘써 일하는 종사자는 자기 피로 사하신 종을 기관장(機關長)이신 주 하나님께서 채우실 것입니다. 다음은 "주님의 교회 정관"에 개제한 표준문서 범위와 권위입니다.

제3조(신조)

> 본 교회는 정통 신조(니케아 신경, 콘스탄티노플 신경, 에베소 신경, 칼케돈 신경)와 웨스트민스터 신앙고백서(Westminster Confession, 1647)와 대, 소요리 문답을 믿음 문장으로 확립한다. 그리고 개혁 신학의 신조들 하이델베르그(Heidelberg) 요리문답, 벨직 신앙고백서, 도르트 신경을 중요한 지침으로 삼는다. 그리고 일련의 개혁 신조를 바른 믿음 문장으로 신봉한다. 대한예수교장로회(합동)의 헌법의 12 신조를 신봉한다.

WCF를 표준문서로 삼고, 동일한 신앙고백에 대해서 일치를 선언하는 것입니다. 많은 표준문서가 필요하지 않고 확실한 표준문서가 필요합니다. 자기 표준문서에 일치하는 것에 대해서 일치를 선언할 수 있습니다. 우리의 표준문서의 권위는 정통 신조(norma normata, a rule that is ruled)에 있는데, 근본적 권위는 성경(norma normans, the rule that rules)에 있습니다.

저는 성경(Bible)과 정통 신조(Creeds)와 표준문서(Standard Text)에 일치를 추구하는 것을 개혁 신학(Reformed Faith)이라고 주장합니다.

우리는 한국 장로교회 개혁을 위해서 표준문서인 WCF를 명확하게 이해하는 것을 선결과제로 제언합니다. 향상된 신학 수준과 합당한 규모를 형성한다면 한국 장로교회가 더욱더 엄밀한 개혁 가치를 가진 신앙고백서 작성도 가능할 것입니다.

대한민국은 1세기 예루살렘과 전혀 다른 문화권에 형성된 영향력 있는 기독교 집단입니다. 대한민국 신학도들이 그 가치를 잘 파악하고 신학에 정진한다면, 보다 성경에 부합된 신앙 가치를 창출할 수 있을 것입니다.

함몰되는 서구 기독교를 바라보면서, 그 패턴과 교리를 무시한 형식을 한국 교회가 답습하지 않아야 합니다. 오히려 한국 교회가 보다 성경적 가치를 창출하면서 세계 교회를 견인할 수 있는 위치에 있습니다.

1884년 선교사의 첫 내한 이후 23년이 지난 1907년 조선예수교장로회 독노회가 설립되었습니다. 길선주 목사가 기록한 것으로 알려진 대한예수교장로회 노회 회의록 서문을 보면 다음과 같이 노회를 세우신 주님을 찬송하고 있습니다.[12]

> 신령하고 크도다! 아름다운 노회여!
> 교회의 머리 되시는 주 예수 그리스도께서 일찍이 사도와 문도를 택정하여 세우사 천국의 복음을 전하여 만민을 영혼을 구원하게 하셨으니…미국 남장로교회와 북장로교회와 영국 오스트레일리아 장로교회와 캐나다 장로교회의 주를 믿는 모든 형제자매의 마음을 감동시켜 이 네 곳 교회의 총회로 선교사를 택정하여 이곳에 보내시어 하나님의 명령을 받은 선교사들

---

[12] 성희찬, "장로회정치원리에 비추어 본 노회 실태", 「개혁정론」, 2017년 11월 15일.

이 갑신년에 이곳으로 나와 도를 전한 지 이십삼 년 동안에 회개하고 주께로 돌아온 자가 십여만 명이라. 곳곳이 장로를 장립하며 교회를 설립하여 영미 양국 선교사들과 한국 각처 장로들이 모여 교회 일을 의론하나, 그러나 아직 한국 목사를 장립하지 못한 고로 노회를 이루지 못하고 그 회 이름을 장로회공의회라 칭하고 … 이 노회는 교회의 머리 되시는 주 예수 그리스도를 힘입어 십자가를 튼튼히 의지하고 견고하여 흔들리지 말고 세상 사람 앞에 영화로운 빛이 되며 하나님 앞에 거룩하고 정결한 노회를 이루어야 하겠다 하시고 주 강생 1907년 9월 17일 오전에 한국 노회를 설립한 후에 신학교 졸업 학사 일곱 사람을 목사로 장립하고 대한국예수교장로회 노회라 하셨으니 이는 실로 대한국독립노회로다.

할렐루야!

찬송으로 성부, 성자, 성신님께 세세토록 영광을 돌리세. 아멘.

| 일러두기 |

1. 웨스트민스터 신앙고백서 영어 문장은 울스터자유장로교회(the Free Presbyterian Church of Ulster, http://www.freepres.org/westminster.htm)에 있는 "Westminster Confession of Faith, 1647"으로 하였다.

2. 긴 장문을 번역할 때 한 문장이 아닌 여러 단문으로 나눠서 번역하였다. 그리고 용이한 이해를 위해 단어를 추가하였는데 []로 표시하였다.

3. WCF 문장을 의미에 맞추어 끊어서 번역하였다. 대명사를 명사로 넣어 번역한 경우도 있다. 그것은 대명사로 이해할 때 명료한 이해가 낮은 것으로 생각하였기 때문이다. WCF 문장 번역은 평어로, 주해 부분은 경어체로 제시하여 진행하였다. 각주 부분은 평어체로 구성하였다.

4. 웨스트민스터 신앙고백서 참고 도서
   (1) 정성호, 『웨스트민스터 총회의 문서들』(서울: 개혁주의 성경연구소, 2017).
   (2) 나쥬니랩, "웨스트민스터 신앙고백서", http://www.nazuni.pe.kr/ https://reformed.org/documents/wcf_with_proofs/ 영어 문장을 사용하였다.
   (3) 김석환, 『웨스트민스터 신앙고백서 해설』(서울: 킹덤북스, 2011).

제1장

성경에 대하여
(CHAPTER I. Of the Holy Scripture)

1. 본성의 빛[1]과 창조 사역과 섭리 사역에서 사람들이 핑계할 수 없을 만큼 하나님의 선과 지혜와 능력을 잘 현시하고 있다(롬 1:19-20; 1:32; 2:1; 2:14-15; 시 19:1-3). 그런데 그것들에서 구원에 필요한 하나님과 그의 뜻에 관한 지식을 얻기에 충분하지 못하다(고전 1:21; 2:13-14).

그러므로 주(主)께서는 여러 시대에 다양한 방법으로 자신의 교회에 자신을 계시하셨으며, 자기 뜻을 선포하시기를 기뻐하셨다(히 1:1). 그리고 그 후에는 진리를 더 잘 보존하고 전파하기 위해서 또 육신의 부패와 사탄과 세상 악에 대항하여 교회를 더 견고하게 설립하고 위로하기 위하여 그 동일한 진리를 전부 기록하는 것을 기뻐하셨다(잠 22:19-21; 사 8:19-20; 마 4:4, 7, 10; 눅 1:3-4; 롬 15:4). 이것이 [주께서] 성경을 만드신 절대 필요한 이유이다(딤후 3:15; 벧후 1:19). 그러나 하나님께서 자기 백성에게 자기 뜻을 계시하시던 이전 방법들을 지금은 중지하셨다(히 1:2).

I. Although the light of nature; and the works of creation; and providence; do so far manifest the goodness, wisdom, and power of God, as to leave men inexcusable; yet are they not sufficient to give that knowledge of God and of His will, which is necessary unto salvation. Therefore it pleased the Lord, at sundry times, and in divers manners, to reveal; Himself, and to declare;

---

[1] the light of nature, *lumen naturale*는 "본성의 빛"과 "자연의 빛" 두 갈래로 번역한다.

> that His will unto His Church; and afterwards, for the better preserving and propagating of the truth, and for the more sure establishment and comfort of the Church against the corruption of the flesh, and the malice of Satan and of the world, to commit the same wholly unto writing: which maketh the Holy Scripture to be most necessary; those former ways of God's revealing His will unto His people being now ceased.

1. 성경 (1) 절대적 위치와 범위

WCF 1장은 성경의 역할과 권위에 대해 기술합니다.

인간은 만유 최상의 존재(Masterpiece)로서 자기의 존재의 근원을 알아야 합니다(창 2:8; 롬 1:19-20). 성경에서 창조주 하나님께서 인간 창조를 명시적으로 말씀하기 때문에, 성경을 믿고 따르는 사람에게 창조주 하나님을 아는 것은 마땅한 도리입니다(참고. 소요리 문답 1문).

모든 피조된 사람은 창조주 하나님을 알아야 합니다. 또한, 자기 존재 근원을 명확하게 밝힐 수 있어야 합니다.

창조주 하나님께서 창조 세계에서 자기를 알만한 것과 사역 그리고 지혜와 사랑까지 현시(manifest)하셨습니다(롬 1:18-23). 그런데 사람이 창조세계에서 하나님을 보지 못하는데, 순간 번쩍이는 번갯불에서 인식할 정도여서, 비록 알아도 핑계하며 자기 이익과 탐욕만을 추구합니다.

모든 피조물은 창조주의 섭리대로 사는데 반해, 합리적인 사람만 창조주의 섭리를 거부하고 자기 욕심과 욕정대로 고집을 부리며 반역합니다. 그런 인간의 고집에서 핑계할 수 없는 하나님의 지식을 인정하고 있습니다.

인간은 자기 욕심을 추구하면서도 내면의 불안과 두려움이 있고, 우상을 만들어서 숭배합니다. 창조세계에 나타난 하나님의 현시를 자연계시라고 합니다. 그런데 죄인된 인간은 창조세계에 현시된 참된 하나님의 지식을 알지 못합니다. 칼빈은 우상숭배가 창조주 하나님을 인정하는 피할 수 없는 증거라고 말하였습니다. 자연 상태의 사람에게 참빛이신 그리스도의 은혜(요1장), 내적 교사이신 성령의 사역이 필요합니다.

그래서 은혜가 풍성하신 하나님께서 창조 이래로 자신의 사랑과 언약을 사람에게 직접 계시하셨습니다(to reveal). 그리고 놀라운 하나님의 구원경륜(계시)은 하나님 아들의 성육신과 십자가의 구속, 부활, 승천 그리고 성령파송과 교회 설립입니다. 교회설립이 완료(사도의 죽음)된 후로는 더 이상의 직접 계시가 없습니다.

교회가 설립된 뒤로는 진리가 성경에 담지되어(딤후 3:16), 교회에서 선포되는(to declare, 딤전 3:15) 하나님의 구원경륜으로 복음이 확산되도록 하셨습니다. 그런데 사탄은 교회를 끊임없이 공격합니다. 먼저 교회에 바른 교리(가르침)가 정착되지 못하도록 하는 것입니다.

교회의 기초는 사도의 가르침입니다. 사탄은 교회에서 믿음의 기초인 성경을 제거하려고 하였지만 실패하자 성경의 권위를 실추시켰습니다. 현대 교회 안에서 성경의 권위는 절대적인 위치를 잃었습니다. 성경에 대해서 '상대적 권위'를 인정하지만 '절대적 권위'를 인정하지 않습니다. 그러나 그리스도의 교회는 성경의 절대 권위를 믿고 성경 계시를 따라 선포하고 믿으며 생활합니다.

교회에 대한 사탄의 공격은 신학자와 목회자를 타락시키는 것이었습니다. 타락한 교회에서 나타나는 현상 중 하나는 성경의 권위를 부정하면서 사역자의 영적 능력을 높이려는 경향이 있습니다. 그러나 그것은 사역자들의 영과 육까지 심각하게 부패시킬 뿐만 아니라, 수많은 성도를 부패시키는 것입니다.

인간은 스스로 거룩하여질 수 없기 때문이고, 인간이 고안한 방법으로 하나님의 뜻을 알 수 없기 때문입니다. 사탄의 공격이 심각하게 교회와 그리스도인에게 임할 때 교회와 그리스도인은 오직 주만 바라보며 의지하며 간구합니다. 아무리 가짜가 많아도 그리스도인은 진짜 복음만 보기 때문에 끊임없이 진리와 거룩을 정진합니다. 우리에게 주신 그리스도의 위로와 격려는 가짜가 아닌 진짜를 보도록 인도합니다.

왜 그렇게 수많은 학설 중에서 이 신앙고백서를 붙들고 있을까요?

성경의 신비함은 말로 표현하기 어렵습니다.『교황 대신 예수를 선택한 49인의 신부들』(리처드 베닛 외 다수 편, 아가페, 2001)은 로마교회의 사제들이 개신교로 개종한 계기를 보고하는 내용입니다. 개종한 로마교회 신부들은 성경을 읽으면서 교황이 교회의 머리 됨의 교리가 성경과 다름을 알았기 때문에 개종하였다고 보고하고 있습니다.

종교개혁자 칼빈(John Calvin, 1509-1564)은 유년 시절 성직록을 받는 사제 후보생으로 성경을 읽고 연구하면서 회심(갑작스러운 회심, *suvita conversio*)하였고 성직록을 포기하고 종교개혁가의 길로 들어섰습니다(1534년, 25세).

로마 교황주의는 성경을 자국어(프랑스어)로 읽으려 하였던 왈도파를 박해하였습니다. 중세 로마교회는 성경을 영어로 번역하던 위클리프(John Wycliff, 1324-1384)를 화형, 부관참시(剖棺斬屍, 1415) 하였습니다. 성경 읽기를 추구하던 체코의 종교개혁가인 잔 후스(Jan Hus, 1372-1415)를 화형시켰습니다.

그럼에도 성경을 읽는 그리스도인은 결국 종교개혁을 완수하여 자국어로 성경을 자유롭게 읽을 수 있는 권리를 획득하였습니다. 성경 읽음은 자의적으로 해석하여 취하는 것이 아니라, 선포된 복음을 검증하여 취하거나 거부할 양심의 자유를 가졌다는 것입니다.

WCF 1:1의 마지막 문장에서는 하나님께서 성경을 최고이고 최후의 방법으로 주셨기 때문에 더 이상 다른 방법으로 계시하는 것을 중지하셨다고 (now ceased) 고백하였습니다. 기독교를 사랑한다면, 구원을 사랑한다면 성경을 넘어서는 다른 계시(other revelation)나, 성경 옆에 다른 계시를 두는 것은 옳지 않습니다.

오직 성경으로 피로 사신 주 하나님의 교회가 부흥되길 기대합니다. 사도 바울은 갈라디아 교회에 다른 복음(other Gospel)이 없다고 강력하게 외쳤습니다.

> 2. '성경'이라는 명칭 혹은 '기록된 하나님의 말씀'에 포함된 구약과 신약의 모든 책은 아래와 같다.
>
> 구약: 창세기, 출애굽기, 레위기, 민수기, 신명기, 여호수아, 사사기, 룻기, 사무엘상, 사무엘하, 열왕기상, 열왕기하, 역대상, 역대하, 에스라, 느헤미야, 에스더, 욥기, 시편, 잠언, 전도서, 아가, 이사야, 예레미야, 예레미야애가, 에스겔, 다니엘, 호세아, 요엘, 아모스, 오바댜, 요나, 미가, 나훔, 하박국, 스바냐, 학개, 스가랴, 말라기.
>
> 신약: 마태복음, 마가복음, 누가복음, 요한복음, 사도행전, 로마서, 고린도전서, 고린도후서, 갈라디아서, 에베소서, 빌립보서, 골로새서, 데살로니가전서, 데살로니가후서, 디모데전서, 디모데후서, 디도서, 빌레몬서, 히브리서, 야고보서, 베드로전서, 베드로후서, 요한1서, 요한2서, 요한3서, 유다서, 요한계시록.
> 이 모든 책은 하나님의 영감에 의해 주어진 것으로, 믿음과 생활의 법칙이다(눅 16:29, 31; 엡 2:20; 계 22:18-19; 딤후 3:16).

> II. Under the name of Holy Scripture, or the Word of God written, are now contained all the books of the Old and New Testament, which are these:
>
> Of the Old Testament: Genesis, Exodus, Leviticus, Numbers, Deuteronomy, Joshua, Judges, Ruth, I Samuel, II Samuel, I Kings, II Kings, I Chronicles, II Chronicles, Ezra, Nehemiah, Esther, Job, Psalms, Proverbs, Ecclesiastes, The Song of Songs, Isaiah, Jeremiah, Lamentations, Ezekiel, Daniel, Hosea, Joel, Amos, Obadiah, Jonah, Micah, Nahum, Habakkuk, Zephaniah, Haggai, Zechariah, Malachi.
>
> Of the New Testament: The Gospels according to Matthew, Mark, Luke, John, The Acts of the Apostles, Paul's Epistles to the Romans, Corinthians I, Corinthians II, Galatians, Ephesians, Philippians, Colossians, Thessalonians I, Thessalonians II, To Timothy I, To Timothy II, To Titus, To Philemon, The Epistle to the Hebrews, The Epistle of James, The first and second Epistles of Peter, The first, second, and third Epistles of John, The Epistle of Jude, The Revelation of John.
> All which are given by inspiration of God to be the rule of faith and life.

2. 성경 (2) 성경 66권

WCF 1:2(성경)에서, 성경을 구약 39권, 신약 27권의 목록을 나열하였습니다.

왜 당연한 것을 지루하게 나열하였을까요?

이런 생각이 들 수 있습니다. 이런 비슷한 현상은 마태복음 1장 족보, 여호수아에서 땅 분배 항목, 역대상 1-9장에 나타난 족보 등 성경 여러 부분에도 있습니다. 성경에서 지루하게(?) 나열한 인물이나 지명 등은 중요한 가치가 있다는 것을 알아야 합니다.

WCF에서 나열한 성경 66권의 목록도 중요하고 소중함을 알아야 합니다. 계시의 보고인 성경에서 의미 없이 기술한 것이 없듯이, WCF의 66권 목록도 의도가 있습니다. 성경 기록은 신비와 비밀이 있을 수 있지만, 교회사에서 발생한 WCF의 기록에 대해서는 충분한 연구와 조사를 통해서 밝혀야 할 것입니다. 저는 성경 목록의 중요성과 가치를 의미로 제시합니다.

첫째, 성경은 66권입니다.

성경 66권의 제시에서, 세계 기독교 분파들이 정경 범위와 목록이 서로 다르다는 것을 알아야 합니다. 유대교, 동방정교회, 로마가톨릭교회(구교), 개신교회는 서로 정경의 범위와 목록이 다릅니다.

장로교회는 성경(정경 목록) 66권을 채택하였습니다. 66권 밖에서는 어떤 계시도 취하지 않습니다(특별 계시의 확정, WCF 1:1). 잉글랜드국교회(성공회)는 39개 신조 6조에서 "성경의 충족성"을 제시합니다. 구약성경 39권을 인정하면서, "에즈라3서, 에즈라4서, 토비트, 유딧, 에스델 잔서, 마카베오상, 마카베오하, 지혜서, 집회서(벤 시라 예수), 바룩, 세 아이의 노래, 마나쎄의 기도, 수산나 이야기, 벨과 뱀"을 제2경전으로 교회에 유익을 주는 것으로 제시하였습니다.

참고로 우리는 서문에서 엘리자베스 여왕 때 제정된 39개 신조를 개혁하여 WCF를 표준문서로 의회에서 채택하였지만(1648), 다시 거부하고 39개 신조로 복귀하였다고 제시하였습니다.

유명한 성공회 신학자는 존 스토트(저교회), 톰 라이트(고교회), 알리스터 맥그래스(저교회) 등이 있습니다. 저교회는 독립파 등 잉글랜드 국교회 안에 있는 복음주의자들로 형성된 부류이고, 고교회는 전통적 국교회주의자들입니다. 침례교는 잉글랜드 국교회에 들어가지 않았고, 웨슬리는 잉글랜드국교회 사제였지만, 그의 후예들이 감리교를 형성하였습니다.

정경 이해에서 루터와 칼빈에게도 약간의 차이가 있습니다. 두 사람은 정경 목록은 동일하지만, 정경 수준(범위)에서 차이가 있습니다.

비록 루터가 성경 66권을 취하였지만, 정경 범위에 대한 강도는 달랐습니다. 루터는 외경에 대해서 어느 정도의 유익을 주장하였고, 정경 목록에 대해서 회의를 제시한 것입니다.

그러나 칼빈은 66권을 확정된 계시로 사랑하고 존중하였습니다. 칼빈은 재능이 좋은 카스텔리오(Sébastien Castellion, 1515-1563)가 아가서의 정경성을 부인할 때에, 카스텔리오의 신학에 대해서 심각하게 생각하였습니다.[2]

칼빈파는 프랑스 신앙고백서(1559년, 3조 성경), 벨직 신앙고백서(1561년, 4조 성경) 등에서 성경 66권 목록을 정경화하였습니다. 다만 WCF는 1:2, 신앙고백서 첫 부분에서 제시하는 것이 특징입니다.

둘째, 구약성경 말라기와 신약성경 마태복음 사이에 정경이 없습니다.

말라기에서 세례 요한의 등장까지 신구약중간기로 불리는 기간은 정경

---

2   카스텔리오(Sebastian Castellio, 1515-1563)는 칼빈이 인정하고 배려하였지만 칼빈에 대해서 혐오 의식을 표현한 대표적 인물이 되었다. 칼빈의 사랑을 많이 받은 만큼 칼빈을 증오한 위인이다. 권현익 선교사는 카스텔리오가 돈을 밝히는 위인이었고, 성경 번역에 야심이 있었다고 제시하였다.
스테판 츠바이크(Stefan Zwieg)는 『폭력에 대항한 양심』, 『다른 의견을 가질 권리』에서 칼빈에 대항한 표준 인물을 '카스텔리오'로 제시한다. 『폭력에 대항한 양심』에서 츠바이크는 관용(똘레랑스)를 강조하였는데, 카스텔리오가 아가서의 정경성을 부정하는 것을 창조적 신학 활동으로 이해하였고, 그것을 부정하는 칼빈이 부당하게 행동한 것으로 제시하였다. 츠바이크는 카스텔리오가 칼빈을 잘못 알고 제네바로 들어갔다고 주장하였지만, 실재로 카스텔리오는 제네바에서 교장직을 칼빈의 인도로 진행하였고, 제네바에서 바젤로 떠날 때도 칼빈의 추천서를 갖고 이동하였다. 제네바에서 떠나야 할 이유는 아가서의 정경성 이해가 결정적이었다.
츠바이크는 정경성을 부정하는 것을 가볍게 생각하며, 칼빈이 질투한 것으로 평가하였다. 츠바이크는 칼빈을 혐오하는 사람으로 카스텔리오를 정당하게 평가하였다고 볼 수 있겠다. 카스텔리오는 제네바에서 일어난 세르베투스 화형에 대해서 칼빈을 최초로 비판한 위인이다. 카스텔리오는 이단을 관용한 이단을 옹호한 인물이다.

목록이 없는 '계시 침묵 기간'입니다. 동방교회나 로마가톨릭은 신구약중간기에 정경 목록이 있습니다. 신구약중간기에 정경 목록이 있는 것은 계시의 유무를 결정하는 것입니다. 신구약중간기에 정경 목록이 없는 WCF는 신구약중간기에 계시가 발생하지 않았다고 고백하는 것입니다.

이 고백의 중요성은 신구약중간기 산물인 '묵시문학' 수준을 결정하는 중요한 기능입니다. 정경이 아닌 묵시문학이 계시를 논하는 기독교 신학과 신앙에 설 자리가 없게 됩니다. 신구약중간기에 형성된 묵시문학에 계시적 기능이나 어떤 영적 유익이 없기 때문입니다. 그리고 신구약중간기에 발생한 유대교[3]는 계시종교가 아닌 자연종교가 될 것입니다. 우리는 요셉 이후 모세까지 430년의 계시 침묵기에 대해서는 전혀 문제의식을 가지고 있지 않습니다.

셋째, 성경 목록 66권은 계시의 완전성과 질서를 의미합니다.

성경 66권 외에 다른 계시가 없음으로, 신학과 신앙의 정진은 오직 성경으로 진행해야 합니다. 그리고 정경 목록도 바꿀 수 없습니다. 라흐만(Karl Lachmann, 1793-1851)이 주창한 "마가복음 우선설"(Karl Lachmann의 Markan priority hypothesis, 1835)이 있는데, 필자는 '정경 목록에 대한 회의(懷疑)를 주는 빌미'가 된 이론이라고 평가합니다.

마가복음 우선설은 튀빙겐의 바우어(F. C. Baur, 1792-1860)의 마태복음 우선설(Matthew Priority)을 극복하면서 정착된 것입니다. 신약성경 목록은 마태복음에서 시작합니다. WCF 1:2에서 신약성경 정경 목록은 마태복음에서부터 시작합니다. 성경 66권은 목록도 중요합니다.

그런데 18세기부터 계몽철학이 주도하면서 19세기에는 시대정신으로 체계화되었고, 유럽 교회와 신학은 시대정신을 극복하지 못하였습니다. 학문과

---

3 박정수, 『고대 유대교의 터, 무늬』(서울: 새물결플러스, 2018).

관용이라는 큰 정신으로 성경의 권위를 무시하였습니다.

'Q'(Quelle, 원천)는 가설(hypothesis)에서 시작해서, Q자료, Q문서에서 Q복음서로 확장되었습니다. 우리 시대에 복음서는 Q복음, 도마복음까지도 유효하게 연구되고 있습니다. 성경 기록 연대는 150년 이후로 설정되어 있고, 성경 목록에 대한 개념은 사라졌습니다.

또한, 성경을 연대기로 구성하여 이해할 때 문제점은 정경 목록에 대한 개념이 약화되는 것입니다(목록의 확정성)[4].

첫째, 1945년 이집트 니그함마디에서 발견된 도마복음[5]은 위경(僞經)입니다.

도마복음은 정경이 아니기 때문에 신학 과정에 들어올 때 매우 주의해야 합니다. 도마복음으로 Q가 더욱 확정되어, 지금은 Q복음서가 복원되었을 정도입니다. 필자는 4세기 이집트 지역은 가장 강력한 기독교 지역이었음을 제시합니다. 아타나시우스가 사역하였던 지역입니다. 그런 위대한 신학자들의 입에서 한 번도 언급되지 않았습니다. 정경 목록의 근원은 아타나시우스에게 있는 것을 알아야 합니다.

둘째, 유대교와 기독교가 인정하는 구약성경의 정경 범위는 같습니다.

그러나 목록이 다릅니다. 개신교, 교황주의(로마교회), 동방교회도 구약성경 범위와 목록이 다릅니다. 구약성경(타나크)은 정경 범위와 정경 목록

---

4   두란노출판사에서 『연대기 성경』으로 편집하였는데, 필자는 성경 역사를 이해하기에는 용이하지만, 정경 목록에 대한 개념이 소홀할 수 있는 여지가 있다고 생각한다.

5   도마복음을 강조하는 도올 김용옥은 도마복음서 중 35퍼센트 정도가 Q 문서와 일치하기 때문에 도마복음서가 예수 어록(Record of Sayings)으로 합당하다고 주장한다. 그래서 공관복음의 문제는 마가복음 우선설과 Q 자료, 도마복음으로 해결할 수 있다는 견해를 가진다. 톰 라이트는 사해사본 발견, 도마복음서 발견 등을 근거로 더 명확한 자료가 나올 것이라고 확신하면서 신학을 진행하는 것으로 보인다. 더 많은 사본이 발견되어도 성경 66권에 근거한 신학과 신앙의 자세를 바꿀 수 없다. 가장 필요한 것은 정경 목록을 확정하는 것이다.

에 대한 좋은 이해를 제공합니다. 로마교회는 정경 범위를 확정하였지만, 전통을 정경과 동등한 권위로 판단하기 때문에 계시가 계속되어 확장된다고 볼 수 있습니다.[6]

WCF에 정경의 범위와 목록의 순서를 확정한 것을 유념해야 합니다. 신학과 신앙은 성경에 근거한 것인데, 그 성경 범위를 WCF에서 규정하고 있습니다. 신약성경 목록은 397년 카르타고 공의회에서 결정된 것으로 기독교 교회가 계승하며 유지하는 정통 신앙 내용입니다.

구약성경 목록을 39권으로 제한한 이유는 외경에서 "죽은 자를 위한 기도"의 정경적 근거가 있기 때문입니다. 구교와 그리스도인의 큰 차이 중 하나는 "죽은 자를 위한 기도", "성인의 통공"(聖人의 通功, communion of saints)의 유무입니다. 우리는 "성도의 교통"으로 번역하고 있습니다.

> 3. 일반적으로 외경(外經, Apocrypha)이라고 부르는 책은 신적 영감으로 된 것이 아니며, 성경의 정경의 일부도 아니다. 따라서 하나님의 교회 안에서 어떤 [영적] 권위도 없고, [성경 밖에] 다른 사람의 저서들보다 더 인정되거나 유익한 것이 아니다(눅 24:27, 44; 롬 3:2; 벧후 1:21).
>
> III. The books commonly called Apocrypha, not being of divine inspiration, are no part of the canon of the Scripture, and therefore are of no

---

[6] 은사계속주의(continuationism)와 은사중단주의(cessationism)가 있는데, 중요한 개념은 "세례 후 제2 축복"(second blessing) 구도이다. 세례 후 제2 축복은 로마교회가 가진 영세와 견진례 구도를 반복하는 것이다. 기독교는 한 세례, 한 믿음, 한 교회를 견지한다. 필자는 새로운 계시들(new revelations)이 가능한 계시계속주의(open revelation)라고 제시한다. 은사계속주의는 계시계속주의와 한 쌍을 이룬 구도이다. 필자는 칼 바르트를 계시계속주의로 규정하고 있는데, 그렇다면 은사계속주의도 된다. 로마교회도 교황과 교회 회의로 새로운 계시가 가능하다는 계시계속주의이다. 로마교회는 1962년 제2차 바티칸 공의회에서 오순절주의의 성령 운동을 도입하였다.

authority in the Church of God, nor to be any otherwise approved, or made use of, than other human writings.

3. 성경 (3) 성경 66권 밖 외경

1) 정경목록

성경 66권 밖에 '외경'이 있습니다[7]. 외경은 70인경(Septuagint, LXX)에 포함된 구약 39권 밖 다른 목록입니다. 70인경은 이집트 알렉산드리아에서 B.C. 2세기경 프톨레미 2세 때, 히브리어 구약성경을 헬라어(희랍어, 그리스어)로 번역한 것입니다. 전설에 의하면 랍비 70명이 번역에 참여하였다고 하여 '70인경'이란 별칭을 사용한다고 합니다.

유대교는 A.D. 90년경 얌니야 회의에서 70인경이 기독교에 유리하게 번역된 것으로 판단하여 70인경의 폐기를 결의하고, 히브리어 성경 마소라 사본(Masoretic Text, MT) 정립하여 정경(타나크, TaNaKh = Tora, Neviim, Ketuvim)을 채택하였습니다.

타나크의 토라는 창세기, 출애굽기, 레위기, 민수기, 신명기이고, 네비임(예언서)은 전기예언서로 여호수아, 사사기, 사무엘서, 열왕기가 있고, 후기 예언서로 이사야, 예레미야, 에스겔, 12예언서(1권)가 있습니다. 케투빔(성문서)은 시가서 시편, 잠언, 욥기, 지혜서에 아가, 룻기, 예레미야애가, 전도서, 에스더, 기타, 다니엘, 에스라, 역대기 24권입니다.

---

[7] 외경과 위경(Apocrypha and Pseudepigeapha)이 있는데, '위경'(僞經)은 가경(假經)으로 번역하기도 한다. '외경'(外經, Apocrypha)은 구약 39권 외에 정경적 위치를 갖는 목록이다. 70인경에 있는 외경 목록은 15권이다. 로마교회는 총 73권으로 7권의 외경을 정경으로 삼고 있다. 동방교회(70권)는 3권의 정경 목록으로 견지하고 있다.

구약성경 목록이 정확하게 규정된 시기는 알 수 없습니다. 그러나 구약성경 정경화는 통상 에스라에 의해서 집대성되었을 것으로 생각합니다(느 8:6).

2) 구약 정경의 범위와 순서

칼빈파는 말라기 이후 내용을 제외한 구약성경의 내용을 정경의 범위로 확정하였습니다. 그러나 정경 목록 순서는 70인경의 순서를 채택하였습니다. 형식적으로 정경 범위는 유대교 타나크와 같고, 정경 목록은 70인경과 같습니다. 구약성경 정경의 권위는 에스라서에 있다고 볼 수 있습니다.

중세 교회는 제롬(Jerome, Sophironius Eusebius Hieronymus, 345-420)에 의해서 라틴어 벌게이트(Vulgate) 번역(飜譯)을 정경 문서로 확정하였습니다. 개인 번역이고 문제가 있는 번역임에도 공인 번역으로 규정하였습니다.

서방교회가 교회 학문을 라틴어 체계로 확립한 것입니다. 르네상스의 "근원으로"(ad fontes) 영향으로 헬라어와 히브리어 성경 본문이 편집되었고, 번역 성경을 등장시킨 종교개혁에 반대하면서 형성된 트렌트 공의회(Council of Trent, 1545-1563)에서 자체 정경화를 확립하였습니다(1546).

트렌트 공의회에서 가장 먼저 정경 목록을 결의하였습니다. 제1차 공의회 기간(1545-1547)에 정경 목록, 원죄, 칭의, 성찬, 영세, 견진례에 대해서 결의하였습니다. 천주교는 트렌트 공의회를 개혁(Reformation)이라고 하겠지만, 우리는 반-종교개혁(Counter-Reformation)이라고 합니다. 벌게이트 역본에 포함된 외경은 총 7권(외경 7개 포함: 토빗서, 유딧서, 마카비 상, 마카비 하, 지혜서, 집회서, 바룩서)인데 정경으로 다시 확인하여 채택하였습니다.

동방교회는 70인경의 목록 9권 모두를 정경으로 채택하고 있습니다. "제2경전"(Deuterocanonical)으로 구분하지만, 권위에서 차이를 두지 않습니다. 그래서 정경 범위가 개신교(66권, 39/27), 로마교회(73권, 46/27), 동방교회(79권, 52/27) 각 종파마다 다릅니다.[8] 잉글랜드국교회(성공회)도 외경을 정경 참조 목록에 포함시키고 있습니다(39개 신조, 제 6 조).

기독교는 정경에 근거한 종교이기에 정경 범위와 목록은 매우 중요합니다. WCF는 66권 정경의 범위와 목록을 확정함으로 다른 기독교 종파와 정경 목록에 대해서 분명히 하였습니다. 트렌트 공의회에서 자기 결정 밖 모든 기독교를 정죄(*Anathema sit*)하였습니다(1546). 제1차 바티칸 공의회에서 다시 확인하였습니다(1870). 성경을 66권으로 정경으로 확정하는 것은 구교의 트렌트 공의회의 결의에 따르면 저주받을 행동입니다. 그 결정을 본 개혁파들은 명확하게 성경 66권을 선언하였습니다.

최덕성 박사는 『위대한 이단자들』에서, 진리가 이단으로 정죄된 교회 역사를 집필하였습니다.[9] 개혁파는 하나님을 반역한 무리에게 존중받지 않고 이단으로 불리는 것을 명예롭게 생각합니다.

WCF의 정경 66권 목록 확정 선언은 확고한 믿음의 고백입니다. WCF 1:1에서 계시의 종결을 선언한 것은 '성경의 완전성'과 '특별 계시의 충족'을 강조한 것입니다. 기독교 안에 이단들이 공통으로 일치하는 성향은 '계시의 충족'을 거부하고 '계시의 연속성'을 주장하는 것입니다. 또한, 더 심각한 이단은 계시의 충족성을 인정한다고 하면서 계속되는 계시를 주장합니다.

우리 시대 교회가 혼돈 가운데 있는 이유는 계시 범위를 확정하여 결정하지 못했기 때문입니다. 계시 기록은 사도행전은 28장, 사도 요한의 죽음으로 종결되었습니다. 사도행전 29장은 상상할 수 없으며, 기록된 계시를 해석하여 교회를 이루는 교회 시대입니다. WCF에서 제시된 정경 목록 성경

---

[8] 정교회의 정경 목록은 정확한 규정이 약하여, 지방마다 약간의 차이를 갖고 있다. 에티오피아 정교회(오리엔탈 정교회, 단성론자)는 86권이다. 희년서, 에녹서, 디다스칼리아 아포스톨로룸, 주의 유언, 칼레멘투스, 바룩 4서로 정경 이해에서 위경으로 간주한다.

[9] 최덕성, 『위대한 이단자들』 (서울: 본문과 현장사이, 2015).

66권을 정확하게 지지하고 붙든다면 어떤 이단에게 흔들리지 않게 될 것입니다.

특별 계시의 보고는 성경 66권으로 완전합니다. 어떤 권위자도 66권 밖에서 더 새로운 계시(a new revelation)를 발표하여 진리를 세울 수 없습니다. 뱀에 다리를 그린 사족(蛇足)은 뱀이 아니고 용(龍)입니다. 성경의 충족성과 권위에 대한 확고한 믿음은 교회에 주신 하나님의 구원경륜을 규정하는 중요한 지식입니다.

WCF는 '외경'을 어떤 영적 유익이나 신학의 정당한 참조의 수단으로도 인정하지 않습니다. 즉, 외경을 근거로 신학을 전개하여 정당성을 주장할 수 없다는 것입니다.

이런 정경 이해는 칼빈이 개진한 성경 이해를 준수한 것입니다. 칼빈은 성경 66권의 정경성을 가장 확고하게 주장한 교회 목사입니다. 목사는 성경을 해석하여 복음을 전하는 직분입니다. 정경에 철저하다는 말씀보존학회도 외경을 도움의 수단으로 인정합니다.

루터도 외경이 참조적 도움의 가능성을 개방합니다. WCF는 외경을 신앙을 위한 참조 활용도 거부합니다. 외경은 성도에게 영적 유익이 되지 않는 일반 저술에 불과하다는 것입니다. 외경은 일반도서와 같습니다.

> 4. 성경의 권위, [우리가][10] 당연히 믿어야 하고 순종하여야 한다. 이것은 사람이나 교회의 증거에 의존하는 것이 아니라, (전적으로 진리 자체인데), 모든 성경의 저자가 하나님이시기 때문이다. 그러므로 [성경을 절대

---

[10] 스코틀랜드 신앙고백서에서는 "우리로" 시작하는 독특한 모습을 갖고 있다. 신앙고백서는 일반적으로 주체가 규정되어 있기 때문인지 고백의 주체를 명확하게 제시하지 않는다. WCF도 그런 예를 따르고 있다. 고백하는 주체는 '교회'라고 볼 수 있다. '우리'라고 고백하는 것은 고대교회 신조에 있는 공교회적 고백이다.

권위로] 받아야 하는데, 그 이유는 성경이 하나님의 말씀이기 때문이다 (벧후 1:19, 21; 딤후 3:16; 요일 5:9; 살전 2:13).

IV. The authority of the Holy Scripture, for which it ought to be believed, and obeyed, depends not upon the testimony of any man, or Church; but wholly upon God (who is truth itself) the author thereof: and therefore it is to be received, because it is the Word of God.

4. 성경 (4) 성경의 권위

"성경은 한 권이고 구약과 신약 두 권이고, 구약(39권)과 신약(27권), 66권"입니다.[11] 성경 66권은 모두 동일한 권위입니다. 성경의 권위는 영생의 진리를 갖고 확언하는 권위를 갖고 있습니다. 66권이 동일한 권위라는 것은 매우 중요한 정경 개념입니다. 권위는 곧 안전한 보호와 절대적 위치를 가진 것을 말합니다. 성경의 제자(sctipturae fuerit discipulus, disciple of Scripture, Inst, I,6,2)는 영생에 이르게 되는 확실한 권위를 성경에서만 찾습니다.

그래서 그리스도인은 성경의 권위에 순종합니다. 성경의 권위에 순종하는 것은 경건의 자세로서 성경을 어떤 가치보다 우선순위에 두는 것입니다. 예를 든다면 여호수아서에서 태양이 멈추는 말씀에 대한 권위는 어떤 것도 우선할 수 없습니다. 미국의 미항공우주국(NASA)에서 증명하였기 때문에

---

[11] 성경 66권은 40여 명의 저자, 약 1500년 동안에 기록되었다. 66권, 40여 저자, 1500년의 기간이지만 한 가지 내용이다. 그 내용은 "주 하나님께서 자기 백성을 구원하시어 함께하시며 영광을 받으시는 경륜"이다. 두 권은 구약과 신약인데, 구약은 아담의 반역으로 말미암아 이루어진 범죄를 해결할 메시야를 이루는 경륜이다. 신약은 죄를 구원할 구주께서 자기 몸을 속죄제물로 내놓아 구속사역과 부활 승천하여 성령을 보내시어 교회를 통해서 백성을 이루시는 것이다. 66권은 각 시대마다 하나님께서 구원하시는 경륜, 자기 백성을 이루시는 경륜의 계시이다. 구주의 이름은 예수이고, 여호와의 이름을 부르는 자는 구원을 얻는다(욜 2:32; 고전 1:2; 사 46:13; 요 10:16; 톰 10:13).

성경이 옳다고 생각하는 것은 성경의 권위 위에 NASA를 두는 것입니다. 합리적인 설득을 위해 성경의 권위를 낮게 평가한 경우입니다.

성경 말씀 자체에 절대적 권위를 두는 고백과 훈련을 해야 합니다. 이성으로도 충분하게 성경의 권위를 증명할 수 있다는 것은 이해를 추구하는 시도이지 믿음 훈련이 아닙니다. 12세기 안셀무스는 "이해를 추구하는 믿음"(*fides quaerens intellectum*)을 주장하였습니다. 성경의 권위 확증을 위해서 어떤 도구를 사용하는 것은 부당합니다.

오직 그리스도인의 순종 고백으로 성경의 권위는 확증됩니다. 하나님께서 교회에 무언의 교사(mute teachers, *mutis duntaxat magistris*, 성경)와 거룩한 입술(hallowed lips, *sed os quoque sacrosanctum reserat*, 목사)을 사용하십니다 (Inst., I,6,1).

1) 성경의 권위의 출처

성경의 권위는 교회의 증거에 의해 좌우되지 않습니다. 그런데 로마교회는 성경의 권위를 교회의 증거 아래 두었습니다. WCF에서는 로마교회에 대한 경계와 변호적 성격이 있다고 볼 수 있습니다. 종교개혁 시대 성경의 권위가 부각되었는데, 이는 교황의 권위에 대한 변호적 성격이 있습니다. '보이지 않는 그리스도의 권위'를 대변하는 보이는 권위는 '인간(교황)이나 건물'이 아닌 '성경 66권'입니다.

성경의 권위는 오직 성경이 자증하며(self-attestation, *autopiston*), 성령의 내적증거(The Internal Testimony of the Holy Spirit, *testimonium Spiritus Sancti internum*)가 있습니다. 성경 원저자(*auctor originalis*, original author)이신 성령께서 성경에 대해서 증거하심으로 가장 확실하고 명료합니다. 성경이 최고의 권위이기 때문에 성경은 성경으로 해석합니다(*Scriptura Scripturae interpres*).

성경이 성경의 해석자라는 말을 곡해하여 성경으로만 풀려는 행동은 문장 의미를 잘못 이해한 행동입니다. 해석의 최종 권위를 말하는 것이지 성경 밖으로 어떤 말도 하지 말라는 부정 규제가 아닙니다. 개혁파는 성경 해석에서 성경을 해석하는 해석자를 존중합니다. 그런데도 성경 자체의 권위와 비교할 수 없으므로 성경의 절대 권위를 고백합니다.

2) 성경 저자

성경의 권위는 성경 저자(auctor)에 있습니다. 성경의 원저자(auctor originalis)는 성령 하나님이십니다. WCF는 성경의 저자를 전적으로 '하나님'이라고 확정합니다. 즉, 성경의 이중저자성(double authorship)에 대해서 명문화하지 않았습니다. WCF에서 성경의 단일저자처럼 '하나님'을 제시하여 성경의 강력한 권위를 웅변하였습니다. 성경의 저자에 대한 고백은 성경의 권위를 높이는 WCF의 근본취지를 보여 줍니다.

WCF에는 없지만, 필자는 '하나님'을 '진리'로 제시하여 요한복음 8:32과 연결해 보았습니다.

> 진리를 알지니 진리가 너희를 자유롭게 하리라 (요 8:32 *Veritas,*).

장로교인은 WCF의 고백을 따라서 성경을 하나님의 말씀(the Word of God)으로 받아야 합니다. 성경 밖에서 어떤 구원에 이르는 신학 지식을 취하려 하지 않고 오직 성경에 매인 경건과 모습을 갖아야 합니다. WCF에서 고백하는 것처럼 외경에서 은혜의 보화는 나오지 않습니다. 오직 성경 66권에서 그리스도인에게 주신 '주 하나님의 은혜'가 나옵니다. 하나님의 피로 사신 은혜의 터전인 교회(행 20:28)에 성경과 설교자를 주셔서 하나님의 양떼를 양육하며 천성(天城)으로 인도하도록 하셨습니다.

5. 우리는 교회 증언에 의해서 감동되고 인도받아 성경을 높고 존귀하게 평가한다(딤전 3:15). 그리고 내용의 천상적(天上的) 성격, 교리의 유효성, 문체의 장엄성, 모든 부분의 일치, 하나님께 영광을 돌리는 성경 전체 관점, 인간 구원의 유일한 방법을 보여 주는 충분한 증거, 그 밖에 여러 가지 비교할 수 없는 탁월성, 거기에 나타나는 전체적 완전성 등은 그 자체가 하나님의 말씀이라는 것을 충분하게 제시하는 논증들이다. 그럼에도 불구하고, 성경의 무오한 진리와 신적 권위에 대해서 우리들이 완전하게 인정할 수 있는 확신은 마음속에 말씀을 통해서 또 말씀과 함께 증거하시는 성령의 내적 사역에서 온다(사 59:21; 요 16:13-14; 고전 2:10-12; 요일 2:20, 27).

V. We may be moved and induced by the testimony of the Church to an high and reverent esteem of the Holy Scripture. And the heavenliness of the matter, the efficacy of the doctrine, the majesty of the style, the consent of all the parts, the scope of the whole (which is, to give all glory to God), the full discovery it makes of the only way of man's salvation, the many other incomparable excellencies, and the entire perfection thereof, are arguments whereby it does abundantly evidence itself to be the Word of God: yet notwithstanding, our full persuasion and assurance of the infallible[12] truth and divine authority thereof, is from the inward work of the Holy Spirit bearing witness by and with the Word in our hearts.

---

[12] 'infallible'을 '무오'(無誤)로 번역하였다. 사전의 기본 의미는 '결코 틀리지[실수하지] 않는', '틀림없는'인데, 신학에서는 '무류'(無謬)로 번역할 것을 제언한다. 무오는 'inerrancy'로 번역한다. inerrancy와 infallible는 성경 이해에서 논쟁이 있기는 했는데 정확히 이해하기 어렵다. 교황무류설(敎皇無謬性, Papal infallibility, 1869년 제1차 바티칸 공의회에서 결의함)이 일반화되었기 때문에, infallible을 '무류'로 번역한다. 교황 무류는 처음에는 오류가 있었지만, 교황이 되면 오류가 없는 상태로 규정했다. 성경은 처음부터 오류가 없는 완전한 계시 기록이다. 간혹 '불오'(不誤)로 번역하는 경우도 있다.

5. 성경 (5) 내적 교사로서 성령

성경은 하나님 말씀이기 때문에 성경에 대한 바른 평가도 하나님에 의해서만 가능합니다. 성경 저자는 성령 하나님이십니다. 그러므로 성경에 대한 해석의 최종 권위도 성령 하나님께 있습니다.

성령의 내주는 그리스도의 구원 경륜에 대한 완성으로 하나님의 백성에게 주신 선물입니다. 성령으로 그리스도께서 백성에게 명령하시는 것은 실제로 성경을 통해서 적용되고 실행됩니다. 성령의 감동 감화로만 성경은 가장 존귀하고 합당한 권위를 갖게 됩니다. 교회는 마땅히 성경을 최고의 권위로 여겨야 합니다.

성경이 최고 권위이지만, 성경 자체가 아닌 성경 해석자의 해석은 성령께서 주시는 감동과 감화로 주어집니다. 그래서 성경에서 천상적 성격, 교리의 효과, 문체의 장엄성, 모든 부분의 일치성, 전체의 목표, 인간 구원을 위한 유일한 길을 밝히는 충분한 내용을 믿음으로 수납합니다. 성경에 성령의 감동 감화가 없다면 아무리 뛰어난 글이라 할지라도 고대 문서의 한 종류에 불과합니다.

WCF는 외경을 일반 문서로 결정하였는데, 이성 세계에서는 성경도 일반 문서로 취급합니다. 칼빈은 성경의 문체보다 저자에게 권위를 두었습니다. 성경이 하나님 말씀이기 때문에 정확 무오한 계시 기록입니다. 하나님께서 세상의 지혜로운 자들에게 감추시고 어린아이에게 보여 주신 놀라운 세계입니다.

'성령의 감동 감화'(moved and induced)는 성령의 은밀한 작용으로 사람의 마음을 움직이는 주체와 수단입니다. '천상적 성격'(the heavenliness of the matter)은 '고귀함' 혹은 '신령함'으로 번역되기도 하였습니다. 필자는 '천상적(天上的) 성격'으로 번역하여, 성경을 통해 하늘 시민의 합당한 지위와 품위를 가질 수 있음을 피력합니다(빌 3:20).

성령의 감동 감화가 있어 성도가 성경을 읽을 때 합당한 가치와 존경을 줍니다. 그리스도인이 성경을 읽을 때에 오는 지식, 감동과 확신은 성령의 사역입니다. 그러나 성령의 감동 감화 없이 성경을 읽는다면 교리에 제시된 가치와 평가를 얻을 수 없습니다. 그 때문에 성령의 감동 감화 없이 성경의 가치를 평가할 수 있다는 생각은 착각입니다.

성경 해석에서 성령의 감동 감화는 필수적입니다.[13] 성령을 따르지 않는다면 어떤 영적 유익이 나오지 않을 것입니다. 성령의 감동 감화로 성경을 해석하면 그리스도의 은혜에 착념하며 예수 그리스도를 믿음이 증진될 것입니다. 또한, 성령의 감화가 없으면 수용자도 영적 유익을 받을 수 없습니다. 성령의 감동 감화는 단순한 감정적인 것이 아니라, 구원 지식에 대한 깨달음, 창조 경륜에 대한 깨달음 등 지식에 관련한 부분입니다.

성경 해석에서 '내적 교사(*interior magister*)로서 성령'이라는 주장을 하여 성경 해석의 중요한 기틀을 세운 사역자는 칼빈 목사입니다. 칼빈은 최초로 성경 주석을 집대성했으며 설교를 진행한 목사로서 성경의 해석에서 최종적인 권위로 '내적 교사로서 성령'의 효과와 적용을 고백하였습니다.

칼빈 목사는 성경을 해석하여 구체적 복음을 증거한 유력한 사역자입니다. 그리고 제네바를 효과적으로 그리스도의 나라가 되도록 구현하였습니다. 구원의 지식을 바르게 믿고 전하여도, 듣는 자의 마음에서도 성령의 효과적인 역사가 있어야 합니다.

성령의 충만한 역사는 전하는 자와 듣는 자가 함께하는 믿음의 화합입니다. 아무리 탁월한 사역자여도 듣는 자의 마음이 돌같이 굳어 있다면, 선지자를 죽이는 패턴이 여전히 교회에서 발생할 것입니다.

13　Gerhard Maier, 『성경해석학』, 송다니엘 역 (서울: 영음사, 2014).

1935년 오방 최흥종은 신사참배를 하며 배도할 것 같은 부패한 사역자들을 놓고, 평신도를 향해 그런 사역자를 피하라고 경고하였습니다.[14] 부패한 사역자 때문에 부패한 평신도가 될 때 사역자의 책임이지만, 성경을 번역하여 읽게 한 종교개혁 이후로는 누구도 핑계할 수 없게 되었습니다.

우리나라는 교육 의식이 높으므로 어떤 핑계도 댈 수 없습니다. 성도는 복음을 선포하지 않는 사역자를 향해서 거부할 권리가 있고, 사역자에게 바른 설교를 하도록 요구할 수 있습니다.

대표적 사례는 네덜란드 개혁교회에서 아브라함 카이퍼(Abraham Kuyper, 1837-1920)의 경우입니다. 카이퍼는 25세에 박사 학위를 취득하고 26세에 첫 사역지로 부임한 베이스트(Beest)교회에서 자유주의 사상을 설교했는데, 여성도 발투스(Baltus)가 영혼의 양식이 되는 설교를 부탁하는 말을 듣고 개혁파로 전향하였습니다.

성령께서 성도의 마음속에 감동 감화를 일으키는 사역을 하십니다. 그래서 성경이 무오한 진리이며, 신적 권위를 고백하도록 합니다. 인간이 성화되는 신비가 성경 해석을 전하고 듣는 훈련과 성령의 감동 감화에 있습니다.

성령께서 우리의 심령에서 사역하시기 때문에 내적 사역(inward work), 내적 교사(inner teacher)라고 합니다. 성령께서 내적 교사(inward teacher)이고, 성경 교사는 외적 교사(outward teacher)입니다. 그리스도인은 말씀(*per verbum*)을 통해서(외적 교사) 말씀(*cum verbo*)과 함께(내적 교사) 복음을 전하고, 복음을 듣고 행합니다(계 1:3).

---

14 최장일, 고경태, 『오방 선생 최흥종』 (서울: 바이블리더스, 2018).

6. 하나님 자신의 영광, 사람의 구원, 신앙과 생활에 필요한 모든 것에 관한 하나님의 전체 경륜은 성경 안에 분명히 나타나 있고, 선하고 필연적 결과를 성경에서 찾아낼 수 있다. 성경이 [완성된 이후로는] 어느 때를 막론하고 성령의 새로운 계시나, 또는 인간의 전통에 의해서 그 어떤 것도 추가될 수 없다(딤후 3:15-17; 갈 1:8-9; 살후 2:2). 그리고 우리는 성경 이해 과정에서 성령 하나님의 내적 조명이 필수인 것을 인정한다(요 6:45; 고전 2:9-12). 그리고 하나님께 예배하는 전반적인 요소와 교회정치뿐만 아니라, 본성의 빛에 의해 형성된 일반적인 사람의 행동과 사회에 관한 여러 상황은 그리스도인이 말씀의 일반 법칙을 따라서 신중하게 항상 관찰하고 분별해야 한다(고전 11:13-14; 14:26, 40).

VI. The whole counsel of God concerning all things necessary for His own glory, man's salvation, faith and life, is either expressly set down in Scripture, or by good and necessary consequence may be deduced from Scripture: unto which nothing at any time is to be added, whether by new revelations of the Spirit, or traditions of men. Nevertheless, we acknowledge the inward illumination of the Spirit of God to be necessary for the saving understanding of such things as are revealed in the Word: and that there are some circumstances concerning the worship of God, and government of the Church, common to human actions and societies, which are to be ordered by the light of nature, and Christian prudence, according to the general rules of the Word, which are always to be observed.

6. 성경 (6) 성경의 명료성과 충족성

성경은 하나님의 구원경륜, 하나님께서 영광 받으셔야 함, 인간의 구원과 믿음과 생활에 대해서 명확하게 표현합니다. 성경이 모든 것을 분명하게 말씀하기 때문에, 성경에서 하나님의 뜻과 인도하심을 명확하게 알 수 있습니다.

성경에서 하나님의 뜻이 선하고 필수불가결한 것을 연역할 수 있습니다 (deduced). 우리에게 알려진 귀납법적 성경 해석의 맹점은 백지상태(*Tabula rasa*)가 있다는 개념이 있습니다. 하나님의 절대성도 잠재시킨 상태, 백지상태(*Tabula rasa*)에서 진행할 수 있다는 개념입니다. 연역적이라는 것은 변하지 않는 절대적 가치를 전제한 상태에서 성경을 읽는다는 것을 의미합니다. 그것이 하나님의 전능하심과 선하심입니다.

반틸 박사는 바르트의 행동주의(actvisim)에 반대해, 전제주의(Presuppositional Apologetics)라는 신학 방법을 제언하였습니다. 모든 전제를 부정하는 귀납법은 성경 해석에 적합하지 않습니다. 성경 해석은 전능하신 창조주 하나님의 선하심을 도입 전에 확립해야 합니다.

필자는 '비그리스도인(non-Christian)은 성경에서 구원할 지식을 도출할 수 없다'고 단정합니다. 비그리스도인이 성경을 해석하면 인문학적 해석 범주를 벗어날 수 없습니다. 성경은 그리스도인이 해석하며, 그리스도인에게 영적 유익을 주는 유일한 보화입니다.

성경의 충족성은 성경 외에 어떤 영의 다른 계시나 인간의 전통을 가미시키는 것을 금지합니다. 신사도 운동은 기록된 성경 밖, 다른 계시 확장 운동이며, 로마교회(천주교)는 성경 외에 전통을 첨가하였습니다. 성경의 충족성은 성경만으로 충분한 구원의 지식과 생활에서 하나님의 인도함을 받을 수 있다는 것입니다.

그러나 '성경 자체'라는 의미는 '성령의 내적 조명'이 항상 함께 있는 것입니다. 성령의 내적 조명이 없이는 성경을 바르게 해석할 수 없습니다. 성령의 조명하심은 인간 본성의 빛과 분별해야 합니다. 인간 본성의 빛에도 기쁨과 능력이 있습니다. 그러나 구원에 이르게 하는 능력과 구원의 기쁨은 제공하지 못합니다.

'성경'에서 예배, 교회 정치, 인간 생활과 사회의 일반적 부분까지 원리를 찾을 수 있습니다. 즉, 성경은 구원의 지식에 한정되는 것이 아니라, 일상적 생활까지 연결되고 충분한 지혜와 지식을 제공하는 하나님의 말씀입니다. 따라서 성경을 읽음으로 경건의 유익과 생활의 유익까지 제공받게 됩니다.

WCF에서 성경은 특별 계시 영역과 일반 계시 영역 전반에서 효과적인 도구임을 밝혔습니다. 그러나 일반(본성) 영역에서 성경의 역할은 직접적 관계가 아니라, 특별 계시에 근거한 지성(*ratio renata*)이어야 합니다.

그래서 일반적 원리라 할지라도 그리스도인은 성경을 깊이 묵상하고 고찰함으로 결정해야 합니다. 불트만의 탁월한 제자였던 에타 린네만(Eta Linnemann, 1926-2009)은 역사비평학 성경 탐구를 거부하며, 계시에 근거한 성경 이해와 학문 체계 이룸을 추구하였습니다.[15]

개혁 신앙은 구원의 지식뿐만 아니라, 일반 학문 영역에 대해서도 깊은 관심과 인식 영역 확장을 추구합니다. 이런 모든 과정이 성경을 기초로 이루어질 수 있습니다. 교회와 사회가 모두 성경 지식의 기초 위에서 세워질 수 있도록 하는 것입니다. 창조주를 아는 지식이 풍성한 학문 구조를 이룬다면 창조 명령에 순종하기 때문에, 모든 피조물이 땅에 충만하고 번성할 것입니다(창 1:28).

> 7. 성경에 있는 모든 것들이 그 자체로 평범하지 않으며, 모든 사람에게 명확한 것은 아니다(벧후3:16). 그러나 구원을 얻기 위한 필수적인 지식, 믿을 내용, 지켜야 할 내용들은 명료하게 제시하고 있으며, 성경 여러 곳에서 개방되어 있다. 또한, 학식이 있는 사람뿐만 아니라 학식이 없는 사람도 보통 방법을 적절하게 사용한다면, 구원 지식에 관해서 충분한 이해에 이를 수 있다(시 119:105, 130).

---

15 Eta Linnemann, 『성경비평학은 과학인가 의견인가』 『성경비평학은 과학인가 조작인가』 (*Was ist glaubwuuerdig- DieBebel oder die Bibelkritik?*), 송다니엘 역(서울: 부흥과 개혁사, 2010).

> VII. All things in Scripture are not alike plain in themselves, nor alike clear unto all: yet those things which are necessary to be known, believed, and observed for salvation are so clearly propounded, and opened in some place of Scripture or other, that not only the learned, but the unlearned, in a due use of the ordinary means, may attain unto a sufficient understanding of them.

7. 성경 (7) 성경의 필요성과 단순성

성경은 사람이 성경을 읽으면 구원 지식을 명확하게 인식할 수 있도록 합니다. 성경은 자체로 진리를 증거하기 때문에 성경을 읽는 독자를 제자로 세워 정확하게 하나님의 뜻을 인도합니다. 그러나 모든 사람에게 동일한 내용으로 주시지는 않습니다.

그렇기 때문에 성경 독자는 단독자가 되는 것이 아니라, 항상 성경을 읽는 지체와 함께 교제와 교통을 추구합니다. 자신이 읽고 받은 은혜가 더 완전한 것은 다른 성경 독자와 교제하면서, 성경과 삶의 이해와 적용을 더 풍성하게 진행합니다.

장로교회는 성경을 스스로 읽어 은혜 혹은 유익을 취하는 방식이 아닌, 강단에서 목사가 해석하고 선포한 것을 근거해서 구원 지식을 확립하며 확장합니다. 성경 읽기를 강조하면서 강단 설교의 가치를 약화, 의심, 부정하는 것은 장로교회 신앙을 이루기 어렵습니다. 외적 교사인 성경 해석자를 기쁘게 용납할 수 있어야 합니다(딤후 3:14).

그러나 성경을 읽는 모든 사람에게 성경 내용이 명료한 것이 아닙니다. 성령의 감동과 조명이 없이는 성경을 알 수 없습니다. 또한, 전혀 풀리지 않는 난제(難題)가 많이 있습니다. 그러나 성경에서 하나님의 뜻을 명료하게 알 수 있는데, 예수 그리스도 구속의 피 은혜로 구원을 시작하고 이루는 것입니다. 그리스도 피의 구속을 믿지 않으면, 복음에 감동이 없으며 비록 성경을 읽는다고 하여도 성경은 일반도서와 차이가 없을 것입니다.

계시가 충족된 우리 시대에는 오직 성경으로 구원을 위한 지식을 소유할 수 있고 고찰할 수 있습니다. 성경에만 창조주 하나님과 관계한 인간 구원에 필요한 지식이 있습니다.

"구원이란 무엇인가?"

구원은 죄 사함과 영생입니다.[16] 다른 종교에서는 인간 마음의 평안, 현세의 안정을 추구합니다. 그러나 성경은 마음의 할례(죄 사함)와 사후의 삶(영생)을 위한 정진 속에 자유와 평안이 있다고 훈련시킵니다(disciple).

믿음의 조상인 아브라함과 이삭과 야곱은 현세의 안정을 추구하지 않고 오직 완전한 구원을 사모하였습니다. 야곱은 장자권을 아버지의 재산 권리로 보아 형 에서에게서 빼앗지만, 결국 형 에서에게 아버지의 재산 모두를 빼앗기고 정말 장자권만 소유하게 되었습니다.

결국, 야곱은 장자권이 물질이 아닌 영적 의미, 메시아의 오심을 알고 인내와 평안의 삶을 영위하였습니다. 목사 후보생이 큰 교회가 하나님의 온전한 사역이라고 생각하고 열심히 신학 훈련을 하고 사역지에 들어섰는데, 시골 작은 교회에서 사역을 벗어나지 못할 때 비참함이 아니라, 주 하나님께서 피로 사신 교회의 사역지의 영광을 알 때 야곱처럼 고백하며 전심과 충성으로 교회와 성도를 섬길 수 있을 것입니다.

---

16 김세윤, 『구원이란 무엇인가』 (서울: 두란노, 2011). 김세윤 교수는 구원을 "모든 악과, 고난에서 해방되는 것"이라고 말한다. 악과 고난의 원인은 죄인데, 죄는 무한한 자원의 출처인 하나님을 포기하고 스스로 자존하려는 시도이다. 제한된 자원을 소유한 인간이 무한한 자원의 출처인 하나님에게로 전환하여 풍성하게 누리는 것이라고 한다. 구원은 하나님과 올바른 관계를 회복하는 것이라고 하였다.

성경의 명료성은 성경을 읽는 독자가 성경의 의미를 명확하게 알 수 있음을 확증하는 것입니다.

성경의 단순성은 성경을 읽는 독자는 교육 수준에 상관없이 하나님의 인도하심에 대해서 충분히 이해할 수 있는 것입니다. 일반 학문은 지식의 수준에 따라서 결정되지만, 성경의 지식은 지식의 수준이 아니라, 전적 은혜에 있습니다. 비록 구원 지식이지만 일반적 방법을 무시하지 않습니다. 즉, 성경을 꾸준히 읽는 것과 교육과 교제의 방법으로 더욱 명백히 알게 된다는 것입니다.

성경의 제자에게는 성경을 통해서 말씀으로 하나님의 뜻이 충분하게 이해되고 전달됩니다. 끊임없는 학문 훈련, 보이지 않는 영적 훈련, 고난의 삶을 인내함 속에서 성경의 보화를 캘 수 있으며, 전할 수 있습니다. 그 보화를 전하는 자와 그 보화를 듣고 지키는 자가 복이 있습니다.

8. 히브리어로 기록된 구약성경(옛날 하나님의 백성들이 사용하였던 언어, 히브리어)과 헬라어로 기록된 신약성경(예수 시대에 모든 나라에서 가장 일반적으로 사용하였던 언어, 헬라어)은 하나님으로 말미암아 직접 영감을 받았고, 독특한 방식으로 보호와 섭리를 통해서 모든 시대에 순수하게 보존되었기에 [절대] 권위가 있다(마 5:18). 그러므로 교회에서 일어난 모든 종교[신앙과 신학] 논쟁이 발생한다면 성경에 최종적으로 호소하여야 한다(사 8:20; 요5:39, 46; 행 15:15). 그리고 성경을 읽을 권리가 있고 성경에 관심을 가진 모든 하나님의 백성들이 하나님을 경외함으로 읽으며 성찰할 수 있어야 하는데 성경 원어를 읽지 못하기 때문에(요 5:39), 각 언어로 번역하여 모두가 읽도록 하여야 한다(고전 14:6, 9, 11-12, 24, 27-28). 그래서 모든 하나님의 백성이 말씀 안에 충만하게 거주하며, [성경에 대한 명료한 이해]를 갖고서 자기 언어로 하나님께 예배하며(골 3:16), 성경의 인내와 위로를 통해서 소망을 갖도록 하여야 한다(롬 15:4).

VIII. The Old Testament in Hebrew (which was the native language of the people of God of old), and the New Testament in Greek (which, at the time of the writing of it, was most generally known to the nations), being immediately inspired by God, and, by His singular care and providence, kept pure in all ages, are therefore authentical; so as, in all controversies of religion, the Church is finally to appeal unto them. But, because these original tongues are not known to all the people of God, who have right unto, and interest in the Scriptures, and are commanded, in the fear of God, to read and search them, therefore they are to be translated in to the vulgar language of every nation unto which they come, that, the Word of God dwelling plentifully in all, they may worship Him in an acceptable manner;[and, through patience and comfort of the Scriptures, may have hope.

8. 성경 (8) 성경 번역의 당위성

중세 로마교회에서는 평신도가 성경을 읽고 자의적으로 해석하는 일을 금했습니다(1229년 툴루즈 공의회, 1546년 트렌트 공의회, 나무위키 참조). 교회가 오류된 성경 해석을 금지하기 위한 거룩한(?) 목적으로 성경 읽기를 금지한 것입니다. 오류된 성경 해석은 교회에 무익하거나 해로울 것입니다.

그런데 14세기부터 꾸준히 자국어로 성경 읽기를 시도하였고, 16세기 종교개혁에서 루터는 독일어로, 올리베땅(Olivétan)과 칼빈은 프랑스어로, 제네바에서 영어로 성경(제네바 성경, 1560)을 번역하였습니다.

그리고 구텐베르크의 금속활자 인쇄술을 기반으로 번역된 성경이 출판되면서 급속하게 확장되었습니다. WCF에서는 성경 번역의 당위성을 제시합니다. 연합성경공회(United Bible Societies, UBS)는 2016년 12월 말 기준으로 성경이 최소한 단편(쪽복음)이라도 번역된 언어의 수가 3,225개에 이른다고 발표하였습니다.

UBS는 세계 언어를 6,880가지로 보았고, 성경 전서는 648가지 언어로 번역되었고, 신약전서는 1,432가지 언어로 번역되었고, 단편은 1,145가지로 번역되었다고 합니다. 성경을 모든 언어로 번역하는 것이 복음을 땅끝까지 전하는 방편입니다.

성경 언어는 구약의 히브리어와 신약의 헬라어입니다. 일부(다니엘)는 아람어로 기록하기도 하였습니다. 중세 로마교회는 라틴어 성경(Vulgate)을 권위 있는 성경으로 보았습니다. 종교개혁에서 히브리어와 헬라어를 성경 근본 언어로 확립하였습니다. 성경 저자들이 기록한 언어, 그 성경은 하나님의 영감으로 기록된 정확무오한 하나님의 말씀입니다. 성경 무오(Bible Inerrancy)는 원전(Biblical original text)의 무오를 의미합니다.

성경은 현재까지 하나님의 특별한 돌봄의 섭리에 의해서 보존되고 유지되었습니다. 성경을 파괴하거나 왜곡시키려는 시도는 꾸준히 진행되고 있습니다. 이제는 성경을 파괴할 수 없을 지경이기에, 성경을 왜곡하는 일을 합니다.

첫째, 하나님 말씀의 영감과 수준을 왜곡하였습니다.
둘째, 그릇된 성경 해석을 쉬지 않고 양산합니다.

우리는 성경을 왜곡하는 사상과 왜곡된 해석에 대해서, 정확 무오한 하나님 말씀의 성경을 견지합니다. 성경은 하나님의 백성에게 구원의 도리를 확실하게 계시하는 유일한 보고입니다. 그리고 바른 성경 해석의 산물을 끊임없이 시도하며 양산하는 것이 변호적 사역입니다.

성경은 모든 교리 논쟁에서 최종 권위를 갖습니다. 18세기 제믈러라는 신학자가 성경신학 시대를 개방하였는데 결과적으로 성경의 권위를 부정하는 풍토가 학계와 교회에 정착되었습니다. 이젠 학계에서 성경의 권위는 절대적 위치가 아닙니다. "성경으로 신학함"을 말하기 어렵게 되었습니다.

바울서신도 6권만이 진짜 바울서신(authentic Pauline epistles)이라고 주장합니다. 더 적게 말하는 신학자도 있습니다. 신학 대화와 변증에서 성경의 신적 권위를 주장할 수 없고, 오직 이성의 합리에 호소해야 합니다. 이성은 격돌에서 다수 숫자로 결정하기 때문에 성경의 절대 권위에 호소하는 측은 반드시 패할 수밖에 없습니다.

모든 사람이 성경을 읽을 수 있도록 자국어로 성경을 번역하는 일은 당연한 일입니다. 모든 사람이 읽을 수 있는 성경을 통해서 하나님을 바르게 예배하는 것과 성도가 소망 중에 성경이 주는 인내, 위로를 받을 수 있습니다.

로마교회는 오직 사제에게서만 위로를 받을 수 있었지만, 개혁교회는 말씀(선포된 말씀)과 스스로 탐구한 말씀을 통해서도 위로를 받을 수 있습니다. 그래서 교회의 말씀 강단이 더욱 더 은혜가 풍요로워지도록 하였습니다.

성경은 누구의 전유물이 아니라, 모든 백성에게 주신 주의 선물입니다. 그럼에도 성경을 읽을 때 선포된 말씀을 중심으로 베뢰아의 성도들처럼 탐구하는 것이 전형적이고 효과적인 방안입니다. 그리스도인이 스스로 성경을 읽고 해석하여 은혜를 누린다는 발상은 경건주의적 발상이거나 재세례파의 방종주의와 유사합니다.

성경 해석은 합당한 교사를 중심으로 인식의 영역을 확장시키는 것이 바람직합니다. 그래서 말씀 사역자는 성경을 읽고 해석하고 전할 능력과 함께, 성도들에게 합당한 교육과 교통을 할 수 있는 학문 능력이 필수 사안입니다.

> 9. 성경을 해석하는 정확무오한 법칙은 성경 자체이다. 그리고 어떤 성경 본문에 대해서 참되고 완전한 의미에 대해서 의문이 발생하였을 때(완전한 의미는 다수가 아니고 하나), 그 의미는 더 확실하게 규정한 다른 성경 본문에 근거해서 탐구하며 알아가야 한다(벧후1:20-21; 행15:15-16).
>
> IX. The infallible rule of interpretation of Scripture is the Scripture itself: and therefore, when there is a question about the true and full sense of any Scripture (which is not manifold, but one), it must be searched and known by other places that speak more clearly.

9. 성경 (9) 성경은 성경으로 해석함

WCF 1:9은 종교개혁의 성경 해석 원리인 "성경은 성경으로 해석"(Scriptura interpres sui ipsius est)함을 명료하게 제시하고 있습니다. 먼저 성경이 성경을 해석한다는 것은 방법론 이전에 성경의 최고의 권위, 성경의 명료성, 성경의 가신성을 의미합니다. 성경 해석을 위해서 다른 규범이나 도구를 도입시키는 것이 아니라, 오직 성경으로 탐구하여 결정할 수 있습니다.

계시 외에 다른 보조 증거 혹은 합리적 산물을 도입시키는 것은 WCF의 성경 해석 원리에 부당합니다. 예수 이해에도 여러 역사 기록이나 고고학 자료를 통해서 증거하는 것은 신앙의 유익이 아니라 접촉점을 만들기 위한 한 방편으로 생각해야 합니다. 설교에서 예화를 들어 의미를 전달하겠다는 생각에 많은 주의가 필요합니다.

또한, 성경 본문이 상호모순이 되는 것처럼 보이는 문장에 대해서도 성경 본문의 어떤 한 부분도 소홀히 여길 수 없습니다. 비록 성경이 사본과 번역본으로 전달될지라도 성경의 권위에 대해서 소홀히 할 수 없습니다.

첫째, 성경 본문의 상호모순에 대해서는 성경의 가장 명확한 진술로 판단합니다. 성경에서 가장 명확한 진술은 "하나님은 한 분"이시라는 것입니다(신 6:4). 또한, 성경의 목적은 하나님의 구원경륜 계시로서 구원자 예수 그리스도에게 집중하는 것입니다. 예수 그리스도의 인격과 사역의 영광을 위한 성경 해석이 되도록 해야 합니다. 예수 이름이 선전(宣傳)되고 선양(宣揚)될 수 있도록 성경을 해석해야 합니다.

둘째, 성경 본문에서 신학과 신앙 원리를 밝히는 것이 필요합니다. 원리는 상호 긴장 혹은 충돌이 발생하는데, 이때 확실한 성경 본문 의미에 순종하는 겸양의 미덕을 훈련할 수 있습니다. 성경 훈련을 통해서 겸손이 증대하기 때문에 하나님의 살아 있는 말씀임을 체험적으로 알 수 있습니다.

종교개혁가들은 중세 로마교회의 우화적 성경 해석(allegorical interpretation of the Bible)을 거부하고, 역사-문법적 성경 해석(historical-grammatical method)을 도입하였습니다. 두 해석의 공통점은 기독론적 성경 해석인데 로마교회에서는 우화적 성경 해석으로 사변으로 전락해 버렸습니다.

종교개혁에서 확립한 성경 해석 방법은 비록 목표가 선하다 할지라도 성경 본문 의미를 벗어난 의미에 대해서 인정하지 않았습니다. 칼빈은 기독론적 우화적 해석을 철저하게 거부하고 성경 본문에서 구원의 의미를 명확하게 밝히는 성경 주석을 보여 주었습니다.

참고로 우화적 해석은 기독론적 해석과 윤리적 해석이 있습니다. "벳세메스로 가는 소를 본받으라" 와 같은 우화적 해석은 윤리적 해석이고 기독론적 해석이 아닙니다.

WCF 1:5에서는 성령의 내적 사역(감동과 감화)을 진술했습니다. 성경 자체원리와 성령의 내적 교사 역할은 필수적 관계입니다. 성경 자체로서 문자에 매이면 이성이 되며, 성령 사역에만 매이면 신비주의로 가게 됩니다.

아무리 성경을 많이 읽고 연구한다 할지라도 기복적이거나 맹목적인 종교 훈련에서 영적 유익을 얻을 수 없습니다. 그리고 혹시 성경 본문 밖에서 성령의 감동을 받았다고 주장하는 것도 구원의 유익한 지식을 이루지 못합니다. 경건의 유익은 성경을 해석할 때에 성령의 조명을 의지해야 합니다. 성경을 떠나거나 소홀히 여기는 어떤 그리스도인도 바른 영적 진리와 훈련을 할 수 없습니다.

성경은 성경으로 해석해야 합니다. 성경으로 성경을 해석함의 원리는 확실한 성경 의미에 근거하여 불확실한 성경 난제를 해석하는 방식입니다. 구원의 확실한 지식이 있기 때문에 성경에서 만나는 많은 난제에서 실족하지 않게 될 것입니다. 즉, 그리스도인은 가장 확실한 지식이 무엇인지 스스로 답변해야 합니다(마 16:13-20).

10. 모든 종교적 논쟁의 확정, 교회 회의의 모든 결의와 고대 저자들의 의견과 사람들의 교훈과 개인적인 영적 문제들을 검토하고, 선고하는 최고 심판자는 어느 누구도 될 수 없다. 성경 안에서 성령께서 말씀하시기 때문이다(마 22:29,31; 엡 2:20; 행 28:25).

X. The supreme judge by which all controversies of religion are to be determined, and all decrees of councils, opinions of ancient writers, doctrines of men, and private spirits, are to be examined, and in whose sentence we are to rest, can be no other but the Holy Spirit speaking in the Scripture.

10. 성경(10) 성령과 성경이 최종 권위

　WCF 1:10에서 성령과 성경이 모든 신학 논쟁에서 최종적 권위를 갖는다고 제시하였습니다. 18세기의 독일 루터파 신학자 J.S.제믈러(J. S. Semler, 1725-1791)는 성경 사본을 연구하는 학자로서, 성경의 절대적 권위를 무효화하는 선언(기록된 성경은 하나님의 말씀과 동일하지 않다)을 하였습니다. 그 뒤로 교회와 신학에서 성경은 절대적 자리를 상실하였습니다.

　필자는 성경의 권위를 몰락시킨 두 사람, 예수를 실패한 혁명가로 규정한 H.S.라이마루스(H. S. Reimarus, 1694-1768) 그리고 신학에서 성경의 분리를 제언한 'J.S.제믈러'(Johann Salomo Semler, 1725-1791)라는 위인을 자유주의 시작으로 봅니다. 그리고 F.D.E.슐라이어마허(F. D. E. Schleiermacher, 1768-1834)가 믿음을 '절대 의존 감정'(the feeling of absolute dependence)으로 확립하며 자유주의 방법론까지 시작하였습니다.

　J.P.가블러(Johann Philipp Gabler, 1753-1826)는 교리와 성경이 일치하지 않음을 선언하고, 교리에서 자유를 확립하였습니다. 그 뒤로 기독교의 신학과 신앙에서 성경은 최종 권위를 잃었습니다. 슐라이어마허는 인간 스스로 종교를 세우는 것, 라이마루스, 제믈러는 교리를 제거하고 성경으로 생활하기를 추구한 것입니다. 종교의 시작을 전자는 인간 내면에 두었고, 후자는 교리를 제거한 성경 본문 해석에 둔 것입니다.

　그러나 WCF의 내용을 믿음을 위한 표준으로 받는 성도에게는 여전히 성경의 최종권위가 유효합니다. 성경은 신학과 신앙 그리고 생활에서 최종적인 권위를 갖습니다. WCF를 표준문서로 삼는 교회에서 성경을 능가할 권위 있는 문서와 가르침은 없습니다.

　우리는 앞에서 믿음의 선진들이 성경으로 기독교가 공략될 것을 예견하고 'WCF 1장을 성경'으로 확립하였다고 제시하기도 하였습니다. 자유주의는 '이성으로 신학함'으로 성경의 권위를 파괴하였고, 현대 신학은 '이성에 근거한 믿음으로 신학함'으로 신 존재까지 파괴하였습니다.

성경은 공의회의 선포, 고대 교부의 가르침, 사람들의 교훈, 개인적 영(靈)의 체험 현상까지 모든 신앙 논쟁을 결정합니다.

첫째, 성경의 최종 권위는 확정된 교리에 대해서는 부정적 고찰이 아닌, 순복하는 자세로 고찰해야 합니다.

삼위일체, 그리스도의 신성과 인성의 교리는 니케아 공의회(325년), 콘스탄티노플 공의회(381년), 에베소 공의회(431년), 칼케돈 공의회(451년)에서 결정되었는데 지금도 진위를 고찰하는 것은 오히려 성경을 믿지 않는 것입니다.

칼빈은 고대 회의의 결정이 성경 본문에 근거하고 있음을 밝혔고, 성경 해석과 전혀 차이가 없음을 많은 성경 주석으로 밝혔습니다. WCF는 확증된 성경 이해(교리)에 근거해서 불확실한 성경 본문을 해석할 것을 제언하고 있습니다.

둘째, 현재 다양한 교파들이 존재하지만, 보편교회(The Holy Catholic Church)의 교리(Dogma)를 만들 수 없기에, 각 교파의 교리(doctrine), 신앙고백서가 존재합니다.

그런 '교리(doctrine)'에 대해서는 겸손한 자세로 성경적 진위를 고찰할 수 있습니다. 교의(Dogma)는 누구도 수정하거나 거부할 수 없습니다. 교리는 삼위일체와 그리스도 양성 교리(한 위격에 두 본성) 그리고 개혁파의 이신칭의입니다. 참고로 서철원 박사는 WCF의 언약 개념의 수정을 제안(은혜 언약과 행위 언약 ➡ 첫 언약과 새 언약)하였습니다.

셋째, 고대 교부의 가르침이나 믿음의 선진의 가르침에 대해서도 사도행전의 베뢰아 지역의 사람들처럼 성경으로 고찰해야 합니다.

'신학을 깊이 한다'는 것은 곧 성경을 깊이 읽고 묵상한다는 것입니다.

칼빈 목사는 고대 교부 중 어거스틴의 사상을 인정하면서도, 너무나 성경 본문에서 떠난 제시, 상상 등에 대해서는 겸손하게 우려를 표현하였습니다.

넷째, 성경의 최종 권위는 결국 성령의 감동과 감화로 인정됩니다.

그러므로 성경을 읽는 독자는 겸손하게 성령의 인도하심을 받는 훈련을 합니다. 성령께서 주의 학교(Lord's School)에서 선포된 말씀을 통해서(*per verbum*) 순종된 말씀과 함께(*cum verbo*) 훈련시켜 각자 달란트대로 목적지에 도달하도록 하십니다.

참고로 "말씀을 통해서 그리고 말씀과 함께"(*per Verbum, cum Verbo*) 이해는 다양합니다. 우리는 이곳에서 베르붐(*Verbum*)을 '해석된 말씀'으로 규정하고, 성경을 해석한 말씀을 전파함을 통해서(*per verbum*), 해석된 말씀을 듣고 행동할 때도 성령과 함께(*cum verbo*) 진행되는 구조를 제언하고 있습니다.

필자는 좀 더 이해를 증진해서 복음을 전하는 사역자에게 '말씀을 통해서'(*per verbum*), 복음을 듣는 청중에게 '말씀과 함께'(*cum verbo*)라고 제시합니다. 루터는 *per verbum*을 강조하였고, 칼빈은 *cum verbo*를 강조한 것으로 제시합니다.[17] 복음을 전하는 사람을 성령의 감동과 감화로 해석하고 적용하는 문장을 만들어 전달하고, 전달된 합리적 문장을 합리적으로 수용하지만, 성령 조명이 없이는 절대로 하나님 말씀으로 수용될 수 없습니다.

개혁파는 교회에서 선포된 복음을 중심으로 거룩을 이루려고 정진한 것입니다. 그들이 개혁한 것은 미사(고해성사)를 통해서 교회를 이루려는 구도입니다. 급진적 재세례파 계열은 교회의 기능을 거부하고 자발적으로 성경을 읽고 거룩을 이루려는 구도입니다.

---

17 김병훈, "은혜의 방편으로서의 성경: '말씀을 통하여'(*per Verbum*)와 '말씀과 함께'(*cum Verbo*)", 「조직신학연구」, 2013년, 19.

마지막으로 반복해 강조하면 "성경의 저자가 성령이심을 믿고 인정하는 자세"입니다. 그리고 교리 결정도 성경 해석을 놓고 결과물에 대한 논쟁이었는데, 정통 교리가 확정되는 것은 성경을 바르게 해석한 산물이 정통 교리가 되도록 하는 성령의 역사라고 인정하는 것입니다.

그런데 교회가 결정한 결정이 모두 오류가 없는 것이 아닙니다. 개혁파는 451년 칼케돈 공의회(그리스도 양성 이해, 참 하나님과 참 사람, 한 위격에 두 본성)까지 합당한 교리(Dogma)로 취합니다. 공의회의 결정을 성경에 근거해서 성령이 교회에 주신 진리 체계로 받는 것입니다.

431년 에베소 공의회가 결정되었는데, 시릴(키릴로스)의 제자였던 황제 디오스쿠르스(Dioscurus)가 449년 에베소에서 다시 회의를 열어 전 회의 결정을 변경하여 단성론적 성향으로 결정하였습니다. 그것을 도적회의(robbers council)라고 규정하는데, 그것은 451년 칼케돈 공의회에서 431년 에베소 공의회의 결의를 반복하여 확인하였기 때문입니다.

이 일은 로마 교구의 레오 1세가 주도하였는데, 레오 1세는 황제의 누이 풀케리아(Pulcheria)에게 지지를 받아, 황제가 450년에 사망하자 풀케리아의 남편 마르시아누스(Marcianus)가 계승하였습니다. 정치가 깊이 관련되어 있게 보이지만 '보이지 않는 손'[18]을 인정하는 것입니다.

주 하나님께서 자기 피로 사신 교회를 유지하는 것은 교회의 형태와 질서가 아니라, 생명을 얻을 수 있는 구원하는 복음을 통해서 하신 것입니다. 16세기 개혁파(Reformed)는 교리(Dogma, Orthodoxy)를 변경하지 않지만, 20세기 칼 바르트는 교리를 재해석하여 신정통주의(neo-Orthodoxy)를 형성시켰습니다.

---

18 '보이지 않는 손'(Invisible hand)이란 영국의 정치경제학자 애덤 스미스가 『국부론』(The Wealth of Nations)에서 주장한 시장의 가치와 구조를 제언한 도식이다. 경제에 보이지 않는 손이 있어 예측이 불가능하다는 것이다.

제2장

하나님과 거룩하신 삼위일체에 대하여
(CHAPTER II. Of God, and of the Holy Trinity)

1. 유일하신 하나님께서 살아 계시고 참되시다. 하나님께서는 존재(Being)하신다. 하나님의 존재는 완전 무한하시고 가장 순결한 영, 볼 수 없으며[비가시, 非可視], 육체 혹은 가시적인 어떤 부분이나 욕망이 없으시다. 그리고 변하지 않으시고[불변성, 不變性], 무한하게 크시고, 영원하시어, 피조물에 완전히 이해될 수 없으시며[불가해성, 不可解性], 전능하시다[전능성, 全能性]. 가장 지혜로우시며, 가장 거룩하시고, 가장 자유[1]로우시며, 가장 절대적이시다. 모든 일을 자신의 영광을 위하여, 불변하시며 가장 의로우신 의지를 따라 행하신다. 하나님께서 가장 사랑이 많으시고, 은혜로우시며, 자비로우시고, 오래 참으시며, 선과 진리가 풍성하시어 불법과 위법과 죄를 용서하시며, 자기를 열심히 찾는 자들에게 상을 주신다. 그리고 하나님의 심판은 가장 공의롭고 두렵다. 하나님께서 모든 죄를 미워하시고, 죄 있는 자를 결코 죄 없다 하지 않으신다.

I. There is but one only,[2] living, and true God,[1] who is infinite in being and perfection,[3] a most pure spirit,[4] invisible,[5] without body,

---

1 WCF 20장에서 "그리스도인의 자유와 양심의 자유"(Of Christian Liberty, and Liberty of Conscience)에서 free와 liberty를 사용하고 있다. 그때 free를 죄에서부터 자유로 규정한다(WCF 20:1). 그래서 우리는 free를 죄에서 벗어나는 상태로 이해하고 있다. WCF 2:1에서 하나님의 속성에서 free를 most free라고 제시한 것은 하나님께서 죄에서 완전하게 분리된 상태를 표현하는 것으로 이해할 수 있다.

parts,[6] or passions;[7] immutable,[8] immense,[9] eternal,[10] incomprehensible,[11] almighty,[12] most wise,[13] most holy,[14] most free,[15] most absolute;[16] working all things according to the counsel of His own immutable and most righteous will,[17] for His own glory;[18] most loving,[19] gracious, merciful, long-suffering, abundant in goodness and truth, forgiving iniquity, transgression, and sin;[20] the rewarder of them that diligently seek Him;[21] and withal, most just, and terrible in His judgments,[22] hating all sin,[23] and who will by no means clear the guilty.[24]

1) 살전 1:9; 렘 10:10, 2) 신 6:4; 고전 8:4, 6, 3) 욥 11:7-9; 26:14, 4) 요 4:24, 5) 딤전 1:17, 6) 신 4:15-16; 요 4:24; 눅 24:39, 7) 행 14:11,15, 8) 약 1:17; 말 3:6, 9) 왕상 8:27; 렘 23:23-24, 10) 시 90:2; 딤전 1:17, 11) 시 145:3, 12) 창 17:1; 계 4:8, 13) 롬 16:27, 14) 사 6:3; 계 4:8, 15) 시 115:3, 16) 출 3:14, 17) 엡 1:11, 18) 잠 16:4; 롬 11:36, 19) 요일 4:8,16, 20) 출 34:6-7, 21) 히 11:6, 22) 느 9:32-33, 23) 시 5:5-6, 24) 나 1:2-3; 출 34:7[2]

1. 거룩하신 삼위일체 (1) 한 분 하나님

WCF 2장은 "하나님과 거룩하신 삼위일체 하나님"(of God and of the Holy Trinity)을 고백합니다. "하나님과 삼위일체"로 번역하기도 하지만, 원문대로 '거룩'(聖, Holy)을 넣어서 번역하였습니다. '거룩'은 하나님의 성품입니다(레 11:44, 45; 벧전 1:15). 예수께서 아버지께서 온전하신 것처럼 온전하라고 말

---

[2] 너무나 많은 성경 구절이 있어 한 곳에서 제시하였다. 그래서 신앙고백서 원문을 볼 수 있도록 배치하였다. 하나님 존재와 성품에 관련된 성경 구절은 훨씬 더 많다.

씀하셨습니다(마 5:48; 신 18:13). 거룩은 "완전한 선이고 악의 부재"라고 제시하고 싶습니다. 하나님은 거룩하신 영으로 한 분 하나님이십니다.

하나님은 살아 계시고 참되신 유일한 존재입니다. WCF 라틴어에는 "*Unus est unicusque, vivens ille et verus*"로 형용사를 먼저 배치하여 "한 분"으로 시작하고 있습니다. 그것은 하나님의 지식을 고백하는 것을 유도한다고 봅니다. 하나님은 살아계십니다. 하나님은 영원하신 존재로서 영원에서 영원까지 존재하시는 유일한 존재(unique, only)입니다. 하나님께서 유일하신 참이심으로 진리와 선의 원천이고 기준이 됩니다. 그런데 하나님의 백성에게 진리와 선을 아는 것보다 진리와 선의 원천을 아는 것과 신뢰하는 것을 훈련하며, 하나님의 결정과 행동을 온전하게 인정하고 경배드릴 겸손한 자세를 갖추도록 합니다. 인간이 완전한 지식을 이룰 수 없음을 고백하기 때문이기도 합니다.

하나님의 존재는 무한하시고, 완전하시고, 최상의 순결한 영이십니다. 하나님의 존재는 무한하십니다. 무한하신 하나님을 유한한 인간이 아는 것은 불가능합니다(*finitum non capax infiniti*). 창조주를 피조물이 아는 것이 원리적으로 불가능합니다.

그러나 무한하신 하나님께서 유한한 인간에게 자신을 계시하심(self-revelation, self-devaluation)으로 믿음과 신학을 할 수 있습니다. "유한은 무한을 파악하지 못함"(*finitum non capax infiniti*)은 개혁 신학의 중요한 명제이며, 신학하는 사람의 자세가 '겸손'일 수밖에 없는 이유입니다.

하나님은 완전하신 존재입니다. 필자는 구약성경에서 백성에게 "거룩"을 요구하고, 신약성경에서는 "온전"(완전)을 요구하는 것으로 정리하였습니다. '완전'은 구속과 창조의 완성을 추구하는 것으로 제시합니다. 완전을 이루기 위해서 정진하지만, 완전에 이를 수 없음을 알고 있습니다. 하나님께서 자기 백성에게 완전을 요구하시며, 주의 자녀는 그 요구를 부당하게 여기지 않습니다.

개인의 완전과 시간의 완전이 있는데, 개인의 완전은 죽음에서 중지되는 것이고, 시간의 완전은 주 예수의 재림으로 완료됩니다. 개인의 완전을 위해서는 복음으로 훈련하며 복음을 전파하며, 시간의 완전은 택자의 총수가 완료됨으로 성취됩니다. 피조물인 사람은 결코 하나님의 완전에 이를 수 없습니다. 영원에서도 하나님의 완전에 이를 수 없고 파악할 수도 없습니다.

우상숭배가 가득한 열방에 쌓인 이스라엘은 거룩해야 하였고, 부패한 열방을 새롭게 하는 제사장 나라가 되어야 하였습니다(출 19:6). 우상 숭배 안에서 제사장 나라의 임무를 수행하려면 하나님과 이웃 앞에서 흠이 없는 거룩함과 지혜가 필요하였습니다.

하나님의 완전은 백성에게 절대적 순종과 경배를 요구하였습니다. 하나님은 자기 백성을 통해서 열방이 자기를 알아 찬송하고 경배하도록 목적하셨습니다(제사장 나라).

그런데 이스라엘이 열방의 우상을 탐하며 타협하며 주도하기를 주저하지 않았습니다. 하나님을 경배하는 사람은 지혜롭게 정직, 근면, 성실합니다. 우상숭배로 북이스라엘과 유다는 열방보다 더 악한 왕국이 되고 말았습니다. 최정호 목사는 "생성과 소멸의 법칙"이라고 제시하였습니다.

이스라엘이 소멸하고 교회가 생성되는 역사 이해 방식입니다. 교회가 패망한 이스라엘 방식을 고수할 때 개혁되었고, 또 개혁된 교회일지라도 소멸한 이스라엘 방식을 답습한다면 소멸할 것이며, 더 개혁된 교회가 생성될 것입니다.

하나님의 영은 하나님의 존재 방식입니다. 먼저 WCF에서 "가장 순결한 영"이라고 하였습니다. 하나님과 다른 어떤 존재와 비교하는 것이 바람직하지 않지만, 백성의 이해를 돕기 위해서 하나님의 겸비로 다른 영들과 비교를 이룹니다. 믿음의 백성들은 하나님께 대하여 다른 어떤 존재와도 비교하는 것을 주의해야 합니다.

하나님은 영(靈)의 존재이기 때문에 볼 수 없는 존재이며, 몸과 감정이 없습니다. 영의 특징은 육체로 볼 수 없으며 느낄 수 없는 것입니다. 영은 보이지 않지만 존재하며, 느낄 수 없지만 다가옵니다. 알 수 없는 하나님을 알 수 있듯이, 느낄 수 없는 하나님을 느끼게 됩니다. 그 지식과 감정에서 오직 한 고백, 살아 계시고 참되신 유일하신 하나님을 찬양하고 경배해야 바른 믿음이 됩니다. 다른(인간적이고 악마적인) 지식이나 감정으로 인위적이고 악마적인 흥기나 황홀경을 소유하고 누리려는 그릇된 영의 유혹이 있습니다. 지식과 감정을 동반하기 때문에 하나님께서 주신 지식과 감정인지를 반드시 분별하여야 합니다.

거짓되고 독(毒)이 있는 음식은 많이 먹으면 먹을수록 좋지 않으며, 중독(中毒)되면 독을 먹지 않으면 금단현상이 발생합니다. 금단현상을 영적 갈증, 하나님을 향한 열정으로 착각하는 무지와 미궁으로 들어갈 수 있으므로 매우 각별한 주의가 필요합니다. 영(靈) 중독(中毒)은 매우 위험합니다. 영이신 하나님은 생명을 주시는 주(主)이시고, 독(毒)은 전혀 주시지 않기 때문입니다.

유일하신 하나님을 섬기는 백성은 하나님을 섬기고 찬양함과 이웃에게 유익과 사랑이 되는 거룩하고 완전한 존재를 이루도록 힘씁니다. 하나님을 아는 지식의 보고는 성경에 있으며, 전달체계는 합법적 해석자의 인도와 조력과 교통으로 이루게 합니다. 스스로 성경을 읽어 하나님의 지식을 취하려는 태도를 주의해야 합니다. 해석된 말씀, 강단 설교를 주의 깊게 경청하며 바르게 이해해야 합니다.

2. 거룩하신 삼위일체(2) 하나님의 속성

WCF 2:1은 하나님과 그분의 속성에 대해 고백합니다.

첫째, 하나님을 한 분, 영(靈, a most pure spirit)이라고 고백하였습니다.

하나님의 속성은 조직신학(Systematic Theology) 중 신론(神論, the Doctrine of God)에서 제시합니다. 신론에서 하나님의 속성을 비공유적 속성(非共有的 屬性, Incommunicable Attributes)과 공유적 속성(共有的 屬性, Communicable Attributes)으로 구분합니다.[3]

둘째, 하나님의 비공유적 속성은 WCF 2:1에서는 "불변, 무한(광대하고 측량 불가), 영원, 전능"(immutable, immense, eternal, incomprehensible, almighty)으로 하였습니다. 네덜란드 신학자 H. 바빙크는 자존성, 불변성, 무한성, 단일성(Aseity, immutability, infinity, Oneness)으로 하였습니다(『개혁 교의학』, 2권. §193, §194, §195, §196).

영국 WCF는 신론을 체계적으로 제시하는 것을 목표로 하지 않았습니다. 그런데도 상당히 정교한 배열을 하고 있습니다. 하나님의 존재를 인간 이해와 혼합되지 않도록 강력하게 규정한다고 보았습니다. 그리고 하나님의 존재에서 자비와 공의를 명시하는 것이 특징입니다.

우리는 WCF(1647)와 네덜란드 개혁파의 신학에서 이해하는 하나님이 다르지 않음을 확인하였습니다.[4] 그러나 처음 위치에서 "불변성"과 "자존성"

---

[3] 서철원, 『하나님론』 (서울: 쿰란, 2017)에서는 전유적 속성(자존성, 유일성, 무한성, 불변성), 유비적 속성으로 제시하였다.

[4] 8세기 이후 스코틀랜드와 네덜란드는 교회를 분열하면서 다양한 자기 이해를 제시하였다. 우리는 먼저 17세기 분열되기 전, 개혁 신학의 이해를 근거로 각 분열된 이해를 정립하려고 한다. 분열의 원인은 교회와 국가 관계, 특별 계시와 일반 계시의 관계, 언약의 수준 이해 등이다. 우리는 정교분리를 원칙으로 세우고 있고, 특별 계시와 일반 계

으로 약간 차이가 있는데, WCF는 "하나님 의지"로, 네덜란드는 "성경적 하나님으로 자존성(I am)"으로 분류해 봅니다. 두 진영이 모두 칼빈의 후예이지만 동일한 하나님의 속성 이해에서 약간의 차이를 보였습니다.

WCF에는 "전능"으로, 네덜란드에는 "단일성"으로 기술한 차이가 있습니다. 둘을 합한 하나님의 속성은 "자존 하시며, 영원불변하시고, 광대무한 하시고, 전능하신 단일하신 하나님"입니다. 자존성에 대해서는 WCF 2:2에서 설명합니다.

셋째, 하나님의 공유적 속성은 지혜, 거룩, 자유이며, 사역에서 의지, 사랑, 오래 참으심, 인자와 진리입니다. 네덜란드 신학에서는 영성, 지성(지식, 지혜, 진리), 도덕적 성품(선, 거룩, 의), 주권적 속성(의지, 능력)으로 구별하였습니다. WCF는 네덜란드 신학자들의 제시보다 좀 더 다양한 내용을 갖고 있습니다. 그러나 하나님의 공유적 속성에 대해서는 다르지 않습니다. 공유적 속성은 더 많을 수 있습니다.

하나님의 속성에 관해서 이성탐구가 아닌 믿음의 방식으로 이루어집니다. 그러므로 꾸준하게 믿음의 고백을 준행하여 믿음을 증진하여야 할 것입니다. 필자는 하나님에 대한 실천적 적용으로는 "선하신 아버지"를 제언합니다.

고난의 삶의 현장에서 선한 것을 주시는 아버지의 성품을 확실히 믿고, 현재 고난의 삶에서 선하신 아버지의 손길과 숨결을 느낀다면 진정한 WCF 신조를 고백하는 백성의 특징이라고 할 것입니다. 개혁교회 신조 중에서 평안한 땅에서 이루어진 문서는 하나도 없습니다.

시의 엄격한 차이를 세우며, 행위 언약과 은혜 언약(첫 언약과 새 언약, 서철원 박사)의 이해를 견지하고 있다.

하이델베르크 요리문답(Heidelberg Catechism, 1563)은 자기 지역에서 퇴출당하였고, 네덜란드 교회에서 표준문서로 채택하여 보존하였습니다. WCF는 잉글랜드 런던에서 결의하였지만, 스코틀랜드장로교회의 표준문서로 보존하였습니다. WCF도 몇 부류에서 거부된 문서이지만 믿음의 사람들은 바른 문서를 간직하며 믿음을 고백하며 증진하고 있습니다.

1556년 잉글랜드는 국교회(Anglican Church, 성공회)로 전환하며 39개조 신앙조항(Thirty-Nine Articles)을 채택하였고, 1646년에 WCF 문서를 작성하고(1647년 스코틀랜드 의회에서) 1648년 잉글랜드 의회에서 채택하였지만, 다시 그 이전 상태로 전환하였습니다. 1643년 "엄숙 동맹과 언약"으로 형성된 WCF에 참여한 모든 부류가 결정한 뒤, 스코틀랜드 언약도만 그 문서를 지키고 있습니다.

3. 거룩하신 삼위일체(3) 하나님의 자비와 공의

WCF 2:1은 "하나님의 자비와 공의"에 대해서 고백합니다. 하나님의 공유적 속성에서 은혜로운 문장은 "사랑이 충만하시고, 은혜로우시며, 긍휼히 풍성하고, 오래 참으시며, 인자와 진실이 풍성하시어 죄과를 용서하심"입니다.

하나님의 자비는 하나님의 백성들이 갖는 부성애(父性愛)의 한 부분입니다. 조창훈 목사는 칼빈의 『기독교 강요』에 '부성애'(caritas paterna)가 가득하다고 제시하였습니다. 하나님께서 아담의 범죄를 심판하시는 공의의 하나님이시지만, 자기의 피조물, 자기 백성에 대한 무한하신 사랑이 있으십니다. 그래서 범죄한 아담에 대한 자비는 '가죽옷'에서, 아담과 그의 자녀들의 예배를 받으심에서 나타났습니다.

그러나 죄에 대해서는 전혀 용납하지 않으시는 공의의 하나님이십니다. 사회정의를 외치는 부류에서 죄는 '사회의 불평등'이라 주장합니다. 기독교에서 죄는 전능하신 하나님께 반역하는 것이며, 이웃을 미워하고 천시하는 것도 하나님을 향한 반역입니다. 하나님의 자비는 하늘의 처소에서 우리에게 주시는 비와 같은 것입니다.

하나님의 자비는 죄의 용서에서 극치를 발합니다. 죄인을 용서하시어 의인으로 삼을 뿐만 아니라, 자녀 삼아 주시며 찬양과 영광을 받으십니다. 죄인이 회개할 때(Justification), 의인 된 백성이 온전해지기까지(*simul justus et peccator*, Sanctification) 하나님의 인자하심은 측량할 수 없습니다. 하나님의 자비의 믿음에서 성도의 삶의 거룩과 위로가 있습니다.

하나님은 공의로우십니다. 하나님의 공의는 자비와 반대되는 개념처럼 보이지만 동일한 것입니다. 자비가 공의를 무시할 수 없고, 공의가 자비를 무시할 수 없습니다. 하나님의 공의를 거부하는 경향이 있기도 합니다.

그러나 하나님의 공의는 의인과 악인에게 동등한 기준으로 진행합니다. 하나님께서 주시는 비는 의인과 악인에게 공평합니다. 죄인은 하나님의 불공평과 불의를 주장하기도 합니다. 그러나 죄인의 심판정에서 검사는 마귀도 아닌 죄인 자기 자신입니다. 자기의 고소와 정죄에 의해서 재판관께서 심판을 줍니다(롬 2:1).

그러므로 하나님의 심판대 앞에서 핑계할 사람은 누구도 없습니다. 죄를 미워하시는 하나님께서는 어떤 죄든지 결단코 묵과되지 않습니다. 피의 사함이 없이는 절대로 깨끗하게 되지 못합니다.

하나님께서 주시는 상(賞)입니다. 하나님의 은혜 위에 은혜는 의인에게 상을 주시는 것입니다. 상은 "하나님을 부지런히 찾는 사람"에게 주어지며, 히브리서 11:6에서 "믿음"과 관련하였습니다. 믿음에 상을 주시는 하나님을 믿어야 합니다. 하나님께서 상을 주시기 때문에 상급을 바라보는 것이 아니라, 상을 주시는 하나님을 바라보아야 합니다. 믿음은 언제나 믿음을 주신 대상에게 집중하도록 합니다.

믿음의 주이신 하나님의 자비와 주의 은혜가 넘치시길 바랍니다.

   2. 하나님께서 모든 생명, 영광, 선과 복을 자기 안에 자체로 가지셨고, 이 모든 것은 하나님에게서 나온다. 하나님께서 자기 안에 스스로 존재하시며, 자기에 대해서나 모든 면에 있어 충족하며, 친히 만드신 어떤 피조물에 도움을 받아야 하거나, 피조물 자체로부터 어떤 영광을 취해야 할 당위성이 없고, 오직 자기 영광을, 피조물 안에서, 그들을 통해서, 그들로 말미암아, 그들에게 대해서, 그들 위에 나타내신다.
   그리고 하나님께서 모든 존재의 유일한 근원이시며 만물이 그에게서 나오고 그로 말미암고 그에게로 돌아간다. 하나님께서는 무엇이든지 기뻐하시는 대로 만물로 말미암아, 만물을 위해서, 만물 위에 행하기 위하여 만물을 절대주권으로 통치하신다. 하나님 앞에서 모든 만물은 숨김없이 드러나 있다. 하나님의 지식은 무한하시고, 무오하시며, 피조물에 의존하지 않으신다. 그러므로 하나님께 우연한 것이나 불확실한 것은 하나도 없다. 하나님의 모든 경륜과 모든 사역과 모든 계명은 지극히 거룩하시다. 천사와 사람과 다른 모든 피조물은 하나님께 경배와 봉사와 순종하는 것이 합당하며, 하나님께서 그것들을 요구하시며 기뻐하신다.

   II. God has all life,[25] glory,[26] goodness,[27] blessedness,[28] in and of Himself; and is alone in and unto Himself all-sufficient, not standing in need of any creatures which He has made,[29] nor deriving any glory from them,[30] but only manifesting His own glory in, by, unto, and upon them. He is the alone fountain of all being, of whom, through whom, and to whom are all things;[31] and has most sovereign dominion over them, to do by them, for them, or upon them whatsoever Himself pleases.[32] In His sight all things are open and manifest,[33] His knowledge is infinite, infallible, and independent upon the creature,[34] so as nothing is to Him contingent, or uncertain.[35] He is most holy in all His counsels, in all His works, and in all His commands. [36] To Him is due from angels and men, and every other creature, whatsoever worship, service, or obedience He is pleased to require of them. [37]

25) 요 5:26, 26) 행 7:2, 27) 시 119:68, 28) 딤전 6:15, 29) 행 17:24-25, 30) 욥 22:2-3, 31) 롬 11:36, 32) 계 4:11; 딤전 6:15; 단 4:25, 35, 33) 히 4:13, 34) 롬 11:33-34; 시 147:5, 35) 행 15:18; 겔 11:5, 36) 시 145:17; 롬 7:12, 37) 계 5:12-14

4. 거룩하신 삼위일체 (4) 하나님의 인격과 사역

WCF 2:2은 하나님의 인격과 사역 그리고 예배를 받으심에 합당하신 분을 가르치고 있습니다. 우리는 예배 대상, 기도 대상이 동일하다고 주장합니다. 이 대상 지식을 추구하는 것이 신학입니다. 그래서 신학함은 온전한 예배와 온전한 기도를 이루기 위한 훈련입니다. 예배(말씀)와 기도가 충만한 그리스도인은 복음 전파와 선한 생활이 자연스럽게 발생합니다(요 15장).

첫째, 하나님의 인격은 "생명, 영광, 선, 복"입니다.
둘째, 하나님은 "스스로 완전"하셔서 어떤 의존이나 도움이 필요 없으십니다.

자존한 개별 인격은 하나님께 부여되며, 인간은 의존적 공동 인격을 형성하여야 합니다. 하나님은 모든 만물의 근원이시며, 자기 영광을 모든 피조물 안에 분명하게 현시하심을 기뻐하셨습니다(*reveatio ipsius Dei*).
특별 계시(*reveatio*) 지식으로 구원을 이룬 중생된 이성(*ratio renata*)은 만물에 현시된(*manifestatio*) 하나님의 선하심과 영광을 드러냄에 힘쓰게 됩니다. 하나님의 지식이 모든 피조 세계에 나타납니다(현시, manifest). 필자는 manifest와 revelation을 구분하는데, 하나님의 자기 계시가 특별 계시 영역에는 revelation을 모든 영역에는 manifest로 제시합니다.

하나님은 모든 선(善) 자체이며 근원이십니다. 선하신 하나님을 믿는 것은 인생의 험난한 여정과 고난에서 강한 확신을 주어 백성을 위로하며 선하게 만듭니다.

하나님은 완전하시며 자존하신 "여호와"(I am)이십니다. 의존적인 사람은 완전한 자존자이신 하나님을 파악할 수 없습니다. 하나님께서 피조물에 자신을 분명히 현시하심으로 하나님의 인격을 파악할 수 있게 되었습니다. 21세기 현대인들은 자존자를 꿈꾸며 지향하기 때문에 자존자이신 하나님을 파괴하려고 합니다. 하나님을 거부하는 인류 정신이 하나님을 적극적으로 대항하는 자세로 전환한 것입니다. 주께서 제자들에게 세상이 너희를 박해하거든 두려워하지 말라고 권면하셨습니다(요 15:18; 17:14; 요일 3:13; 벧전 4:12; 약 1:12). 그것은 제자들을 미워하는 것이 아니라 자기를 미워하는 것이었기 때문입니다.

하나님께서 만물을 창조하셨습니다. 만물을 창조하신 하나님께서 만물을 통치하십니다. 하나님은 절대주권을 갖고서 만물을 통치하시며, 만물에서 선한 뜻을 기쁘게 행하십니다. 하나님께서 창조한 자기 세계를 통치하시고 성취하십니다. 자기의 선하신 뜻이 창조세계에 실현되심을 기쁘시게 여기십니다. 창조세계 운용을 합리적인 사람의 이성으로는 이해할 수 없습니다. 이해할 수 없는 현상이나 사고에 대해서 하나님의 자녀들은 겸손하게 주의 신실하심을 믿고 의지하며 견딥니다.

하나님은 이성적 피조물(인간과 천사)에게 자기 지식이 피조 세계에 나타내심이 무한하며 무오하며(infinite, infallible) 피조물에서 독립적입니다. 그래서 사람이 스스로 하나님의 지식을 인식할 수 없습니다. 그러나 하나님께서 사람에게 자기를 계시하심으로 인식하게 되며, 확실하게 인식하도록 하셨습니다.

하나님의 사역은 분명하여, 탐구자에게 확실한 지식에 도달하게 합니다. 이성적 피조물은 하나님에 관한 지식이 유한하고 부분적이지만, 확실한 하나님의 지식에 제한해서 확실한 지식을 이룹니다(계시 의존 지식).

하나님은 이성적 피조물에 경배와 찬양받기에 합당하신 창조주이십니다. WCF에서는 모든 피조물도 하나님을 경배한다고 고백하였는데, 합리적 기능이 없는 피조물의 경배는 자연적입니다. 경배는 계시에 의해서 형성되었고 이성적 피조물만이 할 수 있습니다. 천사들도 경배하는 장소에서는 자녀를 따라서 경배에 참여합니다. 이성적 피조물이 창조주께 드리는 경배는 인격적 행위이며 교제입니다.

하나님께로부터 나온 지식으로 인간은 하나님을 알게 되었을 때에 비로소 경건한 마음으로 기쁘게 창조주 하나님을 찬양하게 됩니다. 하나님을 예배할 때는 꼭 하나님께서 제정하신 방법으로 해야 합니다. 인간의 작품(장치)으로는 하나님을 찬양하거나 경배할 수 없습니다.

19세기 미국에서 찰스 G 피니(Charles G. Finney, 1792-1875)가 인간이 고안한 방법으로 부흥을 일으킬 수 있다고 제안하였고, 한국 교회에 많은 영향을 주었습니다. 대표적 프로그램이 '새로운 방법들'(New Measures for Revival)인데, 2박 3일, 3박 4일 부흥회 프로그램도 한 유형입니다.

하나님께 드리는 예배는 52주 주일 예배가 합법적 수단입니다. 한국 교회가 다양한 방편으로 운용되는 예배는 절제될수록 개혁되는 형태일 것입니다. 창조주께서 피조물의 경배와 섬김을 받으심은 큰 신비이며 경탄(The Great Mystery and Wonder)입니다. 감히 피조물이 창조주 앞에서 설 수 있음은 상상할 수 없는 것입니다(*Coram Deo*). 피조물이 하나님 앞에 설 수 없는 불가능한 상황을 창조주께서 우리에게 허락하셨습니다.

> 3. 신성(神性, 하나님)의 일치 안에 삼위(三位)와 한 실체, 능력과 영원을 가졌는데(요일 5:8; 마 3:16-17; 28:19; 고후 13:13), 즉, 성부 하나님, 성자 하나님, 성령 하나님이시다. 성부(아버지)는 아무에게서나 어디에서도 출생하지 않으셨고, 발출하지도 않으시고, 성자(아들)는 성부에게서 영원히 출생하시고(요 1:14, 18), 성령은 성부와 성자에게서 영원히 발출하신다(요 15:26; 갈 4:6).
>
> III. In the unity of the Godhead there be three persons, of one substance, power, and eternity; God the Father, God the Son, and God the Holy Ghost. The Father is of none, neither begotten, nor proceeding: the Son is eternally begotten of the Father: the Holy Ghost eternally proceeding from the Father and the Son.

5. 거룩하신 삼위일체 (5) 삼위일체 하나님 대략

WCF 2:3은 하나님의 삼위일체(三位一體)에 대한 고백입니다. 삼위일체는 한 신적 실체(the Godhead)에 세 위격(three person)입니다. 실체(實體)에 해당된 용어가 동방교회에서는 '우시아'(*ousia*), 서방교회(라틴)에서는 '숩스탄시아'(*substantia*)입니다. 위격(位格)에 해당된 용어는 동방교회 '휘포스타시스'(*hypostasis*), 서방교회(라틴) '페르소나'(*persona*)입니다.

영어로 essence, substance, nature라는 말을 사용하면서, 하나님의 본질이라는 것을 사용하였습니다. '하나님의 본질'보다 '하나님의 본체' 혹은 '실체'라고 사용하는 것이 더 바람직합니다.

김석환 박사는 '본질'(*essentia*)을 어거스틴이 사용하였고, 칼빈이 계승하면서 다수가 활용하지만, "실체"가 더 바람직하다고 제언하였습니다.

우리는 essence는 '본질'로 번역할 것입니다. 영어에서는 substance,

being으로 사용합니다. '본질'이라는 서구 신학 풍토에서, 20세기 현대 신학에서는 acting of God(행동하는 신)이라는 개념이 칼 바르트에 의해서 도입되었습니다. '행동하는 신'에서는 실체(實體) 개념이 없습니다. 하나님은 만물에게 인증받아야 할 존재가 아니라, 만물이 경배해야 할 창조주 하나님이십니다. '인격'과 '위격'은 동일한 용어입니다.

성경에 계시된 하나님은 삼위일체 하나님입니다. 구약성경에서는 유일하신 하나님(신 6:4-5)이고, 신약성경에서 아버지, 아들, 성령(마 28:9; 고후 13:13)입니다. 구약에서 여호와의 이름을 부르면 구원을 얻으며(욜 2:32), 신약에서는 주의 이름을 부르는 자는 구원을 얻습니다. 예수를 구주로 믿으면서 삼위일체 신앙을 가질 수 있었기 때문에, 성경 66권에서 계시하는 하나님은 삼위일체 하나님입니다.

여호와께서 모세에게 제사장에게 시행하라고 주신 아론의 축복문에서 삼위일체 계시가 잘 드러납니다(민 6:24-26). 사도 바울은 아들 하나님, 아버지 하나님, 성령 하나님으로 축복하였습니다(고후 13:13).

삼위일체(三位一體)는 한 하나님(Godhead), 아버지 하나님, 아들 하나님, 성령 하나님입니다(three person). 삼위일체 하나님은 인간의 이성으로 구성한 이해가 아닙니다. '주 예수'를 믿음으로 시작된 명확한 하나님 존재 이해입니다. 기독교 신관은 성육신하신 하나님으로 삼위일체가 고백되어 확립되었습니다.

예수께서 이 땅에 구원하러 오신 구주이심을 믿고 고백함으로, 삼위일체와 그리스도 양성 교리(한 위격에 두 본성)를 고백하게 되었습니다.

'아버지 하나님'은 출생(begotten)이나, 발출(proceeding)이 없는 하나님입니다. '아들 하나님'은 아버지 하나님께 영원히 출생(나심, eternally begotten of the Father)하십니다. '성령 하나님'은 아버지 하나님과 아들 하나님에게서 영원히 발출(나오심, eternally proceeding from the Father and the Son)하십니다.

WCF 고백의 특징은 아버지께서 아들을 낳으심이 아니라, 아들께서 아버지에게 출생하심으로 제시하는 것과 성령께서 아버지와 아들에서 발출하는 것입니다. 아들과 성령이 수동형이 아니라 능동형으로 고백하였습니다.

정통신학(Orthodoxy Theology)은 아버지와 아들을 동일실체(*homoousios*)로 고백하며, 성령 하나님을 고백하였습니다(325, 381년). 381년 콘스탄티노플 신경에서는 성령이 아버지께로 나오심을 고백하였는데, 589년 톨레도(Toledo) 공의회에서 '필레오케'(*filloqe*)를 콘스탄티노플 신경에 부가할 것을 제안하였습니다. 동방교회는 381년 공교회 문서를 주장하였고, 결국 1054년에 공의회 문서를 주장한 동방교회는 정통교회가 되고, 서방교회는 가톨릭교회를 취하면서 분리하였습니다.

동방교회가 아버지와 아들로부터 성령께서 출래하심에 대해서 무지나 부정을 의미하지 않습니다. 함의된 의미가 있다고 주장한 것입니다. 16세기 칼빈은 교회를 '가톨릭교회'(The Holy Catholic)라고 확립하였습니다. 필자는 칼빈이 '정통-가톨릭교회'(The Orthodoxy-Holy Catholic Church)를 추구하였다고 생각합니다.

참고로 19세기 영국의 어빙주의(Irvingism)는 자기 정체성을 '가톨릭-사도교회'(Catholic Apostolic Church)라고 하였습니다. 근거를 사도의 가르침이 아닌 표적(기적)을 근거하여 진행하였습니다.[5]

---

[5] 기적 논쟁은 17세기에 이신론 사고에 맞추어 "기적이 없다"고 주장하였고, 신학과 교회에서 그 철학사조를 수용하면서 유럽은 자유주의 신학 시대가 되었다. 20세기에 들어서면서 미국을 중심으로 "기적이 있다"는 주장이 발생하였다. 이신론에서는 합리적 이성에 근거하기 때문에 판단이 불가능한 기적을 성경에서 합리적으로 해석하였다. 그런데 20세기 미국에서 오순절주의가 도입되면서 기적을 강조하였는데, 기적을 특별한 계시적 현상으로 인정한 것이다. 결국, 은사중지론과 은사지속론으로 분리되었다. 현상적 기적은 계시적으로 해석되었고, 신사도주의에서는 사도적 표징으로 사도적 권위를 부여하려고 한다. 신비주의와 기적주의는 이성주의의 한 양태임을 잘 인지해야 한다. 영적 무지, 모름은 신비가 아니라 무지이다. 개혁 신학은 확실한 지식, 확실한 믿음을 추구한다. 하나님을 알 수 없는 무지는 부정신학과 개혁 신학이 유사한 것처럼 보이지만, 부정신학은 불가지론으로 유도하고, 개혁 신학은 확실한 지식으로 유도한다.

정통-가톨릭교회는 성경의 가르침, 사도의 가르침, 교부의 가르침을 성경 해석으로 확립하며 진행합니다. 직분이나 표적을 계속하지 않고, 완성된 계시에서 복음을 증진합니다.

칼빈의 사상을 계승한 유력한 집단이 장로교회(Presbyterian Church)이기에, 정통-가톨릭교회를 이루어야 합니다. 그래서 목사, 장로, 집사의 직분을 순수하게 유지하려고 노력합니다. 그래서 말씀과 기도, 구제, 질서로 교회가 세워지고 유지되며 확장될 수 있도록 협력합니다.

삼위일체 하나님에서 아버지, 아들, 성령의 순서는 바뀌지 않습니다. 그런데 고린도후서 13:13에서는 아들의 은혜부터 시작합니다. 삼위일체를 이해하기 위해서는 먼저 예수 그리스도의 은혜를 받아야 하기 때문입니다. "오직 믿음"과 "오직 성경"으로 참 하나님(창조주와 구속주)을 알고 바른 예배를 드릴 수 있습니다.

제3장

하나님의 영원한 작정에 대하여
(CHAPTER III. Of God's Eternal Decree)

> 1. 하나님께서 영원부터 자기 의지의 지극히 지혜롭고 거룩하신 경륜을 따라 일어날 모든 일을 자유롭고 불변(不變)하게 작정하셨다(엡 1:11; 롬 11:33; 히 6:17; 롬 9:15, 18). 그러나 하나님께서 죄의 조성자도 아니시며(약 1:13,17; 요일 1:5), 피조물의 의지에 폭력을 가하지도 않고, 제2원인의 자유와 우연성을 폐하지도 않고 오히려 그것들을 확립하신다(행 2:23; 마 17:12; 행 4:27-28; 요 19:11; 잠 16:33).
>
> I. God from all eternity did, by the most wise and holy counsel of His own will, freely, and unchangeably ordain whatsoever comes to pass: yet so, as thereby neither is God the author of sin, nor is violence offered to the will of the creatures, nor is the liberty or contingency of second causes taken away, but rather established.

1. 하나님의 영원한 작정 (1) 하나님의 작정

WCF 3:1은 "자존하신 하나님"입니다. 영원한 작정을 하신 하나님은 자존하신 하나님입니다. 영원에서 하나님의 작정(의지)은 영원부터 영(靈)적 실체로서 하나님이십니다. 김성삼 박사는 총신대학교 박사 논문에서 칼 바르트라는 신학자는 "행동하는 하나님"을 제시했고, 정통 신학(칼빈)은 "자존하시는 하나님"이라고 하였습니다.[1] 바르트의 견해인 "행동하는 신"에서는 실체적 존재가 없고 현재 사람의 인식에 근거하지만, "자존 하시는 하나님"은 영원하신 하나님에게서 출발하게 됩니다.

하나님은 영원부터 자유롭고 불변한 자기 의지로 지극히 지혜롭고 거룩하심으로 모든 것을 작정하셨습니다.

> *Deus, e sapientissimo sanctissimoque consilio voluntatis suæ, libere ac immutabiliter, quicquid unquam evenit, ab omni æterno ordinavit,*

'하나님'(*Deus*, God, 神)은 인류에서 일반 단어입니다. 그러나 기독교에서는 '인격적 하나님'을 믿습니다. 인격은 자기 결정과 결정에 대한 행동과 합당한 책임을 갖는 것입니다. 하나님의 인격은 의지, 자유를 가지시며, 전지전능하시기 때문에 불변하시며 절대적으로 탁월하시고, 인격에 근거한 의지에서 된 모든 것은 지혜롭고 거룩합니다.

기독교의 하나님은 WCF 2:3에서 언급한 삼위일체 하나님이시며 인격적 하나님이십니다. 삼위일체 하나님은 행동이 없는 것처럼 보이지만, 존재에서 인격은 의지에 합당한 행동을 하십니다. 삼위일체 하나님의 영원하신 의지(*consilio voluntatis, consilium Dei*)에는 창조 작정(*decretum*)과 구원협약(*pactum salutis*, Covenant of Redemption)이 있습니다. 영원한 의지의 선택과 유기가 있다고 구도화한 신학이 개혁파 신학입니다.

---

[1] 김성삼, "행위하시는 하나님, 자존하시는 하나님: 바르트와 칼빈의 하나님론", 총신대학교 일반대학원 박사 논문, 2006년.

예정에 관한 작정은 절대적 작정(*decretum aeternum et absolutum*)인데, 이해하는 관점에 따라서 위로의 작정(*consolatorium decretum*) 혹은 조건적 작정(*decretum conditionatum*, 알미니안) 혹은 두려운 작정(*decretum horribile*, 칼 바르트 등)으로 이해하고 있습니다.

삼위일체 하나님은 유일하신(*unitas*) 단순성(simplict)과 단일성(singular)이 있지만 각각 완전하고 자유롭습니다. 하나님의 존재 방식은 영원히 변함이 없습니다. 또한, 하나님께서는 자신의 존재방식을 성경에 밝히 계시하심으로 이성적 피조물과 교제가 이루어지도록 하셨습니다.

그러므로 기독교 하나님 이해인 삼위일체는 교회나 인류사에서 변경될 수 없습니다. 그런데 20세기에 칼 바르트는 삼위일체(*Trinitas*)에서 삼중일신(Dreieinigkeit Gottes)[2]으로 전환하였습니다.

필자는 개인의 자격으로 주장하는 것과 공교회의 고백을 구분할 것을 제언합니다. 칼 바르트는 개인 자격으로 삼위일체를 삼중일신으로 전환할 것을 주장하였습니다. 하나님께서 자기 작정을 진행하실 때에는 지극한 지혜와 거룩으로 하십니다. 과학자의 임무는 창조세계에 현시(manifest)된 하나님의 지혜를 탐구하는 것입니다.

창조세계에서 하나님의 지혜를 볼 때 어떻게 찬양하지 않겠습니까?

그래서 피조물에서 온 지식이라 할지라도 거룩하신 하나님의 의도가 있습니다. 하나님을 찬양할 수 없는 인간의 교만과 욕망 때문입니다.

죄 된 인간은 돈(밥), 명예, 권세를 위한 탐욕을 만족하지 못하며, 자기 탐욕을 위해서 하나님을 이용합니다. 우리 하나님은 인간의 의도대로 움직

---

[2] 칼 바르트는 Dreifaltigkeit Gottes(Threefold God)과 Die Dreieinigkeit Gottes(three-in-oneness, Triunity)을 사용하며 "삼위일체"를 "삼중일신"으로 전환하였다(『교회교의학』 I/1, §8. 계시 안에서 하나님). Dreieinigkeit Gottes(Triunity God)를 박순경 교수는 '삼위일체성'으로 번역하였는데, 필자는 '삼중일신'으로 제안한다.

이지 않으시기 때문에, 스스로 신을 만들어 하나님처럼 섬기며 자기 탐욕을 추구합니다. 그러나 하나님의 작정을 믿는 그리스도인은 하나님의 자비로 중생한 사람이며 오직 믿음으로 순종하여 하나님의 지식에 이르고, 그때그때 고백하며, 거룩한 날에 주께 예배합니다.

2. 하나님의 영원한 작정 (2) 유일한 근원

WCF 3:1은 "자존하신 하나님"께서 모든 피조의 근원이시지만, 죄의 조성자가 아니시며 피조물의 의지도 침해하지 않으심을 고백하는 신비한 문장입니다. 또한, 하나님은 모든 현상에 자유나 우연성이 없는 유일한 원인이십니다.

하나님은 죄의 원인(조성자, *author peccati*)이 아니시며, 모든 피조물의 의지를 강제적으로 억압하지도 않으십니다. 하나님은 제2원인으로 자유나 우연성이 아니며 오히려 확립하십니다.

> *ita tamen, id inde nec author peccati evadat Deus, nec voluntati creaturarum sit vis illata, neque libertas aut contingentia causarum secundarum ablata sit, verum potius stabilita.,*

WCF에서 하나님께서 "죄의 조성자"가 아님을 명시적인 문구로 제시하였습니다. 그것은 예정론이 주는 혼돈을 미연에 방지하고자 하는 것으로 보입니다. 칼빈 신학에서 예정론(이중예정)이 확립하였고, 볼섹(Bolsec)이나 알미니안들에 의해서 꾸준하게 이의를 제기하였습니다.

예정에 대한 비평 중 하나가 하나님께서 죄의 조성자가 된다는 것입니다. WCF는 하나님이 죄의 조성자가 아님을 명시적이고 선언적으로 규정했습니다.

계몽철학의 한 부류는 신정론(神正論, theodicy)을 연구하기도 하였습니다. 신정론은 제1원인을 하나님으로, 죄의 조성자가 아님을 조건으로 연구하였지만, 답을 얻지 못한 상태입니다. 인간 이성으로 풀 수 있는 문제가 아닙니다.[3] 하나님의 세계를 이성으로 변호하는 것이 나쁘지 않겠지만 성공한 사례는 없습니다.

또한, 하나님께서는 폭력이 없으시며 피조물의 의지나 인격을 침해하지 않으십니다. 마치 하나님께서 피조물들의 의지를 강제로 굴복시키는 폭군으로 생각하기 쉽습니다. 그러나 하나님께서는 절대로 피조물의 의지를 강제적으로 조작하지 않으십니다. 튤립(TULIP)에서 불가항력적 은혜(Irresistible Grace)를 피력하지만, 결코 인간의 의지를 강제로 꺾지 않으십니다.

그러나 모든 역사에서 하나님은 제2원인(*causa secunda*)이 아니십니다. 하나님은 제1원인이(*causa sui*)십니다. 그래서 세계에 우연성이나 독단적 자유가 존재하지 않습니다. 현재에는 제1원인을 인간에게 두어 주체성을 강조하면서, 우연성과 자유를 강조하려는 경향이 있습니다. 하나님께서 제2원인을 무시하지 않으심을 고백하는 것이 WCF의 특징입니다.

하나님 의지와 인간 의지의 병존을 서술하는 것이 불가능합니다. "100퍼센트 하나님, 100퍼센트 인간"이라는 표현은 부적절합니다.

WCF 고백처럼 제1원인은 하나님이시고, 하나님께서 제2원인을 꺾지 않으심의 표현이 정당합니다. 고백 문장이지만 명료하게 이해한 문장으로 볼 수 없습니다. 그러나 믿음을 고백하는 영혼에 강한 믿음과 잔잔한 감동이 있습니다. 신학에서는 "허용적 작정"(*decretum permissivum*)이라고 하였습니다. 신자는 하나님을 이해할 수 없는 한계에서 경배하며 주 하나님을 신뢰함을 표합니다. 이해할 수 없으므로 분노가 일어나는 것이 아닙니다.

---

3   김용성, 『하나님, 이성의 법정에 서다』(서울: 한들, 2010).

우리 시대 흐름은 우리의 신앙고백과 정반대입니다. 그런데 사회의 상황은 혼돈과 불안정이 가속화되고 있습니다. 그러면서 불안의 원인은 기독교로 치부합니다. 마치 410년에 로마가 정복되고, 476년에 멸망하면서, 멸망 원인을 기독교 교회로 미룬 것과 유사합니다. 어거스틴은 『하나님의 도성』을 집필하여, 로마의 우상숭배, 부패와 탐욕을 로마 멸망의 원인으로 제시하였습니다.

교회는 거룩함을 추구할 것을 제언하였습니다. 사회의 무질서 증가에 대해서 그리스도인은 하나님의 지혜로 사회에 합리적이고 질서가 있는 문화를 수립하려고 정진합니다. 인류 문화는 자기 무능과 탐욕에 대한 책임을 감당할 희생염소(scape goat)를 찾아 매몰시키고, 망각과 조작 그리고 희망을 포장하여 미래로 나갑니다.

WCF는 하나님께서 모든 선과 질서를 확립하심을 고백합니다. 하나님은 거룩하시기에 질서가 자연스럽게 확립되며, 가장 인간적인 상태를 구현하게 됩니다. 인간은 자기 자신을 사랑하고, 타인을 사랑하고, 자연을 사랑하는 마음을 가질 때 행복합니다. 자기애로 똘똘 뭉친 인간은 스스로 행복하다고 고집을 부립니다.

그러나 홀로된 밤에 주는 고독과 두려움이 엄습할 것입니다. 칼빈은 독재자가 침대에서 번개를 무서워하는 모습을 제시하기도 하였습니다(『기독교 강요』 1,3,2). 인간의 심장은 하나님의 질서에 순응할 때에 가장 안정감을 가질 수 있습니다. 하나님께서 사랑하는 자에게 잠을 주십니다(시 127:2). 젊은이들이 밤이 새도록 술과 향락을 즐기지만(잠 23:29-35), 곧 밤에 잠이 오지 않음에 고통과 슬픔을 느끼게 될 것입니다.

> 2. 비록 하나님께서 모든 조건에서 일어날 수 있는 어떤 일이나 또는 일어날 가능성이 있는 일은 무엇이나 알고 계신다 할지라도(행 15:18; 삼상 23:11-12; 마 11:21, 23), 미래 어떤 일에 대해서 무슨 일이 어떤 형편에서 일어날 것을 미리 아심으로 작정하신 것은 아니다(롬9:11,13, 16, 18).
>
> II. Although God knows whatsoever may or can come to pass upon all supposed conditions; yet has He not decreed anything because He foresaw it as future, or as that which would come to pass upon such conditions.

3. 하나님의 영원한 작정 (3) 절대예정 (Absolute predestination)

WCF 3:2은 하나님 의지가 영원함으로 알미니안의 예지예정(foreknowledge predestination)이나 어떤 조건에 의해서 하나님의 의지가 변하는것이 아님을 고백하는 문장입니다.

필자는 인간은 지식 후에 의지가 발생하지만, 하나님은 의지 후에 지식을 발하신다는 구도를 제언합니다. 지식이 선행하면 의지는 조건적이고 제한적인 의지가 됩니다.

비록 하나님께서 무엇이 발생하거나 일어날 모든 것에 대해서 알고 계시는가 할지라도, 미래를 미리 보신(예지) 것으로 작정하지 않으셨고, 일어난 어떤 조건에 의해서 작정하신 것도 아닙니다.

> *Quamvis omnia cognoscat Deus, quæ suppositis quibusvis conditionibus sunt eventu possibilia; non tamen ideo quicquam decrevit quoniam illud præviderat aut futurum, aut positis talibus conditionibus eventurum.*

하나님께는 모든 것이 가능하며 모든 것이 선합니다. 그런데 인간은 모든 것이 가능하지 않으며, 모든 것이 덕이 되지 않습니다. 하나님의 바른 진리가 있습니다. 하나님의 바른 진리가 참 하나님이시고, 하나님께로부터 나지 않는 그릇된 진리는 하나님께 이르지 못합니다

WCF는 먼저 하나님 지식의 무한성과 절대성을 고백합니다. 하나님 지식의 절대성과 무한성은 아무도 부정하지 못하는 속성입니다. 그러나 하나님 의지 부분에서 난제가 발생하였습니다. 칼빈은 하나님 예정을 어거스틴에서 더욱 구체적이고 확실하게 이중예정(duplex predestination)으로 제시하였습니다.

예정 교리는 하나님 의지의 확정성에 강조가 있고, 그 주장에 반대하는 부류가 발생하였습니다. 이런 주장은 중세에 펠라기우스가, 칼빈 후예의 진영에서 알미니안이 발생하였습니다. 예정을 반대하는 이론은 네덜란드와 영국 등 모든 지역에 퍼져 강하게 활동하는 사상입니다. 송다니엘 목사는 루터는 예정 교리에 대해서 주의를 주었다고 제시하였습니다.[4]

결국, 칼빈에게서 예정 교리가 체계화되면서 많은 혼란을 가져오게 되었습니다. 칼빈의 실수가 아니라 예정론은 이신칭의의 논리적 귀결입니다. 구원은 교회가 선택하고 결정하는 것이 아니라, 영원하신 하나님께서 선택하시고 이루시는 하나님의 경륜입니다. 이신칭의는 현재 발생하지만, 작정은 영원에서 이루어진 것입니다. WCF는 칼빈의 제시와 동일하게 하나님 의지의 확정성을 예지의 부정형으로 강조합니다.

---

4   한병수, "루터의 예정론", 「한국개혁 신학」, 2017년, 55권. 한병수는 루터에게 예정론이 강하다는 의견이 있지만, 루터에게서 독립적 논제로 제시한 적이 없다고 제시하였다. 그리고 루터가 예정에 대한 인간의 과도한 호기심을 극도로 경계하며 성경의 경계선을 넘어가지 말 것을 엄중히 경고하였다고 제시하였다.

의지와 지식의 선행 문제는 인식의 순서에 차이가 있습니다. 인간은 지식이 들어와 결정하는 구조이지만, 하나님은 의지가 먼저, 선행하고 지식이 나아가기 때문입니다. 하나님께서 인간처럼 지식이 먼저, 선행한다면 천지창조, 구속 사역, 영생 등을 설명할 수 없습니다. 하나님의 작정이 선행한 뒤에 하나님의 지식에 따라서 창조세계가 운영되는 구도가 완전합니다.

WCF는 무조건적 선택(Unconditional election)을 고백합니다. 조건적 선택(conditional election)에 대한 부정형으로 제시하였습니다. 도르트 신경과 동일한 내용입니다. 무조건적 사랑은 성경의 명백한 가르침입니다. 조건적 하나님이 아닌 불변의 하나님이 믿음의 대상입니다. 조건적 선택은 인간의 열심을 격려하는 것이 아니라 하나님의 불변성을 부정하는 것입니다.

3. 하나님의 작정을 따라, 하나님께서는 자기 영광의 현시를 위하여, 어떤 사람들과 천사들은(딤전 5:21; 마 25:41) 영생에 이르도록 예정하시고, 그 나머지는 영원한 죽음에 이르도록 작정하셨다(롬 9:22-23; 엡 1:5-6; 잠 16:4).

III. By the decree of God, for the manifestation of His glory, some men and angels are predestinated unto everlasting life, and others foreordained to everlasting death.

4. 이같이 예정되고 미리 작정된 천사들과 사람들은 개별적이며 불변적으로 계획되었고, 그들의 수는 매우 확실하고 한정되었으므로 증가나 감소가 불가능하다(딤후 2:19; 요 13:18).

IV. These angels and men, thus predestinated, and foreordained, are particularly and unchangeably designed, and their number so certain and definite, that it cannot be either increased or diminished.

4. 하나님의 영원한 작정 (4) 이중예정

　WCF 3:3에서 사람과 천사의 예정(선택과 유기), 4절은 불변한 예정을 고백합니다. 사람과 천사는 이성적 피조물로서 예정되었지만, 예정의 내용에서는 약간 구별이 있습니다.

> III. *Deus, quo gloriam suam manifestaret, nonnullos hominum ac Angelorum decreto suo ad æternam vitam prædestinavit, alios autem ad mortem æternam præordinavit. IV. prædestinati illi et præordinati homines Angelique, particulariter sunt ac immutabiliter designati, certusque illorum est ac definitus numerus, adeo ut nec augeri possit nec imminui.*

　장로교회의 하나님 예정은 이중예정(*duplex Dei praescientia*)입니다. 이중예정은 선택과 유기(Election and Reprobation)를 명확하게 세운 것입니다. 하나님의 작정은 하나님의 불변성과 인격성의 속성에, 인격으로 자기결정을 하며 변하지 않음을 믿습니다. 성경과 상황에서 불(不)그리스도인의 배도자가 너무나 명확하기 때문에 유기를 부정할 수 없습니다. 그러므로 당연히 하나님의 인격적 결정에서 선택과 유기를 말할 수 밖에 없습니다.

　그런데 인간의 예정과 천사의 예정에는 약간의 차이가 있습니다. 천사의 예정은 확정적이고 불변합니다. 그러나 인간 택자의 숫자는 증가하는 것입니다. 이 땅에서 택자의 숫자가 감소할지라도 보이지 않는 교회에서는 숫자가 증가합니다. 또한, 인간의 불신과 배도에도 죽음까지 인간이 절대로 확정하지 않고 끊임없는 인내와 경주로 구원의 도리를 세웁니다. 택자의 총수를 채우는 것이 하나님의 구원경륜입니다(요 14:3). 예정은 절대적 하나님의 주권 영역이기 때문입니다.

선택과 유기의 숫자는 증가나 감소가 없습니다. 그럼에도 영원에서 예정된 사람을 구원하기 위해서는 반드시 주의 복음 전파가 필수 과정입니다. 하나님께서 결정하신 예정과 그리스도인의 복음 전도가 조화가 되지 않은 것처럼 보입니다. 그러나 하나님의 선택된 숫자를 충원하는 방법이 그리스도인의 복음 전도로 확정하셨습니다(고전 1:21). 예정론을 믿는 백성에게 무한한 경건과 겸손이 요구됩니다.

> 5. 인류 중 생명으로 예정된 사람들은 하나님께서 창세 전에 그의 영원하고 변함없는 목적과, 은밀한 경륜과, 선하시고 기뻐하신 뜻을 따라 영원한 영광에 이르도록 그리스도 안에서 선택하셨다(엡 1:4,9,11; 롬 8:30; 딤후 1:9; 살전 5:9). 이것은 하나님께서 거저 주시는 오직 은혜와 사랑으로 된 것이며, 사람에게 있는 믿음이나 선한 행실이나 오래 참음 또는 피조물 안에 있는 그 밖의 어떤 것도 하나님을 움직일 수 있는 조건이나 원인으로 예견하신 것이 아니고(롬 9:11, 13, 16; 엡 1:4, 9), 모든 것은 하나님의 영화로우신 은혜를 찬송하기 위하여 된 것이다(엡 1:6, 12).

> V. Those of mankind that are predestinated unto life, God, before the foundation of the world was laid, according to His eternal and immutable purpose, and the secret counsel and good pleasure of His will, hath. chosen, in Christ, unto everlasting glory, out of His mere free grace and love, without any foresight of faith or good works, or perseverance in either of them, or any other thing in the creature, as conditions, or causes moving Him thereunto: and all to the praise of His glorious grace.

5. 하나님의 영원한 작정 (5) 예정 주체와 원인

WCF 3:5은 예정의 주체와 원리에 대해서 진술합니다. 예정의 주체로서 하나님(God)이며, 예정의 원리로 그리스도(Christ)입니다. 택자는 창세 전에 그리스도 안에서 예정되었고, 선택된 백성은 인내 중에 은혜와 사랑을 찬양합니다.

> V. *Qui ex humano genere sunt ad vitam prædestinati, illos Deus ante jacta mundi fundamenta, secundum æternum suum ac immutabile propositum, secretumque voluntatis suæ consilium et beneplacitum, elegit in Christo ad æternam gloriam, idque ex amore suo et gratia mere gratuita; nec fide, nec bonis operibus, nec in his illave perseverantia, sed neque ulla alia re in creatura, prævisis, ipsum tanquam causis aut conditionibus ad id moventibus; quo totum nempe in laudem cederet gloriosæ suæ gratiæ.*

하나님께서 인류 중에서 얼마를 생명으로 예정하셨습니다. 예정에는 전체의 개념이 아닌 분리의 개념이 있습니다. 알미니안의 예지예정에도 분리의 개념이 있습니다. 예정에는 유기(遺棄, reprobation)가 함께 있기 때문입니다. 예정은 하나님의 전적 의지 영역입니다. 현대 신학에서는 유기 없는 구원 이해(보편구원론, Universal Salvation)가 팽배합니다.

하나님은 그리스도 안에서 일부를 택자로 택하였습니다. 선택은 그리스도 안에서 이루어집니다. 택자는 아버지께서 아들에게 주신 아들의 백성입니다. 예정에서도 삼위일체의 신비가 있어, 칼빈은 비밀한 작정(*arcanum decretum*), 은밀한 경륜이라고 시작합니다. 아버지께서 예정하시고, 아들에 의해 선택된 백성으로 구원하신 하나님께 영광과 경배를 드립니다

(*Decretum Dei de nobis elegendis vel reprobandis*).

예정은 창세 전에 이루어진 신비이며 하나님 의지 영역입니다. 예정을 살피는 것은 인간의 큰 복입니다.

하나님 의지를 어떻게 들여다볼 수 있겠습니까?

하나님께서 자녀들이 구원의 확신과 경륜을 알 수 있도록 겸비하심으로 예정의 지식을 이룰 수 있게 되었습니다. 그래서 예정의 신지식을 이룰 때는 겸손과 기도함으로 진행해야 합니다.

필자는 '하나님 의지와 지식에서 의지가 선행하고, 사람은 지식이 선행한다'라고 제시합니다. 이는 하나님과 인간의 여러 차이점 중 하나입니다.

선택된 백성은 그리스도의 십자가 구속의 은혜를 찬양합니다. 하나님이 예정하신 백성들은 그리스도를 찬양하며 구주의 이름을 증거하는 것을 목적으로 삼습니다. 하나님께서 기뻐하시는 것은 잃은 백성을 찾는 것과 회복된 자녀들이 찬양하며 예배하는 것입니다.

6. 하나님께서 택하신 자들이 영광에 이르도록 지정하셨는데, 그분의 뜻은 영원하고, 가장 자유로우신 목적을 따라서, 그것에 이르기 위한 모든 방편까지 미리 정하셨다(벧전 1:2; 엡 1:4-5; 2:10; 살후 2:13). 택자들은 아담 안에서 타락하였으나 그리스도 안에서 구속함을 얻었다(살전5:9-10; 딛 2:14). 그들은 때가 되었을 때 역사하시는 하나님의 성령으로 말미암아 그리스도 안에서 신앙에 이르도록 효과 있게 부르심을 받아, 의롭게 되고, 양자가 되며, 성화되고(롬 8:30; 엡 1:5; 살후 2:13), 믿음을 통하여 구원에 이르도록 그리스도의 능력으로 보호받는다(벧전 1:5). 오직 택함을 받은 자 외에는 아무도 그리스도로 말미암아 구속받고 효과적인 부르심을 받아 의롭게 되고, 양자되어 성화되고 구원을 얻지 못한다.

> VI. As God hath appointed the elect unto glory, so hath He, by the eternal and most free purpose of His will, foreordained all the means thereunto. Wherefore they who are elected, being fallen in Adam, are redeemed by Christ, are effectually called unto faith in Christ by His Spirit working in due season, are justified, adopted, sanctified, and kept by His power through faith unto salvation. Neither are any other redeemed by Christ, effectually called, justified, adopted, sanctified, and saved, but the elect only.

6. 하나님의 영원한 작정 (6) 예정에서 삼위일체 하나님

WCF 3:6은 하나님 예정이 선택된 성도에 적용됨에 대한 고백입니다. WCF는 하나님의 자유의지에 의해 선택된 사람이 아담의 상태에서 그리스도의 은혜가 성령의 사역으로 전환되는 상태와 유지 상태를 제시하였습니다.

1) 예정의 목적

하나님께서 자기 영광을 위해서 타락한 아담의 후손 일부를 선택하였습니다. 피조된 피조물은 창조주께 영광을 돌려야 합니다. 그런데 타락한 피조물(천사와 인간)은 창조주 하나님께 적극적으로 반역하며 훼방합니다. 하나님께서는 그 안에서 일부를 선택하셨습니다.

선택된 백성은 하나님께 영광을 돌립니다. 하나님께 피조된 인간이지만 유기된 백성은 창조주 하나님께 영광을 돌리지 않습니다. 그러나 자기 존재를 사랑하면 할수록 자기 존재의 근원을 존중해야 합니다. 자기 존재를 사랑하는 자기중심적인 사람일수록 자기 존재의 근원인 창조주 하나님을 미워하는 부조리의 극치를 보이기도 합니다.

하나님의 무한한 사랑에 감사와 찬양을 드릴 사람은 선택된 백성만이 합니다. 하나님께 택함 받은 사람은 자기 생명을 다하도록 하나님을 사랑하고 찬양합니다. 하나님께서 자기 백성의 생명을 받으시며, 영원토록 그와 즐거워하시기를 기뻐하십니다. 그리고 택함 받은 백성의 삶에서 찬양이 없거나 부족할 때에는 성령의 깊은 탄식으로 견디지 못합니다. 택함을 받은 사람은 하나님을 찬양합니다.

2) 선택의 원리

하나님의 영원한 자유와 모든 방법을 미리 정하셨습니다(foreordained). 하나님의 선택은 전적인 하나님의 자유로운 의지에 의한 것입니다. 하나님의 자유는 하나님의 절대의지, 불변의지입니다.

그런데도 선택된 백성들은 다양한 방법에 따라서, 택자들의 전도사역을 통해서 부르심을 받습니다. 하나님께서 각 개인에게 적합한 때와 조건에서 부르십니다. 모든 개인이 다르듯이 부름의 방식도 다양합니다. 영원에서 선택하신 하나님과 그 선택을 이루는 복음 전도자의 전도에 의해서 택자가 구원을 받습니다.

3) 선택의 방법

아담의 후손으로 타락한 백성에서 선택하여 그리스도의 사역으로 구속하셨습니다. 선택된 백성은 아담의 원죄 상태에서 벗어나도록 그리스도의 구속 사역이 효과적으로 적용됩니다. 아담의 원죄 상태에 모든 인류가 머문 것의 증거는 "죽음"입니다. 그리스도의 구속의 은혜로 죽음에서 생명으로 옮겨졌습니다.

칼빈은 『기독교 강요』 3권 1장에서 그리스도와 연합(Unio cum Christo, 성령의 띠, vinculum)[5]으로 구원받은 성도가 생활에서 '죽음과 살림'(mortificatio et vivicatio)을 반복한다고 보았습니다. 칼빈은 그리스도와 성도가 은밀하고 형언할 수 없는 방식(성령)으로 연합된 상태를 제시하였습니다(arcana et ineffabilis unio cum Christo).

4) 선택의 도구

창세 전에 예정된 백성에게 그리스도의 구속 사역을 성령께서 적용하셨습니다. 신학에서는 언제든지 삼위일체가 나타납니다.

예정에서 영원한 구원작정(pactum salutis)에서 삼위일체의 경륜이 있고, 시간에서 구원이 실효될 때에도 삼위일체의 사역이 등장합니다. 아버지의 작정과 아들의 사역 그리고 성령의 적용입니다. 성도의 구원에서도 아버지의 사랑과 아들의 은혜를 성령의 교통함으로 성도에게 풍성하게 적용하여 하나님 예정이 역사에 실현됩니다.

WCF에서는 하나님 예정과 그리스도의 구속 은혜와 성령의 적용이 명시되어 있습니다. 다만 복음 전함에 의한 효과적인 전달에 대해서 명시하지 않았습니다. 그것은 신앙고백서가 교회의 문서이기 때문입니다. 당시에 교회 밖에서 복음 전함에 대한 인식은 거의 없고, 교회에서 전함과 사회에서 전함은 차이가 없었습니다.

---

5 칼 바르트는 "사랑의 띠"(vinculum caritatis, bond of love)를 제언하였다. 바르트는 영(the Spirit)의 신학에서 "사랑의 띠와 평화의 띠"(vinculum pacis, bond of peace)를 제언하였다.

5) 선택의 과정

칭의, 양자, 성화, 견인이 성령의 능력으로 진행됩니다. WCF에 구원의 서정(*Ordo Salutis*)처럼 보입니다. 그러나 실존에서는 언제나 칭의와 양자는 한 사건이고, 성화와 견인도 한 과정입니다. 불(不)그리스도인이 그리스도인이 되는 역사와 그리스도인이 남은 생애를 사는 과정으로 나눈 것입니다.

6) 오직 그리스도(*Solus Christus*)

그리스도의 구속 사역이 없는 선택, 성령의 사역은 불가능합니다. WCF는 예정과 선택의 확정에서 절대 가치의 그리스도의 구속 사역을 선언하였습니다. 구주의 구속 은혜에 합당한 경배와 증언을 하는 것이 그리스도인의 임무입니다.

그리스도인으로 예정된 사람 외에 누구도 구원에 이르지 못합니다. 이것은 상당히 독단적인 것처럼 보이지만 WCF가 작성될 무렵에 이 고백을 위해서 많은 믿음의 선진은 죽음을 각오해야 하였습니다.

WCF를 잉글랜드의 사역자와 그리스도인들은 포기하였습니다. WCF의 믿음 내용을 고백하기 위해서는 큰 믿음과 겸손과 희생을 감수하는 믿음의 결단을 요구합니다. 그리스도에 대한 바른 고백은 어떤 희생을 감수하고서도 지켜내야 할 생명의 복음입니다.

7. 하나님께서 측량할 수 없는 경륜을 따라 인류의 나머지 두심을 기뻐하셨다. 하나님께서 자비를 베푸시기도 하고 베풀지 않음을 기뻐하기도 하셨다. 하나님께서 자기 피조물에 대해서 주권적 능력의 영광을 위하여 일부를 간과하여 그들이 불명예와 진노를 당하도록 정하셨는데, 그분의 영광스러운 공의가 찬양받음을 기뻐하신 것이다(마 11:25-26; 롬 9:17-18,21-22; 딤후 2:19-20; 유 1:4; 벧전 2:8).

VII. The rest of mankind God was pleased, according to the unsearchable counsel of His own will, whereby He extendeth or withholdeth mercy, as He pleaseth, for the glory of His sovereign power over His creatures, to pass by; and to ordain them to dishonour and wrath, for their sin, to the praise of His glorious justice.

7. 하나님의 영원한 작정 (7) 이중예정(유기)

WCF 3:7은 하나님의 이중예정(*duplex praedestinatio*)에서 '유기'(遺棄, reprobatio) 부분입니다. 예정은 영원에서 결정된 하나님 의지로 측량할 수 없습니다. 선택(選擇)은 남은 자에게 주어지는 하나님의 긍휼과 보호입니다(WCF 3:6). 유기는 하나님께서 간과(pass)하심입니다.

1) 하나님 예정

하나님 예정은 이성적 피조물에 주어지며, 직접적 영광과 관련됩니다. 하나님께서 만물을 작정하신 창조주이시지만, 찬양과 경배는 이성적 피조물인 인간과 천사에게 받습니다. 천사는 WCF에서 언급하지 않지만, 예정이 확정되어 범위에 변화가 없습니다.

그러나 인간에게 주어진 예정은 영원에서 확정이지만, 시간에서는 가변하고 있습니다. 그것은 출생이 계속되고 있기 때문입니다. 영원한 작정이라 할지라도, 시간과 공간 안에 있는 인간은 선택의 총수가 충족되지 않음을 인지하고 있습니다.

하나님의 영원한 작정(*aeternum Dei decretum*)은 절대작정(*decretum horrible*)인데, '무서운 작정'으로 직역할 수도 있습니다. 하나님의 영원한 의지는 절대로 변함이 없기 때문에, 인간의 이성으로 쉽게 접근하거나 평가할 수 없습니다. 그러나 무섭기 때문에 접근하지 않거나 거부하는 것도 바람직하지 않습니다. 하나님께서는 자기 작정을 자기 백성에게 알리심을 기뻐하셨습니다 (하나님의 자기 계시).

2) 예정에서 선택

하나님의 선택(*electio Dei*)은 전체 인류에서 일부에게 주어지는 작정입니다. 하나님께서 자기의 영광을 위해서 전체 인류에서 얼마를 선택하심을 기뻐하셨습니다. 남은 자에게 긍휼을 베푸시고 보호하시는 중에, 그들의 영광을 기쁘게 받으십니다. 하나님께 선택된 인간의 생활이 매우 힘들고 어렵다 할지라도, 그 상황에서 택함의 긍휼과 보호를 앞으로 감사와 찬양을 드려 하나님의 기쁨이 됩니다(견인[堅忍], Perseverance).

이 선택은 하나님의 전적 주권입니다. 도르트 신경에서는 "무조건적 선택"(Unconditional election)이라 하였습니다. WCF에서 예정은 하나님의 측량할 수 없는 의지의 세계를 제시하고 있습니다. 반면 도르트 신경에서는 TULIP으로 예정의 실현이 제시되고 있습니다.

3) 유기(reprobatio)

아담의 후손으로 타락한 상태에 있어 하나님의 긍휼과 보호하심에서 간과(pass)된 사람을 유기된 자라고 합니다. 간과의 원인은 인간 자신의 죄 때문입니다. 그들은 자신의 죄악을 정당히 여기며 이웃을 판단하고 정죄합니다(롬 1장).

앞에서 언급한 것처럼 죄 된 인간은 자기애를 위해서 자기 존재 기반을 파괴하는 무지와 병적 상태로 있습니다. 유기된 자는 하나님의 어떤 보호하심도 소유하지 못합니다. 하나님의 크신 진노는 유기된 자들이 이 땅에서 형통하도록 간과하시기까지 합니다(잠 23:17; 롬 2장). 죄인들은 자기 죄를 간과하시는 하나님을 더욱 모욕하여 죄를 더하게 됩니다.

하나님의 공의는 하나님을 모욕하고 이웃을 정죄하는 교만한 사람을 수치와 진노에 이르도록 합니다. 하나님께서 죄인에게 합당한 심판을 내리시는 것은 영광스러운 일입니다. 이 땅의 법정은 눈을 감은 심판관(*Justitia*)[6]이 하는 판결이지만, 천상의 재판은 전지전능하신 심판주께서 심판하시기 때문에 영광 중에 영광입니다.

하나님께서 유기자의 심판을 기뻐하시는 것으로 이해될 수 있지만 정당한 이해가 아닙니다. 공의의 하나님께서 죄를 용납하지 않으시며, 죄악에 대한 정당한 판결을 기뻐하시는 것입니다.

6 　'유스티치아'(*Justitia*, 정의)는 '정의의 여신'이다. 서양의 정의의 여신상은 칼과 저울을 들고 눈을 감고 있고, 우리나라 대법원에 있는 정의의 여신은 좌정해서 법전을 들고 눈을 뜨고 저울을 보고 있는 모습이다. 눈을 뜬 판관이 더 바른 판단을 할까?
　눈을 가린 판관이 더 바른 판단을 할까?
　서양에서 눈을 가린 까닭은 판단에서 선입관, 편견을 갖지 않도록 한다는 의미가 있다고 한다.

8. 매우 신비로운 예정 교리는 특별한 사려로 조심스럽게 취급해야 하고(롬 9:20; 11:33; 신 29:29), 그분의 말씀 안에 계시된 하나님 의지에 주목하려는 사람들은 순종하고 주의하여, 자기에게 인지한 효과적인 소명을 확신하여 영원한 선택을 확신할 수 있다(벧후 1:10). 그래서 이 교리가 하나님의 찬양, 존영과 경탄을 불러일으키며(엡 1:6; 롬 11:33), 복음을 진정으로 순종하는 모든 사람에게 겸손, 근면과 풍성한 위로를 제공할 것이다(롬 11:5-6,20; 벧후 1:10; 롬 8:33; 눅 10:20).

VIII. The doctrine of this high mystery of predestination is to be handled with special prudence and care, that men attending the will of God revealed in His Word, and yielding obedience thereunto, may, from the certainty of their effectual vocation, be assured of their eternal election. So shall this doctrine afford matter of praise, reverence, and admiration of God, and of humility, diligence, and abundant consolation to all that sincerely obey the Gospel.

8. 하나님의 영원한 작정(8) 예정: 신비와 유익

WCF 3:8은 하나님 예정의 신비로움과 하나님 찬양을 고백하며 주장하고 있습니다. 신비롭기 때문에 쉽게 접근하거나 설명하는 것을 주의해야 하며, 예정 교리의 목적이 하나님께 영광을 돌림에 있는 것을 알아야 합니다. 예정 교리를 인간 이해 방식으로 설명하려는 것은 미로(迷路)에 빠지거나 하나님을 비인격적 존재로 평가할 수 있습니다.

1) 하나님 예정의 신비

예정은 하나님 의지 세계입니다. 성경에서 하나님의 성격을 인격적으로 말씀합니다. 인격에는 의지가 있기에, 하나님께 인격이 있음은 당연합니다. 인격적인 하나님은 자기 백성을 부르시며 백성이 부를 때 응답하십니다.

개혁 신학의 정수에서 하나님 예정에 대해서 규정한 교리입니다. 기독교가 하나님의 인격성과 의지를 말하였지만, 정확하게 교리문서로 규정한 것은 17세기 개혁 신학의 완숙기에 이루어진 것입니다.

개혁 신학에서 예정의 확고한 교리가 들어온 것은 교회의 의지나 계획이 아닌, 항론파(Remonstrance)의 이의 제기(네덜란드, 1610년)에 의해서입니다. 변호적으로 확정하여 교회를 세우기 위한 필수적 조항을 작성하였습니다(도르트 신경, 1618-1619년).

WCF는 1647년에 잉글랜드('엄숙 동맹과 언약')에서 결정되었습니다. 잉글랜드 교회와 스코틀랜드 교회가 함께 작성하였는데, 잉글랜드 교회는 WCF를 채택하지 않았고, 스코틀랜드장로교회에서 WCF를 채택함으로 장로교 표준문서가 되었습니다.

네덜란드개혁교회와 스코틀랜드장로교회는 동일한 예정 교리를 신봉한 체계이지만 신앙고백서 작성 배경에는 약간의 차이가 있습니다. 네덜란드는 항론파에 의해서 국가의 통일을 추구하려는 것이었고, 잉글랜드, 스코틀랜드, 아일랜드는 개혁된 기독교로 국가를 연합하려고 했습니다.

한국의 장로교회는 네덜란드의 세일치 신조와 WCF를 효과적으로 수용하고 있습니다. 루터파의 가르침까지 잘 융합시킨다면 종교개혁의 한 사상을 500년이 지난 한국에서 체계화 할 수 있을 것입니다.

하나님 의지의 세계는 신비이므로 신중해야 할 것은 강조할 필요가 없을 정도로 당연합니다. 혹자들이 하나님의 의지 세계를 인간의 지성으로 판단하고 평가하려고 시도하는데, 이는 바람직하지 않으며 매우 위험합니다.

하나님 의지 탐구는 절대 합리적인 결과를 창출할 수 없습니다. 계몽철학자 G.W.F.라이프니쯔(G. W. F. Leibniz, 1646-1716)가 신정론(神正論, theodicy)을 체계화하려고 하였지만 성공하지 못하였습니다. 예정 교리는 이해를 목표로 작성되지 않았기 때문입니다.

2) 예정 교리의 유익

첫째, 예정 교리는 택자에게 주어지는 영원한 선택으로 부르심에 확신을 줍니다.

종교개혁 유산(heritage)은 많은 억압과 박해 속에서 수많은 순교자가 지켜 낸 가치입니다. 한 사람도 죽이지 않은 칼빈을 살인자로 매도하지만, 구교는 종교개혁파들을 얼마나 많이 죽였는지 알 수 없습니다. 피해자가 가해자가 되는 것은 역사에서 무수하게 일어납니다. 잉글랜드 왕이면서 스코틀랜드 왕인 찰스 1세와 2세 등은 스코틀랜드 언약도들을 박해했지만 그들은 순교로 믿음을 지켰습니다.

교회에 의해서 박해받는 그리스도인들은 그 박해의 원인을 하나님께 돌리지 않고, 영원에서 선택하심을 믿고 믿음을 지켰습니다. 교회는 진리를 지키기 위해서 생명을 걸었습니다.

필자는 이신칭의의 결정체가 예정 교리라고 생각합니다. 교회를 교회되게 하는 조항의 결정체가 예정 교리, 절대예정입니다. 이신칭의를 이루는 소명은 영원에서 예정된 자에게 부여된 특별한 은혜이기 때문입니다.

은혜를 입은 자는 은혜를 주신 주 하나님의 영원하신 의지의 불변성을 찬양하고 경배하는 것이 당연합니다.

둘째, 예정 교리는 하나님을 찬양할 수 있게 합니다.

택자의 심령에 확증된 하나님 예정으로 택자들은 어떤 상황이나 상태에서도 하나님을 찬양하게 됩니다.

무엇으로 설명할 수 있겠습니까?

성령으로 인침을 받은 택자는 반드시 하나님을 찬양할 것입니다. 보이는 합리로 하나님의 진리를 체계화하려는 것은 부당합니다. 하나님의 진리는 보이지 않는 성령으로 이루어집니다. 보이지 않는 성령의 인침을 확신하는 성도는 보이지 않는 예정을 확신하며 기쁘게 찬양할 수 있습니다.

셋째, 예정 교리는 성도에게 풍성한 위로가 됩니다.

어떻게 교회에서 박해를 받는 교우들이 자기에게 허락된 하나님 의지에서 발현된 고통스러운 현실을 인정하고 찬양할 수 있었을까요?

평안한 인생에서 사소한 장벽을 만날 때 하나님의 작정을 원망하는 우리 현실과 너무나 대조되는 모습입니다. WCF는 하나님 예정이 성도가 하나님의 위로를 경험할 수 있는 매우 유익한 교리이라고 고백하였습니다. 자기에게 주어진 박해 상황에서 예정 교리를 고백한 것입니다. 예정 교리는 우리의 현실을 허용하시고 인도하시는 하나님을 기쁘게 인정하며 찬양할 수 있는 위로와 힘을 줍니다.

3) 예정 교리에 대한 오해를 경계함

예정 교리가 인간을 교만하게 하거나 게으르게 하지 않습니다. 오히려 예정 교리는 더욱 겸손하며 부지런하게 합니다. 예정 교리를 이성으로 이해하려는 사람들은 사변에 있어, 하나님 의지를 자기 수준으로 평가하였습니다.

어떤 사람은 전도할 명분, 인간을 가치 없는 존재로 전락시킨다고 하였고, 어떤 사람은 교만과 게으름의 수단으로 사용하기도 합니다. 이성으로 신학을 사유하는 것은 위험합니다.

  WCF는 예정 교리를 믿는 신자는 더욱 겸손하다고 고백합니다. 예정을 믿는 백성은 영원한 하나님 의지 세계에 큰 겸손과 믿음의 정진을 위해 순교하기까지 힘썼습니다.

  예정 교리가 성도를 게으르거나 오만하게 하지 않았다는 것을 종교개혁 진영에서 칼빈파처럼 많은 박해와 순교로 보여 준 종파는 없습니다. 그리고 많은 저항에서 결정된 체계도 없습니다. 칼빈파는 네덜란드에서 도르트 총회를 열어 항론파(알미니안)을 거부하였고, 영국에서는 "엄숙 동맹과 언약"으로 한 믿음 체계를 이루려고 의회 승인까지 받은 WCF 문서가 배척되기도 하였습니다. 그러나 바른 믿음을 추구하는 그리스도인은 겸손과 헌신으로 예정 교리를 붙들며 고백하고 있습니다.

제4장

창조에 대하여
(CHAPTER IV. Of Creation)

1. 성부, 성자, 성령 하나님께서(히 1:2; 요 1:2-3; 창 1:2; 욥 26:13; 33:4) 자기의 영원하신 능력과 지혜와 선하심의 영광을 나타내기 위하여(롬 1:20; 렘 10:12; 시 104:24; 33:5-6), 태초에 무에서 세계를 창조하셨고, 엿새 동안에 공간 안에 보이는 것과 보이지 않는 모든 것을 [조성하셨는데, 하나님이 보시기에] 심히 좋았다(창 1:1-31; 히 11:3; 골 1:16; 행 17:24).

I. It pleased God the Father, Son, and Holy Ghost, for the manifestation of the glory of His eternal power, wisdom, and goodness, in the beginning, to create, or make of nothing, the world, and all things therein whether visible or invisible, in the space of six days; and all very good.

1. 하나님의 창조 (1) 삼위일체의 창조 사역

WCF 4장은 하나님의 창조에 대한 진술입니다. 현재 '존재'(to be)의 근원을 명확하게 말하는 종교나 사상은 없습니다. 오직 기독교 경전인 성경 처음에서(창 1:1) 창조주 하나님에 대해서 명확하게 제시하고 있습니다. 성경은 그리스도를 믿는 자를 위한 경전인데, 첫 단어가 '태초에'(베레쉬트)이고, 창조주 하나님께서 천(天, 복수) 지(地)를 창조하심을 기록하였습니다.

1) 창조의 주체는 성부, 성자, 성령, 삼위일체 하나님이십니다

창조는 아버지와 아들과 성령의 기쁨으로(pleased, *complacitus*) 이루어졌습니다. 창조에서 삼위일체의 사역을 명시함으로 창조 구성의 신비를 제시하였습니다. 창조는 성부의 작정, 아들의 실행, 성령의 운행으로 이루어졌습니다(참고. 바빙크,『개혁교의학』2권, 256절에서 바빙크는 성자의 창조 중보자에 대해서 강조합니다).

창조의 주체가 명확함으로 구별하지 않는 범신론(汎神論, pantheism)을 부정하였습니다. 창조주의 주체가 명확하지만 섭리를 부정하는 이신론(理神論, deism)도 합당하지 않습니다.

2) 창조의 원인(목적)

하나님은 왜 천지만물을 창조하셨는가?

현재의 자기 존재의 목적을 알 수 없는 것처럼, 창조의 원인을 알 수 없습니다. 자존하신 하나님께 창조가 필요 없기 때문입니다. 기독교 교리에서 창조의 목적은 "하나님의 영원하신 능력과 지혜와 선하심의 영광을 나타냄"(manifestation, *manifestaret*)으로 제시합니다. 창조세계를 바라봄으로써 창조주 하나님의 지혜와 능력과 선하심을 이해하고 찬양하는 것이 경건의 능력입니다.

3) 창조의 시작

첫째, 하나님께서 태초에 무(無)에서 창조하였습니다(*ex nihilo*).

무에서 창조는 전혀 경험할 수 없는 절대 사건입니다. 무에 대해서 중세 시대에 깊이 묵상함으로 "존재할 수 없는 결여의 무"(*nihilum privativum*)와 "비존재, 존재할 수 없는 부정의 무"(*nihilum negativum*)로 구분하기도 하였습니다. 그러나 성경의 가르침을 떠난 깊은 묵상은 헛되거나 미로(迷路)에 갇힐 수 있습니다. 무에서 창조함은 창세 전 영원에서 하나님께서 피조 세계를 이룸의 독특성입니다.

인간이 인간을 복제하는 형태로 창조한다고 해도 유에서 유를 이루는 것이며, 최강 AI를 만든다고 해도 유(有)에서 유(有)를 만드는 창조를 반복하는 형상적인 행동입니다. 무(無)에서 유(有)가 창조되었습니다.

AI 시대에도 무에서 유를 창조하는 능력은 인간에게 없습니다. 알파고의 상상을 초월한 바둑의 한 수가 있지만, 바둑의 알고리즘과 인간의 생활 알고리즘, 영 알고리즘은 비교할 수 없습니다. 기계에 인간을 복종시킬 수는 있어도 인간이 기계가 될 수는 없습니다.

둘째, 하나님께서 보이는 것과 보이지 않는 세계를 창조하였습니다.

보이는 세계는 극소, 극대 그리고 인간까지 해당되고, 보이지 않는 세계는 영적 실체입니다. WCF 창조 이해에서 독특한 것은 보이지 않는 피조물의 창조가 6일 창조에 있음을 명시하는 것입니다. 서철원 박사는 영적 피조물 창조를 첫째 날에 이루어졌다고 제시합니다.

4) 6일 창조

하나님께서 모든 피조물을 창조하신 기간은 6일입니다. '일'(日, yōm)은 24시간입니다. 필자는 전능하신 하나님께서 6일의 긴 시간을 활용하셨다는 데 오히려 큰 의문을 제기합니다. 전능이란 1초에 모든 창조를 이룰 수 있는 능력입니다. 그릇된 창조 이해에는 중조설(重造說, Gap Theory), 진화론(evolutionary theory)이나 유신론적 진화론(Theistic Evolution theory)이 있습니다. 유신론적 진화론이 우리 시대에 대세를 이루고 있지만, 6일 창조 이해와 부합하지 않습니다.

장로교 그리스도인은 성경 진술대로 6일(24시간)의 창조를 믿습니다. 6일 창조의 명시는 창조 묵상에서 매우 중요합니다. 창조의 시작 과정을 명확하게 이해함으로 질서를 알게 됩니다.

6일 창조를 마치신 뒤 하나님 보시기에 심히 좋았습니다(창 1:31). 6일 창조이기 때문에 6,000년을 지구 연대로 설정하는 것(젊은 지구론)은 아닙니다. 창조 이해에서 하나님의 전능하심에 대한 고백이 폄훼되지 않도록 힘써야 합니다. 고백은 이론(理論)이 아니라 생명을 부여받은 믿음입니다.

> 2. 하나님께서 모든 다른 피조물을 지으신 후에, 사람을 남자와 여자로 창조하셨다(창 1:27). [하나님께서 인간에게] 자기 형상을 따라서 이성적이고 불멸의 영혼(창 2:7; 전 12:7; 눅 23:43; 마 10:28), 지식과 의와 참된 거룩을 부여하시고(창 1:26; 골 3:10; 엡 4:24), 인간 마음에 하나님의 법을 기록하여(롬 2:14-15) 성취할 능력을 겸비하게 하셨다(전 7:29). 그렇지만 [첫] 사람은 범죄할 가능성 아래 있었고, 또 그것은 변하기 쉬운 사람의 자유의지에 맡겨져 있었다(창 3:6; 전 7:29). 그리고 [아담은] 마음속에 기록된 법 이외에 선악을 알게 하는 나무의 열매를 먹지 말라는 계명을 받았

다(창 2:17; 3:8-11, 23). 그들이 그 계명을 지키고 있는 동안에는 하나님과 교제하는 즐거움이 있었고, 피조물을 통치하였다(창 1:26,28; 시 8:6-8).

II. After God had made all other creatures, He created man, male and female, with reasonable and immortal souls, endued with knowledge, righteousness, and true holiness, after His own image; having the law of God written in their hearts, and power to fulfil it: and yet under a possibility of transgressing, being left to the liberty of their own will, which was subject unto change. Beside this law written in their hearts, they received a command not to eat of the tree of the knowledge of good and evil, which while they kept, they were happy in their communion with God, and had dominion over the creatures.

2. 하나님의 창조 (2) 하나님의 형상: 인간

WCF 4:2은 인간 창조에 대한 고백입니다. 하나님께서 6일 마지막에 사람(남자와 여자)을 창조하셨습니다(창 1장). 창세기 2장의 "대략"(톨레돗)은 인간 창조에 대한 말씀입니다. 하나님께서 인간에게 하나님의 형상을 부여하셔서(창 1:27) 창조세계를 다스리며 자신과 교통하도록 하셨습니다(창 2장).

1) 창조의 정점(頂點)은 인간 창조입니다

창조를 하나님께서 6일 동안 진행하셨으며, 6일에 동물을 창조하신 후 인간을 창조하셨습니다. 모든 창조 과정에서 남자와 여자를 마지막에 창조하신 것은 창조세계가 인간의 활동 무대이며 인간이 창조를 경작하는 청지기이며, 최고의 존재라는 것을 의미합니다.

2) 남자와 여자

하나님께서 인간을 남자와 여자로 창조하셨습니다. 동물은 암수(雌雄)로 함께 창조하였지만, 인간은 남자인 아담을 먼저 창조하신 후에 여자를 창조하였습니다. 여자의 이름인 '하와'는 범죄 후에 아담이 지어 주었습니다.

하나님께서 인간에게 이성(理性, reason) 능력과 불멸 생명(immortal anima)을 주셨습니다. 첫 인간, 아담은 합리적인 생활과 영생의 상태였습니다. 땅 위에서의 삶이 전부가 아니라 불멸의 삶을 소유해야 합니다. 아담에게 주어진 에덴동산은 종점이 아니라고 볼 수 있습니다. 간혹 어떤 연구자들은 우리의 회복을 "에덴으로 회복"을 가르치는데 이는 좋은 가르침으로 보기 어렵습니다.

3) 인간: 하나님의 형상 (Imago Dei)

WCF에서 하나님의 형상을 하나님께서 주신 생명과 "지식, 의, 참된 거룩함"(*imbutos cognitione, justitia, veraque sanctitate*, endued with knowledge, righteousness, and true holiness)으로 고백합니다.

WCF의 라틴어에서는 *imbuo*(가르치다)로, 영어에는 endure(계속하다)로 사용하였습니다. 하나님께서 자기 형상으로 창조하여 지식과 의와 거룩을 이루도록 하였습니다. 하나님의 형상이 인간에게 주어져 끊임없이 이루어지도록 하였습니다.

하나님께서 자기 형상을 인간의 심장에 주셔서 법을 성취하도록 하였습니다. 그런데 인간에게 자유의지(free will)가 있어 죄악의 가능성이 있었습니다. 하나님의 완전한 창조이지만 끝이 아니라 시작이었습니다. 그 시작점에 심장에 주어진 형상과 자유의지로 법을 성취해야 하였습니다. 하나님의 법은 먼저 법을 주신 하나님을 사랑하는 것입니다. 그런데 그 인간은 하나님께 불만을 느끼고 반역하여 죄를 범하였습니다(WCF 6장).

4) 아담 언약(첫 언약)

선악을 알게 하는 나무. 하나님께서 마음의 법 이외에 선악을 알게 하는 나무의 열매 금령을 주셨습니다. 하나님의 법을 지킴으로 인간은 하나님과 교제하는 복을 갖게 됩니다(*communione Dei beati erant*, communion with God). WCF는 'communion'을 사용하였는데, communication과 차이가 있습니다. 구교에서는 '통공'(通功)이라고 번역합니다. '교제'로 번역하였지만, 교제와 좀 더 다른 공존(共存)의 개념이 있습니다. 각각 분리된 상태가 아닌, 하나님과 인간이 함께하며 교제할 수 있는 개념입니다. 하나님과 인간이 함께 하는 수준입니다. '임마누엘'입니다. 그러나 그 상태를 유지하려면 끊임없이 선악을 알게 하는 나무의 열매를 먹지 않아야 합니다.

WCF는 그 상태를 행위 언약으로 제시합니다. 서철원 박사는 첫 언약으로 제시합니다. 자연 언약, 창조 언약으로 말하는 학자들도 있습니다. 그 첫 언약(행위 언약)의 상태, 선악을 알게 하는 나무의 열매를 먹지 않아야만, 처음 창조 상태에서 창조주 하나님과 교제(communion)하며 창조세계를 경작합니다.

그러나 첫 언약을 인간이 반역함으로 파기되었습니다. 첫 상태의 임마누엘이 파기되어 에덴에서 추방되었습니다. 에덴이 아닌 부패한 세상에서 새 언약의 주이신 예수 그리스도 안에서 임마누엘이 성취됩니다(마 1:18-25). 그러나 범죄로 첫 언약이 파괴되어 임마누엘은 새 언약의 주이신 그리스도 안에서 성취됩니다(마 1:18-25).

제5장

섭리에 대하여
(CHAPTER V Of Providence)

1. 위대하신 만물의 창조주 하나님께서 모든 피조물과 활동들 사물들, 가장 큰 것에서부터 가장 작은 것에 이르기까지(마 10:29-31) 보존하시고(히 1:3), 지도하시고, 처리하시며 통치하신다(단 4:34-35; 시 135:6; 행 17:25-26,28). 하나님께서는 자기의 지극히 지혜롭고 거룩하신 섭리(잠 15:3; 시 104:24; 145:17; 대하 16:9)와 자기의 무오하신 예지(행 15:18; 시 94:8-11)와 자기 의지의 자유롭고 변함없는 경륜을 따라서(엡 1:11; 시 33:10-11), 자기의 지혜와 능력과 의와 선과 자비의 영광을 찬양이 되게 하신다(사 63:14; 창 45:7; 엡 3:10; 롬 9:17; 시 145:7).

I. God the great Creator of all things doth uphold, direct, dispose, and govern all creatures, actions, and things, from the greatest even to the least, by His most wise and holy providence, according to His infallible fore-knowledge, and the free and immutable counsel of His own will, to the praise of the glory of His wisdom, power, justice, goodness and mercy.

2. 비록 제1원인이신 하나님의 예지와 작정 안에서 만물은 변함없고 무오하게 일어나지만(행2:23), 같은 섭리로써 하나님께서는 제2원인의 본성을 따라서, 각각이 필연적으로 자유롭게 또는 우연적으로 일어나도록 세우셨다(창 8:22; 렘 31:35; 출 21:13; 신 19:5; 왕상 22:28,34; 사 10:6-7).

> II. Although, in relation to the fore-knowledge and decree of God, the first Cause, all things come to pass immutably, and infallibly: yet, by the same providence, He ordereth them to fall out, according to the nature of second causes, either necessarily, freely, or contingently.

1. 하나님의 섭리 (1) 창조의 연속

WCF 5장은 창조주 하나님께서 이루신 창조세계를 보존하심을 고백하고 있습니다. 하나님의 섭리를 하나님의 백성이 알아야 하나님을 찬양하게 됩니다. 하나님을 아는 지식은 곧 예배로 나아가게 합니다. 일반 계시에서 획득한 하나님의 지식은 창조를 풍성하고 충만하게 합니다.

1) 창조주 하나님의 통치

만물을 창조하신 하나님께서 모든 피조물을 보존하시고 이루십니다. 하나님의 창조는 이해할 수 없는 신비 영역이지만 그리스도인은 믿음으로 하나님의 창조를 믿고 고백합니다. 창조주 하나님께서 이루신 창조세계를 창조주 하나님께서 경영하심은 당연합니다. 17세기에 발생한 이신론(理神論)은 창조주께서 창조하신 세계를 떠나 관망자로 있다는 이론입니다.[1]

현대 신학에서 창조주 신(神) 이해는 창조된 세계에 의미만을 부여하는 기능입니다. 전통적인 기독교의 창조주 하나님은 만물을 창조하신 근원

---

[1] "영국 이신론의 시조로서 17세기 철학자 E. 허버트로를 강조하기도 하나, 직접 영향을 끼친 존 로크가 더욱 타당하다. 17세기 퓨리터니즘이 인간을 초월한 신의 계시(啓示)를 제창한 것에 대해서, 로크는 『인간오성론(人間悟性論)』이나 『그리스도교의 합리성』에서, 이신론의 입장에서 계시와 이성과의 일치로서 자연 종교를 인정하였다"(위키백과)

이며 주체입니다. 창조주 하나님께서 자신의 작품에 항상 함께하시며 보존과 통치를 하십니다. 기독교는 시작과 끝이 명확한 종교입니다(계 1:8; 21:6; 22:13; 사 44:6; 계 1:17; 2:8).

2) 창조주 하나님께서 만물을 창조하심

창조주 하나님의 통치 범위는 가장 작은 것에서부터 가장 큰 것까지 모든 피조물에 해당합니다(잠 15:3; 마 6장). 피조 세계에서 하나님의 다스림을 벗어날 존재는 없습니다. 섭리 교리와 예정 교리 그리고 자유의지, 악인의 형통에서 하나님의 선하심을 믿고 인정하는 성도는 항상 기쁨과 경이 속에서 경배할 수 있을 것입니다.

3) 창조주 하나님의 통치 방법

창조주 하나님께서 전 피조물을 통치하십니다. 하나님의 섭리는 가장 지혜롭고 거룩한 섭리이며, 무오한 예지, 자기 의지의 자유와 불변하신 경륜으로 하십니다. 하나님의 섭리는 지혜롭고 무오하며 불변한 경륜입니다. 그러므로 하나님의 백성은 창조주 하나님을 믿고 신뢰하고 의존하면서 보다 더 심오한 하나님의 경륜을 알아 가게 됩니다.

섭리는 완전한 예정에 근거한 경륜이지만 비밀한 운행이며 무오합니다. 백성은 하나님의 지혜의 경륜을 발견할 때 큰 감동을 받게 될 것입니다. 얼마나 깊은 경륜이며, 사랑의 모략인지를 알게 될 것입니다.

우리는 인생의 난관에서 경솔하게 하나님을 판단하지 않아야 합니다. 하나님의 사랑과 섭리를 믿고 고백함으로 인내와 지식을 얻을 수 있습니다. 문제에 대한 이해보다 믿음을 고백하고 인내하는 것이 우선합니다. 난관에서 하나님을 찬양하는 것은 특별한 은혜이며, 은혜를 입은 사람은 하나님의 선하신 경륜을 확신하며 구체적인 인도를 파악할 것입니다.

4) 섭리의 목적

창조주 하나님의 섭리에서 백성은 하나님을 찬양하게 될 수밖에 없습니다.

첫째, 창조주 하나님의 경륜에서 지혜와 능력과 공의와 선하심과 자비를 밝히 보게 됩니다.
하나님을 아는 지식은 곧 하나님을 경배하며 찬양하는 내용이 됩니다.
둘째, 창조주 하나님의 섭리에서 백성은 자비와 영광을 찬양하게 됩니다.

5) 제1원인과 제2원인

WCF 5:2에서는 '제2원인'이라는 개념을 사용하여 다양한 현상들에 대한 이해를 제시합니다. 둘은 '동일한 섭리'이지만 성질에서 '필연적' 혹은 '우발적'으로 구분하였습니다. 성경에서 '우연'(룻 2:3; 에 6:1)은 필연, 하나님의 은밀한 섭리를 표현하는 어휘입니다.

3. 하나님께서 자기 일반 섭리에 있어서 여러 가지 방법을 사용하신다(행 27:31,44; 사 55:10; 호 2:21-22). 그런데 자기 기쁨으로 [방법에서] 자유롭게(호 1:7; 마 4:4; 욥 34:10), 초월하여(롬 4:19-21), 또는 반대로도(왕하 6:6; 단 3:27) 일하신다.

III. God in His ordinary providence maketh use of means, yet is free to work without, above, and against them at His pleasure.

4. 하나님의 전능하신 능력과 측량할 수 없는 지혜와 무한하신 선이 그의 섭리 가운데 잘 현시되었다. 그것은 첫 타락, 천사들과 사람들과 그로 인한 다른 모든 죄에까지도 포함하고 있다(롬 11:32-34; 삼하 24:1; 대상 21:1; 왕상 22:22-23; 대상 10:4,13-14; 삼하 16:10; 행 2:23; 4:27-28). 절대로 죄를 단순하게 허용하는 것이 아니고(행 14:16) 자기의 거룩한 목적을 위해 다양한 경륜 안에서 지극히 지혜로운 지혜와 묶는 능력으로(시 76:10; 왕하 19:28) 질서와 통치가 다양한 경륜을 연결하였다(창 50:20; 사 10:6-7, 12). 그리고 그 경우의 죄성은 하나님이 아닌 피조물에게서 나온다. 하나님께서는 가장 거룩하시고 의로우시기에, 죄의 조성자가 아니시며 승인자도 아니시다(약 1:13-14,17; 요일 2:16; 시 50:21).

IV. The almighty power, unsearchable wisdom, and infinite goodness of God so far manifest themselves in His providence, that it extendeth itself even to the first fall, and all other sins of angels and men; and that not by a bare permission, but such as hath joined with it a most wise and powerful bounding, and otherwise ordering and governing of them, in a manifold dispensation, to His own holy ends; yet so, as the sinfulness thereof proceedeth only from the creature, and not from God, who, being most holy and righteous, neither is, nor can be, the author or approver of sin.

2. 하나님의 섭리 (2) 섭리의 이해

WCF 5장은 창조주 하나님께서 이루신 창조세계를 보존하심을 고백하고 있습니다. 하나님의 섭리는 창조 후에 하나님의 통치입니다. 현재에 하나님의 섭리를 아는 것은 은혜의 산물 중에 큰 선물입니다. 하나님의 섭리를 알지 못하기에 섭리를 부정할 수 없습니다. 하나님의 백성은 하나님의 선하심을 아는 것이 섭리의 인식 부분에 있습니다.

1) 섭리

WCF 5:3에서 일반 섭리(ordinary providence, *providentia ordinaria*)를 간단하게 정의합니다. 반면 비상 섭리(*providentia extraordinaria*, 기적)에 대해서는 하나님의 자유 사역으로 고백하였습니다.

일반 섭리는 하나님께서 모든 창조질서를 운행하심입니다. 또한, 다양한 방법으로 섭리하십니다. 그러나 하나님의 일반 섭리를 이해하지 못하는 것을 비상 섭리라고 할 수 있습니다.

첫째, 비상 섭리는 계시 시대와 계시 종결 시대를 구분해 살펴야 합니다. 계시 시대에서 비상 섭리는 '계시적인 의미'가 있지만, 현 시대의 비상 섭리는 '단순한 기적'일 뿐입니다. 기도하는 백성에게는 하나님의 특별하신 방식의 가능성을 기대합니다.

둘째, WCF에서 제시한 '반대'(against them, *contra*)라는 문장은 오해의 여지가 있습니다. 하나님께서는 자신이 세우신 질서에 역행하거나 파괴하지 않으십니다. 하나님의 비상 섭리는 창조질서를 회복하며 새롭게 하는 사역입니다. 인간이 도저히 이해할 수 없는 하나님의 섭리입니다.

2) 섭리에 있는 하나님의 지혜

하나님의 지혜는 구속의 경륜도 신비합니다. 또한, 섭리에서도 하나님의 지혜 세계가 있습니다. 하나님의 백성은 창조세계에서 하나님의 전능하심, 측량할 수 없는 지혜, 무한한 선하심을 보아야 합니다. 하나님의 섭리(사역)에서 하나님의 인격을 아는 것은 경건의 근본 훈련일 것입니다.

3) 죄 된 세상

하나님께서 통치하시는 세계에 죄 문제는 신학에서 큰 어려움 중 하나입니다.

어떻게 전능하시고 거룩하신 하나님 통치 아래서 죄가 발생하였습니까? 이런 난점에 대한 철학적 반성에서 신정론(神正論, theodicy)이 등장하기도 하였습니다. 신정론은 하박국 선지자, 어거스틴에서 시작해서, 무신적 철학자들은 부정신학(否定의 神學, via negativa)의 근거로 활용하였습니다.

죄에 대해서 WCF는 '순수 허락'(bare permission)을 거부하였습니다. 그리고 하나님의 지혜와 능력의 한계에 놓여 있는 상태로 제시하였습니다. 이것을 신학적으로 '허용적 섭리'(joined permission)라고 합니다.

4) 현실 죄

죄는 하나님에게서 기원하지 않습니다. WCF 3:1(작정)에서 조성자 (*author peccati*) 는 하나님이 아님을 그리고 5:1에서 현실 죄의 조성자나 승인자(*peccati autor aut approbator*)도 아님을 제시합니다.

5. 지극한 지혜이시고, 의(義)이시고, 은혜이신 하나님께서 때때로 자기 자녀들을 얼마 동안 여러 가지 시험과 마음의 부패성에 내버려 두어, 그들이 범한 죄에 대해서 그들을 징벌하시고, 그들 안에 숨어 있는 부패한 힘과 그들 마음의 거짓됨을 발견하게 하여 그들을 겸손하게 하신다(대하 32:25-26,31; 삼하 24:1). 따라서 그들이 하나님께 전보다 더욱 친밀하고 항상 의지하게 하여, 그들이 미래에 있을 모든 죄의 발생에 대해서 더욱 깨어 있게 하고, 여러 가지 다른 의와 거룩한 목적들을 [겸손하게] 수행하도록 하였다(고후 12:7-9; 시 73:1-28; 시 77:1,10,12; 막 14:66-72; 요 21:15-17).

V. The most wise, righteous, and gracious God doth oftentimes leave for a season His own children to manifold temptations, and the corruption of their own hearts, to chastise them for their former sins, or to discover unto them the hidden strength of corruption, and deceitfulness of their hearts, that they may be humbled; and, to raise them to a more close and constant dependence for their support upon Himself, and to make them more watchful against all future occasions of sin, and for sundry other just and holy ends.

6. 의로운 재판장이신 하나님께서는 악하고 불경한 사람들에게(롬 1:24,26,28; 롬 11:7-8), 그들이 범한 죄로 인하여 그들의 눈을 어둡게 하고 마음이 완악한 그들의 지각을 밝혀 그들의 마음에 역사할 은혜를 주지 않으실 뿐만 아니라(신 29:4), 때때로 그들이 가지고 있던 은사들까지도 거두어 가기도 하신다(마 13:12; 마 25:29). 그들의 부패성이 죄의 기회가 되는 대상에 그들을 노출시키신다(신 2:30; 왕하 8:12-13). 즉, 죄인들의 탐욕과 세상의 유혹과 사탄의 능력에 그들을 넘기신다(시 81:11-12; 살후 2:10-12). 하나님께서 마음을 부드럽게 하기 위해서 다른 사람들에게 사용하시는 방법들에서조차 죄인들은 강퍅하게 반응한다(출 7:3; 8:15,32; 고후 2:15-16; 사 8:14; 벧전 2:7-8; 사 6:9-10; 행 28:26-27).

VI. As for those wicked and ungodly men whom God, as a righteous Judge, for former sins doth blind and harden, from them He not only withholdeth His grace, whereby they might have been enlightened in their understandings, and wrought upon in their hearts; but sometimes also withdraweth the gifts which they had, and exposeth them to such objects as their corruption makes occasions of sin; and, withal, gives them over to their own lusts, the temptations of the world, and the power of Satan: whereby it comes to pass that they harden themselves, even under those means which God useth for the softening of others.

7. 일반적으로 하나님의 섭리가 모든 피조물에게 미치는 것처럼 가장 특별한 방법으로 자기 교회를 돌보시며, 모든 일을 교회에 유익하도록 수행하신다(딤전 4:10; 암 9:8-9; 롬 8:28; 사 43:3-5,13).

VII. As the providence of God doth in general reach to all creatures, so after a most special manner it taketh care of His Church, and disposeth all things to the good thereof.

3. 하나님의 섭리 (3) 섭리의 신비

우리는 WCF 5:5-7을 "섭리의 신비"로 정리하였습니다. 이 부분에서 하나님의 섭리 중에서 죄의 문제를 다루기 때문입니다. 그리고 하나님 섭리의 최종점을 교회를 돌보심과 유익에 두었습니다(WCF 5:6,7). 하나님의 섭리는 교회를 세움으로 그리스도의 나라, 새 창조를 이룹니다.

1) 하나님의 지혜와 죄 된 세상

WCF 5:5에서 하나님의 최상의 지혜, 의, 은혜에서 하나님의 자녀들이 유혹과 부패에 놓이도록 허용하여 죄에 대해서 경험하게 하여 스스로 깨달아 겸손케 하신다고 합니다. 그래서 더욱 하나님과 긴밀한 관계로 전환되도록 경영하십니다.

죄를 경험하지 않고 그 패역, 간교, 악착 같음을 알 수 있다면 얼마나 좋을까요?

하나님께서 자녀에게 죄의 상태를 경험하도록 간과하셔서(인도하심이 아닌) 죄의 세계를 알 수 있도록 하십니다. 하나님 앞에 죄인임을 아는 자녀는 더욱 겸손하여 하나님의 경륜을 믿고 찬양하게 됩니다.

죄에서 돌이켰다 할지라도 자녀가 자신의 미래에 펼쳐질 하나님의 미래를 알지 못합니다. 겸손한 하나님의 자녀는 비록 자신이 이해되지 않는 미래의 세계를 대면할 때에, 신실하시고 사랑 많으신 하나님의 경륜을 굳게 믿고 세상의 죄 된 방법과 수단을 거부하게 됩니다.

2) 불경건한 사람에 대한 섭리

WCF 5:6에서는 하나님의 자녀가 아닌 불경건한 자들에 대한 섭리로 "내버려 둠"을 고백하였습니다(롬 1장). 더 나아가 사탄에게 넘겨주기도 합니다. 그러나 이런 하나님의 섭리는 다른 사람의 마음을 부드럽게 하기 위한 섭리입니다. 즉, 무례한 죄인이 가득한 세상에서 하나님의 자녀는 더욱 마음을 부드럽게 하여 세상의 소금과 빛이 되어야 합니다.

그리스도인들이 죄인의 잘됨을 보고 부러워한다면 하나님께서 마음을 부드럽게 하려는 사역에 역행하는 것입니다(잠 23:17). 하나님께서는 백성이 선으로 악을 이기길 원하십니다(롬 12:20). 하나님의 섭리 목적이 죄인의 패역과 의인의 온유(溫柔)에 있음을 잘 인식해야 할 것입니다.

3) 하나님 섭리의 최종점

WCF 5:7에서는 모든 피조물과 교회를 향한 하나님의 섭리에 대한 고백입니다. 하나님의 섭리는 모든 피조물에 주어지는 보편 섭리(일반 섭리)와 하나님의 교회를 돌보시며 유익케 하시는 특별 섭리가 있습니다. 보편 섭리는 창조질서에 관한 것이며, 특별 섭리는 구원경륜에 의한 것입니다. 특별 섭리에 의해서 운영되는 교회는 특별 섭리로 보존되어 항속적으로 이 땅에서 하나님을 찬양합니다.

제6장

사람의 타락, 죄 그리고 형벌에 대하여
(CHAPTER VI. Of the Fall of Man, of Sin, and of the Punishment Thereof)

1. 우리의 첫 조상은 사탄의 간계와 유혹에 넘어가 [하나님께서] 금지한 열매를 먹는 죄를 범하였다(창 3:13; 고후 11:3). 하나님께서 자기 영광을 드러낼 목적을 가지고 그의 지혜로우시고 거룩하신 경륜을 따라 그들의 죄를 허용하시기를 기뻐하셨다(롬 11:32).

I. Our first parents, being seduced by the subtilty and temptation of Satan, sinned in eating the forbidden fruit. This their sin God was pleased, according to His wise and holy counsel, to permit, having purposed to order it to His own glory.

2. 그 죄로 말미암아 그들은 원의(原義)와 하나님과 교제에서 떨어졌고(창 3:6-8; 전 7:29; 롬 3:23), 죄 중에서 죽게 될 것이다(창2:17; 엡2:1). 그리고 영혼과 육체의 모든 기능과 부분이 전적으로 부패되었다(딛 1:15; 창 6:5; 렘 17:9; 롬 3:10-18).

II. By this sin they fell from their original righteousness and communion with God, and so became dead in sin, and wholly defiled in all the faculties and parts of soul and body.

> 3. 그들은 온 인류의 근원이었으므로 죄의 허물이 전가된 것인데(창 1:27-28; 2:16-17; 행 17:26; 롬 5:12,15-19; 고전 15:21-22,45,49), 일반 생육[법]으로 태어나는 모든 후손에게 죄와 부패된 본성이 전달되어 동일한 죽음에 이르게 된다(시 51:5; 창 5:3; 욥 14:4; 15:14).
>
> III. They being the root of all mankind, the guilt of this sin was imputed, and the same death in sin and corrupted nature conveyed, to all their posterity descending from them by ordinary generation.

1. 인간의 타락, 죄, 형벌(1) 아담의 범죄

WCF 6장은 인간의 타락, 죄, 형벌에 관한 부분입니다. 박형룡 박사는 『조직신학』에서 인간론을 인죄론(人罪論)이라고 하였습니다. WCF를 보면 순수 인간에 대한 이해가 아닌, 인간의 죄에 대해서 고백하기 때문에, 신학 용어로 "인죄론"도 나쁘지 않은 표현입니다.

서철원 박사는 "인간론", "인간: 하나님의 형상"이라고 하였습니다. 두 분이 인간 이해에서 강조점이 다르지만 성경적입니다. 사람은 "하나님의 형상"이고 "죄인"입니다. 기독교에서는 인간을 죄인으로 규정하고, 하나님의 형상을 회복하는 수단과 방향을 제시하고 있습니다. WCF 6장에서 인간이 죄인 됨을 명확하게 규정합니다.

1) 죄는 하나님께서 금지하신 열매를 먹음

WCF 6:1은 창세기 3장을 요약한 것으로 보입니다. WCF에서 죄의 시작을 아담과 하와(our first parents, they)로 제시하였는데, 필자는 죄를 아담의 결정으로 보는 것이 좋다고 생각합니다.

언약의 대표자가 아담이기 때문입니다. 죄는 사탄의 간계와 유혹을 받아 하나님께서 금지하신 선악을 알게 하는 열매를 먹은 것입니다. 죄에서 사탄의 간계보다는 하나님의 말씀에 대한 거역이 더 강조되어야 한다고 생각합니다.

금지된 열매를 아담이 먹은 것은 유혹에 넘어간 것으로 해석하기보다는, 아담이 먹지 않도록 명령을 주신 창조주 하나님에 대해서 불쾌하게 생각하였다는 것이며, 창조주 하나님을 거부한 것이며, 하나님처럼 되고 싶어 하는 인간의 욕망이었습니다.

사탄의 유혹이나 인간의 반역에는 하나님의 비밀하신 경륜에 있습니다. WCF는 죄에 대한 신비를 기쁨(pleased)과 허용(permit)이란 단어를 사용하였습니다. 그런데 비밀한 경륜이라고 강조하면서, 마치 자기가 어떤 것을 해석한 것처럼 주장하며 풀지 못할 미로로 인도하는 거짓 교사를 주의해야 합니다. 그리스도인은 신비 앞에서 침묵하고 겸손하여, 사색을 중지하고 주의 이름을 부르며 정진하도록 힘써야 합니다.

2) 죄의 결과: 본래의 의와 연합에서 떨어짐과 부패

WCF 6:2에서 죄의 결과에 대해서 고백합니다.

첫째, 죄의 결과로 첫 사람에게 주어진 원의(原義, original righteousness)와 하나님과의 연합에서 분리됩니다. 완전하게 창조된 아담에게 주어진 고유한 성격과 특권이 사라진 것입니다.

둘째, 사망과 부패입니다. 죄로 말미암아 사망이 유입되었고, 영혼과 육체의 모든 기능과 부분이 전적으로 부패되었습니다. WCF의 전적 부패

교리는 어거스틴과 칼빈의 가르침, 1618년 도르트 신경(Total Depravity)을 반복하는 것입니다. 전적 부패는 부분 부패에 대항한 확고한 교리적 선언입니다(*in omnibus facultatibus ac partibus animæ corporisque penitus contaminati*).

3) 죄의 전가(대표 원리)

첫 인류 아담의 범죄는 모든 후손에게 전가(imputed)됩니다. 죄의 전가는 모든 후손에게 전달되어 사망과 부패의 상태가 됩니다. 이 원리는 신학에서 많은 논란이 있습니다. 그리스도 의의 전가를 믿는 그리스도인은 아담의 죄의 전가 교리와, 대표성의 원리를 수용합니다.

행위 구원을 강조하는 부류에서는 죄의 전가 교리를 부정합니다. 이것은 펠라기우스와 알미니우스의 가르침을 따르는 것입니다. 교회는 펠라기우스(오렌지 공의회 529년)와 알미니안(도르트 공의회, 1618-1619년)을 거부하였습니다.

아담의 죄가 후손에게 전달되는 방식 또한, 신비입니다. 간략하게 대표성 원리라고 하지만 명료한 이해는 아닙니다. 또 다르게 명확한 것은 혈통적 유전 방식은 아니라는 것입니다. 그래서 부모에게 죄를 받았다는 표현은 사용하지 않는 것이 좋습니다. 우리가 부모에게서 출생하였으면서도, 죄는 아담의 죄를 전가 받았습니다. 부모의 죄를 반복하는 것이 아니라, 아담에게 주어진 정죄 아래 있습니다(참고. 겔 18장).

4. 첫 부패에서 우리는 모든 선에 대하여 전적으로 싫어하고, 무능하고, 반대되도록 되어(롬 5:6; 8:7; 7:8; 골 1:21), 모든 악에 전적으로 기울어져 있어(창 6:5; 8:21; 롬 3:10-12) 모든 자범죄를 발생하게 된다(약 1:14-15; 엡 2:2-3; 마 15:19).

IV. From this original corruption, whereby we are utterly indisposed, disabled, and made opposite to all good, and wholly inclined to all evil, do proceed all actual transgressions.

5. 본성의 부패는 중생된 사람들에게도 남은 상태이고 그들의 생에서 유지된다(요일 1:8,10; 롬 7:14,17,18,23; 약 3:2; 잠 20:9; 전 7:20). 비록 그들이 그리스도로 말미암아 죄 사함 받아 [원죄가] 소멸하였지만, [부패한 본성]으로 살며 행동하는 모든 것이 참되고 정확하게 죄이다(롬 7:5,7-8,25; 갈 5:17).

V. This corruption of nature, during this life, doth remain in those that are regenerated; and although it be, through Christ, pardoned and mortified, yet both itself and all the motions thereof are truly and properly sin.

6. 모든 죄, 원죄나 자범죄 모두는 하나님의 의로우신 법을 위반한 것이고, 반대하는 것이므로(요일 3:4) [죄 된] 본성을 소유한 죄인에게 죄책을 부과하는 것이다(롬 2:5; 3:9,19). 그는 하나님의 진노(엡 2:3)와 율법의 저주에 묶여서[연루되어](갈 3:10) 영적이고(엡 4:18) 현세적이고(롬 8:20; 애 3:39), 영원한(마 25:41; 살후 1:9) 모든 비참함과 죽음을 맞이하게 된다(롬 6:23).

VI. Every sin, both original and actual, being a transgression of the righteous law of God, and contrary thereunto, doth, in its own nature, bring guilt upon the sinner; whereby he is bound over to the wrath of God, and curse of the law, and so made subject to death, with all miseries spiritual, temporal, and eternal.

2. 인간의 타락, 죄, 형벌 (2) 범죄의 결과

WCF 6:4-6에서 죄의 결과에 대해서 제시하고 있습니다. '원죄'(original sin)에 대해서, WCF는 '근본적 부패'(original corruption)로 고백하였습니다. 원죄의 원인(*causa peccati*)에서 발생된 부패를 근본적 부패로 설명하는 것으로 이해됩니다.

1) 전적 부패

WCF 6:4에서 전적 부패(original corruption, total corruption로 연결)를 선언합니다(참고. 『기독교 강요』 4권 15:[세례에 대해서] 11에서 칼빈은 "남은 죄" 혹은 "근본적으로 나쁨"이란 개념으로 끊임없는 훈련을 요구합니다). 전적 부패는 근본적 죄로 말미암은 필연적 귀결로 끊임없는 거룩함의 증진과 겸손을 요구합니다.

본성이 부패되었다는 것은 인간이 본성적으로 행동할 때 모든 것이 선에 반대된다는 것입니다. 또한, 전적으로 악이 되며, 실제적인 범죄가 증가 됨을 선언하였습니다. 두려운 선언이지만 하나님을 떠난 사람에게는 죄가 끊임없이 증진됩니다. 죄의 치료와 감소를 위해서는 죄 사함 받은 양심의 활성화밖에 없습니다. 그러므로 그리스도인은 이 세상의 소금과 빛이 되어야 합니다.

하나님이 아니면 누구도 하실 수 없는 일을 하나님께서 자기 택자에게 행하셨습니다. 그 택자에게 요구하시는 것은 부패한 세상에서 소금과 빛이 되어, 반역자들의 입에서 자기 존재와 영광을 인정하라고 명령하셨습니다.

2) 끝나지 않은 부패

WCF 6:5에서는 그리스도의 죄 사함이 있을지라도 삶에서 본성의 부패가 남아 있음을 고백합니다. 이것은 칼빈의 "남은 죄"에 대한 가르침의 연속입니다. 칼빈은 『기독교 강요』 4권 15:12에서 로마서 7장으로 성경적 근거를 제시하였습니다.

중세 교회는 이미 구원받은 사람, 교회에 있는 사람들의 죄 처리에 대해서 고민하였고, 결국, 죽은 자의 죄를 처리하는 방편까지 고안하였습니다. 그래서 면죄부(免罪符, *indulgentia*)를 발행하여 교회를 부패시켰습니다. 그러나 죄 사함을 받은 사람에게 여전히 남은 죄가 있다는 것은 과격한 죄 사함주의자의 방종주의와 철저하게 구분합니다.

한국에서는 구원파가 죄 사함 후에 다시는 회개가 필요 없는 구조를 제안하기도 합니다. 비판이 증가하자 회개가 있다고 타협하기도 합니다. 죄 사함은 완전한 죄 사함이지만, 완전하지 않은 죄 사함입니다.

루터는 '의인인 동시에 죄인'(*simul justus et peccator*)이라고 하였는데, 먼저 의인이 앞서는 것을 주지해야 합니다. '의인이면서 죄인'은 있지만, '죄인이면서 의인'은 없습니다. 그리고 완전한 의인도 없고 혹 될 수는 없지만, 그러나 될 수 없다고 규정하기도 어렵습니다.

인간론(인죄론)에서 인간의 전적 부패가 선언되었고, 구원론과 교회론에서 전적 부패한 인간의 자세와 생활에 대해서 제시합니다. 성령과 교회는 죄를 짓기 쉬운 인간에게 믿음의 진보가 일어나도록 끊임없는 탄식과 훈련을 이룹니다.

칼빈은 성도에게 두 가지 학교를 말하고 있는데, 성경과 성령입니다. 성도는 두 학교이지만 한 학교인 성경과 성령, 외적 교사와 내적 교사(*magister interior, doctor interior*, 딛 2:11-14)의 학교에서 훈련을 받아야 합니다.

3) 죄인에게 주어진 죄책 그리고 사망

WCF 6: 6에서는 죄의 결과에 대해서 제시합니다. 죄 사함을 받지 않은 사람은 하나님의 율법을 거부하였기 때문에 죄책(罪責)이 따릅니다. 현대에 죄의식이 없는 사람이 등장하는 것은 사회의 심각한 문제성을 보여 주는 것입니다. 사이코패스(psychopathy)와 소시오패스(sociopath)는 반사회성 인격장애라고 하는데 타인과 공감 및 죄책감이 없는 정신장애입니다. 이런 장애가 사회에서 표출되면 심각한 악이 발생합니다.

죄로 말미암아 사람에게 임한 것은 죽음, 영혼의 비참함, 현재와 영원에서 비참함입니다. 인간에게 가장 큰 충격은 "사망"입니다. 죄의 결과는 살아 있으나 살아 있지 않은 현세적이고 영적 죽음으로, 영원한 비참함을 예고합니다. 현재 살아 있으나 죽은 것보다 못하게 느끼는 현재 비참함이고, 죽고 싶어도 죽지 못하는 영원한 비참함입니다.

참복은 구주로 기뻐하며 기뻐하는 것입니다. 그리스도의 피로 죄 용서 받은 주의 자녀는 현세에서 기뻐하고 영원토록 기뻐합니다(소요리문답 1문, 살전 5:16).

※ **원죄** (原罪, *peccatum originale*)

어거스틴과 펠라기우스 논쟁에 의해서 확정된 개념입니다. 우리 시대는 아담의 역사적 실존에 대해서 불신 혹은 의심하는 수준입니다. 그래서 아담의 원죄를 말하는 자체가 매우 보수적인 수준일 것입니다. 「중앙일보」 1969년 3월 22일 자 "원죄에 대해 할 말이 있다"라는 제목의 논설 안에는 가톨릭계 신학자들의 양의론에서 원죄의 개념이 로마서(바울)에 의해 조작되었고, 창세기는 신화라고 평가하는 내용이 있습니다.

신학에서 아담의 역사적 실존을 인정하지 않으면서 원죄를 포기하지 않고, 보편 인간의 본성으로 평가하였습니다. 그런데도 개혁신학의 정점에는 트렌트 공의회(Council of Trent, 1545-1563)가 역(逆) 종교개혁으로 존재합니다.

5차 트렌트 공의회에서 원죄론을 결정하는데, 필자가 볼 때는 1-3조항은 동일합니다. 그런데 세례(부분부터 다름) 후에 있을 죄(남은 죄)에 대한 처리방식에서 차이가 있습니다.

6차 트렌트 공의회에서는 은혜로만, 믿음으로만 된다는 루터와 칼빈의 개혁파에 대해서 저주를 선언하였습니다.

WCF는 원죄 이해의 확립에 갈등이 있었던 것으로 보입니다. 그래서 WCF는 어떤 해석 없이 성경 말씀을 요약하여 제시하고 있습니다. 그러나 서철원 박사는 아담의 원죄를 "하나님께 반역"이라고 명료하게 규정하였습니다.

> 저희는 아담처럼 언약을 어기고 거기서 나를 반역하였느니라 (호 6:7).

반역은 언약(법)에 근거하여 위반하여 역행한 것입니다. 어떤 경우에 원죄를 '조건 수행을 거부한 불순종'으로 파악하는데, 바람직한 이해로 볼 수 없습니다. WCF는 단순하게 "불순종"으로 제시하였습니다.

그런데 창조주 하나님과 피조물인 인간 사이에 '조건'을 부여하거나 요구한다는 것은 상상할 수 없는 일입니다. 시작에서 조건이 있을 수 없고 과정에서도 조건이 존재할 수 없습니다. 존재하게 하신 창조주 하나님께 감사와 찬양을 돌립니다.

아담이 범한 원죄로 원의(原義, *iustitiae originalis*)를 상실하였습니다. 개혁 신학에서 원죄의 죄과(culpa)로 인해서 오염(汚染, *corruptio*)과 죄책(罪責,

reatus)으로 제시합니다. 원죄의 원인은 원의가 결핍된 것이 아니라, 창조주 하나님처럼 되고자 하는 악(惡), 교만과 탐욕입니다.

타락 전에는 가변성이 있었지만, 타락 후 모든 사람은 죄를 짓지 않을 수 없습니다(*non posse non peccare*). 죄 사함에서 죄책을 면(免)함 받는 구도(법정적 칭의, forensic justification)이고, 오염과 싸우는 구도(성화)로 이해할 수 있습니다.

제7장

인간과 맺으신 하나님의 언약에 대하여
(CHAPTER VII. Of God's Covenant with Man)

1. 하나님과 피조물 사이의 간격이 너무 크다. 반드시 이성적 피조물들은 자기를 창조하신 창조주께 [합리적으로] 순종해야 한다. 그리고 그들은 창조주께 복과 상의 성과를 결코 요구할 수 없다(사 40:13-17; 욥 9:32-33; 삼상 2:25; 시 113:5-6; 100:2-3; 욥 22:2-3; 35:7-8; 눅 17:10; 행 17:24-25). 하나님께서 인간과 언약을 체결하시는 과정에서 자발적 겸비를 표현하심을 기뻐하셨다.

I. The distance between God and the creature is so great, that although reasonable creatures do owe obedience unto Him as their Creator, yet they could never have any fruition of Him as their blessedness and reward, but by some voluntary condescension on God's part, which He hath been pleased to express by way of covenant.

2. 인간과 맺으신 첫 언약은 행위 언약이고(갈 3:12), 행위 언약은 아담에게 주어진 약속이었고, 그분 안에서 그분의 후손에게 유효한 것이다(롬 10:5; 5:12-20). 그것은 완전한 조건이었고 개인적 순종이다(창 2:17; 갈 3:10).

II. The first covenant made with man was a covenant of works, wherein life was promised to Adam, and in him to his posterity, upon condition of perfect and personal obedience.

   3. 인간은 자신의 타락으로 말미암아, 언약에서 부여한 생명을 얻을 수 없게 되었다. 주께서는 일반적으로 은혜 언약이라고 부르는 둘째 방안을 기뻐하셨다. 그것은 주께서 죄인들에게 예수 그리스도로 말미암아 생명과 구원을 값없이 주시며, 그들이 구원을 얻게 하기 위해서 그분에 대한 믿음을 요구하신다. 주께서 구원하실 약속된 모든 인간에게 성령으로 믿을 의지와 능력을 주셔서 영생을 얻도록 작정하셨다.

   III. Man by his fall having made himself incapable of life by that covenant, the Lord was pleased to make a second, commonly called the covenant of grace; wherein He freely offereth unto sinners life and salvation by Jesus Christ, requiring of them faith in Him that they may be saved, and promising to give unto all those that are ordained unto eternal life His Holy Spirit, to make them willing and able to believe.

1. 하나님의 언약 (1) 행위 언약

   WCF 7장은 "하나님의 언약"을 고백하는데, 특징은 행위 언약과 은혜 언약으로 나누는 것입니다. 쯔빙글리, 불링거, 칼빈으로 형성된 언약신학은 WCF에서 행위 언약과 은혜 언약으로 확장되었습니다. 언약 개념은 20세기 칼 바르트에게서 은혜 언약으로 일원화되었고,[1] 서철원 박사는 첫 언약과 새 언약으로 제시하였습니다.

---

1 필자는 바르트의 언약 이해를 "한언약주의"(a concept of single revelation)로 분류하였다. 그리고 바르트의 계시 이해를 "신계시주의"(Neo-revelationism)라고도 하는데, 필자는 "계시일원주의"(one circle revelation)로 제시하였다. 칼빈에게서는 언약만 나타나지만, 특별 계시와 일반 계시가 확연하게 구분되는 두 계시주의인데, 칼 바르트 이후에 체계화된 한 언약 이해는 계시일원주의로 바로 연결된다.

17세기 WCF에서 개념화시킨 행위 언약에는 다른 이해가 있습니다. 행위 언약을 모세 언약으로 이해하는 경우인데, WCF에서 행위 언약은 창조주 하나님과 죄 없는 아담이 언약 관계에 있다고 체계화시켰습니다.

1) 하나님의 언약의 놀라운 경륜

WCF 7장에서 "하나님의 언약"을 고백합니다. 개혁 신학에서 보는 성경의 구조는 '하나님의 언약' 입니다.

모든 신학은 성경 전체를 볼 방법이 있어야 합니다. 정통신학에서 성경 전체를 예수 그리스도로 봅니다. 70인역(LXX)에서 여호와를 퀴리오스(Lord)로 번역한 것을 받아, 예수를 주(Lord)로 고백하면서, 참 하나님으로 고백한 것입니다. 구약 시대에 육신이 없는 성자 하나님을 로고스 사르코스(*Logos asarkos*, 육신이 없는 로고스)라고 하였습니다.

정통적인 성경 해석 방법은 '그리스도 중심' 입니다. 그리스도 중심 성경 해석은 루터와 칼빈도 철저하게 준수하였습니다. 그런데 칼빈에게서 언약 구도가 구체화되었습니다. 후기 개혁파들은 좀 더 체계화시켜 행위 언약과 은혜 언약으로 세웠습니다. 그 구체적 형태가 WCF에 등장하였고, 네덜란드에서는 코케이우스(Johannes Cocceius, 1603-1669)에서 나타납니다.

언약 개념을 쌍무적 언약 개념(Bilateral covenant, 블링거 Bullinger, 존 프레스톤 John Preston, 윌리암 퍼킨스 William Perkins)으로 보았는데, WCF에서 언약 개념은 일방적(편무적, Unilateral covenant) 언약입니다. 현재 대부분의 언약 개념은 쌍무적 개념을 사용하기에 편무적 언약 개념을 견지한 언약 이해를 한 학도는 깊은 분별이 필요합니다. 비르마(Lyle D. Bierma), 릴백(Peter A. Lillback) 등은 칼빈의 언약에서 조건적이고 쌍무적으로 제시하였습니다. 편무적 개념을 지지하는 학자는 바빙크, 서철원 박사가 있습니다.

WCF 언약 이해에서 먼저 하나님과 인간의 절대적인 차이를 고백합니다. 즉, 하나님과 인간은 어떤 관계도 수립될 수 없으며, 창조주 하나님께 순종한다 할지라도(조건) 어떤 복이나 상급을 얻을 수 없습니다.

그런데 실제 피조물인 인간에게 하나님의 형상이 주어진 자체가 전적인 은혜입니다. 이 은혜가 인간에게 전달되는 방법을 언약으로(way of covenant) WCF에서 고백합니다. 이는 성경에서 변함없이 제시하고 있는 것입니다. 아담에게 요구한 순종은 완전한 조건이었습니다. WCF가 제시하는 완전한 조건(condition of perfect)은 조건이 없음을 대변하는 믿음의 문장입니다. 그리고 아담의 개인적 순종이지만(personal obedience) 앞에서 아담 안에 있는 후손에게 유효한 것(in him to his posterity)입니다.

2) 행위 언약(a covenant of works)

WCF 7:2에서는 "행위 언약"에 대한 고백입니다. WCF에서는 행위 언약이 후손에게 조건적으로 약속된 것으로 고백하였습니다.

서철원 박사는 하나님과 인간 사이에 조건적인 설정에 대해서 거부하였습니다. 창조주와 피조물인 사람에게 조건을 두는 것을 피하려고 한 것입니다.

첫 언약은 "창조주 하나님께서 자기 백성을 삼으시기 위한 언약"으로 제시하였습니다. 서철원 박사는 "행위 언약" 자리에 "첫 언약"으로 변경을 제안하였습니다. 첫 언약은 하나님께서 백성을 이루심의 언약입니다. 그런데 피조물인 사람이 하나님의 백성으로 사는 것을 거부하여 언약을 파기하는 반역을 범한 것입니다.

3) 행위 언약의 폐기와 은혜 언약 수립

WCF 7:3에서 행위 언약이 조건 불이행으로 폐기됨이 제시되었습니다. 그래서 두 번째 언약인 "은혜 언약"이 수립되었습니다. 은혜 언약은 죄인에게 구주 예수 그리스도로 말미암아 생명과 구원이 값없이 제공되는 것입니다. 은혜 언약에서 그리스도를 믿음이 요구되며, 성령을 주시어 그리스도를 믿도록 세워 주십니다.

서철원 박사는 은혜 언약의 자리에 "새 언약"을 제안하였습니다. 첫 언약의 파기로 무효화된 백성 삼음을, 새 언약으로 하나님의 백성을 이루어 창조 경륜을 완성하는 구도로 제시하였습니다. 행위 언약과 은혜 언약에서 시간 공백이 없습니다. 행위 언약이 폐기되자(창 3장) 곧 은혜 언약이 수행됩니다(창 3:15).

그런데 첫 언약과 새 언약 사이에 수 천 년의 역사에서 언약 회복을 위한 메시아 도래를 기다리는 훈련이 있습니다. 행위 언약과 은혜 언약에 시간 차이가 없지만, 하나님께서 때를 이루어가심(갈 4:4)에 대한 경륜을 제시하는 구체적인 설명이 약합니다.

은혜 언약 안에는 옛 언약(모세 언약)과 새 언약(예수 언약), 율법과 복음으로 구분하였습니다. 하나님의 경륜은 순수한 아담과 범죄한 아담 그리고 모세와 예수로 간략하게 세울 수 있습니다.

4) 언약을 유지하시는 언약 주

아담이 타락(창조주 하나님을 반역)하여 행위 언약(첫 언약)을 파기하였지만, 주께서 언약을 성취하시기 위해서 둘째 방안을 마련하셨습니다. 그 방안을 성취하기 위하여 예수 그리스도의 구속 사역과 성령의 사역이 필요합니다. 주 예수께서 성취하신 구원을 성령으로 모든 택자에게 부어 주심으로 그들이 믿음을 가져 언약을 유지할 수 있습니다. 주 예수께서 주신 성령은 믿음을 강화해 영생을 얻도록 좁은 길을 벗어나지 않게 하며, 천국 문에 들어갈 수 있게 합니다(마 7:13-14; 16:13-20).

4. 은혜 언약은 성경에서 반복하여 유언하는 이름을 기록하고 있다. [그 이름은] 유언자 예수 그리스도이고, 그분의 죽음에 관해서 그리고 그분 안에 있는 영원한 기업과 그분 안에 속한 모든 것이 [성경에] 기록되어 있다(히 9:15-17; 7:22; 눅 22:20; 고전 11:25).

IV. This covenant of grace is frequently set forth in Scripture by the name of a Testament, in reference to the death of Jesus Christ the Testator, and to the everlasting inheritance, with all things belonging to it, therein bequeathed.

5. 이 [은혜] 언약은 율법 시대와 복음 시대에서 각각 다른 [방법으로] 수행되었다(고후 3:6-9). 율법 시대에는 약속과 예언들과 희생 제물과 할례와 유월절 양 그리고 유대 백성에게 부여한 다른 예표와 질서들을 따라서 수행하였다. [구약에 있는] 모든 것은 오실 그리스도를 미리 예표한 것이었다(히 8-10장; 롬 4:11; 골 2:11-12; 고전 5:7). 그리고 [구약 시대에는] 성령의 역사를 통하여 택자에게 약속된 메시아를(고전 10:1-4; 히 11:13; 요 8:56) 믿도록 가르치며 세웠다. 그들은 [오실 메시아의 구속 사역으로] 죄 사함과 영원한 구원을 얻었다. 이런 [율법 시대를] 구약이라고 부른다(갈 3:7-9,14).

V. This covenant was differently administered in the time of the law, and in the time of the gospel: under the law, it was administered by promises, prophecies, sacrifices, circumcision, the paschal lamb, and other types and ordinances delivered to the people of the Jews, all fore-signifying Christ to come: which were, for that time, sufficient and efficacious, through the operation of the Spirit, to instruct and build up the elect in faith in the promised Messiah, by whom they had full remission of sins, and eternal salvation; and is called, the Old Testament.

6. [구약에서 예표한 성자 하나님의] 실체이신 그리스도께서(골 2:17) 이 땅에 오심으로 복음이 시작되었다. [은혜] 언약을 수행하는 질서는 말씀의 전파와 세례와 주의 만찬[성찬]의 성례를 수행하는 것이다(마 28:19-20; 고전 11:23-25). [교회의 질서를 합당하게 수행하는] 사람은 적고, 더 단순하게 수행하고, 외적으로 [표현되는] 영광은 없지만, 그들은 유대인과 이방인이 포함된 열방에서(마 28:19; 엡 2:15-19) 더 충만하고 분명하고 영적인 효력을 세웠다(히 12:22-27; 렘 31:33-34). 이런 [복음 시대를] 신약이라고 부른다(눅 22:20). 그러므로 본질적으로 다른 두 은혜 언약이 있는 것이 아니라 하나이며 다양한 경륜 아래에서 동일한 것이다(갈 3:14,16; 행 15:11; 롬 3:21-23,30; 시 32:1; 롬 4:3,6,16-17,23-24; 히13:8).

VI. Under the gospel, when Christ, the substance, was exhibited, the ordinances in which this covenant is dispensed are the preaching of the Word, and the administration of the sacraments of Baptism and the Lord's Supper: which, though fewer in number, and administered with more simplicity, and less outward glory; yet, in them, it is held forth in more fulness, evidence, and spiritual efficacy, to all nations, both Jews and Gentiles; and is called the New Testament. There are not therefore two covenants of grace, differing in substance, but one and the same, under various dispensations.

2. 하나님의 언약 (2) 은혜 언약

　WCF 7장은 "하나님의 언약"을 고백합니다. 4-7절에서 "은혜 언약"을 설명합니다. 은혜 언약의 주이신 예수 그리스도께서 언약주, 유언자이심을 고백하며 복음 시대를 고백합니다. 예수 그리스도는 복음의 실체이시고, 은혜 언약에서 율법과 복음, 구약과 신약으로 구분하는 기준입니다. 예수 그리스도를 기준으로 구약과 신약성경을 구분합니다.

1) 은혜 언약: 성경 표현 유언(Testamenti)

　WCF 7:4에서 "은혜 언약"(*foedus Gratiae*)을 정의합니다. WCF에서 은혜 언약은 성경 표현으로 "유언 혹은 계약"(testament)으로 고백하였습니다. 유언자(*Testator*), 구약 유언자는 선지자이고, 신약 유언자는 사도입니다. 구약 시대 선지자는 오실 메시아를 지시하였고, 신약 시대 사도는 오신 메시아와 다시 오실 재림주를 지시하였습니다.

　유언(testament)은 유언자가 죽었을 때 효력을 발휘합니다. 유언자들인 선지자와 사도들이 지목한 예수 그리스도, 참유언자 예수 그리스도께서 자기 죽음으로 은혜 언약을 체결하셨습니다. 예수의 죽음에서 유언이 효력을 발생한다는 것이며, 효력은 영원한 기업과 거기에 속한 모든 것을 증여받게 됨을 고백하였습니다.

　유언자이신 예수 그리스도의 죽음으로 언약의 실체이신 그리스도(*Christus Substantia Foederis*)가 드러났습니다. 그래서 유언자가 언약의 주(the Lord of the covenant)가 되었습니다. 언약(*foedus*, covenant)은 계약(testament, 유언)과 동의어로 사용합니다. 유언의 성격으로 체결한 언약, 새 언약이 체결되었으며, 부활과 승천 후에 성령을 보내심으로 성취하였습니다.

(1) 언약의 실체

언약의 주는 예수 그리스도이시며, 구약과 신약성경의 분기점입니다. 하나님의 성육신, 실체이신 예수 그리스도의 오심은 새 언약(*foedus novum*)의 도래, 율법과 복음의 분기점, 구약과 신약의 분기점이 됩니다.

2) 율법 시대와 복음 시대

WCF 7:5에서는 율법과 복음에 관해서 기술합니다. 율법 시대에는 예언, 속죄 제사, 할례, 유월절 양 등은 오실 예수의 모형으로 수행되었습니다. 이 모든 것은 '모형과 질서'(types and ordinance)로 오실 그리스도를 예표하였습니다.

WCF는 율법 시대 백성들이 성령의 사역으로 구원을 얻음을 제시합니다. 오실 그리스도를 믿음으로 구원 얻음인데, 그런 사역도 성령에 의해서 확실하게 효력이 발생합니다. 약속된 메시아를 믿어 구약에 택함을 받은 백성들도 훈련받고 세움을 받았습니다. 그들은 완전히 죄 사함을 받았으며, 영원한 구원을 얻었습니다. 이것은 구약입니다.

WCF에서 구약성경의 성령 사역이 등장하지만, 오순절의 성령 사역과의 명료한 구분이 약합니다. 필자는 그런 이해가 예루살렘과 동일한 문화권이었기 때문에 발생한 한계로 제언합니다. 잉글랜드가 예루살렘에서 먼 거리이지만, 로마 제국이라는 동일 문화권에 있습니다.

우리는 십자가의 구속 은혜에 근거하여 오순절 이전과 이후의 성령 이해를 구분할 것을 제언합니다. 오순절 성령 강림 이후에 성령은 십자가의 구속 은혜로 신자에게 내주하여 떠나지 않으시는 그리스도의 영입니다. 성령 이해가 약할 때 인간 이성이 살아나고(자유주의), 강할 때 그리스도의 이름이 약해지는 현상(현대 신학, 오순절주의, 신사도주의)이 발생하였습니다.

3) 복음 시대 수립

WCF 7:6에서 그리스도로 말미암은 말씀 선포와 성례(세례와 성찬)의 결정을 고백하였습니다. WCF는 교황주의에서 개혁을 주도하기 때문에 세례와 성찬에 대한 의식 집례는 단순하고 외적 화려함이 없도록 고백하였습니다. 단순하고 명료한 의식(儀式)을 세우는 것이 개혁된 교회의 특징입니다.

신약, 오순절 성령 강림 이후에 예수께서 세우신 새 언약은 모든 민족에게, 혈통이 아닌 복음선포와 성령으로 구원의 효력이 충분하게 제공됩니다. 교회는 그리스도 안에서 이방인과 유대인이 하나가 되도록 하셨습니다. 복음은 그리스도 안에서 모든 민족을 한 믿음으로 한 교회를 이루게 합니다.

이방인과 유대인이 복음에서 하나가 되는 것에서 민족의 희망을 품도록 하였습니다. WCF는 언약에서 은혜 언약을 강조합니다. WCF는 은혜 언약에 구약과 신약이 동일한 것임을 고백하였습니다. 성경 전체는 행위 언약(첫 언약)을 제외하고, 은혜 언약으로 볼 수 있습니다. 은혜 언약에서 언약 주께서 오심을 기점으로 율법과 복음 시대로 나뉩니다.

제8장

중보자, 그리스도에 대하여
(CHAPTER VIII. Of Christ the Mediator)

1. 하나님께서 자기의 영원한 목적 안에서, 독생하신 아들, 주 예수를 하나님과 사람 사이의 중보자(사 42:1; 벧전 1:19-20; 요 3:16; 딤전 2:5)로 택하시기를 기뻐하셨다. 주 예수는 선지자(행 3:22), 제사장(히 5:5-6), 왕(시 2:6; 눅 1:33), 그리고 교회의 머리와 구주(엡 5:23), 만유의 후사(히 1:2)와 세상의 심판자(행 17:31)이시다. 하나님께서 영원에서 자기 씨를 주 예수께 백성으로 주셨다(요 17:6; 시 22:30; 사 53:10). 그리고 구속의 때에 주 예수께서 [아버지께서 주신 씨를] 부르시고, 의롭게 하시고, 거룩하게 하시고, 영화롭게 하신다[1](딤전 2:6; 사 55:4-5; 고전 1:30; 롬 8:18-30).

I. It pleased God, in His eternal purpose, to choose and ordain the Lord Jesus, His only begotten Son, to be the Mediator between God and man; the Prophet, Priest, and King, the Head and Saviour of His Church, the Heir of all things, and Judge of the world: unto whom He did from all eternity give a people, to be His seed, and to be by Him in time redeemed, called, justified, sanctified, and glorified.

---

[1] in time redeemed, called, justified, sanctified, and glorified으로 과거형을 표기하였는데, 우리는 완료형으로 이해하도록 현재형으로 번역하였다. 성경에서 미완료시제가 있는데 번역이 불가능하다.

2. 삼위일체 제2 위격이신 하나님의 아들은, 아버지와 한 실체[동일실체]이시고 동등하신 참되고 영원한 하나님이시다. 때가 차매 사람의 본성을 취하셨는데(요 1:1,14; 요일 5:20; 빌 2:6; 갈 4:4), 사람이 가지고 있는 모든 본질적 고유성과 공동의 연약성을 가지셨으나 죄는 없으시다(히 2:14,16-17; 히 4:15). 그분은 성령의 능력으로 동정녀 마리아의 태(胎)[2]에서 그녀의 실체를 취하시는 [방식으로] 잉태되셨다(눅 1:27,31,35; 갈 4:4). 그래서 완전하며, 구별되는 두 본성, 곧 신성과 인성이 한 인격에서 변환, 혼합, 혼동 없이 불가분하게 연결되어있다(눅 1:35; 골 2:9; 롬 9:5; 벧전 3:18; 딤전 3:16). 그분은 참하나님이시고 참사람이시며, 유일하신 그리스도요, 하나님과 사람 사이에 있는 유일한 중보자이시다(롬 1:3-4; 딤전 2:5).

II. The Son of God, the second person in the Trinity, being very and eternal God, of one substance and equal with the Father, did, when the fullness of time was come, take upon Him man's nature, with all the essential properties and common infirmities thereof, yet without sin; being conceived by the power of the Holy Ghost, in the womb of the virgin Mary, of her substance. So that two whole, perfect, and distinct natures, the Godhead and the manhood, were inseparably joined together in one person, without conversion, composition, or confusion. Which person is very God, and very man, yet one Christ, the only Mediator between God and man.

---

[2] womb은 우리가 일상적으로 '태'(胎)로 번역하고 있는데, 사전적 번역은 '자궁'(子宮)이다. 그런데 초기 기독교 번역에서 womb을 태(胎)로 번역하여 사용하고 있어 반복한다. 고어(古語)에서 태(胎)는 '원형', '근거'라는 의미가 있다.

1. 중보자 그리스도 (1) 구원 중보자 세움

WCF 8장은 "중보자 그리스도"(Of Christ the *Mediato*)에 대한 고백입니다. 먼저 필자는 1절과 2절을 구원협약(*pactum salutis*)으로 정리하였습니다. 구원협약의 이해는 코케이우스(Johannes Cocceius, 1603-1669)에 의해서 '언약신학'(Federal Theology)[3]이 발표되었습니다(*Doctrinal Summary of the Covenant and Testament of God*, 1648년). 당시에 개혁 신학이 창출한 언약 사상이 결집되는 개념이 영원하신 삼위일체의 경륜에 있는 "구원협약"과 "행위 언약과 은혜 언약"입니다. 7장에서 은혜 언약을 제시하는데(4절), 은혜 언약에서 두 체계, 율법(7:5)과 복음(7:6)을 제시하는 것을 보았습니다.

1) 하나님의 기쁘신 경륜

WCF 8:1 시작은 "하나님께서 기뻐하심"(pleased God)입니다. '하나님의 기쁨'은 교리의 심오함과 백성에게 주는 유익을 의미합니다. 하나님의 기쁨은 백성의 기쁨이 됩니다.

---

[3] 'Federal Theology'에서 Federal이 연방으로 번역되어 연방신학으로 번역하기도 한다. 푸치우스(Gisbertus Voetius, 1589-1676)와 코케이우스(Johannes Cocceius, 1603-1669) 논쟁에서 확립된 변증의 산물이다. Federal은 두 개이지만 한 체계인 것을 인지하도록 하는 것이다. 선택(예정)과 언약이 동일한 것을 견지한 것이다. 선택된 백성과 하나님이 언약을 체결하였다는 방식으로 이해한 것이다. 그러나 사색이 강할 때에는 역동성을 강조하기 위한 반발이 발생하는데, 그것이 네덜란드 스킬더를 중심으로 한 해방파(31조파)이다. 스킬더는 일반은혜를 강조한 문화적 칼빈주의에 대한 반동하였다. 행방파에서 노만 쉐퍼드(Norman Shepherd)가 주창한 "페더럴 비전"(Federal Vision)이 있는데(2002년에 개념화된), 칭의에 인간의 순종 행위를 조건으로 산정하였고, 예정과 언약이 다름을 주장하며 언약의 취소 가능성까지 주장하였다. 칼빈주의는 구원의 확실성을 갖고 있어 예정 교리와 견인교리가 있다. 루터의 이신칭의는 생소한 의(*Iustitia aliena*, alien righteousness, 혹은 낯선 의)를 전가 받음으로 탈락할 수 없는 은혜의 상태가 된다. 하나님의 구원을 인간이 무력화시키거나 폐지시킬 수 없기 때문이다.

하나님의 기쁨을 보는 백성은 당연히 기뻐할 것입니다(소요리문답 1문).

하나님의 경륜은 영원에서 이루어진 것입니다. 삼위일체 하나님께서 영원에서 창조의 경륜과 함께 구원의 경륜도 작정하셨습니다. 그리고 창조경륜과 구원경륜에서 중보자(하나님과 사람)를 세움과 중보자의 백성 선택함이 있습니다.[4] 창조주 하나님께서 인격의 영광을 받으시길 기뻐하셨고, 타락한 백성을 구원하시는 경륜으로 영광 받으심을 완성하는 것은 신비 중의 신비가 됩니다.

WCF 8:1에서 제시하는 '하나님'(God)의 독생자에서, 아버지 하나님을 볼 수 있습니다. 아버지께서 단독으로 결정하신 것으로 이해할 수 있는 문장인데, 아들이 구원 중보자가 되는 것은 삼위일체의 협약입니다. 독생자(begotten Son)는 독자(獨子) 개념이 아니라, 독특한 출생, 유일한 출생 방식으로 이해해야 합니다.

구원 중보자는 선지자, 제사장, 왕으로 교회의 머리이며 구주이시며[5], 만유의 주이시며 세상의 심판자이십니다. 그리고 하나님의 씨를 주 예수의 백성으로 주셨는데, 예수의 백성은 자기 피로 사신 자녀들입니다(사 9:6).

구원 중보자는 영원에서 작정되었고 역사에서 주의 때에 태어났습니다(갈 4:4). 구원 중보자께서 구속을 이루시고 백성을 부르시고(소명), 칭의, 성화, 영화롭게 하셨습니다.

---

4   Suh Cheol Won, *The Creation-Mediatorship of Jesus Christ. A Study in the Relation of the Incarnation and the Creation*, (Brill Rodopi, 1982)..

5   칼빈은 그리스도의 삼중직으로 그리스도의 구속 사역을 확립하였다.박해경, 『칼빈의 기독론』(서울: 아가페, 2004). 박해경 박사는 승천 교리에서 그리스도의 삼중직을 제시하였다. 그런데 칼 바르트는 그리스도의 삼중직을 제사장, 왕, 선지자로 구성하였다. 이에 대해서 박상규가 박사 논문("칼빈과 바르트의 칭의와 성화", 2008년)을 작성하여 칭의와 성화에서 칭의, 성화, 소명이라는 삼중구도로 변환하는 것을 제언하였다. 박성규는 칼빈이 역사적 순서에 따라서 그리스도의 삼중직 순서를 제안하였다고 제시하였고, 바르트는 구원 사역의 효력으로 제안하였다고 밝혔다.

2) 구원 중보자: 제2위격 하나님(성자 하나님)

WCF 8:2에서 삼위일체에서 제2위격의 하나님, 아들께서 구원 중보자 되심을 고백합니다. 영원하신 성부 하나님과 동일실체로서 동일하신 성자 하나님께서 때가 차매 인간의 본성을 취하셨습니다.

성자 하나님께서 육신을 취하신 것은 성령의 사역으로 진행되었습니다. 성령께서 동정녀 마리아의 태(胎)에 잉태하도록 하셔서, 마리아의 피와 살을 받아 육신을 조성하셨습니다. 그리고 성령께서 죄 된 마리아의 몸의 죄가 침투하지 못하도록 성별하셨습니다.

성육신하신 성자의 육신이 모든 인간과 동일한 육신이지만 죄가 없는 흠 없는 제물이 되도록 하셨습니다. 에베소 공의회(431년)와 칼케돈 공의회(451년)에서 마리아를 "하나님의 어머니"(*Theotokos, Dei genitrix*, God's bearer)[6]로 고백한 이유입니다.

성육신하신 신성과 인성의 고백에서 WCF는 칼케돈 신경의 전문을 반복합니다.

> 두 개의 전체, 완전 그리고 구별된 본성인 신성과 인성이 혼합 없이, 변화 없이, 분열 없이, 분리 없이 (*inconfuse, immutabiliter, indivise, inseperabiliter*) 한 인격에서 서로 분리되지 않습니다.[7]

---

6   마리아를 "하나님의 어머니"라고 결정함으로 마리아 숭배를 시작하였다고 비판하는 경향이 있는데, 전혀 그렇지 않다. 정통 교리는 예수 그리스도의 신성 이해를 결정하는 것이다. 마리아가 하나님의 어머니라는 고백은 예수께서 하나님이라는 고백이다. 즉, 예수께서 누구이신지를 결의하는 것이 에큐메니칼 회의의 목적이었다. 정통 신학은 예수를 하나님으로 믿고 고백한다.

7   (latin) *in duabus naturis inconfuse, immutabiliter, indivise, inseperabiliter agnoscendum*, (영어) to be acknowledged in two natures, inconfusedly, unchangeably, indivisibly, inseparably, the distinction of natures being by no means taken away by the union.

성육신하신 인격은 참 하나님이시고 참인간으로 한 인격(*personam unam constituit ex naturis duabus*), 그리스도, 하나님과 사람 사이의 유일한 중보자이십니다(참고.『기독교 강요』 2.14.5).

3. [성육신하신] 주 예수는 신성과 인성이 연합된 상태셨고, 거룩하셨고, 성령으로 한량없이 [기름]부음을 받으셨다. 그분[아들]에게는 아버지께서 모든 충만이 그분 안에 있기를 기뻐하시는 지혜와 지식의 모든 보화가 있었다. 그분은 마지막[죽으실 때]까지 거룩하고, 흠 없고, 손상 없이, 은혜와 진리가 충만하셨다. 그분은 중보자와 보증인(Surety)의 직분을 수행하기에 완전히 구비되셨다. 이 직분은 주 예수께서 스스로 취하신 것이 아니며, 자기 아버지로 말미암아 부르심을 받으신 것인데, 아버지께서는 모든 능력과 심판을 아들의 손에 맡기셨고 [아버지와] 동일한 [권세]를 수행할 명령권을 주셨다.

III. The Lord Jesus, in His human nature thus united to the divine, was sanctified and anointed with the Holy Spirit, above measure, having in Him all the treasures of wisdom and knowledge; in whom it pleased the Father that all fulness should dwell; to the end that, being holy, harmless, undefiled, and full of grace and truth, He might be thoroughly furnished to execute the office of a Mediator and Surety. Which office He took not unto Himself, but was thereunto called by His Father, who put all power and judgment into His hand, and gave Him commandment to execute the same.

4. 주 예수는 이 직분을 기꺼이 [전적으로][8] 담당하셨다. 그분의 직무는 율법 아래에서 그 율법을 완전하게 성취하는 [임무를] 수행하는 것이

---

[8] 'most willingly'는 '기꺼이'라는 뜻인데, 필자는 '전적으로', '온전히'라는 의미도 가능할 것으로 제안한다.

다. 그분의 영혼은 가장 심한 고통을 직접 겪으시고 견디셨고, 그분의 육체는 극한 고통을 당하셨는데, 십자가에 못 박히시고, 죽으시고 장사[매장]되시고, 죽음의 능력 아래 머물러 계셨지만, 부패는 없었다. [장사된지] 삼일에 고난받으셨던 동일한 몸으로, 죽은 자 가운데서 부활하시고, 그 몸으로 승천하시어 아버지 우편에 앉아 계신다. [그곳에서] 간구하시다가[9] 세상 마지막 날에 사람과 천사를 심판하시기 위해 재림하실 것이다.

IV. This office the Lord Jesus did most willingly undertake; which that He might discharge, He was made under the law, and did perfectly fulfil it, endured most grievous torments immediately in His soul, and most painful sufferings in His body; was crucified, and died; was buried, and remained under the power of death; yet saw no corruption. On the third day He arose from the dead, with the same body in which He suffered, with which also he ascended into heaven, and there sitteth at the right hand of His Father, making intercession, and shall return to judge men and angels at the end of the world.

2. 중보자 그리스도 (2) 구원 중보자의 성육신

WCF 8:1과 8:2에서 구원 중보자 세움이 하나님의 영원한 경륜에서 이루신 구원협약(*pactum salutis*)임을 고백하였습니다. 그리고 8:2에서 "중보자의 위격"에 대해서 고백하였습니다. 두 번째로 "중보자의 상태"에 대해서 8:3절과 8:4에서 고백하고 있습니다.

---

[9] 'making intercession'은 많은 신학 사색을 요구한다. 우리는 intercession과 mediator의 관계를 명확하게 구분하지 못하고 있다. 아마도 WCF에서 making intercession은 십자가의 사역을 중보 사역으로, 천상 사역을 intercession으로 구분하여 사용한 것 같다. 지상에서 하는 중보와 천상에서 하는 중보를 이해할 수 있는 방식은 히브리서(9장)와 요한계시록(4-5장)에서 말씀한다.

1) 성자 하나님의 성육신

WCF 8:3에서 성육신하신 성자 하나님에 대해서 고백합니다. 주 예수 (the Lord Jesus)는 천상의 하나님(창조주 하나님)께 반역한 인간을 구원하시기 위해서 인간이 되셨습니다. 하나님께서 인간이 되심은 성령의 사역으로 이루어졌습니다.

비록 동정녀이지만, 죄인인 마리아에 수태하게 하셔서, 태어나신 예수께서 죄가 없는 사람이 되신 것은 성령의 사역입니다. 이렇게 성육신하신 성자의 모습은 성부께 완전한 기쁨이 되었습니다. 성육신하신 하나님, 예수는 거룩하시고 악과 부패가 없으셨고, 은혜와 진리는 충만하셔서 중보자 사역(어린양 속죄 제물)에 부족함이 없으셨습니다.

이 직분은 예수께서 단독으로 이루신 사역이지만, 영원에서 작정한 구원경륜에 의거한 수행입니다. 십자가의 구속 사역으로 예수께서 아버지와 아들은 하나라고 하심에서 증명됩니다(요 10:22-30). 성부께서 보내셨지만, 성자의 모든 행동은 아버지와 동일하였고, 실체도 동일합니다. 하나님의 성육신과 십자가는 하나님께서 자기 의를 역사에서 인류에게 가시적인 방법으로 증명하는 지극한 겸비(謙卑)입니다.

성부께서는 구속 사역 수행과 완성을 성자께 위임하셨습니다. 그래서 세상의 모든 권세와 심판이 성자 하나님께 있습니다. WCF에서 구속의 진행과 완성에서 중보자의 인격을 고백하였습니다. 칼빈신학에서는 성자 하나님께서 창조의 진행도 이루심을 고백하고 찬양합니다(extra Calvinism).

2) 구원 사역: 주 예수

WCF 8:4에서는 구속 사역을 수행하시는 주 예수에 대해서 고백합니다. 예수께서는 율법 아래에 태어나셨고 율법을 온전히 성취하셨습니다. 율법을 성취하심은 예수께서 죽임 당하실 이유가 전혀 없음을 밝히는 것입니다.

인간 이성으로 설명할 수 없는 하나님의 성육신, 생애에서는 가장 극심한 시험과 고통을 몸소 겪으셨습니다. 또한, 십자가에 못박힘의 고통과 무덤에 장사되셨습니다. WCF의 특징은 무덤에 머무실 때 부패가 없었다고 고백하는 것입니다. 인간 이성으로 이해할 수 없습니다.

무덤에 장사되시고 사흘 만에 죽은 자 가운데서 몸을 가지시고 부활하셨습니다. 부활하신 몸을 가지시고 승천하셔서 아버지 우편에 앉으셨습니다.

WCF는 몸으로 부활하심, 부활체로 승천을 고백합니다. 그리스도의 몸은 지상의 유혹과 고통을 이긴 몸으로 고백합니다. 그리고 주께서 부활하신 몸은 부활 전의 몸과 달랐습니다. 부활하신 몸은 지상의 생애와 연관된 것입니다.

그리스도인은 그리스도의 부활에서 '몸의 부활'을, 예수 몸의 승천에서 부활한 몸으로 영생을 소망하고 믿습니다. 보좌 우편에 앉으신 주께서 재림하셔서 사람과 천사들까지 심판하실 것입니다. 그리고 주의 은혜의 옷을 입은 자들에게 영생과 합당한 상(분깃)을 주실 것입니다.

5. 주 예수는 완전한 순종과 영원한 성령으로 [잉태된] [자기 몸을] 속죄 제물로 하나님께 단번에 드리심으로 아버지의 공의를 완전하게 만족하게 하셨다. 그리고 주 예수는 아버지께서 자기에게 주신 자들이 [하나님과] 화해뿐만 아니라 하늘나라의 영원한 기업을 [상속할 수 있도록] [자기 몸으로] 소유하셨다.

V. The Lord Jesus, by His perfect obedience, and sacrifice of Himself, which He, through the eternal Spirit, once offered up unto God, hath fully satisfied the justice of His Father; and purchased, not only reconciliation, but an everlasting inheritance in the kingdom of heaven, for all those whom the Father hath given unto Him.

6. 비록 그리스도께서 성육신하시기까지 아직 그리스도를 통해서 구속 사역이 실제 실행되지 않았다. 그러나 세계 시작에서부터 그분의 구속의 덕, 효과 그리고 유익은 그분과 연합된 모든 세대에 있는 택자들에게 성공적으로 실행되었다. 이런 것은 언약들(약속들), 모형들 그리고 속죄 제사에서 계시되었다. 그리고 여자의 후손이 뱀의 머리를 부술 것과 창세 전에 죽임당할 어린양으로 나타나 있었다. 그리스도는 어제나 오늘이나 영원토록 동일하시다.

VI. Although the work of redemption was not actually wrought by Christ till after His incarnation, yet the virtue, efficacy, and benefits thereof were communicated unto the elect in all ages successively from the beginning of the world, in and by those promises, types, and sacrifices, wherein He was revealed, and signified to be the seed of the woman which should bruise the serpent's head; and the Lamb slain from the beginning of the world: being yesterday and today the same, and for ever.

3. 중보자 그리스도(3) 중보자의 영광

WCF 8장은 중보자의 영광을 말합니다.

첫째, 1절과 2절에서 중보자 세움으로 구원협약(*pactum salutis*)으로 "중보자의 위격"에 대해서 제시합니다.
둘째, 3절과 4절에서 "중보자의 상태와 사역"에 대해서 고백하고 있습니다.
셋째, 5절에서 중보자의 영광에 대해서 고백합니다. 6절에서는 성육신 하셨지만, 영원토록 동일하신 하나님으로 고백합니다.

1) 성자 하나님의 영광

WCF 8:5에서 "영원히 영광을 받으시기에 합당하신 성자 하나님"을 고백합니다. 교회는 예수께서 합당하게 영광을 받도록 해야 하며, 온 세상에 예수 이름이 가득하도록 해야 합니다.

성부 하나님과 성자 하나님께서 영원에서 구원협약을 이루시고, 성자 하나님을 구원 중보자로 세워 실행하셨습니다. 이런 구원협약은 성자 하나님께서 수행하시고, 성자 하나님께서 영광을 받으심이 합당합니다. 성경에서 하나님 아버지께 순종한 것은 아버지께서 보내신 아들을 믿으며, 그 아들의 말씀에 순종하는 것입니다. 구원은 사람으로 되지 않고 오직 성령을 통해서 이루어집니다(요 1:12-13; 3:24).

창조 사역과 구원 사역은 성부 하나님께서 단독으로 모든 것을 실행하신 것이 아닙니다. 성부께서 작정하시고 성자께서 집행(실행)하시고 성령께서 운행(적용)하셨습니다. 구원에서는 성자께서 아버지의 작정에 순종

(수행)하셨으며, 아버지의 공의를 충분히 만족시키셨습니다. 성령은 아버지와 아들에게 보내심(*ex Patre fillioque procedit*)을 받아 적용하셨습니다.

구원은 예수께서 값으로 사신 것인데, 사탄배상설(ransom for Satan theory)과 전혀 다른 견해입니다. 사탄배상설은 오리겐(Oregen, 185-254)이 제언한 것인데, 구속의 대가를 사탄에게 지불하여 보속된다는 견해로 이단적인 견해입니다. 성자께서 행하신 구속에 대해서 WCF에서 아버지의 공의를 만족하는 것을 명백하게 고백합니다.[10]

성자께서 구속을 성취하심으로 정죄 아래에 있는 백성들을 속량하셔서 자기 백성으로 삼으셨습니다. 그리고 자기 안에서 성부와 화목(reconciliation)을 이루도록 하셨습니다. 성자께서 자신에게 속한 백성들이 하늘나라의 기업을 소유하도록 구원의 공로를 그들에게 시여(施與)하셨습니다. 성자는 자기 백성에게 영생을 주시는 구원자이십니다.

2) 구원의 사역: 성육신

WCF 8:6에서는 구속 사역을 위해 성육신하시는 구주의 사역을 고백합니다. 메시아의 성육신은 창세로부터 택함을 받은 백성에게 약속되었다가 약속의 땅에 오셨습니다.

---

[10] 'satisfied'는 '만족'으로 통상 번역하지만 이해하기 쉽지 않다. 충족설(satisfaction theory, 充足說), 만족설(滿足說)은 안셀무스(Anselm of Canterbury, 1033-1109년)가 제언한 개념이다. 그리스도의 구속 사역이 아버지의 공의를 완성, 만족했다는 히브리서의 개념을 연결한 것으로 볼 수 있다. WCF에서 아버지의 자손이 그리스도의 소유임을 고백하고 있다(WCF 8:1). '만족'에서 주목해야 할 개념은 아버지의 자손이 그리스도의 것이며, 그리스도께서 영원하시며 구속받은 백성들에게 영원토록 영광을 받기에 합당하시다는 것이다.

그런데 그 약속된 땅, 자기 백성에게 십자가에서 희생 제물이 되셨습니다. 자기 몸을 속죄 제물로 드려 구속한 자기 백성에게 덕, 효과, 유익을 제공하십니다. 구속의 효과는 성육신 전후에서 차이가 없습니다. 초기 개혁 신학과 후기 개혁 신학의 동일한 내용입니다.

필자는 구약과 신약 관계에 차이가 없기 때문에(후기 신학이 칼빈보다는 좀 강화되었지만) 한 계시에 대해서 분별이 약하다고 제시하였습니다.

하나님의 구원경륜은 창세기 3:15(원시복음, *Protoevangelium*)에서 계시되었습니다. 여자의 후손은 뱀의 머리를 파괴할 것인데, 성령으로 태어나신 예수께서 어린 양으로 죽임당하셔서 수행하셨습니다. 예수께서 구속을 성취하시며 이루시며 완성하시고 영원토록 동일하게 영광을 받으십니다. 성자의 성육신과 부활에서도 변함없이 동일합니다. 교회의 공통된 고백은 영원토록 영광을 받으실 분을 그리스도로 세우는 것입니다(*Cuius regni non erit finis*, 381년).

7. 그리스도는 두 본성을 따라서 중보 사역을 하셨는데 각각 그 본성대로 고유하게 행동하셨다. 그러나 인격의 통일성 때문에 한 본성에 고유한 것인데, 성경에서 때때로 다른 본성으로 표시된 인격에 속한 것이 표현되기도 하였다.

VII. Christ, in the work of mediation, acteth according to both natures, by each nature doing that which is proper to itself: yet, by reason of the unity of the person, that which is proper to one nature, is sometimes in Scripture attributed to the person denominated by the other nature.

8. 그리스도는 구속으로 값을 지불하여 산 모든 자에게, [구속의 은혜를] 확실하고 효과적으로 적용하시고 전달하신다. 그리고 그분은 그들을 위하여 중재하시고, 말씀 안에서 말씀을 통해서 그들에게 구원의 비밀을

계시하시고, 자기 성령으로 말미암아 효과적으로 그들을 설득하시어 [그들이] 믿고 순종하게 하신다. 그들의 마음을 그분의 말씀과 성령으로 다스리신다. 그리고 그리스도는 경이롭고 측량할 수 없는 경륜에 최상의 조화로운 방안들과 방법, 그분의 전능하신 능력과 지혜로 그들의 원수들을 정복하신다.

VIII. To all those for whom Christ hath purchased redemption, He doth certainly and effectually apply and communicate the same, making intercession for them, and revealing unto them, in and by the Word[11], the mysteries of salvation, effectually persuading them by His Spirit to believe and obey, and governing their hearts by His Word and Spirit, overcoming all their enemies by His almighty power and wisdom, in such manner, and ways, as are most consonant to His wonderful and unsearchable dispensation.

4. 중보자 그리스도 (4) 중보자의 사역

WCF 8:1과 8:2에서 중보자 세움과 구원협약(*pactum salutis*)으로 중보자의 위격에 대해서 제시하였습니다. 두 번째로 중보자의 상태와 사역에 대해서 8:3절과 8:4에서 고백합니다. 세 번째로 5절에서 중보자의 영광에 대해서 고백합니다. 8:6은 성육신하셨지만, 영원토록 동일하신 하나님으로 고백합니다. 8:7과 8:8은 중보자의 사역에 대해서 고백합니다.

---

[11] Latin. *in et per verbum*

1) 그리스도의 한 인격에 두 본성(De duabus naturis et una persona)의 구속 사역

WCF 8:7에서 중보자의 사역을 고백합니다. WCF에서 그리스도에 대한 명확한 믿음의 고백은 한 인격에 두 본성(신성과 인성)으로 중보 사역(Mediation)을 이루심입니다. 구원의 성취에 대한 정통교회(교부의 신앙)의 고백을 계승한 것입니다. 복음은 예수 그리스도로 시작하여(막 1:1) 마지막 날까지 결코 쉬지 않습니다.

두 본성이 구속 사역을 하실 때 두 본성이 각각의 성품에 의해서 행하셨습니다. 그러나 바로 그리스도 인격의 통일성(the unity of the person)을 고백합니다. 두 인격이 각각 사역하셨지만, 한 본성(one nature)에 있는 것으로 고백합니다. 정통 신학은 성육신의 신비를 무인격적 취택(Anhypotatia)으로 고백하였고, 한 인격은 신적 위격(persona divina)으로 고백합니다.[12]

"한 인격의 두 본성"은 451년 칼케돈 신경에서 결정한 정통 신앙입니다. 고대 교회에서 "한 인격의 한 본성"(씨릴)과 "두 인격의 두 본성"(네스토리우스)이 서로 다투었는데, 431년 에베소 공의회에서 네스토리우스를 이단으로 정죄하였습니다.

449년에 황제 디오스쿠르스(Dioscurus, 씨릴의 제자)가 회의를 소집해서 단성론(한 위격에 한 본성)으로 결의하였습니다. 451년에 배격하였기 때문에 도적회의(robbers council)라고 명명됩니다. 450년에 황제의 뒤를 이은 마르시아누스(Marcianus)가 451년에 칼케돈 공의회를 소집하였습니다.

451년 칼케돈 공의회에서 449년 결정을 배격하고, 에베소 공의회를 반복하여 한 인격의 두 본성을 결의하고 존재 방식을 규정하였습니다(εν δυο φυσεσιν ασυγχυτως, ατρεπτως, αδιαιρετως, αχωριστος; *una persona in duabus naturis*

---

[12] 서철원, 『기독론』(서울: 쿰란, 2018).

inconfuse, immutabiliter, indivise, inseparabiliter).

단성론자는 공의회의 결정을 수용하지 않았고, 그 집단은 지금까지 오리엔탈 정교회(Oriental Orthodoxy, 콥틱, 시리아-야코바이트 교회, 에티오피아, 아르메니아 정교회)로 중동 지역에 있습니다. 단성론을 지지한 유력한 위인이 유티케스(Eutyches, 378-456?)였기 때문에 유티키아니즘(Eutychianism)이라고도 합니다.

참고로 그리스도의 양성 이해 논쟁에서는 정치(황제)가 깊이 개입된 것으로 보입니다. 그래서 정치적 영향이라고 평가하는데, 그리스도인은 정통 교리(*articulus stantis et cadentis ecclesiae*)를 교회의 바른 결정으로 신봉해야 합니다.

2) 그리스도 구속 사역의 신비스러운 적용

WCF 8:8에서 그리스도 구속 사역의 적용에 대해서 고백합니다. 말씀과 성령으로 그리스도의 구속 사역은 교회를 통해서 제공됩니다. WCF에 교회는 명시하지 않았습니다. 그러나 교회 밖에는 그리스도의 말씀(복음선포)은 없습니다. 그래서 복음선포가 없는 교회 밖에는 구원이 없습니다 (*Extra ecclesiam nulla salus*)[13].

---

[13] 1962년 로마 가톨릭교회의 제2차 바티칸 공의회에서 "익명의 그리스도인"(Annoymous Christian)을 결정했다(칼 라너, 『그리스도교 신앙입문』, 207). 구원의 방편이 교회 밖에도 있다고 선언한 것이다. 그런데 로마가톨릭주의는 교회를 일반 계시를 포용하는 범주로 확장시켰다. 그래서 "교회 밖에는 구원이 없다"라는 말은 유효하다. 다만 복음선포가 없는 교회, 특별 계시가 없는 상태로 구원이 가능한 것으로 규정했고, 모든 구원은 로마가톨릭주의의 범주에 있는 것으로 규범화시켰다고 필자는 생각한다. 16세기 복음선포가 없기에 개혁파들은 복음선포가 있도록 교회를 개혁했다. 그러나 로마가톨릭주의는 복음선포를 500년 동안 시행하지 않더니 결국 일반 계시로 구원을 확장시키며 교회의 범주까지 변개하였다. 개혁파 교회는 "복음선포가 없으면 교회가 아니다"라는 원리를 확고히 하고, 지도자들이 복음선포를 준행할 수 있는 능력을 겸비해야 한다.

그리스도께서 이루신 구속 사역은 값을 지불하신 구속(redemption)입니다. 그리스도의 구속 사역은 확실하고 효과적으로 적용하고 조화시켰습니다. 그리스도께서 이루신 구속을 적용하여 이루어감은 신비입니다. 그래서 하나님의 구원경륜은 이해하려는 노력보다 믿음과 경배를 추구합니다.

구원은 성령 하나님의 은밀한 사역입니다. 성령께서 백성들을 설득하여 순종하며 통치를 받도록 사역하십니다. 성령께서 단독적으로 직접 역사하시는 것이 아니라, 말씀을 통해서(per verbum) 말씀과 함께(cum verbo) 역사하십니다.

그리스도의 구속 사역의 성취와 구속의 적용을 이루신 성령의 사역은 신비여서 믿는 자만이 고백할 수 있습니다. 성령의 사역이 은밀하게 진행됨으로 은혜가 아니라면 도저히 이룰 수 없는 믿음의 지식입니다. 그리스도의 구속 사역은 모든 원수의 훼방을 이기는 가장 적합한 방법을 사용하십니다. 기이하고 측량할 수 없는 경륜(dispensation)은 이룸의 신비와 지킴의 신비와 성취의 신비입니다.

성령께서 주도하시지만, 반드시 복음 전도자의 복음선포(per verbum)가 있어야 합니다. 그런데도 복음 전도자의 행위가 결정하지 않고, 성령께서 결정합니다. 그리고 구원 이루심은 그리스도의 구속과 부르심에 있습니다.

제9장

자유의지에 대하여
(CHAPTER IX. Of Free Will)

1. 하나님께서 본성적 자유를 인간의 의지에 주셨는데, 본성적 자유는 외력이나 선과 악으로 결정된 어떤 본성의 절대적 필연성에 의한 것이 아니다(마 17:12; 약 1:14; 신 30:19).

I. God hath endued the will of man with that natural liberty, that it is neither forced, nor by any absolute necessity of nature determined to good or evil.

2. 무죄 상태인 사람은 하나님께서 기뻐하시는 선한 것과 기뻐하시는 것을 행할 의지와 능력과 자유를 소유하였다(전 7:29; 창 1:26). 그런데 가변적이었기[변화가 가능한 상태였기] 때문에 무죄 상태에서 타락할 수 있었다(창 2:16-17; 3:6).

II. Man, in his state of innocency, had freedom and power to will and to do that which was good, and well pleasing to God; but yet mutably, so that he might fall from it.

3. 죄 된 상태로 타락한 사람은 구원에 동반하는 어떤 영적 선한 의지의 모든 능력을 전적으로 상실하였다(롬 5:6; 8:7; 요 15:5). 그러므로 본성적 사람은 선에서 전적으로 역행하는 존재가 되었고(롬3:10,12) 죄 안에서 죽는다

(엡 2:1,5; 골 2:13). [죄 안에서 죽을 사람은] 자기 힘으로 회개할 능력이 없고 또한, 죄에서 [회개할] 준비도 하지 못한다(요 6:44,65; 엡 2:2-5; 고전 2:14; 딛 3:3-5).

III. Man, by his fall into a state of sin, hath wholly lost all ability of will to any spiritual good accompanying salvation: so as, a natural man, being altogether averse from that good, and dead in sin, is not able, by his own strength, to convert himself, or to prepare himself thereunto.

4. 하나님께서 죄인을 회개시키시고, 그를 은혜의 상태로 옮기시려면, 하나님께서 죄 아래 있는 본성적 멍에를 벗겨 내야[자유롭게 해야] 한다(골 1:13; 요 8:34,36). [이것은] 오직 은혜로 [본성적 멍에의] 의지에서 자유로움과 영적 선함에서 행할 수 있게 된다(빌 2:13; 롬 6:18, 22). 그런데 그에게 남아 있는 부패 때문에, 그는 완전하지 않으며, 선을 원하지 않을 뿐만 아니라 악을 원하기도 한다(갈 5:17; 롬 7:15, 18-19, 21, 23).

IV. When God converts a sinner, and translates him into the state of grace, He freeth him from his natural bondage under sin; and, by His grace alone, enables him freely to will and to do that which is spiritually good; yet so, as that by reason of his remaining corruption, he doth not perfectly, nor only, will that which is good, but doth also will that which is evil.

5. 사람의 의지는 오직 영광의 상태에서 선이 완전하고 불변한 자유로운 상태가 될 것이다(엡 4:13; 히 12:23; 요일 3:2; 유 1:24).

V. The will of man is made perfectly and immutably free to good alone, in the state of glory only.

1. 자유의지: 절대 예정 VS 자유의지

WCF 3-5장은 삼위일체와 영원한 작정, 창조, 섭리를 고백하였습니다. 6-8장은 인간의 죄와 중보자, 하나님의 언약에 대해서 고백하였습니다. 9장에서는 자유의지(Free Will)에 대하여 고백합니다. 하나님의 영원한 작정과 인간의 자유의지는 상호 연결이 되지 않은 논리여서 신앙과 신학의 난제입니다. 하나님의 영원한 작정이 절대 진리이듯이 인간의 자유의지도 의심할 수 없는 진리입니다. 두 관계는 인간 이성으로 정립할 수 없는 문장입니다.

WCF에서는 이 두 진리를 명백하게 제시합니다. 타협과 절충이 아닌 믿음을 진솔하게 고백한 것입니다. 교리는 이해하여 진술하는 것이 아니라, 하나님께서 주신 계시대로 고백하는 것입니다. 이 계시를 훼방하는 것을 정립하여 교회가 고백하며 표현한 문장이 교리입니다.

교리를 이해하였다는 것은 교만과 불신 그리고 무지입니다. 교리는 이단(복음을 파괴하는 가르침)을 배격하여서 한 믿음을 이루기 위한 소극적인 산물입니다. 그리고 이해해서 정립한 문장이 아닙니다. 믿음을 고백한 문장이어서 이해가 불가능합니다.

교리는 삼위일체(325, 381년), 그리스도 양성 교리(431, 451년)이고, 이신칭의(1517년)입니다. 정통 교리는 삼위일체와 그리스도 양성 교리(참 하나님과 참 사람)이고, 개혁 교리는 이신칭의 교리입니다. 이신칭의는 공의회에서 결정한 것이 아니지만, 루터와 칼빈에 의해서 교리화되었는데, 개혁파 신앙고백서에서 "단번에 이루신 구원"으로 고백하는 내용입니다.

1) 자유의지

하나님께서 인간에게 본성적 자유(natural liberty[1])를 주셨습니다. WCF 9:1에서 하나님께서 인간에게 본성적으로 자유(liberty)를 주셨다고 고백합니다. 대한예수교장로회총회 헌법 제1조는 "양심의 자유"입니다. 헌법에서 제시한 자유는 신앙 양심의 자유입니다. WCF에 근거하면 회중은 복음 사역자가 복음 내용을 소홀히 파악하면, 구체적으로 복음의 내용을 전하도록 요구할 수 있습니다.

장로교는 다수(多數)로 결정하는 민주주의가 기본이지만, 성경과 교리(표준문서)에 근거한 신정주의가 우선한다는 것이 양심의 자유입니다. 그 예는 사도 베드로가 사도 바울의 책망을 받고 묵묵히 수용하며 교정한 것입니다(갈 2:11).

이 양심의 자유를 하나님께서 주셨고, 죄 없는 아담은 자유로운 의지로 결정할 수 있었습니다. 이런 은사는 결정에 대한 책임까지 연결되는 자유의 구조입니다(자유-결정-책임). 신앙 양심의 자유를 따라서 성도는 목사에게 복음의 내용을 설교할 것을 요구할 수 있습니다. 또한, 죄를 짓지 않도록 요구할 권리도 있습니다.

---

[1] liberty와 free. 20장에서 Liberty(그리스도인의 자유)가 있다. free, freedom과 liberty의 차이를 인식해야 한다. 한 문단에 두 단어를 사용한 것은 두 단어의 개념이 상이하기 때문이다. 영어 문장에서 같은 뜻을 다른 단어로 사용한다고 하지만 그것은 좋은 이해가 아니다. 영어에서 같은 뜻의 단어는 대명사로 처리한다. 우리는 전자를 '해방' 후자는 '자유'로 번역할 것이다. freedom은 사랑과 우정이란 기본 의미로, 어머니가 있는 곳으로 돌아간다는 의미이고, liberty는 구속에서 벗어나 특권을 소유하는 것이다. 1861년 남북전쟁에서 미국 북부는 북유럽인이 정착해서 freedom을 남부는 남유럽인으로 liberty를 견지하였다. 남북전쟁에서 북측이 승리해서 미국은 freedom의 나라가 되었다. 그리스도인은 죄와 부패에서는 완전한 freedom을, 전능하신 하나님께는 무한한 liberty를 행해야 한다. 조나단 에드워즈의 『자유의지』(1754년)의 원제는 *The Freedom of the Will*이다.

2) 무죄한 완전한 상태와 가변성

WCF 9:2에서 하나님께서 창조하신 인간에 관해 규정하고 있습니다. 하나님께서 죄가 없는 첫 인간 아담을 창조하셨습니다. 죄가 없는 인간으로 자신의 자유와 능력을 주셨지만, 가변적인 상태였습니다. 인간에게 주신 최고의 선물인 무죄한 상태에서의 자유가 가변적인 상태에서 오래가지 못하였습니다. 타락하기 전 아담이 순전한 상태로 존재한 시간에 대한 이해는 기독교 신학 구도에 적지 않은 영향을 갖고 있습니다.

3) 인간의 타락으로 선한 의지를 상실함

WCF 9:3에서 아담의 타락에 대해서 고백합니다. 처음 무죄 상태에서 타락하여 모든 선한 의지를 상실하였습니다. 서철원 교수는 타락으로 하나님의 형상이 손상되었다고 제시하였습니다. 이런 상실을 인간이 자력으로 회복할 수 없게 되었습니다. 그것은 처음 창조의 상태에 서지 못하기 때문입니다.

타락 후 인간의 본성은 타락한 상태입니다. 본성적 인간은 타락한 상태에 있는 것입니다. 본성적 인간은 하나님의 선한 뜻에 항상 역행합니다. 그리고 스스로 회개할 능력도 없고 준비하지도 못합니다.

WCF의 고백은 인간의 비참함이 아닌 본성으로 고백합니다. 이런 인간 본성이 비참하다고 생각되는 것이 은혜입니다. 현대의 시대정신은 사람의 자연 상태를 정상이고 지향성으로 판단하고 있습니다.

4) 반역한 사람과 신실하신 하나님

하나님께서 그리스도의 은혜로 범죄한 인류를 회복시키십니다(WCF 9:4). 본성적 인간이 그 상태에서 벗어나려면 본성적 상태를 이길 능력이 있어야 합니다. WCF는 죄인을 의인으로 옮기는 방법으로 하나님께서 인간으로 오심을 고백합니다(참고. Anselm, *Cur Deus homo*). 죄인을 은혜의 자리로 옮김으로 더 이상 본성의 죄 된 멍에서 벗어나게 되었습니다. 하나님의 선하심으로 인간의 부패를 척결합니다. 그러나 육신에 남아 있는 부패가 있어 완전한 상태에 이르지 못하였습니다.

그래서 의인이 되었지만, 선을 원하지 않으며 악을 행하는 상태가 되었습니다(*Simul justus et peccator*). 죄 사함을 받지 않은 인간은 항상 악을 행하지만, 죄에서 구원(회복)된 인간, 그리스도인은 은혜의 사람으로 믿음으로 거룩을 정진하려고 영적 전투를 수행합니다.

5) 인간의 완전성

인간이 범죄에서 완전하게 설 수 있는 선한 상태는 영광의 상태(영화)에서 가능합니다. WCF 9:5의 고백 문장은 이해하기 쉽지 않습니다. 그것은 죄에서 구원된 의인이 완전한 선과 불변한 자유로운 상태가 가능한지에 대한 내용입니다.

우리는 부분적 지식과 부분적 선의 참되고 완전함을 견지합니다.

그리스도인의 의지가 하나님의 영광 상태에 있다면 완전하고 불변한 자유가 된다는 것으로 이해해 봅니다. 그래서 현세에 일시적이지만 완전하고 불변한 자유를 소유할 수 있습니다. 현세에서 완전(perfect)을 이룰 수 있다고 이해하지 않습니다. 그러나 목표는 완전입니다. 그래서 믿음의 선한 경주를 하는 그리스도인은 남아 있는 부패를 제거하기 위해서 끊임없이 정진합니다. 칼빈은 성화에서 점진성과 순간성을 진술합니다(Gradualness and Instantaneousness in Sanctification).[2]

반면 웨슬리안은 완전성화(Perfect Sanctification 혹은 Entire Sanctification)를 주장합니다. 이 땅에서 완전을 성취할 수 있다는 것이며, 개인이 완전성화를 이룬 후에 사회적 성화(Social Sanctification)까지 주장합니다. 그런데 완전성화 후에도 탈락 가능성(가변성)이 있는 것은 이해하기 어렵습니다.

개혁교회는 이 땅에서 완전성화가 가능하지 않더라도 완전을 목표로 정진합니다. 사도 바울은 육체의 가시(고후 12:7)를 기쁘게 수용하였으며, 사역의 마지막 고백에서 죄인 중의 괴수(딤전 1:15)라고 하였습니다. 그리스도인은 자기 말과 행동에서 주 예수 그리스도께서 존귀하게 되며 주의 이름이 전파된다면 기뻐하고 기뻐할 것입니다.

---

[2] 유창형, "칼빈과 웨슬리의 성화에 있어서 점진성과 순간성에 대한 비교 고찰", 『성경과 신학』 45권, 2008. 유창형은 칼빈과 웨슬리에게 성화에서 점진성과 순간성이 있음을 밝히며 유사성을 제시한 것으로 이해하였다. 그러나 필자는 칼빈이 제시하는 점진성과 웨슬리의 점진성은 다르고, 순간성도 다르다고 제시하고 싶다. 그것은 칼빈은 점진성에서 전적 은혜를 강조하고, 순간성에서 인지할 수 없는 상태로 평가하기 때문이다. 웨슬리는 점진성에서 체계적인 훈련을 강조하고, 순간성에 계층을 말하기 때문이다.

제10장

효과적인 소명에 대하여
(CHAPTER X. Of Effectual Calling)

1. 하나님께서 생명에 이르도록 예정하신 모든 사람, 오직 그 사람들을 그의 말씀과 성령으로(살후 2:13-14; 고후 3:3,6) 자기가 정하신 때에 효과적으로 부르시는데(롬 8:30; 11:7; 엡 1:10-11), 그들이 처해 있는 그들의 본성, 죄와 죽음의 상태에서 예수 그리스도로 말미암아 은혜와 구원으로 [인도하심]을 기뻐하셨다(롬 8:2; 엡 2:1-5; 딤후 1:9-10). 그들의 마음에 [로고스의] 빛을 주셔서 영적이고 구원하는 하나님의 일들을 이해할 수 있게 하셨다(행 26:18; 고전 2:10,12; 엡 1:17-18). 그들의 돌같이 굳은 마음을 제거하시고, 육의 심장에 [로고스의 빛, 은혜]를 주셨다(겔 36:26). 그들의 의지를 새롭게 하시고, 그분의 전능한 능력으로 그들이 선함을 결정하도록 [인도하시어](겔 11:19; 빌 2:13; 신 30:6; 겔 36:27), 예수 그리스도가 효과적으로 나타나도록 하신다(엡 1:9; 요 6:44-45). 그들이 그리스도의 은혜로 진행할 때에만 최상의 자유로움이 온다(아 1:4; 시 110:3; 요 6:37; 롬 6:16-18).

I. All those whom God hath predestinated unto life, and those only, He is pleased in His appointed and accepted time effectually to call, by His Word and Spirit, out of that state of sin and death, in which they are by nature, to grace and salvation by Jesus Christ; enlightening their minds spiritually and savingly to understand the things of God; taking away their heart of stone, and giving unto them a heart of flesh; renewing their wills, and by His almighty power determining them to that which is good, and effectually drawing them to Jesus Christ: yet so, as they come most freely, being made willing by His grace.

2. 효과적인 부르심[소명]은 오직 하나님의 값없는 특별 은혜로 말미암은 것이다. 사람 안에서 일어날 어떤 무엇을 미리 보시고 [부르신 것이] 아니다(딤후 1:9; 딛 3:4-5; 엡 2:4-5,8-9; 롬 9:11). 성령께서 [택자를] 갑자기 새롭게 하신 뒤에(고전 2:14; 롬 8:7; 엡 2:5) 사람이 [그리스도의] 부르심에 응답할 수 있고, [그리스도] 안에서 제공되고 전달된 은혜를 붙잡을 수 있다(요 6:37; 겔 36:27; 요 5:25). 그래서 사람에게 주어진 구원은 전적으로 수동적이다.

II. This effectual call is of God's free and special grace alone, not from anything at all foreseen in man, who is altogether passive therein, until being quickened and renewed by the Holy Spirit, he is thereby enabled to answer this call, and to embrace the grace offered and conveyed in it.

1. 효과적인 소명 (1) 영원에서 현재까지

WCF 10장에서 "효과적인 소명"(Of Effectual Calling)에 대해 제시합니다. 이것은 '유효한 부르심', 혹은 '효과적인 부르심'으로 번역하기도 합니다. '효과적'(Effectual)이라는 개념은 '목표한 어떤 변화를 정확하게 일으키는 작용'입니다. 즉, 구주께서 죄인을 의인으로 변화시킴이 정확하게 일어나고 성취되는 것입니다. '소명'(召命)은 '부르심'으로 번역하기도 하며, 소명은 직무(official work)에 사용하기도 합니다.

우리는 죄인을 부르셔서 의인으로 세우시는 순수 구원과 의인에게 교회와 거룩한 직무를 위해 구별하신 소명을 구분해야 합니다. 효과적인 소명은 구속주 하나님께서 죄인인 인간을 부르셔서 의인으로 변화시키는 구원입니다. '구원으로 이끄는 소명'과 '직분으로 이끄는 소명'을 구분할 수 있습니다.

그러나 소명에는 모두 외적 소명과 내적 소명이 있습니다. 내적 소명이 선행하고 실제적이며, 외적 소명은 보이는 수단을 통한 유익입니다. WCF 10장에서 인간이 행하는 복음 전도를 외적 소명으로 규정하고, 외적 소명만으로 사람을 교회에 이끌 수 있음을 표현하기도 합니다(WCF 10:4). 그러나 외적 소명만으로 진정한 구원에 이를 수는 없습니다.

우리는 세례의 원리를 그리스도께서 성령으로 세례를 주신 사람에게 교회 사역자(목사)가 물세례를 주는 구도를 제언합니다. 외적 수단은 반드시 필요하지만, 결정적이지는 않습니다(고전 1:10-17).

1) 개인 구원의 실현

WCF 10:1에서 죄인의 구원하는 방식을 고백합니다. 구원은 영원하신 하나님 예정(pactum salutis)이 현재의 개인에게 유효하게 적용되는 사건입니다. 구원은 복음을 전하는 그리스도인의 소리에 있으며, 그 소리는 주께서 자기 백성을 부르시는 소리입니다. 교회 사역자의 일차 직임은 복음을 전파하는 것입니다.

구원 사역의 시작은 '말씀과 성령'(the Word and the Spirit)으로 이루어집니다. 즉, 외적 소명과 내적 소명이 연합하여 일어납니다. 외적 소명은 복음 전도자의 복음 전도입니다. 내적 소명은 성령의 은밀한 사역입니다. 외적 소명이 선행하는 것처럼 보이지만 내적 소명이 선행한다고 보아야 합니다.

인간은 본성적 상태(원죄)에서 죽음에 이르지만, 예수 그리스도의 은혜로 말미암아 구원받습니다. 하나님께서 이루신 구원경륜을 구원받은 사람이 성령의 조명으로 마음에 밝혀 이해하며 확장하며 전파합니다.

구원의 때는 하나님께서 정하신 적당한 때에 이루어집니다. 그 적당한 때는 장소와 복음 전달자를 포함하고 있습니다.

우리는 구원에 이르도록 하는 방편에 그리스도인의 음성으로 복음을 전파하는 것을 선호합니다. 그리고 문서로 복음을 전도하는 것도 시도하고 있습니다. 복음 전도를 위한 미디어(Mass Media)를 이용하는 등 다양한 방편을 사용하려고 합니다. 그러나 비인격적인 전도 방식에는 회의(懷疑)하고 있습니다. 비인격이라는 것은 인격 관계가 없는 전도 방식입니다. 어떻게 하든 복음이 전파되기를 원합니다.

말씀과 성령의 효과적인 사역으로 죄 된 육신이 돌처럼 굳은 마음을 제거하시고, 로고스의 빛, 은혜를 주셔서 새로운 심장으로 변화시키십시오. WCF는 '빛'을 제시하지 않았지만, 필자는 요한복음 1장의 로고스의 빛을 첨언하였습니다.

로고스께서 빛으로 어둠을 걷어 내시는, 그들의 의지를 새롭게 하심과 전능한 능력으로 구원받은 사람들이 선한 결정을 하도록 하십니다. 로고스의 빛이 우리에게 들어와야 참과 거짓을 분별할 수 있습니다.

우리는 의지와 지식에 관해 탐구하고 있습니다. 우리는 하나님께는 의지가 지식에 선행한다고 제시하였습니다(절대예정). 그러나 사람은 지식이 의지에 선행한다고 제시하였습니다. 그리스도인이 되는 것은 하나님께서 주신 믿음이 선행하고, 그 믿음이 은혜를 받아 지식을 생산하여 의지를 형성시킨 것으로 제언하려는 것입니다.

WCF는 단순하게 믿음의 사실을 고백하였으며 치밀한 체계를 갖고 있지 않습니다. 우리 안에 형성된 하나님 지식의 출처에 대해서 밝히는 것이 신학의 주요한 임무라고 생각합니다.

예수께서 베드로 사도의 고백에 대해서 지식의 출처를 밝히셨습니다.[1]

그런데도 신학은 지식 체계의 모든 것을 완벽한 합리로 구성하지 못하고 있습니다. 그것은 절대자와 영의 세계를 논하는 것이기 때문입니다.

하나님께 부름을 받은 백성은 예수 그리스도께 나오는 것을 기뻐합니다. 그들은 예수 그리스도께서 만유에 나타나시도록 사역하며 협력합니다. 그들은 그리스도의 은혜로 사역을 수행할 때 최상의 자유로움을 갖습니다. WCF 9:5에서 영광의 상태에서 자유로운 상태가 된다고 하였고, WCF 10:1에서는 은혜로 사역을 진행할 때 최상의 자유가 있다고 고백하고 있습니다.

2) 오직 은혜(sola gratia)

WCF 10:2에서는 백성을 부르시는 효과적인 소명이 하나님의 자유롭고 특별한 은혜(God's free and special grace)에서 비롯되었다고 고백합니다.

하나님의 효과적인 소명은 예지예정(all foreseen)에 근거한 것이 아닙니다. WCF는 알미니안의 가르침을 거부하는 문장을 고백합니다. 하나님의 효과적인 부르심은 인간의 공로가 전혀 배제된 절대예정(Absolute predestination)입니다.

이런 효과적인 부르심에 인간은 전적으로 수동으로 작용합니다. 완전한 수동은 오직 은혜의 반대편에 있습니다. 우리말은 능동형 문장을 사용하

---

[1] "예수께서 빌립보 가이사랴 지방에 이르러 제자들에게 물어 이르시되 사람들이 인자를 누구라 하느냐 이르되 더러는 세례 요한, 더러는 엘리야, 어떤 이는 예레미야나 선지자 중의 하나라 하나이다 이르시되 너희는 나를 누구라 하느냐 시몬 베드로가 대답하여 이르되 **주는 그리스도시오 살아 계신 하나님의 아들이시니이다** 예수께서 대답하여 이르시되 바요나 시몬아 네가 복이 있도다 **이를 네게 알게 한 이는 혈육이 아니요 하늘에 계신 내 아버지시니라** 또 내가 네게 이르노니 너는 베드로라 내가 이 반석 위에 내 교회를 세우리니 음부의 권세가 이기지 못하리라 내가 천국 열쇠를 네게 주리니 네가 땅에서 무엇이든지 매면 하늘에서도 매일 것이요 네가 땅에서 무엇이든지 풀면 하늘에서도 풀리리라 하시고"(마 16:13-19).

고, 서양말은 수동형을 자주 사용합니다. 그래서 서양 문장을 이해하고 표현할 때 주의해야 합니다. 일본은 서양의 수동형을 문자적으로 번역하였고, 일본어를 중역한 우리 문장에 그런 폐단이 있어 어색한 수동형 표현이 우리 말과 글에 많습니다. 어색함도 반복하면 익숙하게 되는데, 자연스럽지 못한 표현에 익숙하게 된 잘못된 구조가 됩니다.

우리의 능동형 문장을 잘 회복해야 하고, 기독교의 수동형 의미도 잘 밝혀야 합니다. 우리는 비록 수동적으로 구원을 받았다 할지라도, 자기가 소유한 구원에서 주체가 당사자라는 것을 인지하도록 훈련합니다. 그래서 내 믿음의 고백을 능동적이고 주체적으로 할 수 있어야 합니다.

"나는 예수를 (주와 구주로) 믿습니다."

"나는 주 예수를 믿습니다."

<u>스스로 능동으로 고백하는 것입니다.</u>

소명은 주께서 택자를 부르시는 것인데, 그 주의 음성이 들리는 것은 성령의 특별한 은혜가 있어 효과적으로 죄인에게 전달되는 것입니다. 부활 승천하신 주께서 성령을 보내셔서 자기 부르심을 진행하시고, 부름을 받은 자가 성령으로 부르심에 합당한 삶을 살도록 인도하십니다. 오직 은혜, 구주 예수께서 성취하신 구원을 성령께서 효과적으로 적용하셔서 택자에게 전달하여 성취하고 인도하시는 구원입니다.

3. 유아 사망에 대해서, 택함을 받은 유아들은 하나님께서 기뻐하시는 역사, 언제, 어디서, 어떤 방법, 성령을 통해서(요 3:8) 그리스도로 말미암아 중생하고 구원받는다(눅 18:15-16; 행 2:38-39; 요 3:3,5; 요일 5:12; 롬 8:9). 말씀의 사역인 외적 부르심[소명]을 붙잡을 능력이 없는 것은 다른 모든 택한 자가 동일하다(요일 5:12; 행 4:12).

III. Elect infants, dying in infancy, are regenerated, and saved by Christ through the Spirit, who worketh when, and where, and how He pleaseth: so also, are all other elect persons who are uncapable of being outwardly called by the ministry of the Word.

4. 택함을 받지 못한 다른 사람들은 비록 그들이 말씀 사역으로[외적 소명으로만] 말미암아 부름을 받아(마 22:14) 성령의 일반적 활동을 어느 정도 수행한다 할지라도(마 7:22; 13:20-21; 히 6:4-5), 결코 참되게 그리스도에게 오지 못하여 구원받지 못한다(요 6:64-66; 8:24). 더 나아가서 기독교 신앙을 고백하지 않는 사람들은 어떤 방법으로도 구원을 받을 수 없을 것이다(행 4:12; 요 14:6; 엡 2:12; 요 4:22; 17:3). 비록 그들이 본성의 빛과 자기 규범을 따라 근면하게 살았다 할지라도 그들의 종교법을 따라 고백하는 것이어서 [구원받을 수 없다]. 그리고 그들에게 구원이 있을 수 있다고 동의하고 주장하는 것은 매우 악독하고 혐오스러운 일이다(요이 1:9-11; 고전 16:22; 갈 1:6-8).

IV. Others, not elected, although they may be called by the ministry of the Word, and may have some common operations of the Spirit, yet they never truly come unto Christ, and therefore cannot be saved: much less can men, not professing the Christian religion, be saved in any other way whatsoever, be they never so diligent to frame their lives according to the light of nature, and the law of that religion they do profess. And, to assert and maintain that they may, is very pernicious, and to be detested.

2. 효과적인 부르심 (2) 효과적인 소명에서 발생하는 난제들

"효과적인 소명"(Effectual Calling)에는 난제(難題)가 있습니다. WCF에서 믿음의 난제에 대해서 고백합니다. 난제에 대한 고백을 명확한 고백으로 말하기에는 주저함이 있습니다.

그러나 신앙고백서 작성 당시 고심 끝에 결정하여 고백하는 문장으로, 교회의 유익과 성도의 양심을 확립하려는 겸손과 열정을 볼 수 있습니다.

1) 택함을 받은 영아(Elect infants)

WCF 10:3은 "택함을 받은 영아"라는 개념에 대해 말합니다. 로뢰인 뵈트너(Loraine Boettmer, *The Reformed Doctrine of Predestination*, 1963, 435)는 WCF의 고백을 반복하였습니다.

WCF는 유아(신생아) 사망에서 복음선포는 없어도 성령(through the Spirit)을 통하여 그리스도에 의해서(by Christ) 중생과 구원이 이루어짐을 고백하였습니다. 그리고 하나님의 기쁘심으로 때와 장소와 방법을 따라 역사하심까지 강조합니다.

이런 고백은 WCF의 특징이고, 17세기 기독교 사회인 영국과 유럽의 상황을 고려해야 할 부분입니다. 즉, 필자는 십자가 구속에 대한 지식이 없는 구원의 도식에 대해서 주의를 요구합니다. 혹자는 WCF에 근거해서 영아 구원에 대해서 십자가 은혜가 제외된다고 주장하기도 하였습니다. 유아 구원은 매우 어려운 이해입니다. 주의 자녀는 난제에서 겸손과 주의 때를 기다리는 인내가 필요합니다.

2007년 바티칸 국제신학위원회(ITC)는 3년 동안 연구하여, 800년 동안 유지하던 유아 림보(*Limbus Infantum*)를 폐기하였습니다. 유아의 죽음에서 천국과 지옥을 결정하지 못하고 림보(Limbo) 개념으로 유보시킨 것을 천국에 간다고 확정한 것입니다. 그러면서 로마가톨릭은 유아세례의 중요성을 강조하였습니다.

2) 다르게 선택된 인격(all other elect)

WCF 10:3에서 두 번째 난해한 상황에 대해서 고백합니다. 필자는 둘째 고백을 장애인에 대한 상황으로 연결하고 싶습니다. 로마가톨릭은 1962년 제2차 바티칸 공의회에서 복음을 듣지 않은 사람도 구원을 얻을 수 있다고 결의하였습니다("익명의 그리스도인", Annoymous Christian)[2]. 복음을 접하지 않은 사람도 구원에 이를 수 있다는 원리입니다.

그런데 복음을 접하지 않는 외지인은 로마서 1장의 고백처럼 자기 결정에 의해서 심판을 받을 것입니다. 그러나 선천적이나 후천적인 장애인에 대해서 좀 유연하게 WCF에서 고백합니다.

장애인의 경우를 WCF에서 고백하는 하나님의 전적 주권을 의지한다면 장애인이기 때문에 구원에 이름이 가능하지 않습니다. 필자는 이런 현실적인 상황에서 은혜의 깊음을 인지해야 하며, 신실한 그리스도인들이 장애인을 돌보며 섬겨 그리스도인 안에서 그들이 있게 함으로 유익을 줄 수 있다고 생각합니다. 그래서 그리스도인들이 장애인 돌봄 사역에 많이 참여해야 합니다.

---

[2] 심상태, 『익명의 그리스도인』 (서울: 바오로딸, 2008). 심상태는 칼 라너(Karl Rahner, 1904-1984)의 학설, "익명의 그리스도인"이론을 연구하여, 1974년 독일 튀빙겐에서 "신앙과 구원: 칼 라너의 "익명의 그리스도인 이론 연구"로 박사 학위를 취득하였고, 자기 논문을 우리말로 번역하였다.

3) 택함을 받지 못한 사람들(others, not elected)

WCF 10:4에서 택함을 받지 못한 사람들은 교회 안에서, 히브리서의 고백처럼 성령의 은사를 맛만 볼 뿐 진정한 구원을 이루지 못한 사람들이라고 묘사합니다(히 6:4-9). 외형적으로는 구원받은 사람과 같지만, 내면에 효과적인 소명이 없다면 결코 택함을 받은 사람이 아닙니다. 그들은 불쌍하지 않은데, 자기의 유익을 충분하게 취하였을 것이기 때문입니다.

또한, 다른 종교(기독교가 아닌)에 구원이 없습니다(*Extra ecclesiam nulla salus*)[3]. 또한, 인간 본성의 빛으로 종교법을 세워 열심히 구도(求道)한다 할지라도 결코 구원을 받지 못합니다. 혹 스스로 구원에 이를 수 있다고 주장하는 것은 악에 악을 가중(加重)하는 것입니다.

"구원을 스스로 이룰 수 있다"라고 생각하는 사람에게는 하나님의 은혜가 미치지 않습니다. WCF는 "악독하고 혐오스러운"(pernicious와 detested)이라는 강한 부정어를 반복하여 절대 수용할 수 없음을 고백하고 있습니다. 우리의 자녀들은 '극혐(極嫌)'이라고 한 단어로 만들었습니다. 참고로 그리스도인은 혐오적인 어휘 사용을 자제해야 합니다. 중세 시대까지 독설을 사용하였지만, 독설을 자제해야 합니다. 독설을 사용하지 않는 매우 권위 있는 지성과 인격을 소유해야 합니다.

두렵고 떨림으로 너희 구원을 이루라(빌 2:12).

---

[3] 우리 시대에 "가나안 성도"(신동식 목사는 "도피성도"라고 제언함)들이 있어 교회 안과 밖의 경계를 허물고 있는 듯하다. 1962년 제2차 바티칸 공의회에서 익명의 그리스도인을 선언하였기 때문에 교회 밖에도 구원이 있는 것이 아닌가 생각할 수 있겠다. 그러나 로마교회는 *Extra ecclesiam nulla salus*를 폐기하지 않았고, 더 새로운 이론을 제언하였다. 교회를 지리적, 공간적으로 제한된 개념을 해체한 것이다. 교회의 권위가 미치는 곳이 로마교회라고 평가한 것으로 생각해야 한다. 그래서 로마교회는 *Extra ecclesiam nulla salus*는 절대로 포기하지 않는다고 생각한다. 남아메리카의 로마가톨릭 종교인들은 평생에 교회를 세 번 간다고 할 정도이다. 그것조차 하지 않아도 로마 교황을 인정하기만 하면 로마교회 안에 있는 구성체가 되는 구도이다.

제11장

칭의에 대하여
(CHAPTER XI Of Justification)

1. 하나님께서 효과적으로 부르신 사람들에게 값없이 의롭게 하셨는데(롬 8:30; 3:24), 그들 안에 의를 주입하는 [방식이] 아니라 그들의 죄를 용서하시고, 또 그들의 인격을 의롭게 인정하며 받아들이심이다. 그들에게 이루어진 [의롭다고 인정하심은] 그들의 어떤 유익이나 행동으로 말미암아 형성된 것이 아니라 오직 그리스도 때문이다. 또한, 전가된 믿음 자체나, 믿는 행위나, 그 밖에 어떤 복음적인 순종 때문에 그들을 의롭다고 하신 것이 아니라, 그리스도의 순종과 만족을 그들에게 전가하셨기 때문인데(롬 4:5-8; 고후 5:19,21; 롬 3:22, 24-25, 27-28; 딛 3:5,7; 엡 1:7; 렘 23:6; 고전 1:30-31; 롬 5:17-19), 그들이 믿음으로 그리스도와 그분의 의를 받아 의지한다. 이 믿음은 그들 자신에게서 나온 것이 아니요, 하나님의 선물이다(행 10:44; 갈 2:16; 빌 3:9; 행 13:38-39; 엡 2:7-8).

I. Those whom God effectually calleth, He also freely justifieth: not by infusing righteousness into them, but by pardoning their sins, and by accounting and accepting their persons as righteous, not for anything wrought in them, or done by them, but for Christ's sake[1] alone; nor by imputing faith itself, the act of believing, or any other evangelical obedience to them, as

---

1 For christ's sake는 please(제발)와 연계된 "아 제발~"이라는 부정형으로 사용되고 있다. sake는 목적, 이유 등을 나타낸다. Christ's sake는 직역이 어렵다. 단순하게 "그리스도 때문"이라고 번역한다. 좀 더 구체적인 의미는 "그리스도의 구속 사역 때문"이 될 것이다.

their righteousness, but by imputing the obedience and satisfaction of Christ unto them, they receiving and resting on Him and His righteousness by faith; which faith they have not of themselves, it is the gift of God.

2. 그리스도와 그분의 의를 받아들이고 그분께 의지하는 믿음은 칭의의 유일한 도구이다(요 1:12; 롬 3:28; 5:1). 이 믿음은 의롭게 된 사람 안에서 홀로 있지 않고 다른 모든 구원하는 은혜를 항상 동반한다. 그리고 죽은 믿음은 없으며 사랑으로 역사한다(약 2:17, 22, 26; 갈 5:6).

II. Faith, thus receiving and resting on Christ and His righteousness, is the alone instrument of justification; yet it is not alone in the person justified, but is ever accompanied with all other saving graces, and is no dead faith, but worketh by love.

1. 칭의(稱義)(1) 의의 전가로 의인 됨

윌리암슨(G. I. Williamson)은 중생(重生, 거듭남, regeneration, born again)을 "본성 변화", 칭의(Justification)를 "신분 변화"라고 하였습니다. 그렇다면 성화(聖化, sanctification)는 "신분 발전"(동일한 신분에서 성장함)이라고 할 수 있다고 볼 수 있습니다.

WCF 10장에서 부르심(소명)이 예정과 택함에 근거한 것임을 제시하였습니다. 그리고 그 효과적인 적용에는 성령의 사역이 있음을 보았습니다. 소명(부르심), 칭의 사이에 중생이 있다고 보는 것이 적당할 것입니다.

1) 하나님의 값없는 칭의(freely justifieth)

WCF 11장 "칭의"에서 먼저 고백하는 것은 하나님께서 값없이 주신 결정입니다. free는 '자유'와 함께 '값없는(공짜)'으로 번역할 수 있습니다. 구원은 전적으로 하나님께 속한 것입니다. 하나님은 토기장이로 토기를 선택할 권한과 분류할 권한을 가지고 계십니다(롬 9장). 그릇은 어떤 조건에도 존재의 근원인 창조자 하나님께 찬양해야 합니다. 인간의 죄를 구원하시는 하나님의 구원경륜은 신비 중의 신비입니다.

"*O Felix Culpa*"(O Happy Fault).

"O Happy Fault that merited such and so great a Redeemer!"

(오 복된 나의 죄여! 나의 죄 때문에 위대한 구속주의 은택을 보았네.)

하나님께서 죄인을 구원하시는 방편은 값없이 진행하십니다. 그것은 그 무엇으로도 갚을 방편이 없기 때문입니다.

2) 구원에서 상상할 수 없는 것

첫째, WCF에서 주입(infuse)에 의한 칭의(Justification)를 배격합니다.

주입(infusion, impartation으로도 됨)을 거부하는 것은 중세 로마교회에서 규정한 의화(Justification) 개념을 거부하는 것입니다.[2] WCF는 1647년에 작

---

[2] Justification은 '칭의'(稱義)와 '의화'(義化)로 번역할 수 있다. 동일한 단어이지만 전혀 다른 개념이다. 의화는 구원의 시작과 마지막까지 인간의 공로가 있으며, 칭의는 시작과 마지막까지 인간의 공로가 없다. 이것에 절충한 방식은 칭의는 인간의 공로가 아니고, 성화는 인간의 공로를 첨가하는 방식이 있다. 개혁파 신학은 시작과 마지막이 오직 은혜이고, 이 구원은 그리스도의 구속 은혜(순종과 만족)로 진행한다. 로마교회는 "의

성되었고, 로마교회는 1564년에 트렌트 공의회를 통해서 "주입(infuse) 구도"를 확정하였습니다. WCF는 로마교회의 결정과 전혀 다른 구원 도식임을 밝힌 것입니다.

둘째, 인간 인격(공로)으로 구원받을 수 없습니다.

인간의 참회(懺悔), 통회(痛悔) 등으로 죄가 보속(補贖) 혹은 사면(赦免)될 수 없습니다. 종교개혁의 선언은 죄 사함의 은혜를 오직 하나님께 전유시켰습니다. 인간의 어떤 행위도 죄 사함에 영향이나 효력을 줄 수 없습니다. 또한, 죄 사함을 받은 후에도 인간은 성화에 어떤 유익을 제공하지 않습니다.

셋째, 전가된 의를 받은 사람의 믿음 행위, 자신의 의에 근거한 복음적인 순종으로도 구원을 이룰 수 없습니다.

구원에서 사람의 역할이 부가될 수 없습니다. 구원받은 사람은 하나님과 사람 앞에서 오직 자기의 무능과 부패를 고백할 수밖에 없습니다.

3) 구원은 오직 예수(Sola Christus)의 구속 은혜

죄인이 의롭다고 칭함을 받음에서 그리스도의 구속 사역이 절대적입니다. 구원의 근원(Origin), 구원의 창시자(Author)는 그리스도이십니다(히 12:2). 구원은 오직 그리스도의 구속 사역(순종과 만족)으로 획득된 의의 전가에 의한 것입니다. 순종과 만족은 그리스도의 전 생애와 십자가의 속죄 제사입니다.

첫째, WCF는 순종과 만족(the obedience and satisfaction of Christ)으로 정리하였는데, '사보이 선언'(1658년)에서 능동적 순종과 수동적 순종(Active and

---

화 교리"라고 하고, 개혁파는 "칭의 교리"라고 한다. 칭의를 사용할 때에는 개혁파적 칭의와 중도파적 칭의(처음은 은혜 뒤에는 인간 노력 추가)가 있다고 볼 수 있다.

the Passive Obedience of Christ)으로 변경하였습니다. 사보이 선언을 따른다고 고백하는 교파는 존재하지 않습니다. 그런데 능동적 순종(active obedience)이 구원받은 성도에게 전가된다고 주장하는 부류가 있습니다.[3] 그 능동적 순종을 반대하는 부류도 있습니다(패더럴 비전).

그런데 WCF는 "그리스도의 순종과 만족"이 전가된다고 고백합니다. 조나단 에드워즈는 "완전한 순종"(Perfect Obedience)이라고 제시하였습니다. 우리는 WCF의 문장과 사보이 선언의 문장이 신학적 연계성이 없다고 이해하고 있습니다. 그리고 전가 교리는 21세기 잉글랜드국교회 신학자인 톰 라이트가 맹렬하게 공격하였고, 침례파인 존 파이퍼 목사가 적극적으로 변호하였습니다.[4]

필자는 전가 교리는 종교개혁의 핵심사상이 아니며 이신칭의에서 파생된 교리 체계로 사색(이성)이 많다고 생각합니다. 사색이 강하면 논란이 발생합니다. 개혁파는 사색적인 사안으로 논쟁이 발생하면 성경으로 회귀하는 신호로 인지합니다(딤전 6:20-21; 딛 3:9). 성경은 예수 믿음과 예수 복음을 전하도록 촉구합니다. 장로교회 사역자는 복음 선포를 해서 교회를 세우지만,

---

[3] 신호섭, 『개혁주의 전가교리』(서울, 지평서원, 2016); 신호섭은 메이천은 그리스도의 능동적 또는 수동적 순종이라는 구분을 그다지 선호하지 않았다는 인상을 제시했다(40쪽). 그리고 이분법적인 요소가 아니라 그리스도의 순종을 완전한 순종으로 본다는 인상을 지울 수 없다고 제시했다(40쪽); "but by imputing the obedience and satisfaction of Christ unto them"에서 순종과 만족을 분리해서 순종만 전가되었다고 이해하려는 의견도 있다(제프리 쥬, "그리스도의 능동적 순종과 웨스트민스터 표준문서의 신학: 역사적 검토", 『그리스도의 칭의론』, 조영천 역(서울: CLC, 2019), 212). 그런데 정관사에 걸린(the obedience and satisfaction) 하나이지 둘 아니다. 필자는 "그리스도께서 능동적 순종으로 획득한 의"에 대한 주장은 WCF의 고백과 같지 않다고 제언하였다. WCF는 그리스도의 순종과 만족으로 전가한다(the obedience and satisfaction of Christ)고 고백하고 있다. 둘을 분리시킬 때에는 순종보다는 십자가를 말하는 것을 제언한다. 메이천 박사가 능동적 순종에 대해서 언급하였는데, "I'm so thankful for the active obedience of Christ. No hope without it"(그리스도의 능동적 순종의 고마움이여~~, 그것 없이는 소망도 없습니다", 필자는 "교회의 순결"을 주장하는 것으로 이해하였다. 순결하고 거룩한 백성이 산제물이 될 수 있다.

[4] 존 파이퍼, 『칭의논쟁』, 신호섭 역(서울, 부흥과개혁사, 2009).

성경 해석의 내용을 만인에게 보여줄 수 있어야 합니다. 이신칭의에서 파생된 교리는 이중예정 교리, 전택설과 후택설, 구원협약도 있습니다.

네덜란드는 예정론에 대해서 논의하였고, WCF에서 언약 이해(행위 언약과 은혜 언약)를 논의하였습니다. 김석환 박사는 그리스도 양성 교리를 삼위일체 교리에서 더 확장된 체계로 제시하기도 하였습니다.

구원의 모든 은택을 하나님의 소유로 고백하는 것에서 다시 시작하면 될 것입니다. 그리스도의 백성은 주 앞에서 잠잠하고(합 2:20; 습 1:7), 서로 협력하여 주의 복음을 전하기에 힘씁니다(롬 8:28). 루터는 선포된 복음, 십자가 복음을 강조하였고, 칼빈은 성령으로 그리스도와 신비한 연합, 그리고 죽음과 살림을 제시하였습니다.

전가(imputation) 교리는 로마 가톨릭의 주입(infusion) 체계에 대한 개혁된 이해로 볼 수 있습니다. 로마 가톨릭의 주입 체계보다 더 신비주의화 된 체계는 임파테이션(Impartation)으로 볼 수 있습니다.[5]

둘째, WCF 11:2에서는 그리스도와 그의 의(자체와 의, Christ and his righteousness)를 믿고 의지함을 더욱 강조하여 고백합니다.

구원은 그리스도와 그의 의(자체와 의)를 믿고 의지하는 것입니다. 우리는 그것을 그리스도의 인격과 사역이라고 합니다. 인격은 한 위격에 두 본성으로 451년 칼케돈 공의회에서 확정하였습니다. 그리스도의 사역을 칼빈은 그리스도의 삼중직으로 제시하였고, 오시안더는 그리스도의 수동적 순종과 능동적 순종으로 제언하였습니다.[6]

---

[5] 이경섭 목사는 이신칭의의 전가 교리 외에 다른 교리 체계들은 "의의 주입의 사생아들"이라고 평가하였다. 그것은 주입된 의(injected righteousness) 개념을 갖고 있기 때문이다(이경섭, 『이신칭의 값싼 은혜가 아닙니다』(서울: CLC, 2018), 305..

[6] Erik H. Herrmann, "Conflicts on Righteousness and Imputation in Early Lutheranism The Case of Georg Karg(1512–1576)", Charles P. Arand(ed), *From Wittenberg to the World*(Göttingen: Vandenhoeck & Ruprecht, 2018). Erik H. Herrmann은 루터 소천 뒤에

믿음은 인간 자체와 어떤 관계가 없습니다. 오직 하나님의 은혜, 선물입니다. 하나님의 선물을 받는 것이 믿음이기 때문에, 믿음이 공로가 되지 못합니다. 믿음으로 소유한 하나님의 선물이 상이 될 것입니다. 그런데도 믿음의 분량이라고 말하는 것은 믿음이 선물을 받는 손이기 때문이다. 하나님의 선물을 받으면 믿음은 성장합니다.

WCF는 "죽은 믿음"(dead faith)이 없다고 고백합니다. 야고보서의 "행함 없는 믿음"(약 2:17) 해석에서 만날 수 있는 오류를 인지한 것입니다. 야고보서에서는 "행함 없는 믿음은 죽은 것이다"라고 하였습니다. 행함 없는 믿음은 사람을 외모로 취하는 것, 약한(힘든) 이웃을 말로만 돕는 것 등입니다. 믿음의 사람은 사람을 하나님의 형상으로 보며 원수까지도 사랑합니다. 교회는 집사 직분을 두어 가난한 자를 돌보는 것을 고유 직무로 삼고 있습니다.

그런데 WCF에서 "죽은 믿음"이 없다고 고백하였습니다. 야고보서에서 "행함 없는 믿음"은 "믿지 않음"에 대한 완곡한 표현으로 이해한 것입니다. 믿음이 없으면서 믿는 척하는 교회 안에 명목상 그리스도인, 예수님 당시에는 바리새인이고, 개혁 시대에는 위선자(hypocrite)라고 하였습니다. 그리스도를 믿는다는 위선자는 믿음이 아니기에 죽은 믿음이라고 하지 않고 불신(不信)이라고 해야 합니다.

멜랑톤 진영에서 Georg Karg(1512-1576)가 오시안더가 재구성한 의화 구도 교리를 비판하였다는 내용이므로 그리스도 능동 순종 개념을 비판한 것이다. 글의 핵심은 루터의 가르침을 반복하는 것으로 구원에서 인간의 어떤 것이 개입되지 않다는 것이다. 그리고 마지막 문장에서 "그리스도의 순종은 우리의 것이 아니라"(it was only Christ's obedience, not ours)고 제시하였다. 필자가 Herrmann의 논문을 읽으면서 느낀 것은, 오시안더가 구성한 그리스도의 사역의 이중성의 문제점은 현재 그리스도의 현존에 대한 이해가 신자의 내면으로 들어간 것이다. 칼빈이 그리스도의 사역을 삼중성으로 제시하였는데, 칼빈은 그리스도께서 과거, 현재, 미래의 사역을 구현시켰다. 박해경 박사는 그리스도의 삼중직을 승천교리와 연결하여 제시하였다(박해경, 『칼빈의 기독론』 [서울: 아가페, 2004]). 그리스도의 삼중직은 고대로부터 내려온 그리스도의 사역 이해인데, 오시안더에서 그리스도의 사역을 이중성으로 제시하기 시작하였다.

그리스도인 중에서 자신을 바리새인으로 평가하는 것을 평안하게 받을 수 있는 사람은 없습니다. "행함 없는 믿음"은 "바리새적 믿음"과 동의어로 볼 수 있습니다. 믿음은 믿음이고, 믿는 자는 견인에 의해서 구원에 이르며, 믿음이 죽을 수 없기 때문에 죽은 믿음이 없습니다. 야고보는 행함 없는 믿음은 죽은 것이라고 하였습니다. "죽음 상태"를 "죽은 믿음"으로 이해하는 것은 바람직하지 않을 것입니다. 믿음은 결코, 죽지 않기 때문입니다.

셋째, 의롭다 함을 받은 사람은 그 자체로 성취된 것입니다(참고. 결정적 성화, Definitive sanctification, John Murray).

그리고 다른 구원의 은혜들(other saving graces)이 주어집니다. 그리스도인에게 동일한 은혜가 아니라, 각각 다른 은혜의 방편이 주어집니다. 동일한 은혜이지만, 각각 다르게 적용됩니다. 그리고 믿음은 그리스도 안에서 사랑으로 사역하도록 합니다. 믿음으로 교회를 이루며 거룩한 생활을 하도록 합니다. 구원파의 믿음은 그리스도의 사역과 관계없는 자기가 인식하는(깨달은) 믿음이고, 구원받았다고 생각하면 그것으로 완전한 상태가 됩니다.

많은 비판에서 수정하였다고 하지만, 기본 골격을 바꿀 수 없습니다(깨달음의 방식). 그리고 모두가 동일한 체계가 됩니다. WCF는 동일한 구원에서 다른 구원의 은혜들이 있다고 고백합니다. 그리스도인은 중생 후 사랑으로 끊임없는 믿음의 경주를 하여 믿음을 보여 주어야 합니다. 기독교는 깨달음의 종교가 아니라, 은혜, 예수 그리스도의 복음과 영광의 종교입니다. 차이가 있지만, 그리스도 안에서 한 형제로서 협력하며 정진합니다.

3. 그리스도께서 순종과 죽음으로 의롭게 할 모든 사람의 죄의 빚을 충분히 갚으셨다. 그들을 위하여 아버지의 공의에 대해 합당하고, 실제적이며, 또한, 충분하게 만족시키셨다(롬 5:8-10, 19; 딤전 2:5-6; 히 10:10,14; 단 9:24,26; 사 53:4-6,10-12). 그리스도는 그들을 위해서 아버지께 드려진 바 [속죄 제물] 되었고(롬 8:32), 그들을[자기 백성을] 대신한 그리스도의 순종과 만족이 [아버지께] 수납되었다(고후 5:21; 마 3:17; 엡 5:2). 두 값이 없음은 그들 안에 어떤 것도 아니라는 것이다. 그들이 [받은] 칭의는 오직 값 없는 은혜에서 온 것이다(롬 3:24; 엡 1:7). 하나님의 엄정한 공의와 풍성하신 은혜는 죄인들을 의롭다 하심에서 영광스럽게 될 것이다(롬 3:26; 엡 2:7).

III. Christ, by His obedience and death, did fully discharge the debt of all those that are thus justified, and did make a proper, real, and full satisfaction to His Father's justice in their behalf. Yet, inasmuch as He was given by the Father for them; and His obedience and satisfaction accepted in their stead; and both freely, not for anything in them; their justification is only of free grace; that both the exact justice, and rich grace of God, might be glorified in the justification of sinners.

4. 하나님께서 영원에서 모든 택자를 의롭게 하기로 작정하셨고(갈 3:8; 벧전 1:2,19-20; 롬 8:30), 그리스도께서 때가 차매 그들의 죄를 위해 죽으시고 그들의 칭의를 위해 부활하셨다(갈 4:4; 딤전 2:6; 롬 4:25). 그러나 성령께서 정한 때, 그리스도를 실제로 그들에게 적용하시기까지는 그들이 의롭다 함을 받은 것은 아니다(골 1:21-22; 갈 2:16; 딛 3:4-7).

IV. God did, from all eternity, decree to justify all the elect, and Christ did, in the fulness of time, die for their sins, and rise again for their justification: nevertheless, they are not justified, until the Holy Spirit doth, in due time, actually apply Christ unto them.

5. 하나님께서는 의롭다 함을 받은 사람들의 죄를 용서하심을 계속한다(마 6:12; 요일 1:7,9; 2:1-2). 비록 그들이 칭의 상태에서 결코 탈락되지 않을지라도(눅 22:32; 요 10:28; 히 10:14) 그들의 죄로 말미암아 하나님의 부성적인 노여움으로 추락할 수 있다. 이 경우에 그들이 자신을 낮추며, 죄를 고백하고, 용서를 구하고, 믿음과 회개로 새롭게 하기 전에는 하나님 얼굴의 빛이 그들에게 회복되지 않을 수 있다(시 89:31-33; 51:7-12; 32:5; 마 26:75; 고전 11:30,32; 눅 1:20).

V. God doth continue to forgive the sins of those that are justified; and, although they can never fall from the state of justification; yet they may, by their sins, fall under God's fatherly displeasure, and not have the light of His countenance restored unto them, until they humble themselves, confess their sins, beg pardon, and renew their faith and repentance.

6. 구약 시대의 그리스도인들의 칭의는 신약 시대의 그리스도인들의 칭의와 모든 면에서 하나이고 동일하다(갈 3:9,13-14; 롬 4:22-24; 히 13:8).

VI. The justification of believers under the old testament was, in all these respects, one and the same with the justification of believers under the new testament.

2. 칭의(稱義)(2) 칭의의 도식, 목적, 범위

하나님의 의(*iustitia Dei*)가 구속주 하나님의 구속 사역으로 택자에 전가됨은 구원의 신비입니다. 하나님의 의의 전가 교리는 루터에 의해서 시작되었습니다. WCF 11:2에서는 그리스도의 의(righteousness, *justifica, Justificantur*)라고 하였습니다. WCF 11:3 이후부터는 그리스도의 의가 자기 백성에게 전가되는 구도를 고백합니다.

1) 그리스도의 완전한 만족(full satisfaction[7])

백성이 의롭게 되는 근거는 그리스도께서 하나님의 공의를 충족시키셨기 때문입니다. 그리스도께서 자기 백성을 구원하시기 위해 성육신하셔서 순종하시고 죽으심, 즉 율법을 성취하시고 원상회복의 법(restitutio in integrum)을 이루기 위한 순전한 사람으로 속죄 제물이 되시어 저주의 상징인 나무에 매달리셨습니다. 그래서 성부 하나님의 의(justitiæ Patris)를 만족시키셨습니다.

2) 아들께서 아버지로부터 받은 백성

그리스도께서 구속 사역을 성취하심으로 하나님의 심판(iudicium Dei)에 있는 아버지의 공의를 만족하게 해 속량하셨습니다. 그리스도의 한량 없는 은혜로 이루어진 구원의 공로가 백성에게 값없이 제공되었습니다. 그래서 WCF에서 죄인이 의롭게 되는 칭의는 인간에게 전혀 공로가 없으며, 그리스도의 은혜도 값없이(조건 없이) 제공되었다고 고백합니다(행 15장).

하나님의 은혜는 언제나 조건이 없는데 이스라엘이 자기 것으로 소유하며 안정과 풍요를 누리려 하였습니다. 유대인과 본디오 빌라도의 무지와 불법으로 하나님의 독생자를 십자가에 매달아 처형하였습니다.

---

[7] satisfaction은 번역이 매우 어렵다. '만족', '충족', '보속' 등으로 번역한다. 문병호는 '무름'이라고 번역한다. 속죄 제물로 아버지의 공의를 충족(satisfaction)시킴으로 죄 사함이 이루어졌다는 1033년에 안셀름이 제시한 방식이다(Anselm's satisfaction theory); 만족 체계는 르네 지라르에 의해서 비판받았다(정일권,『십자가의 인류학』[서울: 대장간, 2015]). 정일권 박사는 안셀무스의 만족 이해에 대해서 칼빈은 속죄 제사(희생제사)로 제시하였다고 밝혔다(57쪽).

그러나 하나님께서 죄없이 죽은 어린 양을 죽은 자 가운데서 살리셔서, 부활의 첫 열매가 되게 하셨습니다. 예수께서 부활하셔서 40일을 제자들과 지내신 뒤, 승천하시어 오순절에 성령을 보내주셨습니다. 성령을 자기 백성에게 보내심으로 구원을 아는 지식을 충만하게 하셨습니다.

십자가로 유대인과 이방인 사이에 있는 막힌 담을 헐고 그리스도 안에서 하나가 될 수 있게 되었습니다(엡 2:1-10). 그리스도 안에 있는 백성은 아버지께 속량하여 받은 그리스도의 소유된 자입니다. 그리스도인은 자기를 속량한 구속주 하나님을 믿어 고백하여 구원을 얻습니다.

3) 죄인을 구원한 목적은 그리스도의 영광

WCF 11:3에서는 칭의가 하나님의 공의를 충족시킨 그리스도의 은혜에 있음을 먼저 밝혔습니다. 십자가에는 하나님의 공의와 은혜가 있습니다. 그 목적이 죄인에서 칭의를 받은 백성들이 그리스도께 영광을 돌리도록 하는 것입니다. 정확한 하나님의 공의와 풍성한 하나님의 은혜로 의롭다 함을 받은 백성은 구원의 창시자에게 마땅히 영광과 찬양을 돌려야 합니다.

WCF 11:3의 주어는 Christ입니다. 구원의 목적은 하나님께 영광(*soli Deo gloria*)인데, WCF에서 그리스도께 영광이라고 구체적으로 지시합니다. 다만 그리스도께 영광(*Christi gloria*)이라고 명시한 문장은 아닙니다. 주 예수 그리스도께서 구속하여 소유하신 자기 백성으로 말미암아 영광을 받는 것이 합당합니다. 개혁파에게 영광(*Gloria*)의 기본은 믿음 고백(*Credo*)과 선포(*Kerygma & Didache*)입니다.

4) 영원한 경륜 구원협약의 실현

WCF 11:4에서 구원협약(*pactum salutis*)을 다시 반복합니다(WCF 3장). 영원에서 작정된 구원의 경륜을 그리스도께서 성취하시고 성령께서 때를 따라 그리스도의 소유된 백성을 그리스도께 적용하여 성취하십니다. 그 시작이 칭의(의롭다 하심)입니다. 단 택한 백성이 칭의 되기 이전(그리스도 은혜가 적용되기 전)에는 그리스도인이 아닙니다.

WCF는 명백하게 맹목적 신앙(implicit faith)을 거부하고 있습니다. 로마교회는 맹목적 신앙을 합당한 가치를 두고 있습니다. 개혁파 신앙은 명료한 신앙(explicit faith)을 추구합니다. 개혁파에게 그리스도인과 불그리스도인이 있으며, 그리스도인과 불그리스도인 중간단계는 없습니다. 그리고 천국과 지옥이 있고, 천국과 지옥의 중간지역도 없습니다. 로마교회는 신자와 불신자 중간단계인 맹목적 신앙이 있고, 천국과 지옥의 중간단계인 연옥(煉獄, Purgatory)이 있습니다.

5) 하나님의 인내와 죄의 문제

WCF 11:5에서는 하나님의 칭의에서 하나님의 오래 참으심에 대한 고백입니다. 칭의된 백성들은 회개를 반복해야 하며, 비록 부패 상태에 있을지라도 구원에서 탈락하지 않습니다(성도의 견인). 구원에서 탈락하지 않는다는 교리가 신자의 인식을 게으르게 할 수 있다는 비난이 있습니다.

WCF는 "죽은 믿음"이 없다고 고백하였습니다. 칭의 된 백성은 자기 죄를 결코 즐길 수 없으며, 자기 악을 더해 은혜를 더한다는 것도 상상할 수 없습니다. 행함 없는 믿음을 가진 죽은 사람들의 행동이 오해를 유발할 수 있으며, 의인의 실수가 오해를 유발할 수 있습니다.

하나님께서 죄에 대해서 오래 참으심이 죄를 용납하심이 아닙니다. 하나님께서는 의인이라 할지라도 회개하지 않는 죄에 대해서 노여움을 갖고 기다리시며 반드시 심판하십니다.

WCF에서 칭의된 그리스도인이 범죄한 것을 회개하기 전까지 하나님 얼굴의 빛이 회복되지 않는다고 확정하여 고백합니다. 하나님의 자녀이기 때문에 무조건 용서하시는 것이 아니라, 반드시 죄를 회개해야 합니다. 신자가 죄를 회개함으로 새롭게 됩니다. 거룩은 죄를 짓지 않는 것이며, 범한 죄를 고백하고 회개하여 새로움을 입는 것입니다. WCF가 죄를 회개함의 도식에서 "피에 호소함"(요일 1:5-10)을 제시하지 않은 것은 아쉬움이 있습니다.

6) 칭의는 구약과 신약이 동일한 효력 그러나 다른 방법

WCF 11:6에서 칭의는 구약과 신약에서 동일한 효력으로 고백합니다. 의롭다 하시는 주체인 성자 하나님, 의로움을 이루어 가시는 성령 하나님은 동일하기 때문입니다. 구약이나 신약에서 하나님께 의롭다 함을 받아야 구원을 얻음을 제시합니다.

즉, 이스라엘 백성이기 때문에 구원함을 얻은 것이 아니라, 하나님께 의롭다 하심을 받아야 구원을 받는 것입니다. 그리고 구약 시대는 그림자로서 동물로 속죄 제사를 드리는 방식과 신약 시대는 실체의 속죄 제사를 믿는 방식에서 구별이 필요합니다. 히브리서, 유다서의 제시처럼 반복되는 제사(구약)와 단번에 드려진 완성(충족)된 제사(신약)로 구분할 수 있습니다.

제12장

양자에 대하여

(CHAPTER XI.I Of Adoption)

1. 하나님께 [택함 받은] 모든 사람은 하나님께 의롭다 함(칭의)을 받았다. 그들은 독생자 예수 그리스도를 위하여 그리고 그 안에서 양자의 은혜에 참여한다(엡 1:5; 갈 4:4-5). 그들 모두는 하나님 자녀의 특권과 자유를 누린다(롬 8:17; 요 1:12). 그들은 [예수 그리스도/하나님의] 이름을 부여받았고(렘 14:9; 고후 6:18; 계 3:12), 양자의 영을 받았고(롬 8:15), 담대하게 은혜의 보좌로 나갈 수 있고(엡 3:12; 롬 5:2), 아바 아버지라고 부르짖을 수 있고(갈 4:6), [하나님께] 불쌍히 여기심을 받고(시 103:13), 보호를 받고(잠 14:26), 공급을 받고(마 6:30,32; 벧전 5:7), 아버지[예수 그리스도]께로부터 징계를 받는다(히 12:6). 그런데도 결코 밖으로 쫓겨나지는 않으며(애 3:31) 구속의 날까지 인침을 받았다(엡 4:30). 그리고 영원한 구원의 유업으로서(벧전 1:3-4; 히1:14) 약속된 후사이다(히 6:12).

I. All those that are justified, God vouchsafeth[1], in and for His only Son Jesus Christ, to make partakers of the grace of adoption: by which they are taken into the number, and enjoy the liberties and privileges of the children of God, have His name put upon them, receive the spirit of adoption, have access to the throne of grace with boldness, are enabled to cry, Abba, Father,

---

[1] vouchsafeth는 쉽지 않은 단어이다. vouchsafe(주다)의 뜻으로 3인칭 단수, 현재 직설법의 용례이다. 연관어로 voucher(바우처)가 있다.

> are pitied, protected, provided for, and chastened by Him as by a father; yet never cast off, but sealed to the day of redemption, and inherit the promises, as heirs of everlasting salvation.

1. 양자(養子),[2] 신분과 삶의 변화

하나님께 의롭다고 칭함을 받은 사람은 하나님의 '양자'(Adoption)가 됩니다(요 1:12; 롬 8:17). 칭의에서 사람은 본성을 변화, 하나님의 자녀가 됨 즉, 신분에서 변화가 발생합니다.

양자는 법적으로 모든 면에서 완전한 아들입니다. 동등한 가족으로 여기기 때문에, 한 가족이지만 다종족으로 가족을 이루는 경우도 있습니다. 우리나라도 점점 입양이 증가하고 있는 것은 좋은 현상입니다. 그리스도인은 하나님의 양자 됨을 믿기 때문에, 입양에 대해서도 더 적극적이어야 합니다. 또한, 해외 입양까지도 진행하도록 훈련해야 합니다.

하나님의 법은 자연과 가족을 회복하는 방향입니다. 사람의 법은 하나님의 법을 훼방하고 파괴하는 데 목적하는 경우와 경향이 있습니다. 사람의 생명을 보호하는 중요한 법은 입양에 관련한 법입니다. 하나님께서 자기 자녀로 입양한 것은 가장 확실한 생명확보입니다.

---

[2] 양자(Adoption)은 혈연적 생물학적 부자 관계가 아닌 법률상 부자관계를 형성하는 것이다. 우리 법률에서 양자 제도는 일반양자(「민법」제866조부터 제908조까지)와 친양자(「민법」제908조의2부터 제908조 8까지)로 구분하여 사용하고 있다. 일반양자는 친생부모(생물학적 부모)의 성과 본을 유지하는데, 친양자는 양친의 성과 본으로 변경한다. 일반양자는 친생부모와 관계가 유지되지만, 친양자는 친생부모와 관계가 종료된다. 우리 법률로 "기독교 신앙의 양자"를 이해하면 영적으로는 '하나님의 친양자'가 된 것이고, 혈연적으로는 '육신의 아버지와 친자' 관계가 유지되는 방식으로 이해할 수 있다. 그래서인지 로마 가톨릭은 영세에 세례명을 받는데 양자 의식으로 볼 수 있다. 그런 가시적인 방법은 바람직하지 않다. 그리스도인은 첫계명(5계명)을 명확하게 준수해야 한다.

어떤 이는 예수께서 요셉의 친아들이 아니기 때문에 다윗의 후손이 될 수 없다고 주장합니다. 그러나 성경에서 아들은 혈통에 의해서 결정되는 것이 아닙니다. 후손은 혈통이 아닌 선언(법)으로 되는 것을 성경에서 가르쳤고, 마태복음에서 다윗의 계통에 있는 이방 여인들(다말, 라합, 룻)과 이방 남성(헷 사람 우리야)의 아내를 통해서 증명하였습니다.

2,000년 전에도 순수혈통은 없었습니다. 신라 시대에 성골(聖骨)이 있었다고 하지만 순수혈통은 증명된 것이 아니며, 근친(近親)으로 형성된 가계를 지금까지 유지한 가문은 없습니다. 메시아 혈통은 순수혈통이 아닌 언약에 충성한 서약에 근거한 것입니다. 순수 혈통(순혈 민족)은 이 땅에서 존재하지 않지만, 아담과 노아 후손으로 전 인류가 죄 된 인류로 하나의 순수혈통입니다. 아담 후손 안에서 노아를, 노아의 후손 안에서 셈을 그 안에서 아브라함-이삭-야곱에서 믿음의 족보를 이루었습니다.

1) 양자 됨의 은혜

하나님께서 의롭다고 칭하신 모든 백성을 독생자 예수 그리스도 안에서 양자로 확실하게 받으십니다(칭의와 양자). 칭의의 근거는 그리스도께서 이루신 구속 사역(성육신, 십자가, 부활, 승천, 성령 파송)을 근거로, 성령으로 회개한 사람의 죄를 사해 주시는 것입니다. 의롭다고 칭함을 받은 사람은 하나님의 자녀가 됩니다.

이것을 WCF에서 "양자의 은혜"(grace of adoption)라고 하였습니다. 양자는 예수 그리스도를 위하여 그리고 그 안에 있습니다. 우리는 "그리스도 안에 있다는 것"을 "그리스도를 믿는다"고 이해합니다. 예수를 믿는 사람은 교회를 이룹니다. 교회의 회원보다 그리스도인의 숫자가 더 적습니다. 만약 교회의 회원 수보다 그리스도인의 숫자가 더 많다면 교회 밖에도 구원이 있다고 말할 수 있을 것입니다. 교회의 회원보다 그리스도인의 숫자가 적기 때문에, 교회 밖에 구원이 있을 수 없습니다. 그것은 그리스도 밖에는 그리스도의 사람은 존재하지 않다고 고백하는 것입니다.

우리 시대에 도피 성도(가나안 성도)가 있는데[3], 교회 밖에 있을 수 있다는 것은 교회의 회원보다 그리스도인의 숫자가 더 많을 수 있게 됩니다. 그것은 그리스도 밖에서 살 수 있다고 생각하는 것이어서 상상할 수 없는 생각입니다. 그리스도인이 혹시 교회에서 이탈되었을 때에는 빠르게 교회를 형성하려고 노력하고 몸부림할 것입니다.

칭의, 양자는 그리스도 안에서 효력이 있고, 그리스도를 위해 행동합니다. 종교개혁가들은 개혁을 추구하였지만, 교회를 비판하지 않았으며 새롭게 하려고 정진하였습니다. 로마 가톨릭은 1962년 제2차 바티칸 공의회를 통해서 타 종교에도 구원이 있을 수 있다는 포괄적 구원(inclusive salvation) 개념을 정립하였습니다. 도피 성도가 가능하다고 생각하는 것은 결국, 제2차 바티칸 공의회의 결정을 인정하는 것이 됩니다.

그러나 로마 가톨릭이 "교회 밖에 구원이 없다"(*Extra ecclesiam nulla salus*)는 개념을 포기하지 않습니다. 교회의 범위를 포괄적으로 변용한 것이며, 교황의 범주를 우주적으로 확장한 것입니다. 로마 가톨릭주의를 16세기 칼빈은 "교황주의"(papist)라고 규정하였고, "그리스도의 대리자"라 자처하며 그리스도와 바른 교회를 분리하는 집단으로 평가하였습니다.

그런데 칼 바르트, 개신교 중심으로 1948년 WCC(World Council of Churches, 세계교회협의회)를 출범시켰고, 동방교회, 오리엔탈 정교회 등으로 확장시켰고, 결정체가 로마 가톨릭의 1962년에 제2차 바티칸 공의회에서 나타났습니다.

---

[3] 신동식, 『도피성도』 (고양: 우리시대, 2019).

2013년 10차 WCC 부산총회 이후, 2014년 한국에서 WCC 참여 단체와 로마 가톨릭이 연합하여 '신앙과직제협의회'(CFOK, Commission on Faith and Order of Korean Churches)를 설립하였습니다.

그리스도인은 교회 안의 백성이 아니라 그리스도 안의 백성이고, 교회의 지체입니다. 그리스도를 믿는 자녀는 반드시 교회를 이룹니다. 그리스도 밖에 있으면서 그리스도 안에 있다고 믿기 때문에 그리스도 안에 있지 않습니다. 양자 된 자는 그리스도밖에 있을 수 없으며 그리스도 밖으로 나갈 수도 없습니다. 다른 복음은 복음이 아니듯이 포괄적 기독교(Inclusive Christianity)는 기독교가 아닙니다. 메이첸 박사는 자유주의(Liberalism)는 기독교가 아니라고 하였습니다.[4]

2) 하나님의 자녀

인간이 의인이 되었다고 하여도 본성은 하나님의 자녀가 될 수 없습니다(롬 7:21). 그러나 하나님께서 은혜를 더하여 양자가 되도록 하셨습니다(롬 8장). 그리스도인은 하나님의 자녀로서 자유와 특권을 누리게 됩니다(요 1:12).

예를 든다면, 현재 양자는 부모가 결정하여 자녀의 숫자에 포함됩니다. 자연 상태로 얻어질 수 없는 자녀이지만, 부모가 합의하여 자녀의 숫자로 포함시킬 수 있습니다.

하나님께서 본성적으로 자녀를 가질 수 없지만, 구속의 은혜로 말미암아 자녀를 이루셨습니다. 입양된 자녀지만 친자와 동일한 권리를 갖기 때문에 당연히 하나님의 기업을 부여받게 됩니다. 사도 바울은 갈라디아서에서 자유자가 다시 노예로 돌아갈 수 없다고 강하게 권면하였습니다(갈 5장).

---

[4] J. G. 메이첸, 『기독교와 자유주의』, 황영철 역 (서울: 복있는사람, 2013).

하나님께서 자기 자녀에게 자유와 특권을 주셨습니다.

3) 예수 그리스도의 이름과 양자의 영을 받음

하나님께서 의롭다 하신 백성에게 예수 그리스도의 이름과 양자의 영을 주십니다. 사도 요한은 이기는 자 위에 하나님의 이름이 내려올 때 교회에 주의 이름을 새겨 주실 것으로 말씀하셨습니다(계 3:12). 그리스도인은 자기가 무엇을 소유하고 있는지를 잘 인식해야 합니다. 그리스도의 이름을 소유하고 있으며, 그의 이름을 선전해야 합니다.

그리고 양자의 영은 성령은 아닙니다(참고. 롬 8장). 필자는 양자의 영이 회복된 형상으로 하나님의 자녀로 인식하는 정체성으로 봅니다. 하나님의 기업을 받을 영입니다. 사람이 잃어버린 하나님의 형상을 회복함으로 육에서 영으로, 사망에서 영생을 수여받는 자녀가 된 것입니다.

4) 아바 아버지

양자의 영을 받음으로 백성은 담대하게 은혜의 보좌로 나아가 아바 아버지를 부르짖을 수 있습니다. 그리고 하나님의 보호하심과 공급하심을 받습니다. 하나님께 부르짖음(cry)은 어떤 종교에서도 볼 수 없는 매우 독특한 기독교 표현입니다. 고상한 종교로 침묵을 주장하는 종교가 태반이지만, 기독교는 여호와 앞에서 잠잠하지만 때를 따라서는 부르짖기도 합니다. 아버지께서 침묵하는 자녀를 불쌍히 여기기도 하시고, 부르짖는 자녀를 불쌍히 여기기도 하십니다. 침묵을 원하시는 때 부르짖으면 진노하실 수 있을 것입니다.

그러나 결코 자기 자녀를 쫓아내지 않기 때문에 담대하게 부르짖을 수 있습니다. 징계의 무서움에서 두려움이 있지만, 결코 떠날 수 없습니다. 우리의 심판주께서 죄에 대해서 당연하게 징계하실 것입니다. 그런데도 하나님께서 자기 자녀는, 결코 자기 밖으로 쫓아내지 않으십니다. 주의 자녀는 구속의 날까지 인치심을 받았습니다. 구속의 날 인치심이 명확하게 확인될 것이지만, 택자들은 그날 전에 확증하고 있습니다.

그리스도인은 하나님 앞에 있는 은밀한 죄악이 있는 것이 얼마나 무서운 상태인지를 알고 있습니다. 사람을 속이듯 하나님을 속일 수 없습니다. 사람을 속이는 사기꾼의 무서운 벌은 하나님을 속일 수 있다고 생각하는 것입니다. 사기꾼이 자기 자신과 만민을 속일 수 있습니다. 그러나 하나님을 속일 수 없습니다.

구원의 신비를 피조물은 알 수 없습니다. 존 뉴턴(John Newton, 1725-1807, 성공회 사제)의 고백처럼 천국에 있을 것 같은 사람이 없고, 없을 것 같은 사람이 있을 확률이 상당이 높습니다. 그리스도인의 범죄에서 놀라지 않아야 할 이유가 있는데, 그 죄악을 해결하시고 오래 참으시는 주 하나님을 바라보기 때문입니다. 구속의 날까지 믿음의 정진을 하며, 구속의 날 자기에게 주어진 인을 확인할 수 있을 것입니다.

아버지는 자기 자녀를 결코, 포기하지 않습니다. 자녀들은 언제나 아버지를 친숙하게 부르며 함께합니다. 아버지와 자녀의 관계가 악화하였기 때문에 부자 관계가 끊어지는 것이 아닙니다. 부자 관계는 끊어지지 않으며, 부자 관계가 아니면 혹 친하게 보일 수 있지만 부자 관계가 아닙니다.

5) 영원한 사랑의 아버지

칼빈은 『기독교 강요』에서 성부의 자비(사랑)를 반복, 강조하였습니다. WCF에서 양자 된 자녀에게 향한 아버지의 무한하신 사랑을 고백합니다. 하나님께서 결코, 쫓아내시지 않기 때문에(절대의지), 한 번 받은 구원은 구원의 탈락 가능성이 없는 성취된 구원입니다. 하나님께서 자기 자녀를 포기하지 않고 버리지 않겠다고 하시는데, 사람이 스스로 구원에서 탈락 될 수 있는 주장을 어떻게 이해해야 할지 난감합니다.

최소한 WCF를 표준문서로 신봉하는 장로교 그리스도인은 그런 주장을 할 수 없습니다. 장로교 사역자(목사, 장로, 집사)는 임직식에서 반드시 WCF 문서 신봉을 하나님과 동역자 그리고 교우들 앞에서 서약합니다. 종교개혁 후 교회의 일꾼은 표준문서를 진리체계로 바르게 세워 정진합니다. 우리의 표준문서는 정통 교리(삼위일체와 그리스도 양성교리)와 전혀 다르지 않음을 인지하고 있습니다.

칭의 된 백성은 양자로서 약속된 후사(inherit)이기 때문에 영원한 구원의 유업(heirs)을 받습니다. 자녀의 특징은 유업을 받는 것입니다. 본래 유업은 죽어야 받는 것인데 영원하신 하나님이시기 때문에 유업을 받을 수 없지만, 자녀가 죽고 부활함으로 유업을 받게 됩니다.

제13장

성화에 대하여
(CHAPTER XIII. Of Sanctification)

1. 효과적인 부르심을 받고 중생된 사람들은, 자기 안에 창조된 새 심장과 새 영을 가지고 있고, 자기 안에 내주하시는 그리스도의 말씀과 성령에 의해서[1](요 17:17; 엡 5:26; 살후 2:13), 그리스도의 죽으심과 부활의 덕을 통해서(고전 6:11; 행 20:32; 빌 3:10; 롬 6:5-6), 실제적이고 인격적으로 더 성화된다. 몸 전체에 있던 죄의 지배는 파괴되었고(롬 6:6, 14), 그로 나타나던 여러 탐욕은 점점 약해지고 죽임을 당한다(갈 5:24; 롬 8:13). 그리고 그들은 모든 구원하는 은혜에서 더욱 생기를 얻고 강해진다(골 1:11; 엡 3:16-19). 그들은 참된 거룩함을 실천하는데, 참된 거룩 없이는 어느 누구도 주(主)를 볼 수 없다(고후 7:1; 히 12:14).

I. They who are effectually called and regenerated, having a new heart and a new spirit created in them, are further sanctified, really and personally, through the virtue of Christ's death and resurrection[2], by His Word and

---

1 "by His Word and Spirit dwelling in them" 번역은 in them(성도들 안에)의 범위가 구분해야 하는데, 다수 번역자sms "그리스도의 말씀과 그들 안에 내주하시는 성령"으로 번역하고 있다. 우리는 "그들 안에 내주는 그리스도의 말씀과 성령"으로 이해했다. 우리는 "그리스도의 말씀"을 복음 사역자가 선포한 복음으로 이해하였기 때문이다. "말씀을 통해서"(per Verbum)와 "말씀과 함께"(cum Verbo)는 쉽게 정리되는 개념이 아니라고 생각되는데, 우리는 선포된 복음(그리스도의 말씀)과 성령으로 이해할 수 있다고 생각한다. 선포된 복음은 해석된 성경을 근거해서 선포하는 말씀이다.

2 그리스도의 죽음과 부활의 덕(virtue)은 복음의 요체(sum of the gospel)이다. 복음은 성

Spirit dwelling in them: the dominion of the whole body of sin is destroyed, and the several lusts thereof are more and more weakened and mortified; and they more and more quickened and strengthened in all saving graces, to the practice of true holiness, without which no man shall see the Lord.

2. 이 성화는 전인의 모든 영역에서 있는데(살전 5:23), 그 일생에서 완전하지 않다. 즉, [신자의 일생에서] 모든 부분에 어떤 부패가 남아 있다(요일 1:10; 롬 7:18, 23; 빌 3:12). 육의 정욕은 성령을 거슬리고, 성령[의 소욕]은 육을 거슬리기 때문에, 계속적이고 화해할 수 없는 싸움이 항존한다(갈 5:17; 벧전 2:11, 롬 7-8).

II. This sanctification is throughout, in the whole man; yet imperfect in this life, there abiding still some remnants of corruption in every part: whence ariseth a continual and irreconcilable war; the flesh lusting against the Spirit, and the Spirit against the flesh.

3. 이 싸움은 비록 부패가 남아 있고, 일정 기간 [악이 더] 강하게 활동할 수도 있지만(롬7:23), 그리스도의 성령께서³ 거룩케 하심과 계속으로 주시는 능력으로 중생된 부분이 극복한다(롬 6:14; 요일 5:4; 엡 4:15-16). 그리고 성도는 은혜 안에서 자라며(벧후 3:18; 고후 3:18), 하나님을 경외함

육신(초림)에서 부활, 승천, 천상통치와 재림 즉, 영원한 통치이다. 칼 바르트는 복음의 요체를 선택론이라고 제언하였다(Die Erwählungslehre ist die Summe des Evangeliums). 신자가 실재적으로 복음의 사람이 되는 것은 천상의 주께서 부르심(소명)에 의해서 시작된다(구원의 서정). 복음을 스스로 인식해서(깨달음) 신자가 되는 것이 아니라, 천상의 주님의 부르심을 들을 수 있는 귀가 있음으로 시작된다.

3 from the sanctifying Spirit of Christ는 문자적으로 "성령으로부터"라고 번역되어야 한다. 그런데 우리는 주격으로 번역하였다. 성령으로부터 계속해서 능력을 공급받음으로 이김 방식은 "복음을 들음으로"로 이해할 수 있다. 그 사역을 성령께서 하신다. 사도 요한은 성령께서 교회들에게 하시는 말씀을 들으라고 권면하였다(계 2-3장). 그것은 교회의 사자가 전하는 복음이다. 구원받은 성도는 성령께서 내주하심으로 권능을 받아 이김으로 예수의 증인된 삶을 살아야 한다(행 1:8).

에서 완전한 거룩함을 완수해 간다(고후 7:1).

III. In which war, although the remaining corruption, for a time, may much prevail; yet through the continual supply of strength from the sanctifying Spirit of Christ, the regenerate part doth overcome; and so, the saints grow in grace, perfecting holiness in the fear of God.

1. 성화(聖化, sanctification): 쉼 없는 믿음의 정진

하나님의 '양자'(Adoption)인 그리스도인은 그리스도 안에서 끊임없는 믿음의 정진을 해야 합니다. 조건 없이 거저 받은 은혜(free grace)이기 때문에 역설적이지만 생명과 정성을 다해 즐겁게 주의 법을 준수합니다(참고. 롬 6장). 이런 예에 대한 속담으로, "오냐오냐하면 할아버지 수염을 뽑는다"가 있습니다. "은혜 베푼 자의 호의를 악용하면 안 된다"라는 것입니다.

그런데 우리 삶에서 그런 예는 종종 등장합니다. 부모님이 생선 머리만 드시기 때문에, 자녀는 부모가 생선 머리만 좋아하는 것으로 생각하기도 합니다. 성화는 거룩의 정진인데, 받은 은혜에 대해서 역(逆)으로 행하지 않습니다. 성화의 과정에 있는 주의 자녀는 결코 역행하여 소진될 수 없습니다.

1) 효과적인 부르심

WCF 10장에서 효과적 부르심(effectual calling)에 대해서 고백하였습니다. WCF 11장은 칭의, WCF 12장에서는 양자에 대해서 고백하였습니다. WCF 13장에서 성화에서 양자된 그리스도인에 대한 정의로 효과적인 부르심을 받은 사람으로(once effectually called) 세웁니다. WCF의 구원의 서정(*ordo salutis*)은 소명-칭의-양자-성화 순서라고 간략하게 제시할 수 있습니다.[4]

양자, 중생된 사람 안에 새 마음(심장), 새 영이 창조되어 성화가 진행됩니다. 성화는 실제적이고 인격적으로 진행됩니다. 성화는 새 심장이 장착된 신자가 그리스도의 구속 사역(죽음과 부활), 그리고 그리스도의 말씀과 성령의 효과적인 사역으로 진행됩니다. 경건주의, 재세례파 계통은 스스로 성경을 읽어 진리의 도에 이르도록 훈련시키지만, 개혁파는 선포된 복음에 근거하여(하늘양식) 경건을 이루도록 훈련시킵니다.

권징(勸懲, discipline)은 징계가 아니라 훈련입니다. discipline을 '제자도'라고 번역하였지만, 실제 번역은 '권징'으로 하였습니다. '디싸이플'은 훈련 혹은 경건훈련으로 이해하는 것도 좋습니다.

또한, 성화의 진행은 우리를 주관하는 죄가 가득한 전체의 몸에서 죄의 세력이 제거되고(전적 부패), 육신의 정욕은 점차로 약해지며 죽는 것입니다(mortified). 그리고 우리는 구원의 은혜 안에서 더욱 빠르고 강하게 됩니다(*mortificatio et vivicatio*, WCF 3:6).

WCF 13:1에서는 "참된 거룩 없이는 어느 누구도 주(主)를 볼 수 없다"고 고백하였습니다. "행함 없는 믿음"(faith without works)에 대한 간략한 해석이라고 볼 수 있습니다. WCF에서는 "행함 없는 믿음"이 아니라 "참된 거룩이 없는"으로 고백하였습니다.

부르신 자에게는 마땅히 충성을 요구할 수 있습니다. 강제적이거나 비인격적인 것이 아닌, 자발적이고 헌신적인 충성으로 거룩의 정진을 이룹니다. 거룩의 증진을 위해서 반드시 복음이 필요하며, 참된 거룩이 없다면

---

4   박형룡 박사의 구원의 서정은 소명-중생-회심-신앙-칭의-수양-성화-견인-영화이다. 소중회신칭수성견영(召重回信稱修聖堅榮). 벌코프 박사는 소명-중생-회심-신앙-칭의-성화-견인으로 하였다.

신자로 보기 어렵습니다. 교회 지도자는 반드시 자기 믿음의 진보를 만인에게 증거하여야 합니다(딤전 4:15).

2) 성화의 정진

WCF 13:2에서 성화가 인간의 전체 생애에서 완성되지 못할 것으로 고백합니다. 완전하게 구원받은 성도이지만 모든 부분에서 어떤 부패의 여분이 있다는 것입니다. 그래서 항상 영적 전투를 해야 할 것을 고백합니다. 우리가 전투를 상상하면 웅장한 스케일의 전투 장면을 상상하기도 합니다.

그런데 영적 전투는 보이지 않는 전투이기 때문에, 오감으로 파악할 수 없는 방식입니다. 그래서 필자는 영적 전투는 "소리가 나지 않는다"라고 규정하였습니다. 육적 전투는 큰 모양과 큰 소리가 주효하지만, 영적 전투에는 모양도 소리도 없어야 합니다.

3) 완전을 위한 정진

WCF에서 완전성화에 이름에 대해서 부정적으로 확정하는 것처럼 보이지만 3절에서 "완전한 거룩"(perfecting holiness)을 고백합니다. 구약에서는 거룩, "내가 거룩하니 너희도 거룩"(레 11:45; 19:2)하라고 말씀하셨고, 신약에서는 "하늘에 계신 너희 아버지의 온전하심과 같이 너희도 온전하라"(마 5:48)고 하셨습니다. 완전성화가 불가능한 것이라면 하나님의 명령 자체에 문제가 있게 되며 또한, 거룩함을 완성하지 못한 것이 정당하게 됩니다.

필자는 신자가 완전을 이루지 못할 것으로 생각하지만, 목표는 완전에 있다고 제시합니다. 주님의 명령은 완전을 이루라고 하셨습니다. WCF는 "perfect"라고 하지 않고, "perfecting"이라고 하였습니다. perfecting은 "완전으로 가는"으로 이해할 수 있습니다. 웨슬리안이 주장하는 완전한 상태에 이르는 완전성화(entire sanctification), "완전한 거룩의 존재변화 성취"가 아닌, 하나님께서 부르심의 분깃을 성취하는 것(달란트 이룸)입니다.

주의 자녀는 하나님의 명령에 생명과 정성을 다하여 순종합니다. 완전을 이루지 못함은 하나님 앞에 불충한 모습입니다. 그래서 누구도 하나님 앞에 감히 의롭다거나 상대적 의로움도 주장할 수 없습니다.

4) 영적 전투

WCF 13:3에서는 남은 죄에 대한 끊임없는 전쟁을 선포합니다. 영적 전투는 끊임없이 공급되는 그리스도의 영으로 하며, 은혜 안에서 성장하게 됩니다. 필자는 영적 전투는 '소리가 없는 전투'라고 정리하였습니다. 악의 진영과 싸우는 영적 전투는 소리가 나지 않게 전투를 진행합니다. 영(靈)은 사람의 오감(五感)으로 느낄 수 있는 것이 아닙니다.

성도는 하나님을 경외하면서 완전한 거룩함을 이루게 됩니다. 하나님을 경외하며 완전한 거룩함을 위해 정진하는 것이 참된 거룩함입니다. 하나님의 거룩은 "완전한 선"이며, 신자에게 거룩은 선을 증진하며 악을 떠나는 것입니다. 선(善)은 생명과 열매가 충만한 것입니다.

그리스도를 믿음으로 정진하십시오. 그러면 은혜 안에서 성장할 것입니다.
오직 은혜.
(Keep going in Christ, must growing in grace. *Sola gratia*).

제14장

구원하는 믿음에 대하여
(CHAPTER XIV Of Saving Faith)

1. 믿음의 은혜는 택자들이 그들의 영혼을 구원하는 믿음을 취할 수 있게 한다(히 10:39). [믿음의 은혜]는 그들의 심장에 그리스도의 성령께서 사역하신다(고후 4:13; 엡 1:17-19; 2:8). 그리고 [그 사역은] 통상적으로 말씀 사역을 통해서 이루어진다(롬 10:14, 17). 또한, 성례와 기도를 통해서도 수행된다. [믿음의 은혜는 말씀과 성례와 기도]로 증진되고 강력해진다(벧전 2:2; 행 20:32; 롬 4:11; 눅 17:5; 롬 1:16-17).

I. The grace of faith, whereby the elect are enabled to believe to the saving of their souls, is the work of the Spirit of Christ in their hearts; and is ordinarily wrought by the ministry of the Word: by which also, and by the administration of the sacraments, and prayer, it is increased and strengthened.

2. 이 믿음으로 말미암아, 그리스도인은 말씀 안에 계시된 것은 무엇이든지 참된 것으로 믿는데, 그것은 [말씀] 안에서 말씀하시는 하나님 자신의 권위 때문이다(요 4:42; 살전 2:13; 요일 5:10; 행 24:14). 말씀은 [성경] 구절에 포함되는 본문을 따라 각각 다른 모양으로 활동하는데, [그 효과는] [하나님의] 계명에 순종하게 하고(롬 16:26), 엄한 경고를 주어 두려워 떨게 하며(사 66:2), 현세와 내세에서 하나님의 약속들을 붙잡을 수 있게 한다(히 11:13; 딤전 4:8). 그러나 구원하는 믿음의 원리적 행동은 은혜 언약의 덕에 의해 칭의, 성화, 영생이 오직 그리스도를 수납하고 영접하

고 의존하게 한다(요 1:12; 행 16:31; 갈 2:20; 행 15:11).

II. By this faith, a Christian believeth to be true whatsoever is revealed in the Word, for the authority of God Himself speaking therein; and acteth differently upon that which each particular passage thereof containeth; yielding obedience to the commands, trembling at the threatenings, and embracing the promises of God for this life, and that which is to come. But the principal acts of saving faith are accepting, receiving, and resting upon Christ alone for justification, sanctification, and eternal life, by virtue of the covenant of grace.

3. 이 믿음은 약함과 강함의 정도 차이가 있다(히 5:13-14; 롬 4:19-20; 마 6:30; 8:10). 다양한 방법으로 공격을 당하기도 하고, 약해지기도 한다. 그러나 반드시 승리한다(눅 22:31-32; 엡 6:16; 요일 5:4-5). 그리고 우리 믿음의 창시자이시고 완성자이신 그리스도로(히 12:2) 말미암아 전적으로 신뢰하고 여러 모양으로 성장한다(히 6:11-12; 10:22; 골 2:2).

III. This faith is different in degrees, weak or strong; may be often and many ways assailed, and weakened, but gets the victory; growing up in many to the attainment of a full assurance through Christ, who is both the author and finisher of our faith.

1. 구원하는 믿음, 믿음의 진보

그리스도의 구속 공로로 시작된 성화는 반드시 앞으로 정진해야 합니다. 14장에서는 믿음의 진보를 위한 방법들이 소개됩니다. Of Saving Faith는 번역이 어렵습니다. '구원에 이르는 신앙', '구원하는 신앙', '구원의 신앙' 등으로 번역되었습니다. 저는 "구원하는 믿음"으로 번역하였는데,

'구원이 진행(진보)되는 믿음'으로 이해해야 합니다.

1) 믿음의 진보

WCF 14:1에서 믿음의 은혜로 선택된 그리스도인은 그의 영혼 구원에서 믿음이 가능하게 됩니다.

믿음의 은혜는 그들의 심장에 그리스도의 성령 역사와 말씀의 사역(the Spirit and the Word)에 의한 증거된 일반적인 방법으로 이루어집니다. 그리고 성례의 집행과 기도입니다. WCF에 은혜의 방편에 대해서는 말씀(성령), 성례 그리고 기도로 고백합니다.[1]

믿음은 말씀(성령), 성례 그리고 기도로 성장하며 강성해집니다. 믿음의 진보는 구원받은 성도에게는 당연합니다. 사도행전에서는 성령의 권능으로 말씀의 전파(예수의 증인)와 성례 집행(떡을 뗌) 그리고 끊임없는 기도로 교회가 설립되며 성장하는 모습을 보여 주었습니다.

---

[1] 은혜의 방편이 말씀과 성례인지, 말씀, 성례, 기도인지, 말씀, 성례, 권징 등으로 좀 다른 의견이 있다. 그러나 말씀과 성례는 공통이고, 필자는 두 요소로 은혜의 방편이 합당하다고 생각한다. 기도와 권징은 복음선포에 포함되어 있기 때문이고, 복음선포에는 교육까지 포함되어 있다. 복음선포는 목사의 고유 직무로 복음선포, 성경공부, 그리고 장로와 협치하여 성도를 권징하는 것까지 포함되어 있다. 그리스도인의 시작과 마지막이 기도로 이루어진다. 16세기에 식사 기도도 식전 기도와 식후 기도를 하였다. 지금도 천주교 예식에는 식후 기도문이 있다. <식전 전 기도> "주님 은혜로이 내려주신 이음식과 저희에게 강복하소서, 우리 주 그리스도를 통하여 비나이다 아멘". <식사 후 기도> "전능하신 하느님, 저희에게 베풀어 주신 모든 은혜에 감사하나이다. 아멘. 주님의 이름은 찬미를 받으소서. 이제와 영원히 받으소서. 세상을 떠난 모든 이가 하느님의 자비로 평화의 안식을 얻게 하소서. 아멘." 기도는 그리스도인의 행동의 시작과 마지막에 있어야 할 사안이다. 기도는 그리스도인의 전 생활에 함께한다. 이슬람교는 하루에 다섯 번 시간에 맞추어 기도하지만, 기독교의 기도 방법은 모든 일의 시작과 과정과 끝을 기도하며 진행하는 것이다.

사도는 말씀과 기도에 전무하기 위해서 구제하는 일을 위해 집사 직분을 분리하였습니다(행 6장). 교회와 그리스도인의 성장 원리와 내용은 동일합니다. 오직 선포되는 복음(말씀과 성례)으로 그리스도인은 성장하고, 교회는 설립되고 성장합니다. 개혁파는 풍성하고 명료한 복음선포를 위해서 직분을 재정립하여 치리 장로 제도를 신설하였습니다. 치리 장로는 풍성한 복음선포를 위해 목사를 도우며, 명료한 복음선포를 위해서 심방과 보고로 목사와 동역하여 그리스도인의 심령과 생활에 구체적으로 적용될 수 있는 내용과 수준을 결정하도록 합니다.

2) 은혜의 선물인 믿음

WCF 14:2에서는 은혜의 믿음으로 그리스도인은 계시된 말씀에 근거한 복음선포를 하나님의 권위에 의해서 들려지는 말씀으로 참으로 믿습니다. 선포된 복음을 육으로는 하나님의 말씀 수준의 진리로 수납할 수 없고, 오직 믿음으로만 수납할 수 있습니다.

하나님의 말씀은 현세와 내세에 주어진 권위 있는 말씀으로 비록 그리스도인에게 다르게 느껴질지라도 기꺼이 순종하고, 두렵고 떨림 중에서 말씀을 준수합니다. 하나님의 말씀을 그리스도인이 기쁘게 수납하지 않음을 잘 인지해야 합니다. 그리스도인도 육을 가지고 있기 때문에 복음을 들으면 처음에는 거부하지만 믿음 고백과 자기 부정을 통해서 복음을 참으로 영접합니다.

그러나 믿음이 없으면 하나님의 말씀은 역겨워 거부합니다. 위선자인 가짜 그리스도인들은 하나님의 이름을 빙자해서 참된 복음선포를 거부하며 훼방합니다. 16세기 칼빈 시대나 17세기 WCF 시절에도 그러하였고, 21세기 한국 교회나 세계 교회에 공통적인 현상입니다. 그리스도인은 복음선포를 쉬지 않아야 하고, 선포된 복음을 참된 하나님의 말씀으로 영접하며, 전하는 자를 존경해야 합니다(딤전 5:17).

3) 구원받은 신자의 행동 원리

그리스도의 구속 은혜로 구원받은 그리스도인은 오직 예수 그리스도를 말씀으로 양육되며 그를 의뢰하고 전파합니다. 구원은 칭의와 성화 그리고 이 땅의 삶을 끝낸 뒤에 있는 영생까지입니다. 구원에서 예수 그리스도는 알파와 오메가(Α와Ω) 이십니다(계 1:8; 21:6; 22:13; 시 90:2).

WCF에 은혜 언약을 말씀하여 구속의 알파와 오메가를 선언하지만, 창조 세계에 해당되는 언약은 아닙니다. 은혜 언약은 창세기 3:15에서 시작하였지만, 구체적인 시작은 아브라함, 이삭, 야곱에서 시작합니다. 구원하는 믿음은 거룩과 영적 사안에 대한 정진입니다. 그래서 창조 세계에 대한 부분은 생략되어 있습니다. 이것은 아브라함 카이퍼(Abraham Kuyper, 1837-1920) 때에 많이 개진된 문화칼빈주의(신칼빈주의, Neo-Calvinism)라고 합니다.[2]

창조 세계까지 포함되는 언약 개념은 서철원 박사가 제시한 첫 언약 개념에서 잘 나타납니다. 행위 언약에는 영생이 개념은 강하지만 단순 요약으로 볼 수 있고 창조 세계에 대한 개념이 약합니다. 서 박사는 새 언약이 첫 언약을 회복하는 개념이 있기 때문에, 구원의 성취가 창조의 회복과 충만이라는 개념으로 잘 연결됩니다.

---

[2] 아브라함 카이퍼(Abraham Kuyper, 1837-1920)와 헤르만 바빙크(Herman Bavinck, 1854-1921)는 네덜란드개혁교회의 대표적 신학자이고, 소위 신칼빈주의(Neo-calvinism)의 주요 대변자들이었다. 1924년 아브라함 카이퍼의 신칼빈주의를 따른 CRC(Christian Reformed Church)를 거부한 엥겔스마(David. J. Engelsma) 교수를 중심으로 PRC(Protestant Reformed Church)를 태동시키며 분리하였다.

4) 신자의 믿음에 수준이 있음

WCF 14:3에서는 믿음의 수준(degree)에 대해서 고백합니다. 동일한 믿음이지만 약함에서 강함까지의 수준이 있다는 것입니다. 모든 그리스도인은 동일한 믿음이지만, 동등한 믿음은 아닙니다. 그리스도인에게 부여된 은사를 따라서 각각의 분수가 있습니다. 자기에게 부여된 은사의 분량을 채우는 것이 합당합니다.

동일한 믿음인 것은 믿음의 창시자이며 종결자(author and finisher, A to Z)가 예수 그리스도로 동일하게 때문입니다. 그러나 신자마다 영적 성장의 정도가 다르기 때문에 수준을 구분할 수 있습니다.

주의 백성은 주 안에서 주의 은혜(말씀과 성례)로 성화를 수행합니다. 우리가 볼 때 큰 믿음처럼 보이지만, 하나님께서 주신 분량이 많다면 큰 믿음이 아닐 수 있습니다. 하나님께서 100을 주셨는데 60을 수행하고 있다면 60퍼센트 수행한 것이고, 하나님께서 50을 주셨는데 40을 수행하고 있다면 80퍼센트 수행하는 것입니다. 사람이 볼 때에 60이 크겠지만 실제로는 50에 40이 큰 것입니다. 주 예수께서는 섬기는 자가 크다고 말씀하셨습니다(마 18:4; 막 9:35; 눅 9:48).

좀 더 다른 상상은 10을 받은 사람은 20을 남기려 하지 않아야 하는 것입니다. 말처럼 쉬운 것은 없겠지만, 과도한 것도 잘못이며, 부족한 것도 잘못입니다. 사람은 모두 부족하고 연약하기 때문에, 과도한 것이나 과민한 것에 주의해야 합니다. 과대망상도 문제이며, 피해망상도 좋지 않습니다. 교회 교사는 주께서 위탁한 양무리에서 합당하게 존경을 받으며 훈련하여 규모 있는 삶이 될 수 있도록 교양합니다.

제15장

생명으로 가는 회개에 대하여
(CHAPTER XV. Of Repentance Unto Life)

1. 생명에 이르는 회개는 복음적인 은혜이기 때문에(슥 12:10; 행 11:18), [회개에 관한] 교리는 그리스도를 믿는 가르침과 함께 모든 복음 사역자에 의해서 선포되어야 한다(눅 24:47; 막 1:15; 행 20:21).

I. Repentance unto life is an evangelical grace, the doctrine whereof is to be preached by every minister of the Gospel, as well as that of faith in Christ.

2. 죄인은 자기 죄들로 인한 위험뿐만 아니라 하나님의 의로우신 율법과 거룩한 본성에 반대되는 불결함과 가증함에 관한 판단과 감각을 잃었다. [회개하는 성도는] 그리스도 안에 있는 하나님의 자비를 파악하고 자기 안에 있는 죄를 싫어하고 슬퍼하며 미워한다. 그리고 하나님께로 돌아선다(겔 18:30-31; 36:31; 사 30:22; 시 51:4; 렘 31:18-19; 욜 2:12-13; 암 5:15; 시 119:128; 고후 7:11). 그래서 하나님 계명의 모든 방법 안에서 하나님과 함께 걷는 것을 목표하고 전력한다(시 119:6, 59, 106; 눅 1:6; 왕하 23:25).

II. By it, a sinner, out of the sight and sense not only of the danger, but also of the filthiness and odiousness of his sins, as contrary to the holy nature and righteous law of God; and upon the apprehension of His mercy in Christ to such as are penitent, so grieves for, and hates his sins, as to turn from them all unto God, purposing and endeavoring to walk with Him in all the ways of His commandments.

3. 회개는 [회개하는 사람의] 죄에 대해서 어떤 충족이나 어떤 용서의 원인이 될 수 없지만(겔 36:31-32; 16:61-63), 그리스도 안에서 주어지는 하나님의 값없는 은혜 행동에 의한 것이다(호 14:2,4; 롬 3:24; 엡 1:7). 그렇기에 [회개를 촉구하는 복음은] 죄인에게 반드시 필요하고, 누구든지 회개 없이는 용서함이 없다(눅 13:3,5; 행 17:30-31).

III. Although repentance be not to be rested in, as any satisfaction for sin or any cause of the pardon thereof, which is the act of God's free grace in Christ; yet is it of such necessity to all sinners, that none may expect pardon without it.

4. 아무리 작은 죄라도 저주에 해당하지 않을 죄가 없는 것처럼, 아무리 큰 죄 할지라도 참으로 회개하는 사람에게 저주를 가져오는 죄도 없다.

IV. As there is no sin so small, but it deserves damnation, so there is no sin so great, that it can bring damnation upon those who truly repent.

5. 그리스도인이 일상적으로 하는 회개에서 스스로 만족하는 것은 바람직하지 않으며, 그리스도인의 의무는 자기의 개별적인 죄들은 개별적으로 회개하도록 힘써야 한다(시 19:13; 눅 19:8; 딤전 1:13,15).

V. Men[1] ought not to content themselves with a general repentance, but it is every man's duty to endeavour to repent of his particular sins, particularly

---

1 Men을 '사람들'이 아닌 "그리스도인"으로 번역하였다. 참된 회개는 그리스도인에게 제한되기 때문이다. 그리스도의 이름으로 행하지 않는 회개에 효력은 없다.

6. 모든 사람은 하나님께 자기의 죄를 개인적으로 고백해야 할 의무가 있다(시 51:4-5 , 7, 9, 14; 32:5-6). 용서를 위한 기도는 자기 죄의 사함과 자비를 구하는 것이다(잠 28:13; 요일 1:9). 그리고 형제나 그리스도의 교회를 향해서 추문을 일으킨 것은 개인적 혹은 공개적으로 고백해야 한다. 그리고 죄에 대해서 슬퍼함과 피해를 받은 대상에게 자기 회개를 선포해야 한다(약 5:16; 눅 17:3-4; 수 7:19; 시 51). 그리고 상처를 입은 당사자는 화해를 선언하고 회개한 사람을 사랑으로 받아야 한다(고후 2:8).

VI. As every man is bound to make private confession of his sins to God, praying for the pardon thereof; upon which, and the forsaking of them, he shall find mercy; so, he that scandalizeth his brother, or the Church of Christ, ought to be willing, by a private or public confession, and sorrow for his sin to declare his repentance to those that are offended, who are thereupon to be reconciled to him, and in love to receive him.

1. 생명으로 가는 회개

제15장의 "생명으로 가는 회개"(Of Repentance unto Life)는 불(不)그리스도인[2]에서 그리스도인이 되는 회개와 구별하여야 합니다. 구원의 서정에 의해서 10장에서 유효한 부르심(소명), 11장 칭의, 12장 양자, 13장 성화, 14장 구원에 이르는 믿음에서 회개가 등장하였습니다.

---

2   불(不)과 비(非), non-Christian은 "그리스도인이 아니다"인데, 불그리스도인은 그리스도인이 되는 것을 거부하였다는 의미이다. 모든 사람은 창조주 하나님을 찬양하는 그리스도인이 되어야 하는데, 창조주 하나님을 거부하는 불그리스도인이라는 의미이다. 우리는 통상 "불신자(不信者)"라고 표현한다. "불그리스도인"이라는 것은 그리스도인 되기를 적극적으로 거부하는 의미이다.

15장에서 회개는 그리스도인이 행하는 회개로 이해해야 합니다. 불그리스도인이 스스로 죄를 뉘우치는 것은 WCF에 고백하는 회개가 아닙니다.[3]

개혁파 신학에서는 구원 후에 계속해서 회개하는 신앙을 요구합니다. 15장에서 고백하는 회개는 그리스도인이 성화에서 자기 남은 죄를 고백하고, 죄를 제거하는 성화 과정으로 이해할 수 있습니다. 나용화는 WCF 해설에서 WCF의 순서에 의미를 두지 않았습니다.[4] 그러나 WCF에 고백하는 순서는 긴밀한 체계를 세웠다고 보아야 합니다. 16장 선행에 관하여까지 그리고 17장과 18장은 구원의 확신에 대해서, 19장은 법에 대해서, 20장에서는 양심의 자유에 대해서 고백합니다.

1) 복음 사역자가 행하는 복음선포의 필요성

WCF 15:1에서 생명에 이르는 회개는 "복음적 은혜"(evangelical grace)로 고백합니다. 은혜의 시여(施與, Offering Grace)는 그리스도인 중에서 복음 사역자의 선포로만 이루어집니다. WCF에서 복음 사역자가 회개 교리를 선포해야 할 절대적 필요성을 피력합니다. WCF는 복음을 선포의 당위성은 인정하면서, 복음 안에 회개를 촉구하는 설교까지 진행하도록 규범화하였습니다.

장로교 목사가 회개 설교를 하지 않는다면 장로교 표준문서인 WCF의 지침을 위반하는 것입니다. 장로교 교인은 목사가 회개에 대해 설교를 하

---

[3] 회개(悔改, repent)와 회심(回心, conversion)을 구분하는 경우가 있다. 회심은 불신자가 신자가 되는 경우이고, 회개는 신자가 죄를 회개하는 경우이다. 개종(改宗)은 종교를 바꾸는 행위로 회심에 해당된다. 서철원 박사는 회개, 개종, 회심을 구분하지 않고 '회개'로 통일해서 사용할 것을 제언하였다. 서철원,『구원론』(서울: 쿰란, 2018), 71. 메이천은 다메섹 도상 체험을 "바울의 회심"(conversion of Paul)이라고 하였다.

[4] 나용화,『웨스트민스터 신앙고백서』(서울: CLC, 2017), 105-106.

지 않을 때 표준문서(standard text)에 근거해서 요구할 수 있으며 목사는 반드시 수행해야 합니다. 그런 구도가 장로교 헌법 1조에 해당하는 "양심의 자유"[5]입니다.

장로교 목사가 회개에 대해서 설교하지 않으면 장로교 신자의 양심에 위해(危害)를 주는 행동이 됩니다.

2) 복음을 들은 성도는 회개해야 함

WCF 15:2에 따르면 복음 사역자가 회개를 촉구하는 설교를 듣고 수납한 죄인은 자신이 자기의 죄에 대해서 위험하고, 더럽고, 혐오스러운 감정을 느껴야 한다고 말합니다. 또한, 자신이 거룩한 본성에 반대되며 하나님의 의로운 율법에 반대되어 그리스도 안에서 있는 하나님의 자비를 파악(apprehension)해야 합니다. 그래서 죄에 대해서 슬퍼하며 싫어하여 죄의 길에서 돌이켜 하나님께로 나아가야 합니다.

그래서 모든 하나님의 계명을 준수하기 위해서 목적과 노력을 해야 합니다. 죄를 싫어하는 것이 구원의 서정에 없는 것을 잘 이해해야 합니다. 루터파의 구원 서정에는 율법이 있어 죄를 슬퍼하는 것이 구원 전 단계에 있습니다. 그런데 칼빈파는 사람이 죄를 슬퍼하고 싫어하는 것은 구원 후

---

[5] (합동교단 헌법) 제1조 양심 자유 : 양심의 주재는 하나님뿐이시라, 그가 양심의 자유를 주사 신앙과 예배에 대하여 성경에 위반되거나 과분(過分)한 교훈과 명령을 받지 않게 하셨나니 그러므로 일반 인류(人類)는 종교에 관계되는 모든 사건에 대하여 속박을 받지 않고, 각기 양심대로 판단할 권리가 있은즉 누구든지 이 권리를 침해(侵害)하지 못한다.
통합교단 헌법) 제1조 양심의 자유 : 양심을 주재하는 이는 하나님뿐이시다. 그가 각인에게 양심의 자유를 주어 신앙과 예배에 대하여 성경에 위반하거나 지나친 교훈이나 명령을 받지 않게 하였다. 그러므로 누구든지 신앙에 대하여 속박을 받지 않고 그 양심대로 할 권리가 있으니 아무도 남의 양심의 자유를 침해하지 못한다.

에도 은혜 안에 있습니다. 죄를 슬퍼하고 싫어하는 것은 구원받은 그리스도인이 할 수 있는 은혜의 결과입니다.

3) 회개로 보속(補贖, satisfaction)은 불가함

WCF 15:3에서는 구교(로마교회)가 시행하는 회개(悔改, repentance) 도식을 거부합니다. 회개는 보속(충족, 만족)의 수단이 아닙니다. 천주교(로마교회)는 참회(懺悔, penance)를 주장하기도 합니다. 고해성사와 연결하여, 죄를 인식하고 슬퍼하고 죄 사함을 원함과 죄에 대한 의지적 요소를 포함한 개념입니다.

개혁파의 죄 사함은 오직 그리스도의 값없는 은혜를 고백합니다. 그리스도의 피의 속죄 제사를 의지하고 고백하는 것 외에 다른 행위로는 죄 사함을 기대할 수 없습니다. 또한, 회개하는 행위 자체가 죄를 보속하는 근거가 되지도 않습니다. 그리스도인은 오직 은혜에 있는 하나님의 자비를 구해야 합니다.

4) 겸손하고 완전한 죄 사함

WCF 15:4에서는 겸손하고 완전한 죄 사함을 고백합니다. 아무리 작은 죄라도 무시될 수 없으며, 아무리 큰 죄라도 사함을 받지 못할 죄가 없습니다. 그래서 그리스도인은 티끌만 한 죄에도 민감하고 심각하게 생각해야 합니다. 그러나 태산만 한 죄도 십자가의 구속 은혜로 사하시는 하나님의 자비와 능력을 의심해서는 안 됩니다.

그래서 그리스도인에게는 겸손과 믿음이 동반합니다. 용서받지 못할 죄가 있다는데, 그 죄는 "성령 훼방죄"라고 합니다. 죄를 용서받지 못하는 것이 아니라 회개를 거부하는 죄이고 회개를 훼방하는 죄입니다.

그리스도의 구속을 믿는 사람은 절대로 성령 훼방, 회개를 거부할 수 없습니다. 성령 훼방죄는 거짓 그리스도인이 그리스도의 이름으로 회개를 거부하고 회개를 훼방하는 것입니다. 자기만 회개하지 않을 뿐만 아니라 타인도 회개하지 못하게 하는 것입니다.

또한, 과도하게 죄의식에 머물러 있는 것도 바람직하지 않습니다. 회개함으로 죄가 완전하게 제거되는 것이 아니기 때문에 완전한 양심의 자유를 갖지 못합니다. 그래서 과도한 죄의식에 있거나 경솔한 죄의식에 있는 것은 부당합니다. 그리스도인이 겸손할 수밖에 없는 이유입니다.

5) 구체적이고 끊임없는 회개

WCF 15:5에서는 회개를 애매하게 하는 것을 거부하고 구체적으로 하는 것을 요구합니다. "모르고 지은 죄"를 용서해 달라고 구하는 것은 부당하며, "미래에 지을 죄"를 회개하는 것도 부당합니다. 죄행에 대해서 구체적으로 고백하여야 하기 때문입니다(참고. 레 5장).

그리스도인은 자기 행동에 대해서 깊은 성찰이 진행하여 깊고 구체적인 회개를 진행해야 합니다. 두루뭉술한 회개도 바람직하지 않습니다. 회개는 개별적인 사안대로 고백하고 용서를 구해야 합니다. 거룩에 대해서 민감한 만큼 죄에 대해서도 민감해야 합니다.

6) 개인적 회개와 공개적 회개

WCF 15:6에서 개인적 죄의 고백과 공개적 죄의 고백을 고백합니다. 우리는 앞에서 개인적인 죄의 고백은 구체적으로 행할 것을 보았습니다. 개인적인 죄는 하나님과 사람들에게 비밀스럽게 행한 악입니다.

그것도 명확한 자기 인식에서 진행하는 것입니다. 그 용서에서 하나님의 자비로 죄 사함에 대한 확신을 갖고 고백합니다. 개인적인 죄는 비공개로 은밀하게 처리하는 것이 합당합니다.

그러나 교회나 사회에서 공개적으로 추문을 일으켰을 때는 공개적인 죄 사함의 고백을 수행하여야 합니다. 그리고 교회나 사회 앞에 공적인 죄고백과 죄에 대한 비통함을 유지하는 기간을 보여주어야 합니다. 죄 사함의 주체는 하나님이십니다. 그러나 관계에서 이루어진 죄행은 관계자의 죄 사함도 동반할 것을 인정하는 것입니다. 일정한 기간 비통함의 시간을 가져야 합니다.

주기도문에서 죄지은 이웃의 죄 사함을 기도합니다. 그리스도인은 빠르게 자기에게 죄를 지은 사람을 용서합니다. 그러나 관계에서 죄 사함은 죄지은 자의 죄의 고백이 있을 때 공적으로 사함이 이루어지는 것입니다.

비록 피해자가 죄를 용서하였다 할지라도 공개적인 죄를 고백하지 않았을 때는 죄책이 유지됩니다. 스스로 죄를 용서하는 행위는 부당합니다(참고. 영화 〈밀양〉). 죄를 씻어 내는 것은 그리스도의 보혈로 이루어지는 비통과 충격입니다.

죄를 쌍방 관계에서 가해자가 임의적으로 해소하는 것은 그리스도의 십자가에 대한 부당한 행동입니다. 아무리 사람에게 죄를 지었다고 할지라도 하나님께 회개해야 하며, 당연히 죄를 범한 대상에게도 회개해야 합니다.

또한, 하나님과 화해가 이루어졌다면 이웃과도 화해가 이루어져야 합니다. 죄에 대한 피해자가 용서할 때까지 기다림을 갖고 회개하며 용서를 구해야 합니다. 공적인 죄 고백이 인정되면 교회는 기꺼이 받아 용서받은 형제로서 동일한 형제 사랑을 계속해야 합니다. 연좌제가 부당하듯이, 회개한 죄를 의심하거나 반복시키는 것도 부당합니다.

한국 교회는 공적 회개가 부족합니다. 신사참배[6] 악행을 회개했다고 하는데, 일본 교회는 침략에 대해서 지금까지 회개하고 있습니다. 한국 교회와 사회가 용서했다고 하는데도, 동일한 상황에서 다시 죄를 반복하지 않기 위해서 회개를 계속하고 있다고 합니다.

신사참배는 신사에서 참배하는 것뿐만 아니라, 교회 예배당 안에 신도 신단인 가미다나(神棚)를 설치하고 신도의식을 수행한 것이며, 신도침례로 신사(神社)에 복속되는 행위를 한 것입니다. 신도는 일본 제국주의 국교로, 태양 여신인 아미데라스 오미가미(天照大神)와 일천황(日天皇)을 현인신인으로 섬기는 종교였습니다.

일본 제국주의의 개신교 통폐합 정책에 따라서 장로교와 감리교가 사라지기도 하였습니다.[7] 모든 종교를 신도 아래에 편재시켰습니다. 그 신도에 가입하고 신도의식을 행한 것에 대해서 구체적이고 명시적이고 반복적으로 회개함으로 유사한 행동이 발생하지 않아야 합니다.

한 번 회개로 끝난다는 생각은 WCF의 고백과 같지 않습니다. 가볍게 회개하여 동일하거나 유사한 죄를 반복하는 것은 회개를 욕되게 하는 성령 훼방죄가 됩니다. 그래서 의인을 박해하고 죽이는 이스라엘의 범죄, 로마 가톨릭의 범죄를 반복하게 됩니다.

---

[6] 신사참배는 일제강점기 역사와 동일하다. 일제강점기가 시작되면서부터 신사참배를 정착시키기 위해서 단계를 밟고 있었다. 1910년 일제가 강제병탄을 한 뒤 조선총독부를 설립하고, 1912년부터 조선 신사 설립 예산을 편성하였다. 1912년 내각고시 12호로 조선 신사 창립을 확정 공포하고, 1919년 7월 18일에 남산에 부지 선정하고 집행하여, 1920년 5월 27일에 기공식을 거행하였다. 1920년 남산신사에 아미데라스 오미가미와 메이지를 예치하였고, 1925년에 내각고시 6호에 의해서 조선신궁(朝鮮神宮)으로 격상시켰다. 그리고 신사참배를 강요하기 시작하였고, 1930년부터는 압력이 본격적으로 진행되었다. 1938년 27회 총회에서 신사참배를 국가의식으로 결의하였다.

[7] 1943년 5월에 장로교는 '일본기독교조선장로교단'으로, 8월에는 감리교가 '일본기독교조선감리교단'으로 각각 개칭되었고, 1945년 7월 19일에 '일본기독교조선교단'(日本基督教朝鮮教團)으로 통합되었다.

회개는 대상자가 인준할 때까지 그리고 반복해서 죄를 짓지 않을 때까지 수행해야 합니다. 또한, 그 죄가 기억나지 않으며 반복되지 않도록 수행해야 합니다. 동일한 상황에서 그 행동을 하지 않음이 증명될 때까지 회개를 반복해야 합니다. 그만큼 집단이 합의하여 행한 죄는 무섭습니다.

어거스틴은 어릴 적에 어머니의 젖을 깨물었을 것까지 생각나서 회개하였다고 합니다. 그리고 죄가 생각나면 믿음의 고백과 함께 끊임없이 회개하여야 합니다. 믿음의 선배들은 주님께서 용서하신 사죄의 확신과 함께 우리에게 기억되는 신비를 고백하였습니다.

공적 회개는 언제나 공개적으로 죄를 회개하라는 것이 아닙니다. 공개적으로 드러난 죄에 대해서는 반드시 공적으로 회개하라는 것입니다. 은밀한 죄는 될 수 있는 대로 최소한 상태에서 종결해야 합니다. 그래서 당회(목사와 치리 장로)는 빠르고 신속하게 죄 문제를 종결시켜야 합니다.

공론화되지 않는 죄 문제를 공론화시키는 것은 오히려 문제를 심각하게 만들 수 있습니다. 공개된 죄 문제는 반드시 공적으로 회개해야 하고, 오랜 기간의 숙고 시간을 가져야 합니다.

참고로 개혁교회는 참회(懺悔, penitence)[8]라는 용어를 사용하지 않습니다. 참회는 불교 용어이며, 로마 가톨릭에서 고해성사와 보속 개념과 연관된 어휘입니다.

---

[8] "참회의 참(懺)은 범어의 크샤마(kṣam, 懺摩-참마)라는 음역을 약한 것으로 '용서를 빈다', '뉘우친다', '인'(忍)이라는 뜻을 가진 말이며, 회(悔)는 크샤마의 의역이다" (한국민족문화대백과사전).

제16장

선행에 대하여
(CHAPTER XVI Of Good Works)

1. 선행[착한 사역]은 오직 하나님께서 거룩한 말씀으로 명령한 내용을 행동하는 것이다(미6:8; 롬 12:2; 히 13:21). [선행은] 사람들에 의해 고안된 것이나, 맹목적인 열심 혹은 어떤 선한 의도를 과시하는 것이 아니다(마 15:9; 사 29:13; 벧전 1:18; 롬 10:2; 요 16:2; 삼상 15:21-23).

I. Good works are only such as God hath commanded in His holy Word, and not such as, without the warrant thereof, are devised by men, out of blind zeal, or upon any pretence of good intention.

2. 이 선행들, 하나님의 계명들에 순종하는 행동은 참되고 살아 있는 믿음의 열매들이고 증거들이다(약 2:18,22). 그리고 신자들은 자기 감사를 드러내고(시 116:12-13; 벧전 2:9), 확신을 굳게 하며(요일 2:3,5; 벧후 1:5-10), 형제의 덕을 세우고(고후 9:2; 마 5:16), 복음의 고백[1]을 빛나게 하며(딛 2:5,9-12; 딤전 6:1), 대적자의 입을 막고(벧전 2:15), 하나님을 영화롭게 한다(벧전 2:12; 빌 1:11; 요 15:8). 하나님께서 그리스도 예수 안에서 창조하신 신자들은 거룩에 이르는 열매를 맺으며(엡 2:10) 결국에 영생을 갖게 될 것이다(롬 6:22).

---

1 (비교) 정성호는 "복음에 대한 증언"으로 번역하였다. 그리고 profession을 '증언', '고백', '선언' 등으로 번역하는데, '전문사역자'라는 의미도 있다. '형제의 덕', '복음 사역자의 영광', '대적자의 입을 막음'으로 이해하는 것도 나쁘지 않겠다.

II. These good works, done in obedience to God's commandments, are the fruits and evidences of a true and lively faith: and by them believers manifest their thankfulness, strengthen their assurance, edify their brethren, adorn the profession of the Gospel, stop the mouths of the adversaries, and glorify God, whose workmanship they are, created in Christ Jesus thereunto; that, having their fruit unto holiness, they may have the end, eternal life.

3. 그들이 [신자들] 선행을 할 수 있는 능력은 그들 자체에 전혀 없으며, 전적으로 그리스도 영에서 나온다(요 15:4-6; 겔 36:26-27). 그리고 그들이 선행을 행한다면 그들이 이미 받은 은혜들에 근거하며, 또한, 그들에게 성령의 실제적인 감화와 하나님의 기뻐하심을 위한 의지와 행동을 요구된다(빌 2:13; 4:13; 고후 3:5). 그래서 [주의 선하신 명령에] 즉시 나태를 떠올리는 것은 부당하다. 비록 그들이 성령의 특별한 행동이 없으면 그들이 어떤 의무를 수행할 어떤 자극이 없지만, 또한, 신자들은 자기 안에서 하나님의 은혜가 솟아나도록 전력해야 한다[2](빌 2:12; 히 6:11-12; 벧후 1:3,5,10-11; 사 64:7; 행 26:6-7; 유 1:20-21).

III. Their ability to do good works is not at all of themselves, but wholly from the Spirit of Christ. And that they may be enabled thereunto, besides the graces they have already received, there is required an actual influence of the same Holy Spirit, to work in them to will and to do of His good pleasure: yet are they not hereupon to grow negligent, as if they were not bound to perform any duty, unless upon a special motion of the Spirit; but they ought to be diligent in stirring up the grace of God that is in them.

4. 순종이 자기 생애에서 최고점에 도달하도록 순종할 수 있다고 주장하는 이들이 있는데, 그들은 최고점에서 너무나 먼 곳에 있으며, 하나님의

---

[2] bound와 stirring up이 유사어처럼 보인다. 그러나 bound는 성령께서 주신 자극으로 보이고, stir up은 인간의 감정에서 나오는 현상이다.

> 요구에 더 [순종해야] 한다. 그들은 [자기가] 수행해야 할 의무에 턱없이 미치지 못한다(눅 17:10; 느 13:22; 욥 9:2-3; 갈 5:17).
>
> IV. They, who in their obedience attain to the greatest height which is possible in this life, are so far from being able to supererogate, and to do more than God requires, as that they fall short of much which in duty they are bound to do.

1. 선행 (1) 선행은 그리스도인에게 자연스러운 열매

WCF 16장 "선행"에서는 "기독교에서 정의하는 선행"에 대해서 제시합니다.

"선(善), 착함"이란?

이 개념은 상당히 어렵습니다. 모든 사람이 선한 행동을 해야 하는 것을 알지만, 무엇이 선한 행동인지는 규정하지 못합니다. '선(善)', '착함'에 대해서 명확한 개념을 갖는 것이 필요합니다.

기독교에서 "선은 하나님의 말씀(계명)에 순종하는 행동"으로 규정하고 있습니다. 선(善)의 반대 개념은 악(惡)입니다. "악은 하나님의 말씀을 거역하는 행동"입니다. 선(善), 하나님의 계명에 순종하는 것은 창조 계시와 구원 계시에 순종하는 것입니다.

1) 선행(善行)이란?

WCF 16:1에서 선한 행동(착한 행동)에 대해서 규정합니다. 선행이란 하나님께서 자신의 거룩한 말씀으로 주신 계명들만을 행동하는 것입니다.

하나님께 순종하는 것이 아니라 하나님의 계명에 순종하는 것입니다.

우리는 하나님의 명령을 복음 사역자에게서 선포된 복음에서 일차적으로 취하는 훈련을 합니다. 혹 사람에 의해서 조작된 것이나 맹목적인 열정 혹은 선한 의도로 가장한 것은 절대로 선행이 아닙니다. WCF에서는 선행은 철저하게 성경에 입각한 기준을 의미합니다. "거룩한 말씀"(holy Word)은 성경 본문이라기보다는 "복음의 사역자가 들려주는 것(설교와 교육)"으로 볼 수 있습니다(참고. WCF 15:1).

교회를 떠난 선행, 목사의 지도를 떠난 단독적인 선행은 구원의 효과와 별개인 자신의 공덕에만 관계된 헛된 선행이 될 것입니다. 자기의 선한 의도를 과시하는 것은 바리새적인 전형으로 그리스도인에게 적합하지 않습니다.

그런데도 WCF에 명시한 것은 로마 가톨릭의 불의 때문입니다. 우리 시대 한국 교회에서도 사회에서 선한 행동이 두드러지지 않은 모습을 갖고 있습니다. 종교계에서 신뢰도가 상대적으로 낮게 나오기도 합니다. 그러나 그리스도인이 교회가 아닌 개인 자격으로 선행을 행하기도 합니다. 많은 그리스도인이 개인 자격으로 선을 행하는 것도 좋지만, 교회에 부여된 선한 직무를 수행하여야 합니다.

2) 선행은 믿음의 열매이고 증거이다

WCF 16:2에 따르면 선행은 하나님의 계명에 순종한 행동으로 결실을 맺는 열매로서 선행을 하는 성도에게 참되고 살아 있는 믿음의 증거가 됩니다. 열매, 즉, 과정이 아닌 결실에서 받은 평가를 자기 공이 아닌 믿음의 증거로 돌리는 것입니다. 열매는 인식이 가능한 사안으로 보아야 하는데, 외적으로 나타나는 것과 타인이 인지하지 않은 개인적으로 알 수 있는 것입니다.

그리스도인이 갖는 열매는 범사에 감사(살전 5:15-18), 강한 확신, 건덕(健德), 복음을 선양(宣揚)하며 복음에 반대되는 사람의 입에서 비난하는 것을 중지하고 하나님을 찬양합니다. 복음 사역자(profession)를 빛나게 한다고 번역하였습니다. 우리 번역에서 "복음 선언"으로 번역하였지만, 복음 사역자를 빛나게 하는 것도 성도의 선행에서 중요한 열매일 것입니다.

하나님을 찬양하는 사람은 그리스도 안에서 새롭게 창조된 사람이며 거룩한 열매를 맺으며 인생의 마지막에 영생에 참여하게 됩니다. 영생은 거듭나면서 소유하지만 죽을 몸과 함께 있기 때문에 마지막에 참여한다고 고백합니다.

3) 선행: 능력의 근원

WCF 16:3에서는 그리스도인이라 할지라도 선행의 근원은 "그리스도의 영"(the Spirit of Christ), "성령의 실제적인 영향"(actual influence of the same Holy Spirit), "그 영의 특별한 감화"(a special motion of the Spirit)라고 하였습니다. "그 영"이 "성령"인데, WCF에서는 "그리스도의 영"으로 고백하는 것이 특징입니다.

칼빈은 『기독교 강요』 3권에서 그리스도와 신자가 신비적 연합(Unio Mystica cum Christo)을 통해서 십자가를 지는 것(자기부정)을 성화로 제시하였습니다. 성화와 선행의 근원은 신자에게 전혀 두지 않는 것이 개혁파의 기본 자세입니다. 그럼에도 성도의 선행을 하나님께서 기뻐하시며 합당하게 여기십니다(이중은혜, *duplex gratia*).

성령께서 선행을 주도하심을 핑계로 그리스도인이 게으름을 취할 수 없습니다. 또한, 그리스도인에게 선행에 대해서 열심을 권면하고 있습니다. 두 관계를 합리적으로 설명하는 것은 불가능합니다. 그러나 그리스도인은 반드시 자기 선한 행위에 대한 공로를 부정하며 하나님의 영광을 고백합니다. 그리스도인이 선행을 위해서 아무리 많은 노력을 하였다 할지라도 스스로 자기 공적으로 주장하는 경우는 없습니다.

사도 바울은 어느 때는 자신이 히브리인 중의 히브리인으로(빌 3:6-15), 어느 때는 디모데에게 자신을 "죄인 중의 괴수"라고 고백하였습니다(딤전 1:15). 그런데도 선행에 대해서 게으르지 않았습니다. 불신자의 선행은 그리스도인에게 자극을 주어 더욱 선행하도록 합니다. 불신자의 선행보다 못한 그리스도의 선행은 세상의 소금의 역할을 감당하지 못하는 것입니다.

4) 선행: 끊임없는 정진

WCF 16:4에서는 신자가 선행을 끊임없이 정진해야 함을 고백합니다. WCF에 하나님의 계명을 인간이 자신의 생애에서 완전히 준수함이 불가능하다고 하였습니다. 그럼에도 선행은 끊임없이 정진해야 합니다. 모든 사람이 죄인이고, 하나님의 임무를 완전하게 준수할 수 없습니다. 끝을 알 수 없는, 이룰 수 없는 목표에 전심전력하는 것은 결코, 쉽지 않습니다. 그리스도인의 열정은 완수할 수 없는 미션임에도 포기하지 않고 끝까지 도전하며 정진할 수 있는 충성과 헌신입니다.

WCF 16:4은 개혁파 안에 발생한 알미니안에 대한 변호처럼 보입니다. 즉, 그리스도인이 스스로 최고점에 도달하였다고 평가하는 것은 부당합니다. 그리스도인이 자기 스스로 평가할 때 매우 주의해야 합니다. 자기 부인과 겸손으로 평가해서 과다한 자기 평가를 주의해야 합니다. 부당한 자기 과잉 진단은 교만과 게으름을 낳을 수 있습니다.

18세기 웨슬리는 완전성화(entire sanctification)를 주장하며, 사회성화(social

sanctification)까지 주장하였습니다³. 알미니안과 웨슬리가 같지는 않지만 신자가 구원의 길에서 탈락할 수 있다는 견해(구원의 탈락가능성)에서 동일합니다. 그 견해는 로마 가톨릭, 오순절주의도 동일한 개념을 갖고 있습니다. "구원의 탈락 가능성"은 개혁파의 "성도의 견인"(Perseverance of the Saints)과 대치됩니다.

로마 가톨릭의 영세 후 견진례의 이중 구도는 웨슬리안의 제2 축복, 오순절주의의 세례 후 성령충만, 신사도주의의 세례 후 능력충만(기름부음)의 2중 구도에서 동일합니다. 개혁파는 한 세례, 한 믿음으로 교회를 이룹니다.

> 5. 우리는 확신하는데, 우리가 [행한] 최상의 선행들을 통해서 하나님의 손에 있는 죄 사함과 영생 획득에서 유익을 얻을 수 없다는 것이다. 그 이유는 [우리의 선행]과 내세에 있는 영광 사이의 절대 불균형과 하나님과 우리의 무한한 차이 때문에, [선행에 의해서] 우리는 죄를 조금이라도 감소시킬 어떤 유익이나 만족을 수행할 수 없기 때문이다(롬 3:20; 4:2,4, 6; 엡 2:8-9; 딛 3:5-7; 롬 8:18; 시 16:2; 욥 22:2-3; 35:7-8). 그러나 우리가 행할 모든 것을 행하였다 하여도, 우리는 의무를 수행한 것뿐이며 무익한 종이다(눅 17:10). 그리고 우리에게 선이 있다고 한다면 그리스도의 영으로 형성된 것이다(갈 5:22-23). 그리고 우리가 선을 수행하였다고 하여도, 우리에게 오염이 있으며, 연약함과 불완전이 혼합되어 있다. 그런 [부족한 임무 수행은] 하나님 심판 엄중함에서 견딜 수 없다(사 64:6; 갈 5:17; 롬 7:15,18; 시 143:2; 130:3).

3　김홍기는 『쉽게 쓴 세계 교회 이야기』에서 칼빈이 제네바에서 이룬 사역을 사회적 성화로 제시하였는데 좋은 제시라고 생각할 수 없다. 마치 칼빈의 성화와 웨슬리의 성화를 일치시키려는 제언이기 때문에 합당하지 않다. 제네바의 상황을 사회적 성화로 칼빈이 이해하지 않기 때문이기도 하다. 칼빈은 사회의 성화가 아니라, 창조주 하나님의 질서로 사회 체계를 확립하려는 것으로 이해하였다. 칼빈의 사역으로 제네바가 그리스도의 도시가 되었지만 곧 세속도시와 차이 없는 도시가 되었다. 사회적 성화는 세속 도시 부분이기 때문에 성화(특별 계시)보다 문화 운동(일반 계시)으로 분류해야 한다.

V. We cannot, by our best works, merit Pardon of sin, or eternal life at the hand of God, by reason of the great disproportion that is between them and the glory to come; and the infinite distance that is between us and God, whom, by them, we can neither profit, nor satisfy for the debt of our former sins, but when we have done all we can, we have done but our duty, and are unprofitable servants; and because, as they are good, they proceed from His Spirit; and as they are wrought by us, they are defiled, and mixed with so much weakness and imperfection, that they cannot endure the severity of God's judgment.

6. 그런데도 신자들의 인격은 그리스도로 말미암아 [하나님께] 수납되었으며 그들의 선행도 역시 그리스도 안에서 [수납된다](엡 1:6; 벧전 2:5; 출 28:38; 창 4:4; 히 11:4). [하나님께서 그들을 수납하셨다는 것은] 그들이 세상에서 하나님 보시기에 전혀 흠이 없거나 비난을 받을 것이 없었다는 뜻이 아니라(욥 9:20; 시 143:2), 하나님께서 자기 아들 안에서 그들을 보셨기 때문에, 그들의 행동에 많은 연약함과 불완전함을 동반할지라도, 저희를 진실한 것으로 용납하시고 상주시기를 기뻐하신다(히 13:20-21; 고후 8:12; 히 6:10; 마 25:21,23).

VI. Yet notwithstanding, the persons of believers being accepted through Christ, their good works also are accepted in Him, not as though they were in this life wholly unblameable and unreprovable in God's sight; but that He, looking upon them in His Son, is pleased to accept and reward that which is sincere, although accompanied with many weaknesses and imperfections.

7. 중생하지 못한 사람들의 행위가 비록 하나님께서 명령하신 것일 수도 있고, 그들 자신에게 뿐만 아니라 다른 사람들에게 유익하다(왕하 10:30-31; 왕상 21:27,29; 빌 1:15-16,18) 할지라도 믿음으로 정결하게 된 심장에서 나온 것이 아니고(창 4:5; 히 11:4,6), 말씀을 따라서 바른 방법으로 행동한 것도 아니다(고전 13:3; 사 1:12). 하나님의 영광, 바른 목적으로 행한 것도

아니다(마 6:2,5,16). 결국, 그들은 죄인이어서, 하나님을 기쁘시게 하거나 혹은 사람 [스스로] 하나님으로부터 은혜를 받을 수 없다(학 2:14; 딛 1:15; 암 5:21-22; 호 1:4; 롬 9:16; 딛 3:15). 그럼에도 그들이 게을러서 더 죄스럽게 행동한다면, 하나님을 노하시게 할 것이다(시 14:4; 36:3; 욥 21:14-15; 마 25:41-43, 45; 23:23).

VII. Works done by unregenerate men, although, for the matter of them, they may be things which God commands, and of good use both to themselves and others: yet, because they proceed not from a heart purified by faith; nor are done in a right manner according to the Word; nor to a right end, the glory of God; they are therefore sinful, and cannot please God, or make a man meet to receive grace from God. And yet, their neglect of them is more sinful, and displeasing unto God.

2. 선행 (2) 선행의 공로와 독려

WCF 16장에서 "선행"에서 기독교에서 정의하는 선행에 대해서 제시합니다. "선(善)"은 어떤 목적을 위한 것이 아닌 그리스도인의 본성입니다. 그리스도인이 자기 본성에 부합하지 않는 모습을 파악하여 제거와 절제를 위해 정진하며 부단한 경책을 쉬지 않아야 합니다.

그리스도인이 구주의 피로 죄 사함 받은 구원받은 본성에 합당한 삶은 선을 행하는 것입니다. 선은 하나님의 질서에 의해서 생명을 존중하고 충만하게 하는 것입니다.

1) 선행으로 공로를 이룰 수 없다

WCF 16:5에서는 그리스도인의 선한 행동이 하나님께서 주시는 영생에 대해서 어떤 공로가 될 수 없음을 고백합니다. WCF에서 사람에게 어떤 공로가 없음에 대해서 하나님과 인간 사이에 무한한 차이(infinite distance)를 고백합니다. 피조물인 사람은 어떤 선행으로도 창조주 하나님 앞에서 공로를 세울 수 없습니다. 혹 신자가 주어진 모든 임무를 완수하였을지라도 무익한 종이라고 고백할 수밖에 없습니다(눅 17:10).

사도 바울은 예수 그리스도의 종이라고 고백하였으며(롬 1:1), 사역의 마지막에서 죄인 중의 괴수라고 고백하였습니다(딤전 1:15). 종(노예[奴隸])은 주인을 생명의 지배자로 섬기기 때문에 주인에게 어떤 요구나 주장을 할 수 없습니다.

그리스도인에게 일어난 선한 행동은 성령에게서 나온 것(proceed)입니다. 신자가 선한 행동을 했다 할지라도 연약하며 불완전합니다. 이런 불완전은 하나님의 심판에서 견딜 수 없습니다. WCF에 성도의 상급보다는 성도의 불완전에 대해서도 하나님의 엄중한 심판에 대해서 고백하고 있습니다. 그래서 성도가 두렵고 떨림으로 구원을 이룰 수 있도록 권면합니다.

WCF 16:5에 선행이 전혀 공로가 될 수 없고, 부족한 상태는 하나님의 심판을 견딜 수 없음을 고백합니다. 그리고 WCF 16:6에서 그리스도의 중보로 수납될 것을 고백합니다. 의인이면서 죄인에 대한 고백은 복음으로 자기 무능을 고백하지만, 또한, 사랑과 은혜의 부요함으로 힘을 낼 수 있습니다.

2) 영원한 그리스도의 중보로 용납되어 상급이 된다

WCF 16:6에서는 그 부족한 성도의 불완전에도 불구하고 하나님께 용납되는 것은 그리스도의 구속 사역의 은혜의 공로입니다. 그리스도인의 자기 선행으로 영생에 이른 것이 아니라, 오직 그리스도의 중보로(through Christ) 영생에 이르게 됩니다.

성도에게 상급이 있는 것도 그리스도의 공로에 근거합니다. 아버지께서는 성도의 연약함과 불완전함에도 독생자 안에서 상 주시기를 기뻐하십니다. 창세기 15장에서 여호와께서 자신을 방패, 큰 상급으로 소개하였고, 시편 16편에서 다윗은 여호와를 자신의 상급으로 찬양하였습니다. 성도가 받는 상급도 은혜여서 그리스도의 구속 공로를 고백하고 찬양하게 됩니다(이중은혜). 그리스도의 중보로 이루어진 상급은 영생의 깊은 신비 중 하나입니다.

상급론은 차등상급론(Grading Reward in Heaven)과 균등상급론(Equal Reward in Heaven)으로 대치되어 있는데, WCF에 은혜로 상급을 주심을 고백합니다. 그리스도인의 선행이 은혜 안에서 차등적으로 수행된다고 볼 수 있습니다.

3) 중생하지 못한 사람의 선행

사람에게 선행은 유익하기 때문에 모두에게 권장됩니다. 그런데 중생하지 못한 사람의 선행은 하나님께 무익하지만 장려하는 사안입니다. WCF 16:7에서는 중생하지 못한 사람의 선행에 대하여 고백합니다. 중생하지 못한 사람들이 높은 윤리와 선행을 보이는 경우가 발생하는 것은 그리스도인에게 가장 큰 도전일 것입니다.

그럼에도 중생하지 못한 사람들의 선행은 사람에게 선하고 유익하여도, 순결한 마음에서 비롯된 행동이 아니며 하나님의 영광을 목적으로도 하지 않습니다. 중생하지 못한 사람에게도 선행은 권장되며, 악행에 대해서는 하나님께서 기뻐하지 않습니다. 인류 누구든지 선을 행할 때는 적극적으로 행동해야 합니다.

중생하지 못한 사람의 선행은 중생한 사람에게 큰 도전입니다. 예수께서는 서기관이나 바리새인보다 더 나은 의를 제자들에게 요구하셨습니다(마 5:20). 중생한 사람은 세상에서 어떤 교묘한 사람보다 월등한 능력과 인격을 요구받습니다. 혹 중생자가 중생하지 못한 자보다 능력에서 탁월함은 없다 할지라도 인격에서 부족한 것은 용납될 수 없습니다(고전 6:9-11).

또한, 그리스도인은 중생하지 못한 사람들이 선행을 할 수 있도록 힘써 선행을 행해야 합니다. 그리스도인의 선행으로 중생하지 않은 사람들이 선행하는 질서를 만드는 것이 합당할 것입니다.

그리스도인이 중생하지 못한 사람보다 선행이 못한 것은 하나님께 송구스러운 것이며 합당하지 않습니다. 타 종교에 선행을 하는 모습이 많습니다. 선행에서 그리스도인은 세상에서 가장 두각적인 면모를 갖고 있어야 합니다. 세계는 인간의 선행으로 풍성해지며 조화롭고 인간적인 면이 잘 나타납니다.

제17장

성도들의 견인에 대하여

(CHAPTER XVII. Of the Perseverance of the Saints)

1. 성도는 하나님께서 자기를 사랑하는 자 안에서 받으셔서, 효과적으로 부르시고, 자기의 영으로 거룩하게 하시며, 은혜 상태에서 절대로 떨어져 나갈 수 없다. 그리고 그들은 끝까지 확실하게 인내할 것이며, 영원한 구원을 받은 것이다(빌 1:6; 벧후 1:10; 요 10:28-29; 요일 3:9; 벧전 1:5,9).

I. They, whom God hath accepted in His Beloved, effectually called, and sanctified by His Spirit, can neither totally, nor finally, fall away from the state of grace: but shall certainly persevere therein to the end, and be eternally saved.

2. 성도들의 견인은 그들 자신의 자유의지가 아니라 아버지 하나님의 자유롭고 변하지 않는 사랑에서 나오는 불변하는 선택의 작정인데(딤후 2:18-19; 렘 31:3), 이것은 예수 그리스도의 공로와 중보의 효력(히 10:10,14; 13:20-21; 9:12-15; 롬 8:33-39; 요 17:11,24; 눅 22:32; 히 7:25)과 그들 안에 있는 성령과 하나님의 씨가 함께 있음(요 14:16-17; 요일 2:27; 3:9), 그리고 은혜 언약의 본성에 의존한다(렘 32:40). [성도의 견인을 유지하는] 모든 것은 [하나님 의지(사랑)의] 확실성과 무오성이 일어난다(요 10:28; 살후 3:3; 요일 2:19).

II. This perseverance of the saints depends not upon their own free will, but upon the immutability of the decree of election, flowing from the free and unchangeable love of God the Father; upon the efficacy of the merit and intercession of Jesus Christ; the abiding of the Spirit, and of the seed of God within them; and the nature of the covenant of grace; from all which ariseth also the certainty and infallibility thereof.

3. 그런데도, 그들은 사탄과 세상의 유혹과 그들 안에 남아있는 부패성이 강성해지고, 자신을 보호하는 방법을 소홀하게 함으로 극악한 죄에 빠지기도 하며(마 26:70, 72, 74), 얼마 동안 그 죄에 빠지기도 한다(시 51:14). 그로 인해서 그들은 하나님의 진노를 일으키고(시 64:5, 7, 9; 삼하 11:27), 그의 성령을 탄식하게 하며(엡 4:30), 그들이 받은 은혜와 위로 중 어느 부분을 빼앗기게 되고(시 51:8, 10, 12; 계 2:4; 아 5:2-4, 6), 그들의 마음이 완악해지며(사 63:17; 막 6:52; 16:14), 양심은 상처를 입고(시 32:3-4; 51:8), 다른 사람에게 상처와 모욕을 주기에(삼하 12:14), 그들 자신에게 현세에[1] 심판을 초래한다(시 89:31-32; 고전 11:32).

III. Nevertheless, they may, through the temptations of Satan and of the world, the prevalency of corruption remaining in them, and the neglect of the means of their preservation, fall into grievous sins; and, for a time, continue therein: whereby they incur God's displeasure, and grieve His Holy Spirit, come to be deprived of some measure of their graces and comforts, have their hearts hardened, and their consciences wounded, hurt and scandalize others, and bring temporal judgments upon themselves.

1　temporal은 일시적인, 현세적인 의미가 있는데, 우리는 "현세에 심판"으로 번역하였다. 다른 번역에서는 "일시적 심판"으로 번역하는 경향이 많았다. 성도의 징벌에 의한 심판은 현세에 국한되면 영원한 심판이 없기 때문에, 우리는 현세의 심판으로 번역하였다.

1. 성도의 견인(堅忍)

WCF 17장 'Of the Perseverance of the Saints'는 '성도의 견인'으로 번역합니다.

견인(堅忍, Perseverance)과 인내(忍耐, Patience)의 차이는 무엇일까요?

우리는 '견인'과 '인내'의 차이점을 느낄 수 없지만, 신학에서는 엄격하게 구분합니다. Patience(인내)는 고통을 참고 있는 상태이며, Perseverance(견인)은 고통과 고난의 상태에서도 목적을 향해서 나가고 있는 상태입니다. 성도의 견인은 구주의 은혜로 주어진 성령의 효과적인 사역입니다. 그리고 인내는 성도의 내적 성격으로 구분하고 싶습니다.

1) 하나님의 사랑과 사랑하는 자(Beloved)의 은혜 그리고 성령의 효과적인 사역으로 성도에게 주어진 영원한 구원

WCF 17:1에서는 칼빈의 『기독교 강요』에 나타난 이중예정의 표현인 "성도의 견인"과 함께 "확실하고 영원한 구원"을 고백합니다.

구원받은 성도가 왜 구원에서 이탈하지 않을까요?

칼빈에 따르면, 구원의 확실성은 영원에서 이루어진 선택과 신실하신 하나님의 속성 때문(영원한 예정)입니다. 루터는 하나님께서 생소한 의(alien righteousness)를 주셨고, 그것을 철회하지 않기 때문(하나님 의지의 불변성)이라고 합니다.

구원받은 성도의 "구원의 탈락 가능성"은 한국 교회가 심각하게 토론하였지만 합의하지 않을 정도로 심각한 상태입니다.

그리스도인들이 바른 행실을 보이지 못한 책임이 있겠지만, 구원은 사람이 아닌 하나님께 있다고 믿는다면 그런 시각을 수정해야 합니다.

비록 사람이 사람들 보기에 부족하여도 구원은 사람이 아닌 구주의 은혜로 진행합니다. 성도의 견인도 사람이 아닌 하나님의 성령 능력과 지혜로 이루어집니다. 우리 장로교(개혁파) 신자들은 "구원의 탈락 가능성"에 대해서 회의(懷疑)하는 것이 부당하다고 강조합니다. 도르트 신경이나 WCF는 "성도의 견인의 은혜"를 명확하게 고백하고 있습니다.

구원론적으로 성도의 견인은 구주 예수의 은혜입니다. WCF에서는 예수를 "사랑하는 자"(his Beloved)라고 하였습니다. 성도의 견인은 사랑하는 자 안에서 성령의 효과적인 사역인 은혜 사역입니다. 즉, 구원의 은혜의 효과적인 사역에 근거해서, 은혜를 입은 자에게는 절대로 무력화될 수 없는 은혜의 독특성이 있습니다.

2) 무조건적 선택(Unconditional Election)에 의한 영원한 언약

WCF 17:2에 근거해 하나님께 선택되어 견인의 상태에 있는 것이 세상적으로 지복(至福)의 상태일까요?

하나님의 사랑을 입은 것은 세상의 모든 유익과 끊어지는 아픔이며 죽음입니다. 그럼에도 성도가 그것을 사모하고 유지하는 것은 전적 은혜의 사역, 성령의 내주에 의한 효과적인 사역입니다. 성경의 믿음의 사람들이나 교회 역사에서 믿음의 사람들은 모두 세상에서 고난을 겪었습니다.

즉, 견인은 사람이 자신의 자유의지로 유지할 수 있는 것이 아닙니다. 우리는 사람의 의지의 산물을 인내라고 이해하고 있습니다. 견인을 이룰 성도는 하나님 아버지의 영원한 사랑, 예수 그리스도의 공로와 중보의 효과, 성령의 내주, 곧 하나님께서 주신 씨(seed)로 말미암습니다.

성도는 어떤 상황에서도 하나님의 씨에 열매를 맺게 되는 견인의 과정에 있습니다. 지상의 생활에서 열매를 맺는 언약으로 유지되지만, 결국 영원한 언약, 구주의 은혜에 대해서 찬양이 넘칠 것입니다.

하나님의 씨에 열매가 더디 맺힐 수 있겠지만 열매를 맺지 않을 수는 없습니다. 그래서 열매의 당위성을 주장하지 않고 하나님의 씨에 은혜(무조건적 선택)를 고백합니다. WCF 15장에서 회개를 WCF 16장에서 선한 행실을 고백하였지만, 세상의 역경에서 견디는 성도의 견인은 신비입니다.

3) 영적 침체

WCF 17:3은 견인 교리 중에서 신비한 부분입니다.
성도에게 열매가 나타나지 않을 때에, 은사를 맛본 사람인가?
견인을 거부한 침체에 빠진 성도인가?
이에 대한 구별이 필요합니다. WCF에서는 구원받은 성도가 사탄과 세상의 유혹에 있을 수 있는 즉 영적 침체에 빠진 상태를 언급합니다. WCF에서 구원받았지만 남아 있는 죄가 있다고 고백하였습니다. 그리고 사탄과 세상의 유혹도 쉼이 없습니다. 그래서 성도가 죄에 빠질 수 있으며, 얼마 동안 죄 안에 머물기도 합니다.

이런 성도들에게는 하나님의 진노와 성령의 근심하게 함과 은혜와 위로를 상실하게 됩니다. 죄로 말미암아 은혜와 위로가 일부 박탈될 수 있다고 고백합니다. 그래서 성도의 마음은 강퍅해지고, 양심의 상처를 남기며, 죄를 더해서 이웃을 모략하는 행동까지 일삼습니다.

그럼에도 WCF는 그들에게 하나님의 씨가 있음을 고백합니다. 그래서 하나님께서 그들에게 합당한 진노를 하시며 현세에 합당한 심판을 시행하십니다. 그러나 하나님의 심판은 현세에 국한한 심판입니다. 구원의 신비, 은혜의 신비를 인간의 이성으로 측량할 수 없습니다(*finitum non possit capere infinitum*). 그런 훈련을 삶 속에서 꾸준히 진행해야 합니다.

그리스도인이 하나님의 뜻을 이해하지 못하는데, 불그리스도인이 어떻게 하나님의 뜻을 이해할 수 있겠습니까?

이해하지 못하는 불그리스도인이 하나님을 조롱하기도 하고 그리스도인과 교회를 박해하기도 합니다. 주 예수께서는 모르고 짓는 저들의 죄를 용서해 달라고 기도하셨습니다(눅 23:34). 사도 바울은 원수를 사랑하고 선으로 악을 이기라고 가르쳤습니다(롬 12:14-21).

성도에게 열매가 나타나지 않기 때문에 성급하게 불신자(위선자)로 판단하는 것을 경계한 것입니다. 죄의 수렁에 빠졌을지라도 택자는 결코 포기하지 않는 주의 은혜를 믿고 결코 포기하지 않고 믿음에 정진해야 합니다.

제18장

은혜와 구원의 확신에 대하여
(CHAPTER XVIII Of the Assurance of Grace and Salvation)

1. 위선자나 다른 중생하지 못한 사람들은 구원 상태와 하나님의 호의로 거짓 소망과 육적으로 추정된 존재로 자신을 헛되게 속일 수 있다(욥 8:13-14; 미 3:11; 신 29:19; 요 8:41). 그들의 소망은 사라질 것이다(마 7:22-23). 주 예수를 진실로 믿으며 진심으로 그를 사랑하고, 그 앞에서 모든 선한 양심을 따라 행하려고 노력하는 사람은 자기 생애에서 그들이 은혜의 자리에 있다는 확신을 가질 수 있으며(요일 2:3; 3:14, 18-19, 21, 24; 5:13), 하나님의 영광 소망 중에서 즐길 수 있고, 그들의 소망은 결코 부끄러움을 당하지 않을 것이다(롬 5:2,5).

I. Although hypocrites and other unregenerate men may vainly deceive themselves with false hopes, and carnal presumptions of being in the favour of God, and estate of salvation; which hope of theirs shall perish: yet such as truly believe in the Lord Jesus, and love Him in sincerity, endeavouring to walk in all good conscience before Him, may, in this life, be certainly assured that they are in the state of grace, and may rejoice in the hope of the glory of God, which hope shall never make them ashamed.

2. [성도들이 가진] 확신은 거짓된 소망에 근거한 단순 억측이나 그럴듯한 신념이 아니라(히 6:11, 19) 구원을 약속한 신적 진리에 기초하며(히 6:17-18), 약속된 은혜의 내적 증거(벧후 1:4-5, 10-11; 요일 2:3; 3:14; 고후

1:12), 그리고 우리가 하나님의 자녀라는 것을 우리의 영과 함께 증거하는 양자의 영을 증언한다(롬 8:15-16). 성령은 우리의 기업에 대한 보증이고, 성도는 성령으로 말미암아 구속의 날까지 인침을 받았다(엡 1:13-14; 4:30; 고후 1:21-22).

II. This certainty is not a bare conjectural and probable persuasion, grounded upon a fallible hope; but an infallible assurance of faith, founded upon the divine truth of the promises of salvation, the inward evidence of those graces unto which these promises are made, the testimony of the Spirit of adoption witnessing with our spirits that we are the children of God: which Spirit is the earnest of our inheritance, whereby we are sealed to the day of redemption.

3. 이 무오한 확신은 믿음의 본질에 속하는 것이 아니라 오히려 참된 그리스도인이 오랫동안 기다리고 또한 그가 믿음에 참여한 자가 되기 전에 많은 어려움과 더불어 싸우기도 하지만(요일 5:13; 사 1:10; 막 9:24; 시 88: 77), 하나님이 그리스도인에게 값없이 주신 것을 성령을 통해 그가 알 수 있다. 어떤 비상적 계시 없이 보통 방법을 바르게 사용함으로 그 상태에 도달할 수 있다(고전 2:12; 요일 4:13; 히 6:11-12; 엡 3:17-19).

그러므로 모든 그리스도인은 자기의 부르심과 선택을 확실하게 하려고 전심으로 노력하는 것이 각자에게 부여된 의무이다(벧후 1:10). 이렇게 함으로써 그리스도인의 마음은 이 확신이 주는 합당한 열매들, 성령 안에서의 평화와 기쁨, 하나님에 대한 사랑과 감사, 그리고 순종의 의무를 다할 때 힘과 즐거움이 넓혀진다(롬 5:1-2,5; 14:17; 15:13; 엡 1:3-4; 시 4:6-7; 119:32). 이 확신은 사람을 방탕함에 기울어지게 하는 것으로부터 아주 멀리 떠나게 한다(요일 2:1-2; 롬 6:1-2; 딛 2:11-12, 14; 고후 7:1; 롬 8:1, 12; 요일 3:2-3; 시 130:4; 요일 1:6-7).

III. This infallible assurance doth not so belong to the essence of faith, but that a true believer may wait long, and conflict with many difficulties before he be partaker of it: yet, being enabled by the Spirit to know the things which are freely given him of God, he may without extraordinary revelation, in the right use of ordinary means, attain thereunto. And therefore it is the duty of everyone to give all diligence to make his calling and election sure; that thereby his heart may be enlarged in peace and joy in the Holy Ghost, in love and thankfulness to God, and in strength and cheerfulness in the duties of obedience, the proper fruits of this assurance; so far is it from inclining men to looseness.

4. 참된 그리스도인이 자기 구원을 확신하는 것을 떠나 게으르하고 양심에 상처를 주고 성령을 탄식하게 하는 어떤 특별한 죄에 빠지는 것과 어떤 뜻밖의 격렬한 유혹에 빠지면, 하나님께서 그에게 얼굴의 빛을 돌이키시어, 비록 하나님을 경외하는 자라 할지라도 어둠과 빛이 없는 곳에 두신다(아 5:2-3, 6; 시 51:8, 12, 14; 엡 4:30-31; 시 77:1-10; 마 26:69-72; 시 31:22; 시 88; 사 50:10). 그러나 그들은 하나님의 씨에 의한 믿음 생활이나 그리스도와 형제에 대한 사랑, 마음의 진실성, 의무에 대한 양심을 결코 잃어버리지 않고 되살아난다(요일 3:9; 눅 22:32; 욥 13:15; 시 73:15; 51:8, 12; 사 50:10). [참된 그리스도인의 모습은] 성령의 역사를 통하여 때가 되면 회복될 것이며, 또한, 그들이 전적 절망에 빠지지 않도록 지원을 받는다(미 7:7-9; 렘 32:40; 사 54:7-10; 시 22:1; 시 88).

IV. True believers may have the assurance of their salvation divers ways shaken, diminished, and intermitted; as, by negligence in preserving of it, by falling into some special sin, which woundeth the conscience and grieveth the Spirit; by some sudden or vehement temptation, by God's withdrawing the light of His countenance, and suffering even such as fear Him to walk in darkness and to have no light: yet are they never utterly destitute of that seed of God, and life of faith, that love of Christ and the brethren, that sincerity of heart, and conscience of duty, out of which, by the operation of the Spirit, this assurance may, in due time, be revived; and by the which, in the mean time, they are supported from utter despair.

1. 은혜와 구원의 확실

WCF 18장에서는 구원의 확실함, 견인(堅忍)의 내용에 대해서 더욱 구체적으로 자세히 고백합니다. WCF 18장에서는 구원의 확실에 대해서 자세하게 진술하지만, 은혜의 내용에 대해서 구체적으로 진술하지 않은 아쉬움이 있습니다. favor는 '호의'로, grace는 '은혜'로 번역하였습니다.

우리 시대에 있었던 "구원의 탈락 가능성"에 대한 논증은 WCF의 고백과 합치하지 않습니다. 즉, 장로교회에서는 부당합니다. 장로교회 사역자는 WCF와 대, 소요리 문답 신봉을 서약합니다.

1) 위선자

중생하지 않은 사람은 스스로 자신을 구원의 상태로 평가할 수는 있지만, 소망은 결국 사라집니다. 그러나 참된 그리스도인은 선한 양심을 따라 은혜의 상태에서 하나님의 영광을 소망합니다.

WCF 18:1에서는 불그리스도인을 위선자 혹은 중생하지 않은 상태로 진술합니다. 위선자는 교회 안에서 그리스도인처럼 활동하기 때문에 붙여진 이름입니다. 그들은 소망을 가진 척하는 사람이기에 영속적으로 가지 못합니다. 그들은 교회와 그리스도인을 훼방하는 일을 할 것입니다. 그리스도인은 그런 획책을 두려워하지 않아야 합니다. 그리스도인은 교회 안과 밖에서 있는 고난과 환란에서 두려워하지 않고 믿음을 정진합니다.

주 예수를 참으로 믿는 그리스도인은 선한 양심, 은혜의 상태에서 교회와 세상에서 하나님의 영광을 확신하며 즐거워합니다.

2) 양자의 영을 받은 그리스도인은 성령의 인치심을 받았습니다

WCF 18:2에서는 맹목적인 확신(implicit faith)이 아니라, 믿음에서 오는 무오한 믿음의 확신(an infallible assurance of faith)입니다. 그리스도인에게 주어진 은혜로 주어진 내적 증거는 자신이 양자의 영을 받은 하나님의 자녀임을 확신케 하는 것입니다.

이 영은 기업의 보증으로 구속의 날까지 인치심으로 확증하였습니다.

교회 안에 있는 그리스도인과 불그리스도인의 모습은, 1세기 예수님 당시의 종교 지도자로 존경받은 바리새인, 서기관 등이 있었고, 16세기 종교개혁 당시에는 로마교회 교황주의자로 볼 수 있습니다.

21세기 우리 시대에 교회 안에 그런 모습이 있지 않는가?

교회는 항상 개혁되어야 하는데(Ecclesia semper reformanda est), 주님의 말씀, 계명에 합당하게 개혁되어야 합니다.

3) 확신에 이르는 방법

WCF 18:3에서는 그리스도인의 확신이 믿음에 의한 본질적인 산물이 아니라, 그리스도인의 견인(堅忍)에서 이루어진 것으로 고백합니다.

그리고 값없는 은혜에 의한 성령의 사역이기 때문에, 예외적인 계시(extraordinary revelation) 없이 일반적인 방법으로 확신에 도달하게 됩니다. 다른 계시나 특별한 현상이 아닌 일반적 상황에서 이루어지는 성령의 사역입니다. 다른 계시가 아닌 오직 교회에 규정된 법을 따라서 은혜가 진행됩니다. 교회에서 복음선포 방식으로 모든 그리스도인은 구원의 확신에 이르게 됩니다.

4) 그리스도인의 영적 침체

WCF 18:4에서는 WCF 17:3과 유사하게 영적 침체에 대해서 언급합니다. 그리스도인이 비록 구원의 확신을 떠날 수 있고, 심각한 죄에 빠질 수도 있습니다. 그런 영적 게으름, 성령의 탄식, 시험 등에 빠지지만 하나님의 씨로 시작된 믿음은 결코 사라지지 않습니다. 그리스도인은 그리스도를 사랑하고 형제를 사랑합니다. 마음에 진실성이 있으며 자기 의무에 대해서 양심적으로 수행합니다.

독일의 그리스도인들은 루터의 가르침을 따라서, 계시의 말씀인 성경으로 그리스도인의 양심을 추구한다고 합니다. 칼빈파는 선포된 복음과 성령의 사역을 일반으로 삼아 신실하게 믿음을 정진합니다. 성령의 역사로 다시 부흥(revival)될 것이며, 끝까지 버티어 결국은 구원에 이르게 될 것입니다.

제19장

하나님의 율법에 대하여
(CHAPTER XIX. Of the Law of God)

1. 하나님께서 아담에게 행위 언약인 법[1]을 주셨는데, 이 법으로 하나님께서 아담과 그의 모든 후손을 개별적이고, 전적이고, 정확하고, 영구한 순종으로 묶으셨다. 하나님께서 사람이 그 법을 완수하면 생명을 주시기로 약속하셨고, 법을 지키지 않으면 사망이라고 엄격하게 선언하셨다. 아담에게 이 법을 지킬 수 있는 능력과 재능을 부여하셨다(창 1:26-27; 2:17; 롬 2:14-15; 10:5; 5:12, 19; 갈 3:10,12; 전 7:29; 욥 28:28).

I. God gave to Adam a law, as a covenant of works, by which He bound him and all his posterity to personal, entire, exact, and perpetual obedience; promised life upon the fulfilling, and threatened death upon the breach of it: and endued him with power and ability to keep it.

2. 이 법은 아담이 타락[반역]한 후에 의(義)에 관한 완전한 규칙으로 계속한다. 그것을 하나님께서 시내 산에서 주신 십계명, 두 돌판에 기록하셨다(약 1:25; 약 2:8,10-12; 롬 13:8-9; 신 5:32; 10:4; 출 3:1). 첫 네 계명은 하나님께 대한 우리의 의무를 그리고 나머지 여섯 계명은 사람에 대한 우리의 의무를 담고 있다(마 22:37-40).

---

[1] law는 일반적으로 모두 '율법'으로 번역하는데, 행위 언약과 연결된 law는 단순하게 '법'으로 번역하였다. 서양은 법문화, 동양은 자연문화로 구분할 수 있다. 유럽은 로마법을 기본으로 국제전쟁과 제국주의를 통해서 법 이해와 법 체계를 발전시켰다.

II. This law, after his fall, continued to be a perfect rule of righteousness, and, as such, was delivered by God upon Mount Sinai, in ten commandments, and written in two tables: the four first commandments containing our duty towards God; and the other six our duty to man.

3. 이 율법은 일반적으로 도덕적이라고 부르는데, 하나님께서 교회 이전에 이스라엘 백성에게 제의적 율법으로 주시는 것을 기뻐하셨다. [제의적 율법은] 여러 가지 모형적 질서를 갖고 있고, 예배에 관한 부분, 그리스도의 은혜, 사역, 고난 그리고 유익을 예표하였다(히 9; 10:1; 갈 4:1-3; 골 2:17). 그리고 일부는 도덕적 의무에 관한 여러 가지 교훈들을 갖고 있다(고전 5:7; 고후 6:17; 유 1:23). 모든 제의적 율법은 신약성경 이후에 있는 오늘날에는 폐지되었다(골 2:14,16-17; 단 9:27; 엡 2:15-16).[2]

III. Beside this law, commonly called moral, God was pleased to give to the people of Israel, as a church under age, ceremonial laws, containing several typical ordinances, partly of worship, prefiguring Christ, His graces, actions, sufferings, and benefits; and partly holding forth divers instructions of moral duties. All which ceremonial laws are now abrogated, under the New Testament.

---

[2] 율법의 용도, 도덕법, 의식법(제의적 율법), 시민법이 있는데, 의식법과 시민법은 폐지되었고, 도덕법이 유효하게 적용된다. 존 헤세링크는 율법을 정치적(*usus politucus*, 죄를 억제), 교육적(*usus pedagogicus*, 죄를 고소), 교훈적(*usus mormaticus*, 성화의 길잡이)으로 기독교 강요(최종판) 2권 7장을 정리하였다. 율법의 삼중기능(*triplex usus legis*)는 칼빈과 멜랑히톤에게 함께 나온다. 『기독교 강요』(1536판)에서 율법의 삼중기능을 "죄를 인식하는 기능, 징벌에 대한 두려움으로 억제하는 기능, 그리스도인이 하나님을 기쁘게 하는 일을 알게 하는 기능"으로 제시하였다.

1. 하나님의 율법 (1) 영원한 율법

WCF 19장에서 "하나님의 율법"에 대해서 고백합니다. WCF에서 율법(Law)은 아담의 후손들이 지켜야 할 항속적인 의무라고 하였습니다. 그럼에도 우리는 행위 언약에는 법(law)이라고 번역하였습니다. 율법은 모세가 여호와께 받은 두 돌판으로 한정하였습니다. "은혜와 율법." 은혜는 그리스도의 은혜이며, 율법은 성도가 순종해야 될 의무입니다.

1) 하나님께서 아담(인류)에게 법을 주심

WCF 19:1에서 제시한 법(law)은 아담과 그의 후손들에게 주어진 법입니다. 인류는 하나님의 법을 준수해야 합니다. WCF는 아담이 행위 언약(서철원 박사는 첫 언약)을 파기하였다고 하였는데, "하나님의 법이 있다"는 이해입니다.

행위 언약이 파기됨으로 죽음의 법이 도입되었습니다. 모든 사람은 죽기 때문에 창조주 하나님의 법을 순종하는 것입니다. 하나님의 법에 의해서 생명과 사망이 결정됩니다. 그리스도 예수 안에서 있는 생명의 성령의 법으로 생명이, 죄와 사망의 법에서 죽음이 주어집니다.

하나님께서 아담에게는 법을 지킬 수 있는 힘(권세)과 능력을 주셨습니다. 아담은 무죄한 상태이기 때문입니다. 그런 무죄한 상태이고 모든 환경이 풍성하고 완전한 상태에서 아담은 하나님의 법을 거역하는 반역을 범하였습니다. 범죄한 아담의 후손은 비참한 상황에서 사는 죄인입니다(롬 3:23).

모든 죄인이 하나님의 영광에 이르지 못함은 원죄, 즉 무능, 전적 부패에 의한 교만과 욕망 때문입니다. 모두가 죽을 죄인 된 상태이지만, 하나님께서 구원의 길을 확실하게 보여주셨습니다. 인간은 하나님께서 만드신 지구

(공간)에서, 하나님께서 조성하신 시간(365일, 7일, 24시간, A.D[3])에서 삽니다. 사람이 죄의 저주인 죽음에서 해방되는 방법은 예수 그리스도의 인격과 사역을 믿고 의지하는 것입니다. 인간에게 주어진 교만과 욕망을 제거하는 것은 십자가를 지는 것, 끊임없는 자기 부정과 인내(성도의 견인)입니다.

2) 율법의 체계적 모습인 십계명

WCF 19:2에 따르면 아담에게 주어진 법은 타락 후에도 완전한 규칙으로 계속되었습니다. 그래서 가인과 아벨은 하나님께 제사를 드릴 수 있었습니다(창 4:26). 이 법은 시내 산에서 모세를 통해서 하나님께서 두 돌판에 기록하여 백성에게 전달됨으로 완전한 형태를 이루었습니다.

1-4계명까지는 하나님께 대한 우리의 의무입니다. 5-10계명까지는 인간을 향한 우리의 의무입니다. 예수께서 두 계명(마 22:37-40) "하나님 사랑과 이웃 사랑"으로 혹은 한 계명 "서로 사랑하라"로 확정하셨습니다(요 13:33-34).

3) 폐기된 제의적 율법

WCF 19:3에서는 구약 시대에 시행한 "의식법"(제의적 율법, 제사법과 음식법 등)에 대해서 고백합니다. WCF 19:3에서 구약의 이스라엘을 "잠재적 교회"(a church under age)로 고백합니다. 교회는 오직 그리스도와 그의 은혜로 이루어지는 곳이기에, 구약 시대에도 "교회"라고 고백하는 것입니다.

그러나 잠재적 시대(under age)에 있는 교회입니다. 교회 안에는 그리스

---

[3] B.C와 A.D에 대해서 불편을 느낀 세계 지성은 BCE와 CE로 대체하고 있다. 그러나 시점은 바뀌지 않았다.

도께서 받은 고난과 공로의 유익이 제공됩니다. 잠재된 교회는 실체가 오시기 전 교회입니다(Logos asarkos). 그러나 실체가 오시기 전에도 자기 백성에게 온전한 유익이 제공됩니다. 비록 육을 입지 않은 실체(하나님)이시지만 영원한 하나님이시기 때문입니다.

구약 시대에는 비록 현재 시대와 전혀 다른 의식법 형태를 준수하였지만, 믿음의 대상이 구원을 이룸에는 차이가 없습니다. 하나님께서는 완전한 형태의 교회가 이루기 전에 주어진 의식법으로 몇 가지 훈련 이룸을 기뻐하셨습니다. 그러나 신약에 완성된 교회에서는 더 이상 의식법(제사법과 음식법) 제도와 효력은 폐지되었습니다. 의식법은 하나님께서 폐지하셨습니다.

하나님께서 폐지하신 의식법이 계속된다고 주장하는 것은 신성모독입니다. 의식법을 폐지하심의 표징으로 계시에서 말씀하지 않았지만, A.D. 70년 성전 파괴로 이해하기도 합니다. 의식법 폐지를 명료하게 제시하는 것은 사도행전 15장 예루살렘 공의회입니다(행 15장). 유대인의 예루살렘 교회와 이방인의 안디옥 교회가 한 믿음으로 한 교회인 것을 고백한 것입니다. 성육신과 십자가의 신비가 드러나 누구든지 예수를 믿으면 죄 사함 받고 의인이 되어 율법을 기쁘게 준수하게 됩니다.

> 4. 하나님께서 이스라엘에게 정치적 체계를 [허락하시고] 여러 가지 사법적 율법들을 제정하셨다. [이스라엘에게 허락된 사법적 율법은 그] 백성의 국가와 함께 종결되었으며, 지금 그 의무는 누구에게도 없는데, 다만 일반 형평법[4]을 수행하게 한다(출 21; 22; 창 49:10; 벧전 2:13-14; 마 5:17,

---

4   형평법(衡平法)은 보통법(common law)에 대립되는 개념이다. 보통법은 불문법으로 법적 판례에 기초한 판결로 성문화된 체계의 시민법(Civil Law)과 대조를 갖는다. 일반 형평법의 수준은 "율법"이 일반국가법적 규범으로 역사할 수 있다는 것이다. WCF가 형평법의 수준을 명확하게 규정하지 않았지만, 십계명의 보존으로 볼 수 있다. 종교개혁

38-39; 고전 9:8-10).

IV. To them also, as a body politic, He gave sundry judicial laws, which expired together with the State of that people; not obliging any other now, further than the general equity thereof may require.

5. [하나님께서] 도덕적 율법으로 모든 사람을 묶었다. 즉, 의롭다 하심을 받은 사람이나 그 밖에 다른 사람들 모두에게 영원한 도덕적 율법을 주셨다(롬 13:8-10; 엡 6:2; 요일 2:3-4, 7-8). 그것은 그 안에 포함된 내용뿐만 아니라 그것을 주신 창조주 하나님의 권위 때문에 그렇다(약 2:10-11). 그리스도는 복음 안에서 [도덕적 율법의] 의무를 조금도 폐지하지 아니하시고 더욱 크게 강화하셨다(마 5:17-19; 약 2:8; 롬 3:31).

V. The moral law doth for ever bind all, as well justified persons as others, to the obedience thereof; and that, not only in regard of the matter contained in it, but also in respect of the authority of God the Creator, who gave it: neither doth Christ, in the Gospel, any way dissolve, but much strengthen this obligation.

6. 비록 참 그리스도인은 행위 언약의 법 아래 있지 않으며, 그것으로 말미암아 의롭다 함을 받거나 저주를 받는 것은 아니라 할지라도(롬 6:14; 갈 2:16; 3:13; 4:4-5; 행 13:39; 롬 8:1), 그 법으로 그리스도인들과 다른 사람들 모두에게 큰 유익이 있다. 그것은(도덕적 율법) 하나님의 뜻과 의무를 알려주는 생명의 규칙이고, 그들에게 살도록 지도하고 묶는 기능이 있으며(롬 7:12, 22, 25; 시 119:4-6; 고전 7:19; 갈 5:14, 16, 18-23), 또한 그들의 본성과 심장과 생활에 있는 죄의 심각한 오염을 폭로한다(롬 7:7; 3:20). 따라서

가들은 "사도신경, 십계명, 주기도문"을 요리문답으로 경건을 훈련하였는데, 17세기에는 "십계명"을 표준으로 삼는 경향이 발생하였다. 17세기 율법은 십계명이고, 통상 율법은 토라(Torah)로 해석하고 있다.

그들은 율법에 의해 자신을 시험해서 죄를 더욱 깨닫고, 죄 때문에 겸손하게 되고, 죄를 미워하게 되며(약 1:23-25; 롬 7:9, 14, 24), 그들이 그리스도의 필요성[5]과 그의 완전한 순종에 대하여 분명히 이해하게 된다(갈 3:24; 롬 7:24-25; 8:3-4). 이같이 도덕법은 중생한 자들에게 죄를 금지하고 있으며 그들의 부패성을 제어하는 데 유익하다(약 2:11; 시 119:101, 104, 128). 그것은 그들이 율법의 저주로부터 해방되었을지라도, 율법의 경고는 범죄하면 죄 때문에 생애에서 어떤 고통을 기대해야 할지를 보여주는데 기여한다(스 9:13-14; 시 89:30-34). 율법의 약속들은 그리스도인들이 율법을 준수하면 순종에 대한 하나님의 인정을 보여주며, 행위 언약인 법으로 말미암아 그들에게 당연한 일로서가 아니라, 이것이 성취될 때, 어떤 복을 기대할 수 있는가를 보여준다(레 26; 고후 6:16; 엡 6:2-3; 시 37:11; 마 5:5; 시 19:11). 그러나 그것은 행위 언약인 법을 지켰다고 해서 그들에게 주어지는 것은 아니다(갈 2:16; 눅 17:10). 그리고 인간이 선을 행하고 악을 금하는 것이 율법이 선을 장려하고 악을 멀리하기 때문에, 그가 은혜 아래 있지 않고 율법 아래에 있다는 증거가 되지 않는다(롬 6:12,14; 벧전 3:8-12; 시 34:12-16; 히 12:28-29).

VI. Although true believers be not under the law, as a covenant of works, to be thereby justified or condemned; yet is it of great use to them, as well as to others; in that, as a rule of life informing them of the will of God, and their duty, it directs, and binds them to walk accordingly; discovering also the sinful pollutions of their nature, hearts, and lives; so as, examining themselves thereby, they may come to further conviction of, humiliation for, and hatred against sin; together with a clearer sight of the need they have of Christ, and the perfection of His obedience. It is likewise of use to the regenerate, to restrain their corruptions, in that it forbids sin; and the threatenings of it serve to show what even their sins deserve; and what afflictions,

---

5   서철원 박사는 『기독론』에서 "성육신의 필요성"을 다음과 같이 제시하였다. "언약의 성취, 원상회복의 법, 속죄제사, 새인류의 조성"이다.

in this life, they may expect for them, although freed from the curse thereof threatened in the law. The promises of it, in like manner, show them God's approbation of obedience, and what blessings they may expect upon the performance thereof; although not as due to them by the law, as a covenant of works. So as, a man's doing good, and refraining from evil, because the law encourageth to the one, and deterreth from the other, is no evidence of his being under the law; and not under grace.

7. 위에서 언급한 율법의 용도는 복음의 은혜에 반대되는 것이 아니라 도리어 복음의 은혜에 달콤하게 적용되는 것이다(갈 3:21)[6]. 그리스도의 영께서 사람의 의지를 다스리고 행하도록 해서 율법에 계시된 하나님의 뜻이 이루어지기를 요구하는 것을 자유롭고 기쁘게 행하도록 하신다.

VII. Neither are the forementioned uses of the law contrary to the grace of the Gospel, but do sweetly comply with it; the Spirit of Christ subduing and enabling the will of man to do that, freely and cheerfully, which the will of God, revealed in the law, requireth to be done(겔 36:27; 히 8:10; 렘 31:33).

2. 하나님의 율법 (2) 율법과 복음

WCF 19장에서 "하나님의 율법"에 대해서 고백합니다. 율법은 시내 산에서 이스라엘 백성에게 주어진 것이며, 죄에 대해서 그리스도(메시아)를 대망하도록 하는 기능이 있습니다. 메시아 대망이 사라진 지금에는 일반법으로 "죄를 억제"하는 기능이 있습니다. 죄 사함의 길을 그리스도께서

---

[6] sweetly, *suaviter*는 칼빈이 『기독교 강요』에서 표현하는 어휘 중 하나이다. 칼빈은 하나님의 법을 달콤함으로 반복해서 사용하는데, 시편 119편에서 잘 나타난다. "주의 말씀의 맛이 내게 어찌 그리 단지요 내 입에 꿀보다 더 다니이다"(시 119:103).

완전하게 성취한 우리 시대에도 율법은 복음과 잘 조화가 됩니다. 율법과 복음의 저자가 동일하기 때문입니다(히 12:2).

1) 하나님께서 이스라엘에 율법을 정치적 용도를 포함하여 주셨습니다

WCF 19:4에서 하나님께서 정치적 이스라엘에게 율법을 주심에 대해서 구속 경륜에 입각하여 고백합니다. 하나님께서 백성에게 주신 율법은 이스라엘 사람을 위한 재판법으로 활용하였기 때문에, 지금은 더 이상 구속력을 갖지 않습니다. 하나님의 율법으로 국가를 구성한 것이 이스라엘에게만 정치적 용도로 적합합니다.

그런데도 사울, 다윗, 솔로몬이 다스린 이스라엘이 남유다와 북이스라엘로 분리되었고, 두 왕국은 모두 멸망되었습니다. 종국적으로 형식적인 예루살렘 성전마저도 A.D. 70년에 종말을 맞이하였습니다. 그리고 국가를 유지하는 수단으로 하나님의 율법은 폐지되었습니다. 그러나 정치법으로서 일반 원리는 살아 있습니다. 현존하는 국가들이 신정국가는 아니지만, 하나님의 성품인 질서 유지를 위해서 국가법 체계를 구축하고 있습니다.

중세 시대 유럽은 자기들을 신정국가, 제정일치 사회를 구축하면서 성경 율법으로 국가 체계를 세우려고 하였습니다. 중세 유럽은 1세기 예루살렘과 공간은 다르지만 문화에서는 연속성을 갖고 있습니다. 그래서 율법과 복음을 명료하게 구별하지 못하였습니다. 국가의 법이 성경 내용과 차이가 없었기 때문입니다.

20세기까지 유럽과 미국은 자신들이 기독교 국가라고 자부하면서도 부당한 제국주의 식민지 정책을 합당하게 수행하였습니다. WCF가 제정될 17세기 당시 잉글랜드와 스코틀랜드도 이상적인 신정국가 이룸을 꿈꾸었기 때문에 제정분리가 사회 규범인 우리 시대에서 난해가 발생합니다. 제정 분리 사회는 베스트팔렌 조약(1648년), 영국의 명예혁명(名譽革命, Glorious Revolution, 1688)과 미국의 독립(美國獨立, The American Revolution, 1775-1783), 프랑스 혁명(1789-1799)으로 체계화되었습니다.

하나님의 법대로 국가(사회)와 교회가 이루어진다면 너무나 이상적이지만, 제정일치 사회에서는 국가가 교회를 아래에 두려는 논란이 있었습니다. 스코틀랜드 언약도들은 그것을 부정하지는 않았지만, 주의 말씀에 왕도 순종해야 한다고 생각하였습니다.

국가와 교회의 관계는 매우 민감한 문제입니다. 근대사회에서 정교분리가 체계화된 후에 국가는 일반영역으로 분리되었습니다. 교회는 반드시 하나님의 법으로 운영되어야 할 거룩한 기관입니다. 정교분리는 로마 카톨릭이 개신교회를 박해하지 못하도록 규정한 제도였습니다. 다양한 종파들과 갈등을 잠재시키는 것도 포함됩니다.

2) 율법에서 도덕법은 모두에게 유효합니다

WCF 19:5에서 "도덕법(moral law)"에 대한 고백으로, 창조주 하나님의 권위에 의해서 모든 인류가 지켜야 할 보편적인 법으로 고백합니다. 또한, 구속주이신 그리스도의 복음도 창조주 하나님의 율법을 폐지하지 않고, 오히려 완성하셨습니다(마 5:18-19; 롬 3:31). 창조주 하나님의 질서에는 창조 질서, 남성과 여성의 질서, 가정 제도, 직업(노동과 산업) 등이 있습니다. 구속주 하나님께서 죄인을 구속하셔서 창조주 하나님의 질서를 완성시키십니다.

그리스도인은 창조 질서를 완성하고 충만하게 해야 할 의무가 있습니다. 그것은 복음으로 사는 그리스도인에게 도덕적 율법을 더 강화하기 때문입니다. 우리 시대에 힘써야 할 부분은 가정을 지키는 것과 힘써 일하려는 자세라고 생각합니다.

3) 참 그리스도인과 율법

WCF 19:6에서 참 신자(true believers)에게 율법은 의롭게 하거나 정죄하는 기능이 없음을 고백합니다. 그러나 참 그리스도인이나 거짓 그리스도인에게 모두 율법은 생활의 규범(a rule of life)으로 유익한 것으로 준수의 의무가 있으며 강제 규정입니다.

국가법은 창조주 하나님의 질서에 맞게 조성되어 거짓 그리스도인도 권선징악을 공유합니다. 그러나 현대 시대에 국가법은 창조 질서를 위배하는 법률을 제정하는 현상이 빈번합니다. 참 그리스도인은 더 깨어 있어 국가법이 창조 질서에 부합하도록 노력할 때 인류공영에 합당하게 기여해야 할 것입니다.

그리스도인은 율법을 통해 인간의 본성과 심장이 죄에 오염되었다는 것을 인식하게 됩니다. 이를 통해 그리스도인은 겸손해질 뿐 아니라 죄를 증오하게 됩니다. 그리스도인은 율법으로 자기 무능과 비참함을 인식함으로 그리스도의 필요성과 그분의 완전한 순종을 본받아 더욱 겸손하게 믿음에 정진하며, 오직 그리스도를 고백합니다. 율법을 알면 알수록 그리스도의 필요성을 더 깊이 알아야 합니다. 반면 그리스도를 믿으면 믿을수록 율법을 더 충실하게 지키게 됩니다.

중생한 성도(the regenerate)에게 옛 모습의 부패가 현존한다면, 비록 그가 율법의 영원한 저주에서 해방되었다 할지라도 현세에서 어떤 고통을 받게 됩니다. 율법의 약속을 지키고 순종하는 것은 하나님을 기쁘시게 하는 것입니다. 하나님께서는 율법을 지키는 자에게 복을 주십니다.

율법은 권선징악(勸善懲惡)이지만 은혜 아래에서만 바르게 작동합니다. 은혜 없는 율법은 키가 없는 배와 같습니다. 은혜 없이 율법을 주장한다면 결국 율법은 세속주의와 인본주의가 될 것입니다. 그런데도 그리스도인이 권선징악을 강조한다고 해서 그를 율법의 사람으로 규정할 수 없습니다. 권선징악은 모든 사람이 주장해야 할 합당한 율법이기 때문입니다. WCF에서 율법 준수를 강조하는 것을 정죄하지 않도록 권고하였습니다. WCF에서는 회개를 반드시 설교하도록 권고하기도 하였습니다.

4) 율법과 복음

율법과 은혜의 복음은 반대되는 것이 아니라, 달콤하게(sweetly) 결합되어 있습니다. 그리스도의 영(성령)께서 인간의 의지가 율법에 복종하고 견디는 것에 즐겁고 자유롭게 순종하여 하나님의 뜻을 이루게 합니다. 하나님의 뜻을 이룸이 성도에게 가장 큰 기쁨입니다(마 6:33). 위에서 언급한 율법은 국가법(시민 질서)으로 보아야 합니다.

WCF 작성 시대는 기독교 국가를 지향하였기 때문에 더 긴요한 요청이 될 수 있습니다. 우리 시대는 기독교 국가를 지향하면 종교 편향으로 보는 시대(개종전도금지)일 뿐 아니라 동성혼인 허용 등이 일상화되는 시대입니다. 국가법(시민 질서)이 창조주 하나님의 질서에 역행하고 있습니다. 뱀처럼 지혜롭고 비둘기처럼 순결한 그리스도인의 품성이 요구되는 시점입니다.

그런데도 그리스도인에게 국가법이 창조주의 질서에 합당하게 제정될 수 있도록 적극적인 사회참여(정치 활동)가 필요합니다. 단순한 구호나 캠페인이 아닌 지식과 조직 등 체계적인 사회 규범으로 진행하여야 합니다.

WCF는 천년기에 대해 언급하지 않는 종말론이지만, 17세기 잉글랜드

청교도들은 후천년기적 종말론을 견지하였습니다.

윌리엄 왓슨은 청교도 시대에 역사적 전천년기론이 있다고 밝힌 연구서인 『청교도 시대의 종말론』(성서침례대학교출판부, 2017)을 출판하였습니다. 그들은 이 땅 위에 이상적인 기독교 공동체를 확립하려고 한 것입니다.

스코틀랜드 언약도들은 왕국의 온전함을 교회의 온전함으로 실현하려고 하였습니다. 교회의 온전함은 표지(복음선포와 성례)가 온전하게 수행되는 것입니다. 그 교회에는 왕도 주의 자녀로 포함된 교회입니다. 즉, 이상향 사회 건설이 아니라 교회가 거룩하게 주어진 사명을 준수하는 것을 목표로 하고 있습니다.

스코틀랜드 언약도는 교회가 주의 몸 된 지체로 복음선포와 선포된 복음에 순종하여 거룩한 삶과 왕국을 이루는 것을 추구한 것입니다. 교회를 거부하며 박해하는 왕을 향해서 무력으로 항거하며 신앙의 자유를 지켰습니다. 당시에 신앙 운동과 정치 운동은 차이가 거의 없었습니다. 그러나 정교분리가 정착된 사회에서는 신앙 운동과 정치 운동이 엄격한 차이가 있습니다.

율법을 힘써 행하지만, 복음을 소홀하게 하는 것이 아닙니다. 그리스도인은 법에 따라서 행동합니다. 그리스도인의 최고의 법은 성경입니다. 성경의 법과 국가법이 상치될 때 그리스도인은 국가법에 따라서 박해를 받았고, 그 박해를 견디며 하나님 앞에 합당한 법체계를 구축하였습니다.

제20장

그리스도인의 자유와 양심의 자유에 대하여
(CHAPTER XX. Of Christian Liberty, and Liberty of Conscience)

1. 그리스도께서 복음 아래 있는 그리스도인들을 위하여 값을 지불하고 주신 자유는 죄책, 하나님께서 정죄하시는 진노, 도덕적 율법의 저주에서 해방이다(딛 2:14; 살전 1:10; 갈 3:13). 그리고 그리스도인은 현재 악한 세상, 사탄의 굴레, 죄의 통치(갈 1:4; 골 1:13; 행 26:18; 롬 6:14), 고난의 악함, 사망이 쏘는 화살, 무덤에서 승리, 영원한 정죄에서 구원받았다(롬 8:28; 시 119:71; 고전 15:54-57; 롬 8:1). 그리스도인은 하나님께 자유롭게 접근할 수 있으며(롬5:1-2), 하나님께 노예적인 두려움을 벗고 어린아이처럼 자발적으로 기쁘게 순종한다(롬 8:14-15; 요일 4:18). 이 모든 것은 율법 아래 있던 그리스도인들에게도 공통이었다(갈 3:9, 14). 그러나 신약 시대에서 그리스도인의 자유는 유대 교회가 복종하였던 의식적 율법의 멍에로부터 해방되었다(갈 4:1-3, 6-7; 5:1; 행 15:10-11). 율법 아래 있던 그리스도인들에게 주어진 일반적으로 [자유]보다 은혜의 보좌에 더 큰 담력을 가지고 [하나님께] 나가며(히 4:14, 16; 10:19-22), 하나님의 자유하신 영과 교통이 더욱 충만하다(요 7:38-39; 고후 3:13, 17-18).

I. The liberty which Christ hath purchased for believers under the Gospel consists in their freedom from the guilt of sin, the condemning wrath of God, the curse of the moral law; and, in their being delivered [1] from this present evil

---

[1] delivered와 freedom은 동일한 의미이다. delivered는 freedom을 더 구체적으로 설명한다.

world, bondage to Satan, and dominion of sin; from the evil of afflictions, the sting of death, the victory of the grave, and everlasting damnation; as also, in their free access to God, and their yielding obedience unto Him, not out of slavish fear, but a child-like love and willing mind. All which were common also to believers under the law. But under the new testament, the liberty of Christians is further enlarged, in their freedom from the yoke of the ceremonial law, to which the Jewish Church was subjected; and in greater boldness of access to the throne of grace, and in fuller communications of the free Spirit of God, than believers under the law did ordinarily partake of.

2. 하나님만이 양심의 주(主)이시고(약 4:12; 롬 14:4), 하나님께서 [그리스도인에게] 사람들의 가르침이나 교리로 만든 어떤 것, 말씀에 배치되는 것, 혹은 믿음의 방법, 예배로부터 해방하셨다(행 4:19; 5:29; 고전 7:23; 마 23:8-10; 고후 1:24; 마 15:9). 그래서 [사람이 만든] 교리를 믿거나, 또는 그와 같은 계명에 대해 양심을 떠나서 순종하는 것은 참된 양심의 자유를 반역하는 것이다(골 2:20, 22-23; 갈 1:10; 2:4-5; 5:1). 그리고 맹목적 신앙과 절대적이며 무지한 순종을 요구하는 것은 양심의 자유와 이성을 파괴하는 것이다(롬 10:17; 14:23; 사 8:20; 행 17:11; 요 4:22; 호 5:11; 계 13:12, 16-17; 렘 8:9).

II. God alone is Lord of the conscience, and hath left it free from the doctrines and commandments of men, which are in any thing contrary to His Word; or beside it, in matters of faith or worship. So that, to believe such doctrines, or to obey such commands, out of conscience, is to betray true liberty of conscience: and the requiring of an implicit faith, and an absolute and blind obedience is to destroy liberty of conscience, and reason also.

3. 그리스도인의 자유를 핑계로 어떤 죄를 행하거나 혹은 정욕을 품으면, 그것으로 말미암아 그리스도인의 자유 목적을 파괴하는 행동이다. [그리스도인의 자유 목적은] 우리가 원수들의 손에서 구출되어 우리가 사는

전 인생에서 [전능하신] 주(主) 앞에서 거룩과 의를 행하며, 주께 두려움 없이 예배하기 위함이다(갈 5:13; 벧전 2:16; 벧후 2:19; 요 8:34; 눅 1:74-75).

III. They who, upon pretence of Christian liberty, do practice any sin, or cherish any lust, do thereby destroy the end of Christian liberty, which is, that being delivered out of the hands of our enemies, we might serve the Lord without fear, in holiness and righteousness before Him, all the days of our life.

4. 그리고 하나님께서 제정하신 일반 권세와 그리스도께서 값을 주시고 부여하신 자유는 하나님께서 [전자를] 파괴하기 위한 의도가 아니다. 서로 상호 지지해서 타자를 보존하는 것이 하나님께서 의도하신 것이다. 그리스도인의 자유를 핑계로 어떤 법적 권세 혹은 법적 집행을 반대하는 것은 시민 정부나 교회라도 하나님의 질서에 저항하는 것이다(마 12:25; 벧전 2:13-14, 16; 롬 13:1-8; 히 13:17). 그리고 본성의 빛이나, 믿음, 예배, 회개에 관해서 기독교의 알려진 원리들, 혹은 경건의 능력에서 어떤 오류가 있는 의견이나 실천 등이 자기의 본성이거나 출판하는 방법 혹은 다른 방법으로 그리스도께서 세우신 교회를 파괴하려 한다면, 교회의 치리회(롬 1:32; 고전 5:1,5,11,13; 요이 1:10-11; 살후 3:14; 딤전 6:3-5; 딛 1:10-11, 13; 3:10; 마 18:15-17; 딤전 1:19-20; 계 2:2, 14-15, 20; 3:9)와 시민 정부의 권력(신 13:6-11; 롬 13:3-4; 요이 1:10-11; 스 7:23,25-28; 계 17:12, 16-17; 느 13:15, 17, 21-22, 25; 왕하 23:5-6,9, 20; 대하 34:33; 15:12-13, 16; 단 3:29; 딤전 2:2; 사 49:23; 슥 13:2-3)[2]에서 그들은 법적 소환되어 고소를 당할 수 있다.

IV. And because the powers which God hath ordained, and the liberty which Christ hath purchased, are not intended by God to destroy, but mutually to uphold and preserve one another; they who, upon pretence of Christian liberty, shall oppose any lawful power, or the lawful exercise of

---

[2] 1788년 미국 장로교회에서 이 부분은 삭제하였다(정성호 역, 90쪽).

it, whether it be civil or ecclesiastical, resist the ordinance of God. And, for their publishing of such opinions, or maintaining of such practices, as are contrary to the light of nature, or to the known principles of Christianity, whether concerning faith, worship or conversation; or, to the power of godliness; or, such erroneous opinions or practices, as either in their own nature, or in the manner of publishing or maintaining them, are destructive to the external peace and order which Christ hath established in the Church, they may lawfully be called to account, and proceeded against by the censures of the Church, (and by the power of the civil magistrate.)

1. 그리스도인의 자유와 양심의 자유

WCF 20장에서는 "그리스도인의 자유와 양심의 자유"에 대해 언급합니다. 그리스도인의 자유는 내세의 영원한 저주로부터 해방(free)이고, 현세에 죄의 굴레에서 벗어나 획득된 양심의 자유(liberty)입니다. 이것은 모두 그리스도께서 복음과 구속의 은혜로 세우시고 부여하신 자유입니다.

1) 그리스도의 복음 시대(WCF 20:1)

첫째, 그리스도의 구속사역으로 이루신 죄 사함(죄에서 해방됨, freedom)으로 주어진 영생입니다.

그리스도의 십자가의 순종은 구약의 완성이고 율법의 성취입니다. 그것은 의식법을 종료시켰고 율법의 멍에를 해체하였습니다. 그리스도인은 율법이란 몽학 선생의 인도로 그리스도를 기다리는 것이 아닌 성령의 인도로 그리스도를 섬깁니다.

둘째, 그리스도인들이 하나님께 나아갈 때 공포가 아닌 자원하는 경외심을 갖습니다. 그리스도인은 종의 영이 아닌 양자의 영을 받았기 때문입니다.

셋째, 구약 율법의 의식법이 폐지되어 신자는 담대하게 은혜의 보좌로 나아갈 수 있게 되었습니다. 그래서 하나님과 교제하는 은혜를 더욱 풍성하고 충만하게 누릴 수 있게 되었습니다.

넷째 율법 아래에 있는 유대 교회도 하나님께 기쁘게 순종할 수 있었지만, 율법이 성취된 뒤 유대 교회는 율법에서 해방된 수준으로 하나님을 섬겨야 합니다. 유대 교회나 누구도 율법(의식법)으로 하나님께 나가는 법은 종료되었습니다.

죄의식이 있는 상태에서는 자유가 있을 수 없습니다. 두려움과 부끄러움이 있을 때는 자유가 없습니다. 보혈의 능력으로 모든 죄가 제거됩니다. 그리고 전능하신 엄위의 하나님께 더 가까이 나갈 권리를 갖습니다(양자의 영). 만약 죄의식이 자기에게 발생하였다면 주의 이름을 부르며 회개하라는 것이지, 스스로 죄의식을 제거하려는 것은 율법을 일으키기 때문에 십자가에 예수를 다시 못 박는 불신앙입니다.

죄의식이 없는 것이 부당한 것이지만(방종주의), 죄의식에 사로잡혀 있는 것도 부당한 것입니다(율법주의). 이 둘을 융합시킨 것은 신비주의입니다. 공통점은 스스로 죄의식을 제거하려는 것입니다.

어떤 종교에서는 스스로 죄의식을 제거하였다고 착각하도록 인식하는 훈련 과정도 있습니다. 기독교는 죄의식을 제거하는 것이 아니고, 죄를 제거합니다. 죄의식이 있음은 죄가 있는 것이나 불신으로 죄가 있다고 생각하는 것입니다. 그래서 죄의식이 발생하면 율법의 저주, 죄의 죄책에서 해방한 그리스도의 십자가를 붙들어야 합니다. 이 일을 주의 성령께서 하십니다.

2) 양심의 자유

WCF 20:2에서 양심의 주(主)이신 하나님께서 형식적인 의식법을 폐지하시고, 오직 말씀으로 믿음으로 순수한 양심으로 예배할 수 있도록 하셨습니다. 순수한 양심(*veram ii conscientiæ libertatem*)을 하나님께서 원하십니다. WCF는 사람이 고안한 믿음의 도식이나 예배에서 해방되었다고 선언하였습니다. 그런 사람의 수단에 굴복하는 것은 참된 양심의 자유에 배치되는 행동이기 때문입니다.

우리 교회는 신사 참배(동방 요배, 신도의식 도입)를 행하였습니다. 적산(敵産) 분여에 참여해서 부당한 이득을 탐하기도 하였습니다. 국민의 의식을 선한 양심으로 주도하는 데 실패하기도 하였습니다. 그리스도인은 시대의 양심에서 가장 선봉에 서야 합니다.

사람이 하나님을 위한다는 명분으로, 맹목적(혹은 잠재적) 신앙(implicit faith)나 무지한 순종(blind obedience)을 요구하는 것은 양심과 이성을 파괴하는 것으로 배도자의 길입니다.

3) 자유는 거룩과 의가 동반됨

WCF 20:3에서는 방종과 무질서를 거부합니다. 종교개혁 시대에 있었던 재침례파의 무폭력적 이상 공동체 이룸 사상은 교회를 이루지 못할 뿐만 아니라 파괴하는 행동입니다. 더욱이 그들은 이상 공동체를 이루기 위해서 폭력 수행을 정당화시켰습니다.

또한, 구원 후에 어떤 제약이 없다는 사상은 하나님의 거룩과 의를 무시하는 불신앙입니다. 구원 후에 세상의 기복(祈福)을 추구하는 것과 구원 후에 죄에 대해서 방종하는 것은 다른 유형이지만 불신에 공통적입니다.

기복(祈福)은 유교에서도 거부하는 사안입니다.

구원을 이루시고 자유를 주심은 평생토록 하나님 앞에서(Coram Deo) 자발적으로 거룩과 의를 이루기 위함입니다. 거룩과 의를 세움과 두려움 없이 하나님께 예배하는 것은 그리스도인에게 큰 복입니다.

담대한 예배는 교회의 덕(德)이 되며, 교회의 백성들은 은혜 안에서 충만한 교통을 이루게 됩니다. 하나님께서 주신 자유는 양심의 자유와 함께 이성을 세웁니다. 비합리적인 기독교는 은혜 종교의 산물이 아닙니다.

4) 교회와 세속 권력 모두를 법 정신으로 증진해야 함

WCF 20:4에서는 하나님께서 세속의 권력을 세우셔서 복음과 상호 보존되도록 하심을 고백합니다. 그러므로 그리스도인의 자유를 명목으로 세속 권력에 반대하는 것을 하나님의 법에 반항하는 것으로 고백합니다.

교회와 세속 권력은 상호 협력으로 함께 세워져야 합니다. 그래서 하나님의 질서가 풍성하게 형성되며 준수되어야 합니다. 하나님께서 세우신 질서는 그리스도인의 자유와 동등하지 않습니다. 하나님께서 세운 질서가 확고하고 증진될 때 그리스도인은 자유(liberty)를 느낍니다. 하나님께서 부여한 자유(liberty)를 가진 그리스도인이 하나님의 질서나 국가 질서를 해치고 파괴한다면 그는 참된 그리스도인이 아닙니다.

그런데 만약 세속 권력이 시민의 합법적인 생활(본성의 빛)을 침해하거나, 예배(기독교의 원리)를 침해하는 행동을 지속할 때 교회는 세속 권력의 잘못된 행동에 대해 바른 질서를 선포할 수 있습니다. 작금의 교회가 오히려 세속 권력에 고소를 당하는 모습은 상상할 수 없습니다.

WCF에서 부당한 행동을 진행하는 자를 교회의 치리회와 세속 권력에 고소가 가능할 것을 고백하고 있습니다. 교회의 고소 문제는 한국 교회에 중요한 논쟁 사안 중 하나였습니다. 그러나 합법적인 그리스도인은 불법에 대한 해소를 위해서 합법적인 소송을 피하거나 거부할 필요가 없습니다. 불법을 행하는 자를 규제할 질서를 하나님께서 세우셨기 때문입니다.

제21장

경건한 예배와 안식일에 대하여
(CHAPTER XXI. Of Religious[1] Worship and the Sabbath Day)

1. 본성의 빛은 하나님께서 계시다는 것을 보여주었다. 하나님께서 만물의 주권과 통치권을 가지시고, 선하시기에 만물을 [공의와] 선으로 운행하신다. 그러므로 [사람은] 마음과 목숨과 힘을 다해 하나님을 경외하고, 사랑하며, 찬양하고, 기도하며, 의지하고, 섬겨야 한다(롬 1:20; 행 17:24; 시 119:68; 렘 10:7; 시 31:23; 18:3; 롬 10:12; 시 62:8; 수 24:14; 막 12:33). 참 하나님을 예배하는 합당한 방법은 하나님께서 스스로 제정하셨고, 하나님께서 계시하신 뜻 안에 제한하셨다. 사람이 하나님을 [예배한다고 주장하며] 어떤 상상과 고안을 [제정하는 것은] 사탄의 제시를 따르는 것이다. 어떤 볼 수 있는 조형물이나 성경에 기록되어 있지 않은 어떤 방법을 통해 [하나님을] 예배할 수 없다(신 12:32; 마 15:9; 행 17:25; 마 4:9-10; 신 4:15-19; 출 20:4-6).

I. The light of nature showeth that there is a God, who hath lordship and sovereignty over all, is good, and doth good unto all, and is therefore to be feared, loved, praised, called upon, trusted in, and served, with all the heart, and with all the soul, and with all the might. But the acceptable way of worshipping the true God is instituted by Himself, and so limited by His

---

1 Religious를 '종교적'이라 하지 않고 '경건한'이라고 번역하였다. Religious는 '기독교적'이라고 번역할 수 있다. '기독교 예배'라 할 수 있다.

own revealed will, that He may not be worshipped according to the imaginations and devices of men, or the suggestions of Satan, under any visible representation, or any other way not prescribed in the holy Scripture.

   2. 경건한 예배는 성부, 성자, 성령 하나님, 오직 한 분께 예배해야 한다(마 4:10; 요 5:23; 고후 13:13). 천사, 성인(聖人), 그 밖에 어떤 피조물에게 예배하지 않아야 한다(골 2:18; 계 19:10; 롬 1:25). 사람이 타락한 후에는 중보자 없이 [예배할 수 없는데] 어떤 다른 중보자가 아니라, 오직 그리스도를 통해서만 예배해야 한다(요 14:6; 딤전 2:5; 엡 2:18; 골 3:17).

   II. Religious worship is to be given to God, the Father, Son, and Holy Ghost; and to Him alone; not to angels, saints, or any other creature: and since the fall, not without a Mediator; nor in the mediation of any other but of Christ alone.

   3. 고마움을 갖고 아뢰는 기도는 경건한 예배의 특별한 부분으로(빌 4:6) 하나님께서 모든 사람에게 요구하시는 요소이다(시 65:2). 그리고 [하나님께서] 받으시는 기도는 [기도하는 사람의] 이해, 존경, 겸손, 열성(간절함), 믿음, 사랑과 인내를 갖고(시 47:7; 전 5:1-2; 히 12:28; 창 18:27; 약 5:16; 1:6-7; 막 11:24; 마 6:12, 14-15; 골 4:2; 엡 6:18), 하나님의 뜻(요일 5:14)을 성령의 도우심(롬 8:26)과 아들의 이름으로(요 14:13-14; 벧전 2:5) 기도해야 한다. 만약 소리[회중기도]를 내어 기도할 때는 이해할 수 있는 언어로 해야 한다(고전 14:14).

   III. Prayer, with thanksgiving, being one special part of religious worship, is by God required of all men: and that it may be accepted, it is to be made in the name of the Son, by the help of His Spirit, according to His will, with understanding, reverence, humility, fervency, faith, love, and perseverance; and, if vocal, in a known tongue.

> 4. 기도는 합법적인 것(요일 5:14)을 하고, 현재 살아 있는 모든 사람이나 이후에 생존할 사람들을 위해서 할 수 있다(딤전 2:1-2; 요 17:20; 삼하 7:29; 룻 4:12). 죽은 사람(삼하 12:21-23; 눅 16:25-26; 계 14:13) 또는 죽음에 이르는 죄를 범한 것이 알려진 사람을 위해서는 기도할 수 없다(요일 5:16).
>
> IV. Prayer is to be made for things lawful, and for all sorts of men living, or that shall live hereafter: but not for the dead, nor for those of whom it may be known that they have sinned the sin unto death.

1. 경건한 예배와 안식일 (1)

WCF 21장에서는 "경건한 예배와 안식일"에 대한 고백입니다. 예배는 하나님께서 제정하신 제도로 창조주 하나님을 섬기는 유일한 제도입니다. 예배는 제정자와 수행자가 있습니다. 창조주 하나님께서 예배 제정자이시고, 그의 백성은 예배 수행자입니다. 그러므로 함부로 예배를 붙이는 행위에 대해서 주의해야 합니다. 예를 든다면, '삶의 예배'라는 표현은 바르지 않습니다.

1) 하나님께서 받으시는 예배

WCF 21:1에서 모든 사람이 창조주 하나님을 경배하려고 하지만, 하나님께서 제정하신 방법으로 드리는 예배만이 참됨을 고백합니다. 하나님께서는 자신이 받으실 만한 방법(acceptable way)을 제정하셨습니다. 하나님이 제정하신 방법에 대해 인간은 제한을 느낍니다. 마치 선악을 알게 하는 나무를 보며 제한을 느끼는 것과 같습니다. 그 제한에서 사람이 스스로 예배 모범을 떠나 예배방법을 상상하거나 고안하는 것은 바르지 않습니다.

사탄은 사람이 이해할 수 있고, 보이는 방식으로 자기를 섬기도록 유도합니다. 그러나 성경은 가시적 형상, 성경 외에 다른 방법은 예배가 아니라고 엄중히 말씀하십니다. 인간이 창안한 요소를 예배에 도입하는 것은 바람직한 예배가 될 수 없습니다.

예배는 하나님의 예배이기 때문에 하나님의 규례를 준수하도록 개혁해야 합니다.

2) 예배의 대상

WCF 21:2에서 예배 대상이 삼위일체(성부, 성자, 성령)임을 고백합니다. 칼빈은 로마교회가 라트리아(*latria*, 예배)와 둘리아(*dulia*, 봉사)로 구별하여 성인(聖人)숭배를 정당화하는 모습을 비판하였습니다(Inst., I, 11). 천사숭배도 바르지 않습니다. 또한, 교회의 목사에 대한 과잉의존 혹은 과잉존경도 숭배에 해당된다고 볼 수 있습니다.

바른 예배를 드리기 위해서는 반드시 중보자(Mediator)가 있어야 하며, 중보자는 오직 그리스도(Christ alone)뿐입니다. 중보는 중간 매개자가 아니라 예배의 대상이며 은혜의 시여처입니다. 다른 중보(매개)를 이용하는 것도 우상숭배입니다.

WCF에서는 중보자 개념을 명확하게 설명하지 않습니다. 중보자는 참 하나님이시고 참 사람으로 예배의 대상이고 예배에서 은혜의 수여자입니다. WCF 21:3에서 기도에서 "하나님의 뜻, 성령의 도우심, 아들 하나님의 이름으로"라고 합니다. 기도와 예배의 대상과 도식은 동일합니다. 하나님의 뜻에 합당하게 예배하고, 성령의 도우심으로 예배하고, 성자의 이름으로 예배합니다.

3) 예배의 기도

WCF 21:3에서는 "예배 기도"에 대해서 고백합니다. 예배에서 기도는 한 부분입니다. 기도는 하나님의 뜻, 성령의 도우심으로 성자의 이름으로 해야 합니다. 기도는 기도하는 사람이 이해하며, 하나님을 존경하며, 자기 겸손, 열심(간절함), 믿음, 사랑, 인내로 해야 합니다. 그리고 회중 기도는 다른 사람이 들리는 소리로 하므로, 이해할 수 있는 소리로 해야 합니다. 유창한 외국어 실력이 있다 할지라도 회중이 이해할 수 있는 언어로 해야 합니다.

4) 기도의 내용

WCF 21:4에서는 기도의 내용에 대해서 고백합니다.

첫째, 기도는 합법적인 사안에 대해서 기도합니다. 범죄를 위해서 기도하거나, 사탄과 타협하는 것은 바람직하지 않습니다.

둘째, 기도는 살아 있는 사람과 후손을 위해서 기도합니다. 산 자를 위해서 기도하지만, 사망에 이르는 죄에 대해서는 기도할 수 없습니다(대요리문답 183, 184문).

셋째, 기도할 수 없는 부분이 있습니다. 죽은 자를 위해서 기도할 수 없습니다. 그리고 사망에 이른 죄를 범한 사람을 위해서 기도할 수 없습니다(요일 5:16)[2].

---

2   누구든지 형제가 사망에 이르지 아니하는 죄 범하는 것을 보거든 구하라 그리하면 사망에 이르지 아니하는 범죄자들을 위하여 그에게 생명을 주시리라 사망에 이르는 죄가 있으니 이에 관하여 나는 구하라 하지 않노라(요일 5:16).

장로교는 죽은 자를 위해서 기도하지 않습니다. 기독교에서도 죽은 자를 위해서 기도하는 구교(연옥 교리), 이단(귀신파)들이 있습니다. 그리고 사망에 이르는 죄를 규정하는데, 성령 훼방죄라고 볼 수 있습니다. 사망에 이르는 죄를 개인의 양심으로 규정할 수 있고, 공적으로 규정(출교)할 수 있습니다.

교회의 무서운 권위는 회개할 수 없는 죄인으로 규정할 수 있습니다. 그럼에도 그가 회개할 수 있겠지만, 회개하기 전까지는 기도하지 않습니다. 기도 내용에서 제거되는 것은 징벌 중에서 매우 큰 징벌입니다.

5. 종교적인 경외심으로 성경을 읽는 것(행 15:21; 계 1:3), 바른 설교(딤후 4:2) 그리고 설교에 대해서 이해, 믿고, 존경하며 하나님께 순종하는 마음으로 말씀을 양심적으로 경청하는 것(약 1:22; 행 10:33; 마 13:19; 히 4:2; 사 66:2), 경건한 심장으로 은혜롭게 시편을 찬송하는 것(골 3:16; 엡 5:19; 약 5:13), 그리스도께서 제정하신 성례를 합당하게 수행하고 받는 것은 합법적이고 경건한 예배 요소이다(마 28:19; 고전 11:23-29; 행 2:42), 경건한 맹세(신 6:13; 느 10:29)와 서원(사 19:21; 전 5:4-5), 엄숙한 금식(욜 2:12; 에 4:16; 마 9:15; 고전 7:5), 특별한 경우에 드리는 감사가 있는데(시 107; 에 9:22), 그것은 어떤 시간과 절기들이고, 거룩하고 경건한 방법으로 해야 한다(히 12:28).

V. The reading of the Scriptures with godly fear; the sound preaching and conscionable hearing of the Word, in obedience unto God, with understanding, faith, and reverence; singing of psalms with grace in the heart; as also, the due administration and worthy receiving of the sacraments instituted by Christ; are all parts of the ordinary religious worship of God: beside religious oaths, vows, solemn fastings, and thanksgivings, upon special occasions, which are, in their several times and seasons, to be used in a holy and religious manner.

6. 복음 시대에 있는 [우리에게] 기도나 경건한 예배가 어떤 장소나 수행 방법에 따라서 [하나님께서] 더 좋게 받는 것이 아니다(요 4:21). [하나님께서 원하시는 것은] 장소와 관계없이(말 1:11; 딤전 2:8) 성령과 진리로 예배하는 것이다(요 4:23-24). 매일(마 6:11) 가정에서(렘 10:25; 신 6:6-7; 욥 1:5; 삼하 6:18, 20; 벧전 3:7; 행 10:2) [행하는 예배], 혼자서 은밀한 곳에서 [행하는 기도](마 6:6; 엡 6:18), 더욱 엄숙한 공적 예배는 부주의하거나 의지를 부정하거나 경솔한 태도로 하는 것이 아니라, 하나님께서 말씀하심, 섭리하심, 부르심을 [믿고 사모해야 한다](사 56:6-7; 히 10:25; 잠 1:20-21, 24; 8:34; 행 13:42; 눅 4:16; 행 2:42).

VI. Neither prayer, nor any other part of religious worship, is now under the Gospel either tied unto, or made more acceptable by any place in which it is performed, or towards which it is directed: but God is to be worshipped everywhere, in spirit and truth; as in private families daily, and in secret each one by himself; so, more solemnly, in the public assemblies, which are not carelessly or wilfully to be neglected, or forsaken, when God, by His Word or providence, calleth thereunto.

7. 하나님께 예배하기 위해서 적당한 시간을 구분하는 것이 일반적으로 본성의 법칙에 부합된다. 하나님께서는 자기 말씀을 통해서 적극적, 도덕적, 항구적인 명령으로 모든 시대의 모든 사람에게 칠일 중에 하루를 특별하게 안식일(주일)로 지정하여 하나님께 거룩한 날로 지키게 하셨다(출 20:8, 10-11; 사 56:2, 4, 6-7). 이날은 창세로부터 그리스도의 부활까지는 한 주의 마지막 날이었으나, 그리스도의 부활 이후는 첫날로 변경하였는데(창 2:2-3; 고전 16:1-2; 행 20:7), 성경에서는 이 날을 주일(주의 날)이라고 부른다(계 1:10). 이날은 세상 끝날까지 그리스도인의 안식일로 계속되어야 할 것이다(출 20:8, 10; 마 5:17-18).

VII. As it is the law of nature, that, in general, a due proportion of time be set apart for the worship of God; so, in His Word, by a positive, moral, and perpetual commandment, binding all men, in all ages, He hath particularly appointed one day in seven, for a Sabbath, to be kept holy unto Him: which, from the beginning of the world to the resurrection of Christ, was the last day of the week; and, from the resurrection of Christ, was changed into the first day of the week, which, in Scripture, is called the Lord's Day, and is to be continued to the end of the world, as the Christian Sabbath.

8. 이 안식일은 주께 나와 거룩하게 지켜야 한다. [주일을 지키는] 사람은 마음을 합당하게 준비하고, 일반의 직무를 미리 수행하여 행함이 없어야 한다. 그리고 자기의 직업, 언어, 세상적인 직업, 오락 등에서 온전히 떠나며, 또한 온종일 거룩한 휴식을 지킨다(출 20:8; 16:23, 25-26, 29-30; 31:15-17; 사 58:13; 느 13:15-19, 21-22). 그리고 주의 예배를 공적이고 개인적으로 수행하며, 필요한 의무와 자비를 베푸는 일을 수행해야 한다(사 58:13; 마 12:1-13).

VIII. This Sabbath is then kept holy unto the Lord, when men, after a due preparing of their hearts, and ordering of their common affairs beforehand, do not only observe an holy rest, all the day, from their own works, words, and thoughts about their worldly employments, and recreations, but also are taken up the whole time in the public and private exercises of His worship, and in the duties of necessity and mercy.

2. 경건한 예배와 안식일 (2)

WCF 21장은 "경건한 예배와 안식일"로 예배에 관한 고백입니다. 예배는 하나님께서 제정하신 제도로 창조주 하나님을 섬기는 유일한 제도입니다. 예배의 대상은 삼위일체 하나님이시고, 예배에서 기도는 필수적입니다. 또 예배의 필수 요소는 성경낭독, 설교, 찬송입니다.

공적 예배는 주일 하루에 합당한 예배를 수행합니다. 주일 2회 말씀은 성경강해와 교리설교로 구성합니다. 주일에 가정에서 강단설교를 근거하여 자녀들과 함께 공유하며 예배합니다(6절). 삼일밤에는 성경공부와 기도에 좀 더 집중합니다.

1) 성경, 설교, 찬송

WCF 21:5은 예배의 필수 부분에 대한 고백입니다. WCF의 예배 요소는 성경 읽음, 바른 설교(sound preaching)과 경청(conscionable hearing), 시편 찬송입니다. 이것을 말씀(the Word)으로 높여서 고백합니다. 설교는 항상 설교에 해당한 성경 본문에 근거해야 하며, 설교 권위의 근거가 성경이 되어야 합니다. 찬송, 성례까지가 일반적인 예배의 부분입니다.

이외에도 WCF에서는 종교적 맹세, 서원, 금식, 감사, 특별한 감사 등을 거룩하고 종교적인 방법으로 집행하도록 하였습니다. 찬송을 시편 찬송으로 고백한 것은 칼빈의 영향을 받은 것입니다.

한국 교회는 미국 부흥 운동의 여파로 전래되어 부흥성가(무디의 부흥운동)가 자유로웠고, 지금은 CCM까지 예배에 도입될 수준입니다. 루터는 민중 음악으로 찬송을 진행하기도 하였습니다. 찬송은 바른 예배를 위한 합당한 곡조로 인간의 감정을 절제하며 하나님만 높일 수 있도록 해야 합니다. 참고로 찬송은 기도가 아닙니다. 찬송은 하나님을 찬양하는 시와 음율입니다. 찬송은 하나님을 깊이 아는 지식과 함께 감정을 함께 할 수 있는 복된 도구(음악)입니다.

2) 예배 시간과 장소

WCF 21:6에서는 예배 시간과 장소가 고정되어 있지 않다고 하였습니다. 구약 시대 예루살렘 성전을 절대적 장소로 지정하였지만, 교회 시대에는 지역마다 교회를 설립하여 합당한 예배 처소로 사용하였습니다. 필자는 예배 장소에 어떤 신적인 요소는 없지만, 약속에 의해 고정되었다고 생각합니다. 예배하는 장소와 날과 시간은 고정되어 있습니다. 당회가 예배하는 날을 바꿀 수 없지만, 시간과 장소는 변경할 수 있습니다. 그러나 장소는 임의적으로 변경하는 것이 아니라 규칙적이고 규범적으로 운용해야 합니다. WCF에서 시간과 장소가 고정되지 않았다고 하는 것은 세계 보편성을 고백하는 것입니다.

WCF에서 성령과 진리로 드리는 예배(요 4:24)이면 충족성을 말하여, 가정 예배, 개인의 은밀한 기도, 공적 예배까지 포함시켰습니다. 그리고 경솔한 판단과 소홀한 행동에 대해 금지시켰습니다.

필자는 '개인의 은밀한 것(each one by himself)'을 '개인의 은밀한 기도'라고 제시하였습니다. 참고로 17세기 잉글랜드와 스코틀랜드에서 개혁된 신앙은 박해를 받았기 때문에 자유롭게 회집할 수 없었습니다. 그럴 때에는 개인이 은밀하게 예배를 수행할 수밖에 없습니다.

예배는 개인이 수행할 수 없기 때문입니다. 또한, 가정 예배는 주일설교를 근거해서 가정에서 자녀들의 영혼을 돌보는 사역입니다. 주일설교를 떠난 가정 예배는 교회와 분리된 개별행동으로 합당한 예배라고 보기 어렵습니다. 예배는 하나님께서 부르시고 섭리하셔서 행할 수 있는 은혜입니다. 예배에 참여하는 자는 주의 부르심을 믿어 인지해야 하고, 부르신 주님께 예배하며 은혜를 받아야 합니다.

3) 예배의 날과 시간

WCF 21:7에서는 예배 시간을 정하는 것을 요구하였습니다. WCF에서 예배 날과 시간은 제4계명에 의지하여 하루로 결정합니다. 그리고 부활 전에는 안식일로 한 주의 마지막 날이 예배의 날이고, 부활 이후에는 한 주의 첫날을 예배 날로 규정하였습니다. 한 주간의 첫날로 바뀜은 성경에 근거한 것이며, 주의 날, 주일로 부릅니다. 주일이 주님 오실 날까지 지켜질 안식일이 됩니다. 주의 부활을 근거하여 지킨 안식일이기 때문에, 주의 부활과 재림을 사모해야 합니다.

구약성경에 있는 한 주의 마지막인 안식일 준수를 주장하는 것은 신약성경을 부인하는 것입니다. 구약성경을 부인하거나 소홀히 하여도 기독교가 되지 못하지만, 신약성경을 부인해도 기독교가 되지 못합니다. 구약성경의 근거로 안식일 준수를 주장하는 것은 복음 이해가 부족한 것으로 부당한 것입니다. 한국 교회는 안식일 준수를 주장하는 안식교, 하나님의교회(안상홍의 증인회) 등을 이단으로 규정하였습니다.

4) 안식일의 질서

WCF 21:8에서는 안식일의 한 날을 지키는 질서에 대해서 고백합니다. 먼저 안식일을 거룩하게 지켜야 합니다. 이것을 위해서 성도는 6일 동안 마음의 준비를 하며 일상생활을 해야 하며, 주일의 한 날은 6일과 다르게 생활해야 합니다. 6일에 행하는 세상일을 주일에 수행하지 않도록 준비해야 합니다.

주일에는 일상처럼 세상적인 일이나 오락을 중단하고 거룩하게 안식합니다. 그리고 모든 시간을 공적예배를 드리는 시간을 갖습니다. 그리고 개인적으로 섬기는 활동(성경연구, 신학도서 독서 등), 그리고 자비와 필요한 구제를 수행할 수 있습니다. 거룩한 일에는 타인을 구제하고 섬기는 일이 포함되어 있습니다.

참고로 주일 이해는 한국 교회에 잘 정착되지 않았습니다. 과거 천편일률적인 주일성수 개념에 대한 도전에 응전하지 못하고 있기 때문입니다. '안식일'을 지켜야 한다는 주장을 변호하지 못해서 이단으로 흘러가는 경향이 있고, 주일 성수가 율법주의라는 주장을 변호하지 못해 무율법주의로 흘러가는 경향도 발생하고 있습니다.

주일 성수는 믿음의 정진을 위한 기본자세입니다. 그러나 복잡해지고 다양화된 삶의 체계가 온전한 주일 성수를 힘들게 합니다. 그래서 더 겸손하고 온유한 경건이 필요합니다. 천편일률이 불가능하고 규범 없는 자유도 불가합니다. 주일 성수는 반드시 준수해야 합니다. 명확한 원리를 세우고 그에 따라서 유연성(flexibility)을 주는 것을 제언합니다.

신학에서 유연성을 가르치지 않습니다. 신앙고백서는 신학과 믿음 생활의 중심에 있습니다. 신학 원리대로 생활이 구축된다면 더할 나위 없이 좋을 것입니다. 생활이 되지 않기 때문에 원리를 교정하는 것은 매우 위험합니다. 생활이 혼돈할수록 원리를 바르고 확실하게 세워야 합니다. 그래서 우리가 주의 말씀에 순종하는 종인지 순종하지 않는 그리스도의 종인지를 인지할 수 있어야 합니다. 순종하지 않는 그리스도의 종이 있을 수 있고, 삶의 무게에 못 이겨 절충하는 괴로움의 자리에 있을 수 있습니다.

야곱처럼 자기 꾀로 하나님을 이용하며 정진할 수도 있습니다. 분명한 것은 주의 사랑을 입은 자를 하나님께서 반드시 구원하시고 인도하신다는 것입니다(Unconditional Election). 자녀는 아버지의 분노와 사랑의 얼굴을 두려워하지 않고, 아버지께서 사라지는 것을 두려워합니다. 성도가 범죄할 때에도 결코 아버지의 얼굴을 피하지 않고, 오히려 아버지께 징계 받음을 기쁘게 수용하며 아버지의 품에서 안식할 수 있습니다(히 12:5-11).

그래서 필자는 주의 자녀들에게 자기 생에 최선을 다하라고 제언합니다. 루터는 내일 지구가 멸망한다 할지라도 오늘 사과나무 한 그루를 심겠다고 하였습니다.

고대 로마시인 호라티우스(Quintus Haratius Flaccus)의 외침인 "현재를 잡아라/즐겨라"(Carpe diem)는 그리스도인도 가질 수 있는 자세라고 생각합니다. 현재를 즐기라, 내일이란 말은 최소화시켜라(Carpe diem, quam minimum credula postero). 로마의 개선문에는 너는 반드시 죽을 것이다(memento mori)와 함께 있는 문장이 있다고 합니다. 승리의 기쁨이 있을 때 죽음을 생각하고, 고난이 있을 때 카르페 디엠(Carpe diem)을 생각하면 될 것입니다. 겸손과 담력은 경건의 중요한 요소입니다.

하나님을 경외함은 하나님을 두려워하는 겸손과 그분을 사랑하는 담력입니다. 철학자의 격언으로 하는 겸손 훈련은 자기 영예를 소유하지만, 그리스도인이 믿음으로 하는 겸손 훈련은 거룩과 복음의 영광으로 갑니다. 그리스도인의 훈련은 절기, 규범을 준수하는 훈련이 아니라, 십자가를 지는 훈련입니다. 일년 52회 주일을 준수함으로 복음에 입각한 삶을 살며, 언약 백성의 삶을 살게 됩니다.

제22장

합법적 맹세와 서원에 대하여
⟨CHAPTER XXII. Of Lawful Oaths and Vows⟩

1. 합법적 맹세(盟誓)는 경건한 예배의 한 요소이다(신 10:20). 엄숙하게 맹세하는 사람이 하나님을 불러(하나님 앞에서) 하나님을 증인으로 확증 혹은 약속하는 것은 정당한 행동이며, 하나님께 진리와 거짓을 따라 심판받을 것을 서약(誓約)한다(출 20:7; 레 19:12; 고후 1:23; 대하 6:22-23).

I. A lawful oath is a part of religious worship, wherein, upon just occasion, the person swearing solemnly calleth God to witness what he asserteth, or promiseth; and to judge him according to the truth or falsehood of what he sweareth.

2. [맹세하는] 사람은 오직 하나님의 이름으로만 서약해야 한다. 맹세는 [하나님의 이름]에 대한 거룩한 두려움과 존경으로 수행한다(신 6:13). 그러므로 영광되고 존귀한 이름에 헛되고 경솔하게 맹세하는 것 혹은 다른 어떤 것으로 맹세하는 것은 죄이고 가증한 것이다(출 20:7; 렘 5:7; 마 5:34, 37; 약 5:12). 중요한 사안에서 맹세하는 것은 구약과 신약 시대에 하나님의 말씀에 정당한 것이다(히 6:16; 고후 1:23; 사 65:16). 그리고 합법적인 권세가 맹세에 맹세를 부여할 때에는 맹세를 수행해야 한다(왕상 8:31; 느 13:25; 스 10:5).

II. The name of God only is that by which men ought to swear; and therein it is to be used with all holy fear and reverence. Therefore, to swear vainly or rashly, by that glorious and dreadful Name; or, to swear at all by any other thing, is sinful, and to be abhorred. Yet, as in matters of weight and moment, an oath is warranted by the Word of God, under the New Testament, as well as under the Old; so a lawful oath, being imposed by lawful authority, in such matters ought to be taken.

3. 누구든지 맹세하는 사람은 그것이 매우 무겁고 엄숙한 행동임을 반드시 인지하고 수행해야 한다. 그것은 자기가 진리라고 확신할 수 있는 것 외에는 아무것도 공언하지 않는 것이다(출 20:7; 렘 4:2). 누구든지 선하고 옳은 것, 옳다고 믿는 것, 자기가 실제로 행할 수 있는 것, 그리고 행하려고 결심한 것 이외의 것에서는 맹세하지 않아야 한다(창 24:2-3, 5-6, 8-9). 그러나 합법적인 권위로 말미암아 선하고 옳은 것에 대한 맹세를 부여할 때에 그 맹세를 거부하는 것은 죄이다(민 5:19, 21; 느 5:12; 출 22:7-11).

III. Whosoever taketh an oath ought duly to consider the weightiness of so solemn an act; and therein to avouch nothing, but what he is fully persuaded is the truth. Neither may any man bind himself by oath to anything but what is good and just, and what he believeth so to be, and what he is able and resolved to perform. Yet is it a sin to refuse an oath touching anything that is good and just, being imposed by lawful authority.

4. 맹세는 명료하고 일반 언어로 하여야 하며(렘 4:2; 시 24:4), 모호한 말이나 마음의 유보가[1] 없어야 한다. 죄 된 맹세를 수행하는 것은 불가하며, 맹

---

[1] mental reservation는 재미있는 어휘이다. 정성호는 "진의를 마음속에 유보함"이라고 번역하며, "진리가 아닌 것을 알고서도 의사를 표시함을 유보하는 상태"로 이해하였다. 우리는 "마음의 유보"라고 번역하였다. 마음을 유보하는 것은 비록 알지만 현재 드러내지 않는 것이다. 필자는 복음을 부끄러워하는 것(롬 1:16-17)은 복음을 모르는 것이라고 규정하고 있다. 마음을 유보하는 것은 마음이 없는 것으로 평가해야 한다. 우리집에 금송아지가 백마리 있다고 말하는 것은 그 집에 금송아지가 한 마리도 없다는 것이

세의 의무를 지키는 것은 죄가 아니다. 그리고 맹세가 자기에게 피해가 된다 할지라도 반드시 수행하여야 한다(삼상 25:22, 32-34; 시 15:4). 이단자나 불신자에게 맹세한 것일지라도 파기할 수 없다(겔 17:16, 18-19; 수 9:18-19; 삼하 21:1).

IV. An oath is to be taken in the plain and common sense of the words, without equivocation, or mental reservation. It cannot oblige to sin: but in anything not sinful, being taken, it binds to performance, although to a man's own hurt. Nor is it to be violated, although made to heretics, or infidels.

1. 합법적인 맹세와 서원 (1)

WCF 22장에서 맹세(盟誓, Oaths)는 1-4절로 경건한 예배의 한 요소이며, 서원(誓願, Vows)은 하나님의 이름으로 하는 약속입니다. 하이델베르크 요리문답 101문에서는 하나님의 이름으로 맹세할 수 있다고 합니다. 그리고 102문에서는 성인(聖人)이나 다른 피조물로 맹세할 수 없다고 고백합니다.[2]

다. 우리는 김세윤의 구원 이해를 "유보적 칭의"(reservation justification)라고 정의하기도 하였다. 김세윤은 유보 개념, 종말론적 유보(eschatological reservation)가 신학의 초보생 수준이라고 인터뷰하였다(2016.06.18). 그는 "아직 완성되지 않았다"(but not yet consummated를 줄이면 'already – but not yet')의 구도이기 때문에 유보(reservation) 개념의 정당하고 초보적인 수준이라고 제시한 것이다. 이에 대해서 임진남은 김세윤 교수가 한국 교회 목회자를 기망한다고 비평하였다(2016.06.30.).

[2] 하이델베르크요리문답 제37주 거룩한 맹세
문. 101. 그렇다면 하나님의 이름으로 경건하게 맹세하는 것은 가능합니까?
답. 그렇습니다. 권위 있는 자가 그 아래에 있는 자들에게 정당한 것을 요구할 때, 또는 하나님의 영광과 이웃의 유익을 위해 필요할 때입니다. 이런 맹세는 성경에 근거한 것이며, 구약과 신약의 성도들에 의해 올바르게 사용된 것입니다.
문. 102. 성인(聖人)이나 다른 피조물로 맹세할 수 있습니까?
답. 아닙니다. 올바른 맹세는 홀로 사람의 마음을 아시는 하나님 앞에서, 자신의 진실함

1) 경건한 경배(예배)의 한 부분으로 맹세

WCF 22:1에서 맹세가 예배의 한 부분임을 고백합니다. 윌리암스는 예수께서 말씀하신 맹세하지 말라는 것으로 해석하였습니다(『WCF 강해』, 285-294). WCF는 신명기 10:20에 근거하여 맹세를 예배의 합당한 부분으로서 둡니다(예, 세례 고백, 임직 서약 등). 예배의 한 부분으로 맹세는 현재 "사도신경"의 형태로 볼 수 있습니다.

교회는 공교회의 문서를 공적으로 맹세할 수 있어야 합니다. 교회가 예배에서 합법적으로 믿음을 고백하는 것은 예배의 필수 요소입니다. WCF의 고백대로, 엄숙하게 진리로 맹세하는 것은 하나님을 부르는 행동이며, 하나님 앞에서 맹세하는 것이기 때문에 경건하고 엄숙한 의식입니다.

2) 맹세는 하나님의 이름으로

WCF 22:2에서 맹세는 하나님의 이름으로 서약함을 고백합니다. WCF 22:2은 신명기 6:13에 근거합니다. 신명기 6:13은 신명기 6:4의 '쉐마'(shema, 들으라 이스라엘아) 명령에 대한 답으로 볼 수 있습니다. 여호와께서 이스라엘을 부르심에 합당한 응답으로써 맹세이기 때문에 거룩한 두려움, 존경을 받고 행합니다.

WCF는 이 맹세가 구약성경과 신약성경에 근거한 교회의 법적인 맹세로 고백하며, 법적인 권세로 요구될 때에도 반드시 행하도록 하였습니다. 국가 법정에서 요구할 때에 그리스도인은 하나님 앞에서 경건한 맹세를

에 대해 증인이 되어 주실 것과 만일 자신이 거짓으로 맹세하면 벌하여 주시기를 청하는 것입니다. 어떤 피조물도 이런 영예를 받을 수 없습니다.

수행하여야 합니다. 우리 교회는 일제의 강권에 굴복되어 경건한 맹세를 수행하지 않았습니다.

교회는 직분자의 임직(목사, 장로, 집사)에 반드시 신앙고백을 맹세하도록 합니다. 1923년 미국 장로교의 주요 논쟁점은 목사임직 때 신앙고백 조항을 빼는 것이 포함되었습니다. 메이천은 반드시 고백해야 한다고 주장하여 교단에서 축출되었습니다.

메이천 박사는 1929년 웨스트민스터신학교를 설립하였고, 1933년 독립선교부(IBPFM)를 설립하였는데, 이를 빌미로 노회에서 1935년에 면직되었습니다. 그래서 결국, 1936년 OPC(Orthodoxy Presbyterian Church)를 설립하였습니다. 맹세를 거부하는 그리스도인은 WCF의 고백처럼 양심을 유보하는 것입니다(WCF 22:4). 합당한 맹세를 하고 자기가 맹세한 것을 지키는 것이 합당합니다.

3) 맹세하는 사람

WCF 22:3에서는 맹세를 하는 사람은 맹세의 중요성과 엄숙을 충분히 알도록 주지시킵니다. 이 맹세는 확실한 자기 확신으로 고백하는 것입니다. 확실하지 않은 것에 맹세하는 것은 바람직하지 않습니다. 그런데 만약 확실한 자기 확신이 없는데 합법적인 권위가 요구할 때에는 미진한 현재 자기 수준에서 맹세할 수 있습니다. 그 맹세를 거부하는 것은 죄입니다.

4) 분명한 맹세

WCF 22:4에서 맹세는 분명하고 일반 언어로 하여 맹세하는 사람이나 듣는 사람이 잘 알 수 있도록 해야 합니다. 죄를 맹세할 수 없으며, 맹세를 지키기 위한 노력은 죄가 되지 않습니다. 그리고 맹세가 자신에게 손해가 되어도 반드시 수행해야 합니다.

WCF는 이단자나 불신자에게 맹세를 하였을지라도 포기하지 않고 다른 맹세와 동일하게 수행해야 한다는 엄중한 선언을 합니다. *quamvis hæreticis datum aut infidelibus, violare. although made to heretics, or infidels*으로 제시하였습니다. 이것은 "이단자와 불신자에게"라고 번역하였는데, "이단자와 불신자 시절에"라고 이해하는 것을 제언합니다. 그래야 문맥에 좀 더 일치할 것 같습니다.

WCF 1-4장에서 맹세는 하나님께 하는 것으로 진행하고 있습니다. 그런데 마지막 부분에서 "이단자와 불신자에게" 맹세하는 예배 요소라는 문맥이 맞지 않습니다. 불신자나 이단자 시절에 행한 하나님께 행한 맹세라고 이해하는 것을 제언합니다.

이단자는 스스로 가장 하나님을 잘 섬긴다고 생각하고 있기 때문입니다. 양심적인 불신자의 양심에 대한 신뢰입니다. 예를 든다면 유대교에 열심인 사울입니다. 맹세가 갖는 확고한 예배적 성격과 진리에 대해서 엄중하고 확실한 고백입니다.

5. 서원(誓願)은 약속 맹세와 같은 성질의 것이기에, [맹세와] 동일하게 경건한 돌봄, 동일한 충성심으로 수행하여야 한다(사 19:21; 전 5:4-6; 시 61:8; 66:13-14).

V. A vow is of the like nature with a promissory oath, and ought to be made with the like religious care, and to be performed with the like faithfulness.

6. 서원은 어떤 피조물에게 하는 것이 아니라, 오직 하나님께만 수행하여야 한다(시 76:11; 렘 44:25-26). 그리고 [하나님께서] 받으시는 서원이 되기 위해서 자원하는 마음, 믿음의 발로(發露), 의무의 양심으로, 우리가 받은 자비에 고마움을 [표현하는] 방법으로, 혹은 우리가 원하는 것을 얻기 위해서 서원할 수 있다. 우리는 더욱 엄격하게 의무들의 필요성과 다른 이유들로 묶을 수 있고, 그리고 서원이 더욱더 기여하도록 전력하여야 한다(신 23:21-23; 시 50:14; 창 28:20-22; 삼상 1:11; 시 66:13-14; 132:2-5).

VI. It is not to be made to any creature, but to God alone: and, that it may be accepted, it is to be made voluntarily, out of faith, and conscience of duty, in way of thankfulness for mercy received, or for the obtaining of what we want; whereby we more strictly bind ourselves to necessary duties; or to other things, so far and so long as they may fitly conduce thereunto.

7. 누구도 하나님의 말씀이 금지하는 어떤 것이나, 계명에서 명령하신 어떤 의무에 방해되는 것이나, 자기 능력이 미칠 수 없으나, 그것을 수행하는 데 있어서 하나님으로부터 어떤 약속이나 능력을 받지 못한 것을 수행한다고 서원해서는 안 된다(행 23:12, 14; 막 6:26; 민 30:5, 8, 12-13). 이런 종류는 교황주의 수도사적 서원[3]에서 볼 수 있는데, 평생 독신 생활, 공개적인 가난, 그리고 규칙적 순종 등이 있는데, 보다 높은 완전한 수준을 수행하는 것이 아니라, 그리스도인으로서는 결코 걸려들지 않아야 할, 미신적이고 죄의 함정이다(마19:11-12; 고전7:2,9; 엡4:28; 벧전4:2; 고전 7:23).

VII. No man may vow to do anything forbidden in the Word of God, or what would hinder any duty therein commanded, or which is not in his own

---

3 수도원적 서원(Popish monastical vows)은 '사제서품'과 구별할 수 있다. 수도생활은 그리스도인의 생활과 관련한 것으로, 그리스도인이 세상과 구별하는 수도사적 생활이 아니라, 세상 속에서 소금과 빛으로 그리스도의 의무를 수행하도록 독려하는 것이다.

> power, and for the performance whereof he hath no promise of ability from God. In which respects, Popish monastical vows of perpetual single life, professed poverty, and regular obedience, are so far from being degrees of higher perfection, that they are superstitious and sinful snares, in which no Christian may entangle himself.

2. 합법적인 맹세와 서원 (2)

WCF 22장에서 맹세(Oaths)는 1-4절로 예배의 한 요소이며, 서원(Vows)은 하나님의 이름으로 하는 약속입니다. 맹세와 서원에 대한 명확한 구분은 쉽지 않습니다. WCF 22:5에서 동일한 자세를 제시합니다. 필자는 서원은 예배 외에 성도가 하나님과 사람에게 행하는 약속이라고 보았습니다. 맹세는 예배의 한 요소로 직분자의 임직식, 세례 문답, 공적인 믿음 고백 등에서 정식적인 요소이지만, 서원은 예배 외에 약속하는 행위로 구분하였습니다.

1) 서원(誓願)을 행함

WCF 22:5에서는 그리스도인이 서원을 행할 수 있다고 고백하고 있습니다. 윌리암스는 "맹세를 인간에 관한 것, 서원을 하나님에 관한 의무"로 제시하였는데, 신앙고백서를 잘 숙지하지 못한 것으로 보입니다. 혹 번역자의 오역(誤譯)일 수도 있겠습니다. 우리는 맹세는 Oath로 서원은 Vow로 진행하고 있습니다.

신앙고백서에서 맹세는 분명히 예배적 요소라고 하였고, 서원을 '약속 맹세(promissory oath)'로 규정하고 있습니다. 그리고 맹세와 서원은 모두 하나님의 이름을 두고 하는 경건한 행동(religious care)입니다. 서원은 약속 맹세, 하나님 앞에서 하는 행동이기 때문에, 서원의 엄중함을 인지하여야 합니다. 서원은 우리가 하나님과 언약을 맺었기 때문에 가능한 것입니다.

2) 바른 서원(誓願)

WCF 22:6에서 서원의 방법에 대해서 고백합니다. 먼저 서원의 대상은 오직 하나님(God alone, *Deo soli*)이어야 합니다. 하나님을 대상으로 두고 행하는 기도, 예배 그리고 서원은 각각 다른 형태를 보입니다. 하나님을 대상으로 하지 않는 서원은 우상 숭배가 됩니다.

서원은 성도가 믿음의 발로, 의무의 양심으로, 지금까지 받은 자비에 감사함으로 하며, 우리가 원하는 것을 얻기 위한 행동입니다. 성도는 자신이 원하는 것을 얻기 위하여 기도할 때에 선한 양심과 감사함으로 하나님께 아뢰며 약속을 요구할 수 있다는 것입니다.

그래서 서원이 응답하였을 때에는 다른 사항들보다 더 엄격한 속박이 있습니다. 서원은 약속의 성취에 국한되는 것이 아니라, 성취된 후까지 모두 적용됩니다. 서원한 것들을 정확히 이행해야 합니다.

3) 금지된 서원

WCF 22: 7에서는 하나님께서 말씀으로 금지한 것이나 계명을 위반하는 것은 서원할 수 없음을 고백하고 있습니다. WCF에서 교황주의 수도적 서원인 평생 독신 서원(고전 7:2), 공개적 가난(엡 4:28), 규칙적인 순종이 더 높은 경건을 수행하는 수준과 거리가 먼 것으로 고백하여, 불법적 서원이 부당함을 고백합니다. 독신은 수도사와 사제들이 수행하는데, 수도사로 제한한 것은 생활에서 서원을 의도하기 때문입니다.

사제는 맹세를 통해서 독신을 추구합니다. 직분자 가운데 간혹 독신의 은사가 있을 수 있습니다. 교황주의가 규범화시킨 것들이 미신적이고 죄의 올가미가 있으므로 그리스도인은 그런 것을 탐내면서 스스로 죄를 짓거나 함정에 빠지는 행동을 하지 않아야 합니다. 보이는 고행은 육적인 행동으로 영적 훈련이 아닙니다(빌 3:2-3).

제23장

시민 정부에 대하여

(CHAPTER XXIII. Of the Civil Magistrate)

1. 하나님께서 만유의 주, 열방의 왕이시고, 시민 정부를¹ 작정하셨다. 그래서 [시민 정부는] 하나님의 질서 아래에 있어야 하고, 하나님의 영광을 위해서 국민(백성)²을 통치하며, 공적 선을 위해서 사역하여야 한다. [시민 정부는] 이 목적을 위해서 무력의 권세를 활용해서 악을 행한 사람을 처벌하고 선을 행하는 사람을 격려하고 보호해야 한다(롬 13:1-4; 벧전 2:13-14).

---

1 civil magistrates은 번역자들이 '통치자'(정성호), '위정자' 등으로 번역하기도 하였다. 우리는 '시민 정부'로 번역하였는데, magistrates는 법정이 기본의미이다. 이것은 솔로몬이 지혜를 구하는 부분과 연결된다(왕상 3:9-13). 국가통치의 기본은 공정한 재판 기능, 권선징악에 있다. 19세기부터 세계에서 선(善)은 '근대 선 개념'과 전혀 다른 방향으로 전환되었다. 창조주 하나님을 반영하는 것을 생활원리로 결정하였다. 모든 것을 역(逆)으로 사용하면서 부끄러워하지 않는다(롬 1장).

2 citizen, people, 국민(國民)과 백성(百姓), 성경에서는 백성(百姓)이라는 어휘가 일례로 사용되는데 그것은 왕정 체제에 의한 것이기 때문이다. 프랑스혁명(1789-1794) 이후로 세계는 백성이 국가의 주권자로 대전환되었다. 그래서 '백성(people)'이라는 어휘가 아닌 '국민(civil)'이라는 어휘를 사용한다. 국민은 참정권(參政權)으로 국가 운영 주체로 활동한다. 그래서 국민은 주체로서 주인 의식이 있어야 한다. 우리나라는 "국민학교(國民學校)"를 "초등학교(初等學校)"로 전환했다. 국민이 "황국신민(皇國臣民)"의 약칭이었기 때문이다. 이외에도 민중(民衆), 민초(民草), 인민(人民) 등 다양한 어휘가 있지만, 국가 운영 주체로서 합당한 어휘는 아니다. 가장 합당한 말은 '국가(國家) 주권자(主權者)'라는 어휘일 것이다.

I. God, the supreme Lord and King of all the world, hath ordained civil magistrates, to be, under Him, over the people, for His own glory, and the public good; and, to this end, hath armed them with the power of the sword, for the defense and encouragement of them that are good, and for the punishment of evil doers.

2. 그리스도인이 공직에 부름을 받았을 때, 그것을 수용하고 수행하는 것은 합법적이다(잠 8:15-16; 롬 13:1-2,4). [그리스도인 공직자가] 공직을 수행할 때는 국가의 건전한 법들에 의거(依據)해서, 특별히 경건과 정의와 평화가 유지되도록 한다(시 2:10-12; 딤전 2:2; 시 82:3-4; 삼하 23:3; 벧전 2:13). 그리고 이 목적을 위해서 신약 시대인 지금도 정의와 필요한 경우에 전쟁을 수행하는 것을 합법적으로 허용한다(눅 3:14; 롬 13:4; 마 8:9-10; 행 10:1-2; 계 17:14,16).

II. It is lawful for Christians to accept and execute the office of a magistrate, when called thereunto; in the managing whereof, as they ought especially to maintain piety, justice, and peace, according to the wholesome laws of each commonwealth; so for that end, they may lawfully now, under the New Testament, wage war, upon just and necessary occasion.

3. 시민 정부에게 말씀과 성례의 집행이나 하늘나라 열쇠의 권세를 자기 영역으로 주장하는 것은 허용되지 않는다(대하 26:18; 마 18:17; 16:19; 고전 12:28-29; 엡 4:11-12; 고전 4:1-2; 롬 10:15; 히 5:4). 그러나 시민 정부는 교회와 연합과 평화를 유지하며, 하나님의 진리가 순수하고 완전하게 보수되고, 모든 신성모독과 이단들의 활동을 금지하고, 예배와 권징에서 발생하는 모든 부패와 악습을 금지하고 개혁하며, 하나님의 모든 규례가 합당하게 확립되고 준수되도록 적절한 수단을 만드는 등의 권한이 의무이다(사 49:23; 시 122:9; 스 7:23,25-28; 레 24:16; 신 13:5-6,12; 왕하 18:4; 대상 13:1-8; 왕하 24:1-25; 대하34:33; 15:12-13). 시민 정부는 공의회를 소집할 권한이 있고, 회의에 참석할 권한, 회의를 준비하는 것 그리고 하나님의 뜻을 수

행하기 위해서 협의한다(대하 19:8-11; 29장; 30장; 마 2:4-5).³

III. The civil magistrate may not assume to himself the administration of the Word and sacraments, or the power of the keys of the kingdom of heaven: yet he hath authority, and it is his duty, to take order, that unity and peace be preserved in the Church, that the truth of God be kept pure and entire; that all blasphemies and heresies be suppressed, all corruptions and abuses in

---

3   1788년 미국 장로교회 수정안(나쥬니 사이트에서) "위정자는 말씀과 성례의 집행,(대하 26:18) 또는 천국 열쇠의 권세를 스스로 자기 것으로 삼아서는 안 되며(마 16:19), 조금이라도 신앙의 문제에 간섭해서는 안된다(요 18:36). 그러나 양육하는 아버지와 같이 그리스도인들의 어느 한 교파를 다른 교파보다 우대하지 않고, 같은 주의 교회를 보호하는 것은 그들의 의무이다. 또 그들은 모든 교직자가 폭력이나 위험의 염려 없이 모든 성직을 이행할 수 있도록 충분하고 확실한 자유를 보장하고 보호해야 한다(사 49:23). 그리고 예수 그리스도께서 그의 교회 안에 정규적인 정치와 권징을 정하셨으므로, 그리스도인들이 자기 교파에 자발적으로 회원이 되어 자신들의 고백과 신념에 따라 그것을 정당하게 행사하려 할 때, 국가의 어떤 법률이라도 간섭하거나 강요하거나 방해해서는 안 된다(시 105:15). 아무도 종교나 불신앙의 이유로 모욕이나 고문, 학대나 상해를 당하여 고생하는 일이 없도록 선량한 시민의 인권과 명예를 보호할 의무가 그들에게 있다. 또 모든 종교적, 교회적 집회가 방해와 교란 없이 개최될 수 있도록 질서를 유지하는 것이 그들의 의무이다(삼하 23:3; 딤전 2:1-2; 롬 13:4)." ; 3. (Completely rewritten) Civil magistrates may not assume to themselves the administration of the Word and sacraments; or the power of the keys of the kingdom of heaven; or, in the least, interfere in matters of faith. Yet, as nursing fathers, it is the duty of civil magistrates to protect the church of our common Lord, without giving the preference to any denomination of Christians above the rest, in such a manner that all ecclesiastical persons whatever shall enjoy the full, free, and unquestioned liberty of discharging every part of their sacred functions, without violence or danger. And, as Jesus Christ hath appointed a regular government and discipline in his church, no law of commonwealth should interfere with, let, or hinder, the due exercise thereof, among the voluntary members of any denomination of Christians, according to their own profession and belief. It is the duty of civil magistrates to protect the person and good name of all their people, in such an effectual manner as that no person be suffered, either upon pretense of religion or of infidelity, to offer any indignity, violence, abuse, or injury to any other person whatsoever: and to take order, that all religious and ecclesiastical assemblies be held without molestation or disturbance.(OPC 홈페이지에서) ; 김영규 박사는 공의회 소집권이 시민 정부에 있음이 1647년 에라스투스주의자(Erastism)와 절충하면서 발생한 것으로 제언하였다(김영규, 『엄밀한 개혁주의와 그 신학』, 90). 1788년에 교회 공의회의 국가 소집권을 제외시켰다.

worship and discipline prevented or reformed; and all the ordinances of God duly settled, administered, and observed. For the better effecting whereof, he hath power to call synods, to be present at them, and to provide, that whatsoever is transacted in them be according to the mind of God.

4. 국민의 의무는, 공직자(위정자)를 위해서 기도하고(딤전 2:1-2), 그들의 직위를 존중하며(벧전 2:17), 세금이나 그 밖의 부과금을 납부하고(롬 13:6-7), 양심을 따라서 합법적인 명령에 순종하며, 그들의 권위에 복종해야 한다(롬 13:5; 딛 3:1). [혹 공직자가] 신앙이 없거나 종교적 차이가 있으므로, 공직자의 합법적인 권위를 무효하게 하거나, 그들에게 순종해야 할 의무가 국민에게 면피되는 것이 아니며(벧전 2:13-14,16), 교회 직분자도 예외가 아니다(롬 13:1; 왕상 2:35; 행 25:9-11; 벧후 2:1,10-11; 유 1:8-11). 더욱이 교황이 자기 통치에 의한 어떤 권세나 사법권으로 국가 통치나 국민의 생활양식을 규정하거나, 이교도라고 판정하는 것, 어떤 다른 형태로 자기를 과시하는 것은 결코 있을 수 없다(살후 2:4; 계 13:15-17).

IV. It is the duty of people to pray for magistrates, to honour their persons, to pay them tribute and other dues, to obey their lawful commands, and to be subject to their authority, for conscience' sake. Infidelity, or difference in religion, doth not make void the magistrates' just and legal authority, nor free the people from their due obedience to them: from which ecclesiastical persons are not exempted; much less hath the Pope any power and jurisdiction over them in their dominions, or over any of their people; and, least of all, to deprive them of their dominions, or lives, if he shall judge them to be heretics, or upon any other pretence whatsoever.

1. 시민 정부에 관하여

　WCF 23장에서는 세속 정부도 하나님의 통치 아래 있음을 고백하고 있습니다. 여기서는 그리스도인의 세속 정부에 대한 태도와 적극적이고 합법적인 참여 그리고 위정자를 위한 기도를 제시하고 있습니다. 기독교는 세속 정부의 합당한 권위를 인정합니다. 재세례파의 무정부주의나 무폭력 평화주의를 거부합니다. 그리고 교황의 어떤 부당한 영향이나 교령(敎令)이 첨가되는 것을 거부합니다.

1) 만왕의 왕이시고 만유의 주이신 하나님

　WCF 23:1에서는 하나님께서 만왕의 왕이시고 만유의 주이심을 고백합니다. WCF에서 만유의 주(the supreme Lord)를 하나님이라고 하여, 구주의 천상통치에 대해서 개념이 약하다고 볼 수 있습니다.

　만유의 주께서 모든 시간과 공간을 통치하십니다. 현재의 시간과 공간을 통치하는 위정자를 세우셔서 선과 질서를 권면하고 유지합니다. 이런 선한 업무를 위해서 위정자의 권위와 무력 사용(the power of sword)이 정당화됩니다. 시민 정부에 무력 사용권을 명료하게 부여하는 것은 기독교의 특징입니다. 그래서 WCF를 신봉하는 그리스도인은 국가의 무력권, 사형 제도를 거부할 필요가 없습니다. 국가는 악한 사람을 심판해야 하고, 선한 사람을 보호해야 합니다.

2) 그리스도인의 공직 수행

WCF 23:2에서는 그리스도인이 정부의 공직을 수행하는 것이 합법적인 것을 고백합니다. 이 때 공직자는 국가의 법령에 입각해서 정의와 평화를 유지합니다. 그리스도인으로서 세속 정부의 공직자는 먼저 국가의 법률을 충분히 이해하여 국가법의 방식으로 업무를 진행해야 합니다. 그리스도인은 국가 법령이 하나님의 창조 질서에 부합하도록 작성하여 경건을 이룰 수 있도록 해야 합니다. 그리고 질서에 어긋난 행동으로 하나님의 일을 이룰 수 있다는 생각은 버려야 합니다.

그리스도인의 공직 수행은 정당하며, 국가는 정의와 필요에 따라서 전쟁을 수행할 수 있음을 고백합니다. 국가는 국민의 안녕과 유익을 위해서 합법적인 전쟁 수행 권리가 있습니다. 당시에 있는 무폭력주의(재세례파)의 거센 폭풍을 볼 수 있는 문장입니다. 현재 무폭력주의자들의 특징은 공산주의와 신비주의까지 연합되어 목표를 위해서 폭력 사용을 허락한 무폭력주의입니다.

재세례파의 가장 큰 도전은 땅 위에 이상향의 공동체를 수립하는 것을 목표하는 것에 있습니다. 그들은 국가 권력을 부당하게 규정하고 국가 권력에 폭력으로 저항하는 형태를 보입니다. 그리고 국가 권력을 해체하려는 의도를 갖습니다. 그리스도인은 국가 권력을 강화해서 안전하고 안정적인 공동체를 이루도록 노력해야 합니다. 그리스도인은 땅 위의 권력은 시민 정부로, 거룩한 기관은 교회로 구분하고 있습니다.

3) 시민 정부의 한계 규정

　WCF 23:3은 논란이 많은 문장입니다. 1788년 미국 장로교회는 문장을 대대적으로 수정하였습니다. 그것은 국가가 교회의 공회를 개최할 자격에 대한 것입니다. 1647년에는 국가가 교회에 공의회를 개설한 권리를 갖고 있었습니다. 그러나 1788년에 수정한 문서에서는 위정자들이 교회 고유의 영역에 침범할 수 없음을 선언합니다. 우리는 1647년 문서를 표준문서로 하지만, 교회는 예수 그리스도의 권위에 입각한 교회이기에 어떤 세속의 권위보다 우선합니다. 국가가 교회 회의를 형성시킬 권위체가 될 수 없음을 고백합니다.

　국가와 교회는 서로 연합하여 하나님의 진리가 국가 공동체 안에서 활성화될 수 있도록 이단 활동을 억제하며, 사회의 부패와 악습을 개혁하도록 합니다. 우리 사회는 종교의 자유라는 미명 아래서 이단이 국가의 인준으로 인해 활성화되어 있습니다. 근대의 종교 자유는 313년 기독교 관용령과 다르게, 이단 종교의 자유로운 활동을 허락해 주었습니다. 일반 종교와 이단은 전혀 다릅니다. 이단은 특별 계시뿐 아니라 일반 계시까지 왜곡하는 심각한 의식 구조를 가지고 있습니다. 일반 종교는 특별 계시는 거부하지만, 일반 계시에는 거의 순응하는 형태입니다.

4) 시민 정부를 향한 교회의 자세

　WCF 23:4에서 교회는 정부 공직자를 위해서 기도하며, 합당한 권위를 존중하며, 조세 의무를 준행해야 합니다. 비록 종교가 다른 정부라 할지라도 합당한 질서에 순복해야 합니다.

우리는 "그들의 직위를 존중"한다고 번역하였는데, 국가는 계급 구조로 되어 있으므로, 계급에 합당한 존중을 제공해야 합니다. 국가 질서에 순응하는 것은 그리스도인의 양심을 파괴하는 것이 아닙니다. 다만 경건한 양심에 가해를 줄 때는 신앙 양심에 따라서 거부 의사를 밝혀야 합니다. 우리는 이때 국가에 대해서 될 수 있는 대로 합리적인 방편을 따라 법리적으로 양심을 밝히는 것을 제안합니다.

로마 교황이 부당하게 국가 질서에 개입하거나, 그들과 다른 신앙을 이단으로 정죄하거나, 어떤 다른 이유를 대며 자기들의 힘을 과시하는 것에 대해서 인정하지 않아야 합니다. 로마 교황주의는 트렌트 공의회에서 루터파와 칼빈파, 이신칭의를 믿는 자, 성경에 대해서 다른 신앙을 가진 사람을 이단으로 정죄하였습니다.

그런데 WCF 1장에서는 성경 66권의 핵심교리인 이신칭의를 바른 교리로 채택하고 있습니다. 그러면 교황에 의해 이단으로 정죄되는 것인데 그것을 인정하지 않으며, 국가에 개입하지 못하도록 주의가 있습니다. 우리나라에서는 민주화운동이라는 미명 아래 로마교회가 부당하게 국가 권력에 대항한 적이 많이 있습니다. 국가 권력에 맹종하는 것도 문제이지만, 국가 권력에 부당하게 항거하는 것도 문제입니다.

일본 교회는 자기 의견을 끊임없이 성명으로 발표합니다. 교회와 그리스도인은 자기 상태와 의지를 정당하게 표명할 수 있는 지식과 능력이 있어야 합니다.

개혁파는 질서를 무시하는 행태에 대해서 적극적으로 거부하는 자세를 갖습니다. 또한, 권세를 불법으로 무단 사용하는 것도 배격합니다.

제24장

혼인과 이혼에 대하여

(CHAPTER XXIV. Of Marriage and Divorce)

1. 혼인은 한 남자와 한 여자로 이루어져야 한다. 한 남자가 한 아내 외에 다른 아내를 함께 두거나, 한 여자가 한 남편 외에 다른 남편을 함께 가지는 것은 합법적이지 않다(창 2:24; 마 19:5-6; 잠 2:17).

I. Marriage is to be between one man and one woman: neither is it lawful for any man to have more than one wife, nor for any woman to have more than one husband; at the same time.

2. 혼인은 남편과 아내가 서로 도와서(창 2:18), 합법적으로 자녀를 생산함으로 인류를 증진하고[충만], 거룩한 씨를 통해 교회를 증진하며(말 2:15), [인격과 성적] 불결(不潔)을 막기 위해(고전 7:2,9) [하나님께서] 제정하셨다.

II. Marriage was ordained for the mutual help of husband and wife, for the increase of mankind with a legitimate issue, and of the Church with an holy seed; and for preventing of uncleanness.

3. 판단력을 가지고 자기의 [혼인에] 동의를 표현할 수 있는 모든 종류의 사람이 혼인하는 것은 합법적이다(히 13:4; 딤전 4:3; 고전 7:36-38; 창 24:57-58). 그리고 주 안에서 혼인하는 것이 그리스도인의 의무다(고전

7:39). 그래서 참된 개혁 신앙을 고백하는 자는 무신론자, 교황주의자, 여타 우상숭배자와 혼인할 수 없다. 또한, 경건한 자는 생활이 두드러지게 악한 사람이나 저주받은 이단을 계속해서 주장하는 자와 혼인하는 멍에를 메지 않아야 한다(창 34:14; 출 34:16; 신 7:3-4; 왕상 11:4; 느 13:25-27; 말 2:11-12; 고후 6:14).

III. It is lawful for all sorts of people to marry, who are able with judgment to give their consent. Yet is it the duty of Christians to marry only in the Lord: and therefore such as profess the true reformed religion should not marry with infidels, papists, or other idolaters: neither should such as are godly be unequally yoked, by marrying with such as are notoriously wicked in their life, or maintain damnable heresies.

4. 혼인은 말씀에서 금지한 범위에 속한 근친(近親)은 부당하다(레 18; 고전 5:1; 암 2:7). 어떤 인간의 법이나, 당사자들의 동의로도, 근친 간 남녀가 부부로 동거할 수 있도록 합법화시키는 것은 있을 수 없다(막 6:18; 레 18:24-28). 남자는 결혼할 수 있는 인근 친족에 가까운 어떤 혈연에서 아내를 취하지 않아야 하고, 여자는 혼인할 수 있는 인근 친족에 가까운 어떤 혈연에서 남편을 취하지 않아야 한다(레 20:19-21).

IV. Marriage ought not to be within the degrees of consanguinity or affinity forbidden in the Word; nor can such incestuous marriages ever be made lawful by any law of man or consent of parties, so as those persons may live together as man and wife. The man may not marry any of his wife's kindred nearer in blood than he may of his own; nor the woman of her husband's kindred nearer in blood than of her own.

5. 약혼한 후에 범한 간음이나 간통이 혼인 전에 발각되면 그것은 순결한 편에게 약혼을 파기할 수 있는 정당한 근거를 준다(마 1:18-20). 만약 혼인 후에 간음한 사실이 알았을 때 순결한 편이 상대편을 죽은 것으로 간

주하여 이혼 소송을 할 수 있고, 이혼 후에(마 5:31-32) 다른 사람과 혼인하는 것은 합법적이다(마 19:9; 롬7:2-3).

V. Adultery or fornication committed after a contract, being detected before marriage, giveth just. occasion to the innocent party to dissolve that contract. In the case of adultery after marriage, it is lawful for the innocent party to sue out a divorce; and, after the divorce, to marry another, as if the offending party were dead.

6. 사람의 부패성이 하나님께서 혼인으로 짝지어 준 사람들을 부당하게 나누려고 여러 가지 논쟁을 연구할지라도 오직 간음이나 교회나 국가공직자로서 회복할 수 없게 고의적 버림을 당한 것 외에 어떤 사안으로도 혼인을 파기할 충분한 이유가 되지 않는다(마 19:8-9; 고전 7:15; 마 19:6). 이혼할 때는 공적이고 질서 있는 절차를 따라 진행하며, 이때 당사자들은 자기가 처한 상황에서 자신들의 의지와 판단에 맡겨서는 안 된다(신 24:1-4).

VI. Although the corruption of man be such as is apt to study arguments unduly to put asunder those whom God hath joined together in marriage; yet nothing but adultery, or such wilful desertion as can no way be remedied by the Church or civil magistrate, is cause sufficient of dissolving the bond of marriage; wherein, a public and orderly course of proceeding is to be observed; and the persons concerned in it not left to their own wills and discretion, in their own case.

1. 혼인과 이혼

WCF 24장은 "혼인과 이혼"에 대한 고백인데, 가정에 대해서 신앙고백을 하는 것은 매우 독특합니다. 이것은 제2스위스 신앙고백서(1556년, 29장, 독신과 혼인과 가정문제의 경영관리)에서도 고백하고 있습니다. WCF는 혼인을 강조하는 것과 일부일처를 견지하였습니다. 혼인으로 형성된 가정은 창조의 명령인 번성하고 충만함을 이루는 유일한 기관입니다. 가정의 번성과 충만에서 수적 번성이 일차적이며 가문의 융성은 이차적입니다.

1) 일부일처제(一夫一妻制)

WCF 24:1에서 혼인의 성사는 한 남자와 한 여자 사이에서 이루어져야 함을 고백합니다.

첫째, 혼인은 남성과 여성이 하는 것입니다. 즉, 동성(同姓)의 혼인은 합법적이지 않습니다.
둘째, 남자라도 두 명 이상의 아내를 두는 것은 불법입니다.
셋째, 여자도 두 명의 남편을 두는 것은 불법입니다.

이런 형태는 국가 정부의 질서와 다를 수도 있습니다. 교리와 다른 국가 질서에 대해서 교회는 교리에 근거한 합당한 질서를 세워 바른 그리스도인을 양육해야 합니다. 국가기관은 많은 사람의 합의로 운영되지만, 교회는 성경과 교리에 의해서 운영되기 때문입니다. 다만 폭력과 고집에 의한 운영이 아니라, 사랑과 관용에 의한 질서로 운용합니다.

2) 그리스도인의 부부 관계

WCF 24:2에서는 부부 관계에 대해 언급합니다.

첫째, WCF에서는 남편과 아내가 서로 돕도록 규정하였습니다.
둘째, 혼인은 많은 후손을 출산하여 번성하게 하는 것입니다. 그리스도인 부부는 자손들을 거룩한 백성으로 양육하여 소금의 역할을 감당할 수 있도록 해야 합니다.
셋째, 혼인 제도 제정의 소극적 이유는 성적 타락을 막는데 있습니다. 혼인이 줄어드는 우리 시대에 부당한 성적 양태가 증가하는 경향이 있습니다. 그리스도인은 적극적으로 혼인을 해야 합니다.

3) 혼인의 한계

WCF 24:3에서 혼인은 반드시 동일한 믿음을 가진 그리스도인과 하도록 하였습니다. 참된 개혁 신앙(true reformed religion)에서는 교황주의자(papist, 다른 번역에서는 천주교, 로마 가톨릭 등 완곡적으로 번역하였음)나 불신자, 이단들과 혼인할 수 없음으로 규정합니다. 그것은 그런 혼인으로 말미암아 감당하지 못할 멍에를 메는 것을 금지하기 위함입니다.

그러나 현재 한국 교회 상황에서는 심각하게 고려해야 할 부분으로 생각됩니다. 적극적 혼인 의지를 가지며, 순수한 믿음과 정절을 지킬 강한 믿음이 있어야 합니다.

4) 근친혼 금지

WCF 24:4에서 남녀 모두에게 근친혼을 금지합니다. 근친혼은 성경이 금지한 것으로 현세에도 그 법을 유지합니다. 그러나 근친의 규정을 정확하게 언급하지 않았습니다. 우리나라는 동성동본(同姓同本)에서 8촌 이내의 혈족 사이를 금지(2005년 민법 개정)하고 있습니다.

5) 약혼과 혼인의 파기

WCF 24:5에서는 약혼과 혼인이 간음과 간통(adultery or fornication)에 의해 순수한 편에서 파기될 수 있습니다. 혼인하였을지라도 혼인 전의 간음과 간통이 발견된다면 정당한 이혼 사유가 됩니다. 또한, 이혼 후에 다른 상대와 혼인할 수 있습니다. 이혼 후 다른 상대와 혼인하더라도 그것은 순결 상태로 규정됩니다.

6) 이혼은 불가능 그러나 가능한 조건

WCF 24:6에서는 부패한 인간은 부당하게 이혼하려고 여러 가지 방법을 고안한다고 고백하였습니다. 그러나 이혼은 간음이나 국가가 공권력으로 분리하는 것 외에 이혼할 수 없습니다. 하나님께서 짝지어 준 것을 사람이 나눌 수 없기 때문입니다. 주관적 판단에 따라 이혼하겠다는 주장은 바르지 않습니다. 아무리 피해받은 편이라도 이혼은 반드시 법적 절차에 따라 진행해야 합니다.

부기(附記)

　WCF는 17세기 잉글랜드와 스코틀랜드의 문서입니다. 21세기 대한민국에서 그 믿음의 문서를 바르게 수용하려면, 고린도전서 7장과 잘 비교하면서 수용할 수 있습니다. 사도 바울의 가르침은 혼인을 거부하는 것처럼 느껴지기도 합니다. 그러나 사도 바울은 매우 엄격한 명령을 하는 것입니다.

　WCF는 평균적인 고백서입니다. 우리 시대의 표준도 WCF와 같아야 한다고 생각합니다. 다만 WCF에서 근친(近親)의 범위를 명확하게 밝히지 않았습니다. 대한민국 민법에서는 동성동본에서 8촌까지 확장해 제한시켰습니다. 그러나 근친의 범위는 교회가 아닌 가정(가문)에서 결정해서 자녀에게 교육해야 한다고 생각합니다.

　우리는 남자와 여자가 맺어지는 예식을 혼인(婚姻)이라고 합니다. 혼인을 혼례(婚禮), 혼례식(婚禮式) 혹은 혼인식(婚姻式), 혼인예식이라고도 합니다. 혼인식은 예배가 아니며, 하나님의 이름으로 성혼이 선포되는 복된 예식입니다. 우리는 혼인식을 목사 주례로 진행하는 것을 추구합니다. 주례가 없는 혼인에는 성혼선언자가 없기 때문에 그리스도인의 혼인식으로 부당하다고 생각합니다.

　그리고 주례는 양가의 부모나 가족이 아닌 목사가 설 것을 제안합니다. 성혼선언자의 성격이 타자가 되어야 한다고 생각하기 때문입니다. 혼인식의 거행은 주일이 아닌 어떤 날 낮에 행할 것을 제안합니다. 합법적인 의식은 낮에 행하기 때문입니다. 그러나 혼인 잔치는 밤까지 진행해도 됩니다.

　우리는 남녀의 혼인을 적극적으로 기뻐하며 권면합니다. 필자는 그것을 위해서 될 수 있는 대로 이른 나이에 혼인할 것을 제안합니다. 가정 생활구조는 준비해서 가는 현재 방식이 아닌, 둘이 혼인해서 가정 생활구조를 이루어가는 방식을 제안합니다. 혼인하여 가정을 이루면 많은 자녀를 생산하여 양육하는 것이 기쁘고 합당한 일입니다. 그 일을 위해서 부모뿐만 아니라 모든 가족이 힘써 도와야 합니다. 후손에 대한 가정교육은 부모의 몫이 아니라, 기본적으로 조부모의 몫이 되어야 합니다.

WCF 24:6의 제시처럼 가정을 파괴하기 위한 여러 가지 술책이 동원되고 있습니다. 가정을 파괴하는 기본 행위는 음란입니다. 십계명 중 제5계명과 제7계명은 가족 이룸과 유지를 위한 핵심 계명입니다.

그리스도인은 하나님의 창조 질서인 가정을 이루기 위해서 힘써야 합니다. 세상 풍조에 이끌리어 가정 이룸을 소홀하게 한다면 합당한 그리스도인의 모습이 될 수 없습니다. 양가 부모와 자녀가 잘 협의해서 이른 나이에 혼인할 수 있도록 해야 합니다.

혼인을 통해 우리는 자신의 인생이 복되고 의미 있는 인생임을 깨달을 수 있습니다. 인생은 향락(享樂)의 성(性)이 아니라 진리에 있습니다. 진리를 향유할 수 있는 인생이 되어야 합니다. 그 시작은 수신제가(修身齊家)에 있습니다. 사람은 가정에서 육체와 정신적 기본 욕구 해결을 통해 안전과 안정을 누릴 수 있습니다.

필자는 "가정에서 맞은 새벽은 아름다우며, 가정 밖에서 맞는 새벽은 쓸쓸하다"고 표현하고 싶습니다. 저녁이 아름다운 인생이 아니라, 새벽이 아름다운 인생이 그리스도인의 인생입니다.

제25장

교회에 대하여
(CHAPTER XXV. Of the Church)

1. 가톨릭[1] 혹은 보편적 교회는 [눈으로] 볼 수 없으며, 택자의 총수로 이루어졌다. 교회는 과거에나 현재에나 미래에도 한 분, 머리이신 그리스도께 모인다. [교회는] 만물 안에서 만물을 충만하게 하시는 그리스도의 신부요, 몸이며, 충만이다(엡 1:10, 22-23; 5:23, 27, 32; 골 1:18).

I. The catholic or universal Church which is invisible, consists of the whole number of the elect, that have been, are, or shall be gathered into one, under Christ the Head thereof; and is the spouse, the body, the fullness of Him that filleth all in all.

---

[1] catholic은 '카톨릭'이 음가(音價)이고, 번역이 어려운 어휘이다. 사전적으로는 일반의, 우주적, 보편적, 공동적으로 제시하는데, 정확한 의미 전달이 어렵다. 필자는 catholic church는 "주께서 직접 세우신 교회", "어머니와 같은 교회"라고 개념화한다. 주께서 자기 교회를 베드로 사도의 신앙고백 위에 세우실 것을 선언하셨고(마 16:16-20), 그 제자들을 모아서 오순절에 성령을 보내셨다(행 1-2장). 사도 베드로께서 복음을 선포함으로 교회가 설립되었다. 그 첫 교회가 catholic 교회이고, 그 교회와 연결된 교회가 catholic 교회이다. 기독교 교회는 catholic church인데, 왜 자기 교회가 catholic 교회인지 밝혀야 한다. 우리 교회(장로교회)는 catholic church인데, 1세기 주님께서 세우신 교회 원리(복음선포)로 교회를 세우며, 더 주님의 형상을 이루는 교회를 이루기 위해서 더 개혁하고(Reformanda) 있다. 천주교는 catholic을 '가톨릭'이라고 유통하고 있는데, 우리는 '카톨릭'이라고 읽고 있다. "천주교는 가톨릭이고 우리는 카톨릭이다". 천주교의 정식 명칭은 "로마 카톨릭", "로마교회"이고, '스스로 가톨릭'이라고 부르고 있다. 종교개혁가들은 교황주의(papist or popish)라고 불렀다. 교황주의는 로마 카톨릭주의이다. 로마가 세계 교회의 기초이고 중심이라는 개념이다.

2. 보이는 교회는 복음 시대에 있는 교회로 역시 가톨릭 혹은 보편적이고(율법 시대처럼 한 민족에게만 제한된 것이 아니다) 전 세계에서 참된 믿음을 고백하는 모든 사람(고전 1:2; 12:12-13; 시 2:8; 계 7:9; 롬 15:9-12)과 그들의 자녀들로 구성된다(고전 7:14; 행 2:39; 겔 16:20-21; 롬 11:16; 창 3:15; 17:7). 교회는 주 예수 그리스도의 왕국이요(마 13:47; 사 9:7), 하나님의 집이요, 가족이기 때문에(엡 2:19; 3:14), [교회를] 떠나서는 정상적인 구원 가능성이 없다(행 2:47).

II. The visible Church, which is also catholic or universal under the Gospel (not confined to one nation as before under the law), consists of all those throughout the world that profess the true religion; and of their children: and is the kingdom of the Lord Jesus Christ, the house and family of God, out of which there is no ordinary possibility of salvation.

3. 그리스도께서 가톨릭의 보이는 교회에 이 세상에 있는 성도들을 모아 완전하게 하려고, 세상 끝날까지 하나님의 사역자들, 말씀과 질서[성례와 권징]를 주셨다. 주께서 약속을 따라서 자기 임재와 성령으로 그것들을 효과적으로 작용하신다(고전 12:28; 엡 4:11-13; 마 28:19-20; 사 59:21).

III. Unto this catholic visible Church Christ hath given the ministry, oracles, and ordinances of God, for the gathering and perfecting of the saints, in this life, to the end of the world; and doth by His own presence and Spirit, according to His promise, make them effectual thereunto.

4. 이 가톨릭교회는 각각 더 선명하기도 하고, 때로는 더욱 못하게 선명하기도 한다(롬 11:3-4; 계 12:6, 14). 그리고 [주의] 지체인 개 교회들은 그 안에서 더 혹은 덜 순수하게 복음의 교리를 말하며 포용하여 따르기도 하고, 규례의 집행 그리고 공적 예배가 더 혹은 덜 순수하다(계 2:3; 고전 5:6-7).

IV. This catholic Church hath been sometimes more, sometimes less visible. And particular Churches which are members thereof, are more or less pure, according as the doctrine of the Gospel is taught and embraced, ordinances administered, and public worship performed more or less purely in them.

5. 하늘 아래에 있는 가장 순수한 교회도 혼합과 실수에서 종속되어 있으며(고전 13:12; 계 2:3; 마 13:24, 30, 47), 어떤 교회는 그리스도의 교회라고 볼 수 없고 사탄의 회로 보일 정도로 타락할 수도 있다(계 18:2; 롬 11:18-22). 그런데도 지상에는 하나님의 뜻을 따라 하나님께 예배하는 교회가 항상 있을 것이다(마 16:18; 시 72:17; 102:28; 마 28:19-20).

V. The purest Churches under heaven are subject both to mixture and error; and some have so degenerated, as to become no Churches of Christ, but synagogues of Satan. Nevertheless, there shall be always a Church on earth, to worship God according to His will.

6. 주 예수 그리스도 외에 교회의 다른 머리는 없다(골 1:18; 엡 1:22). 로마 교황[2]도 어떤 의미에서든지 교회의 머리가 될 수 없다. 교회 안에서 자기를 높여서 그리스도를 대항하고 소위 하나님으로 불리면, 적그리스도, 죄의 사람[죄의 근원], 멸망의 아들이다(마 23:8-10; 살후 2:3-4,8-9; 계 13:6).

---

2 교황을 부를 때에 '성하'(聖下, 라틴어: Beatissimus Pater)라고 부르는 예전(禮典)이 있다. 성하(聖下)는 교황을 좀 더 높이는 말이고, 지상에서 그 보다 더 높음이 없다는 말이다. 황제(皇帝)보다 더 높은 개념으로 볼 수 있다. 교황을 높이는 말은 그리스도의 대리자 (*Vicarius Christi*), 제왕적 대사제 (*Summus Pontifex vel Pontifex Maximus*) 등의 각종 호칭이 있는데, 성하(*Seine Heiligkeit* 또는 *Sanctitas*), '성스러운 아버지(*Heiliger Vater* 또는 *Sanctissimus* 또는 *Beatissimus Pater*)'라는 호칭이다. 그래서 교황의 애칭처럼 보이는 papa가 있다. 이단성 있는 집단에서는 자기 지도자를 "영의 아버지"라고 부끄러움 없이 지칭하고 있다. 교황주의에서는 매우 세련되게 '성하(聖下)'라고 부르고 있다.

> VI. There is no other head of the Church, but the Lord Jesus Christ; nor can the Pope of Rome, in any sense, be head thereof; but is that Antichrist, that man of sin, and son of perdition, that exalteth himself, in the Church, against Christ and all that is called God.

1. 교회

WCF 25장에서 고백하는 "교회"에 대한 내용은 간략하고 명료합니다. 우리 교회는 가톨릭이며 보편적 교회입니다. 그리스도는 교회의 머리이시며, 교회는 그리스도의 몸입니다. 현재 우리에겐 쉬운 것처럼 인지되지만, 천년 동안 지상교회는 교회의 머리를 교황(*Vicarius Christi*)으로 생각한 심각한 상태를 유지하였습니다.

우리가 쉽게 교회의 머리를 그리스도라고 고백하는 지식이 아니라, 그 고백을 할 수 있도록 헌신한 복음 사역자들을 기억해야 합니다.

16세기 교황주의의 무지와 패역을 바르게 수정한 개혁신학(Reformed), 개혁 신앙이 우리의 믿음 체계입니다. 우리 교회(장로교회 혹은 개신교)는 천주교에서 나온 것이 아니라, 16세기 교황주의를 개혁하려다가 거부되고 오히려 그들에게 이단으로 정죄 받은 교회입니다. 로마교회는 초대교회의 모범을 이탈하고 자기 길로 갔습니다. 그리고 초대교회를 따르려는 개혁교회를 거부하고 배척하였습니다. 그 로마교회가 가려는 길은 넓었습니다. 좁은 길은 언제나 쉽지 않습니다. 그런 고통의 흔적이 WCF 25:6에 잘 나타납니다.

1) 가톨릭, 보편교회, 보이지 않는 교회(무형교회)

　　WCF 25:1에서 교회는 가톨릭이고 보편교회(Catholic or universal church)라고 고백합니다. 가톨릭교회는 개혁 교회의 중요한 교회 이해입니다. 가톨릭교회는 보편교회로 모든 교회가 한 교회임을 고백한 것입니다. 가톨릭교회는 머리되신 그리스도 안에서 선택된 모든 지체로 구성되어 있고, 보이지 않습니다(invisible spiritual church). 보이지 않는 교회는 과거의 성도, 현재의 성도, 미래의 성도까지 포함한 충만입니다. 교회는 그리스도의 신부이며, 그리스도의 몸으로 만물 안에서 만물을 충만하게 합니다.

2) 보이는 교회(유형교회)

　　WCF 25:2에서는 유형교회(보이는 교회)에 대해서 고백합니다(visible church). 보이는 교회도 가톨릭 혹은 보편교회입니다. 가톨릭교회는 복음 아래에 있습니다. 복음 시대의 교회는 한 나라나 율법에 제한되지 않고, 열방에서 참된 믿음을 고백한 사람이 모여 교회를 이룹니다. 율법 시대에는 이스라엘 한 나라에 제한되어 있었습니다.

　　유형 교회는 전 세계적으로 바른 믿음을 고백하는 사람들은 동일한 하나님의 자녀로 한 교회를 이룹니다. 그리스도인의 교회에 지역감정이 있고, 유색갈등이 있다는 것을 상상하기 어려운 일입니다. 율법 시대에도 메시아를 기다리는 것이지 지역 제한이나 민족 차별은 있을 수 없습니다.

　　교회는 예수 그리스도의 왕국(*Regnum Christi*)일 뿐 아니라 하나님의 집이며 가족입니다. 교회 밖에는 구원이 없습니다(*extra Ecclesiam nulla salus*). 이것은 교부 키프리아누스의 고백이며, 어거스틴, 칼빈에서 그리고 WCF까지 계속합니다. 우리 시대에 '가나안 성도'[3]가 있다고 하여 교회 밖에도 성도가 있는 것처럼 주장하는데(참고. 제2차 바티칸 공의회의 익명의 그리스도인, Anonymous Christian), 그것은 교황주의가 교회의 범위를 스스로 우주적으로 선포하였기 때문에 가능한 것입니다. 그러나 교회는 지역 교회(local church)입니다. 지역에서 이웃과 민족을 차별하면서 어떻게 이웃과 민족의 경계를 넘어선 우주적 교회를 이룰 수 있겠습니까?

가나안 성도(도피성도)는 개혁 신앙에서는 합당하지 않습니다.

3) 유형교회에 자기 규례를 세우심

WCF 25:3에서는 유형교회에 사역자와 말씀(oracles), 규례(성례와 권징, ordinances)를 하나님께서 세우셨음을 고백합니다. WCF에서는 하나님께서 세운 사역자에 대해서 간략하게 제시합니다. 하나님 말씀(복음 선포)과 성례 집행은 하나님께서 세우신 사역자가 거행해야 합니다.

하나님은 진리와 성령(요 4:24)으로 진행하는 예배를 통해 주의 임재와 성령으로 성도들에게 합당하게 복을 주시고 적용하십니다. 교회는 효율성이나 합리성으로 운용하는 것이 아니라 계시, 영적 권위에 의해서 운용됩니다. 그렇기 때문에 아무나 말씀을 전하거나 성례를 집행해서는 안 되며, 그 사역에 합당한 사역자가 진행해야 합니다. 겸손하게 말씀을 전하고 듣는 것이 중요합니다.

---

[3] 신동식 목사는 '가나안 성도'를 '도피 성도'로 규정하고 있다. 교회를 떠났지만 믿음은 포기하지 않았다고 주장하기 때문에 붙인 이름일 것이다.

4) 교회: 거룩에 차이가 있음

WCF 25:4과 25:5에 대한 이해는 쉽지 않습니다. 조창훈 목사는 "더 순수한 교회와 덜 순수한 교회"로 정리하였습니다. 덜 순수한 교회를 형제 교회로 삼고 동역하는 것이 WCF 25:4을 고백하는 성도의 자세입니다. 교회는 더욱 순수하고 거룩한 교회를 이루기 위해서 개혁에 정진해야 합니다(*semper reformanda*). 그런 과정과 수행을 위해서 복음의 교리를 선포하고, 주어진 규례대로 사역하며, 공적 예배를 수행합니다. 그런데도 덜 순수한 교회를 합당한 형제 교회로 동역합니다. 더 순수한 교회나 덜 순수한 교회는 주의 말씀에 합당하게 개혁하려는 방향성이 동일합니다. 속도와 규모는 다르지만, 방향성(믿음의 대상)은 동일하기 때문입니다.

교회는 어머니와 같아서 품 안에 있는 자녀를 스스로 배척하지 않습니다. 그러나 배척을 받으면 함께 하지 않습니다(마 21:42). 더 순수한 교회가 덜 순수한 교회를 배척한다면, 덜 순수한 교회는 배척당하므로 의로우며 더 순수한 교회와 동역할 의무에서 벗어납니다. 교회는 자의적이고 능동적으로 배척하지 않습니다.

5) 교회의 과오와 정진

WCF 25:5에서는 지상에 완전한 교회가 있을 수 없음을 고백합니다. 그런데도 교회는 하나님의 뜻을 수행하기 위해서 진력하는 교회가 되어야 합니다. WCF 25:5에서 충격적이고 겸손을 촉구하는 고백은 그리스도의 교회가 사탄의 회처럼 보일 수 있다는 것입니다. 그리스도인의 눈에는 사탄의 회처럼 보이지만, 주의 몸 된 교회입니다.

교회는 니케아 신경을 지키려는 아타나시우스를 배격하였고, 개혁하려는 개혁파 사역자를 배격하였습니다. 배격하는 주체가 배격하는 내용을 잘 살펴야 합니다. 그리스도를 믿지 않는 주체가 교회를 주도할 수 있으며, 그들은 그리스도의 참된 사역자를 박해할 것이기 때문입니다.

우리 시대에 이단으로 정죄 된 속에서 그런 경우가 있을 것이라는 탐색은 부당합니다. 우리 시대의 이단 정죄는 너무나 포괄적입니다. 오히려 이단으로 정죄 되지 않는 교회 안에 심각한 요소들이 있을 정도입니다. 그런 상황에서 이단으로 정죄되었다면 이미 규례(ordinary)에 의해서 완전한 오류 혹은 성령 훼방으로 확정된 것입니다.

가시적으로 이단 교회들이 성장하고 참된 교회는 성장하지 않습니다. 언제나 그랬습니다. 그런 부패한 교회가 아니라, 박해 속에서도 지상에서 하나님을 예배하는 참 교회가 반드시 존재합니다. 왕성한 성장 속에서도 궁핍을 느끼는 집단과 고난 속에서 평안을 느끼는 집단이 있습니다. 세상의 것으로 만족을 느낄 수 있는 것은 하나도 없습니다. 주 예수께서 사마리아 여인에게 하신 말씀만이 만족이 됩니다.

> 이 물을 마시는 자마다 다시 목마르려니와 내가 주는 물을 마시는 자는 영원히 목마르지 아니하리니 내가 주는 물은 그 속에서 영생하도록 솟아나는 샘물이 되리라 (요 4:13-14).

6) 교회 머리는 오직 예수 그리스도

WCF 25:6에서 교황주의와 개혁 교회를 확실하게 구분합니다. WCF에서 교회의 머리는 오직 예수 그리스도라고 선언합니다. 교황은 자신을 그리스도의 대리자(*Vicarius Christi*)로 선언하는데 WCF의 고백에서 그 제시를 한 단계 낮은 대리자가 아니라, 스스로 높이는 것이며 그리스도의 자리, 하나님의 자리를 탐하는 것으로 규정하였습니다.

WCF에서 교황을 적그리스도, 죄의 사람(죄의 근원), 멸망의 아들로 규정하였습니다.

WCF는 1647년에 작성된 것이고, 트렌트 공의회(Concilium Tridentinum)는 1545-1563년까지 개최되었습니다. 칭의교령(*Decretum de justificatione*, 1547)에서 이신칭의를 신봉하는 자들에게 저주(anathema)를 선언하였습니다. 교황주의에서는 이신칭의 신자들, 개혁 신앙을 이단으로, WCF에서 교황을 적그리스도로 선언하고 있습니다.[4]

---

4 천주교가 이단(hersey)일까?
이단과 적그리스도(anti-Christ)의 차이점은 무엇일까?
적그리스도는 성경에서 배격하는 것이고, 이단은 정통신학과 규정한 것으로 이해할 수 있겠다. 성경은 성경의 제자들에게 적그리스도, 거짓교사의 가르침을 배격하라고 가르쳤다. 적그리스도는 교회 안에 있는 배교자이면서 영향력이 강한 존재이고, 이단은 교회가 밖으로 배격하였지만 교회 이름을 도용하는 집단이다. 적그리스도의 가르침의 근원은 사탄이고, 인류 역사에서는 영지주의가 가장 큰 영향력을 갖고 있다. 그런 근원에서 이단이 출현되었다. 이단은 그리스도를 거부하는 협의적인 집단이라면, 적그리스도는 거부하며 미혹하는 광의적인 집단으로 볼 수 있다. 그럼에도 WCF에서 로마교회를 이단으로 정죄하지 않은 것은 WCF의 목적이 "엄숙 동맹과 언약"을 성취하기 위한 방편이었기 때문일 것이다. 트렌트 공의회 목적은 개혁된 신앙에서 교황주의를 유지하기 위한 것이었다. 도르트 공의회(Synod)는 네덜란드 교회 안에서 발생한 항론파에 대한 결의였다. 필자는 한국 개신교회가 천주교회를 이단으로 단정할 수 없다고 생각한다. 또한, 순교자 주기철에 대한 목사적 복권을 할 수 없다고 주장하였다. 주기철의 복권은 생존할 때, 징벌한 노회에서 할 수 있다. 그러나 죽게 되면 확정된 역사가 되어 징벌한 노회에서도 변개할 수 없다. 그런데 대한예수교장로회 통합과 합동은 각각 교단에서 목사직 복권을 선언하였다. 결정된 역사(과거)를 바꿀 수 있는 주체는 없다. 그 역사를 안고 가야 한다. 사람이 할 수 없는 것은 하지 않아야 한다. 한국 개신교회는 개혁된 교회로서 천주교의 악습을 답습하지 않아야 하는데, 죽은 자를 복권하는 폐단을 답습하고 말았다. 한국 교회는 천주교회와 어떤 사안으로든지 다툰 적이 없다. 각자의 갈 길을 갈 것으로 믿음의 선배들이 결정하였다고 보아야 한다. 천주교를 이단으로 단죄하려는 움직임보다, 오히려 천주교로 회귀하려는 교회프로그램(사순절, 과도한 교회력 준수, 다양한 영성 프로그램 등등)을 중지하는 것이 더 합당하다.

제26장

성도의 교통에 대하여
(CHAPTER XXVI. Of the Communion of Saints)

1. 성령과 믿음으로 [교회의] 머리이신 예수 그리스도와 연합된 모든 성도는 그리스도의 은혜들, 고난, 죽음, 부활과 영광 안에서 그리스도와 화목(和睦)[1]을 갖는다(요일 1:3; 엡 3:16-19; 요 1:16; 엡 2:5-6; 빌 3:10; 롬 6:5-6; 딤후 2:12). 그리고 성도들은 사랑 안에서 각자 은사와 은혜들로 서로 교통한다(엡 4:15-16; 고전 12:7; 3:21-23; 골 2:19). 그리고 성도들은 속사람과 겉 사람에게 모두 유익하게 하려고 공적(公的)이고 사적(私的) 임무를 수행해야 한다(살전 5:11,14; 롬 1:11-12,14; 요일 3:16-18; 갈 6:10).

I. All saints, that are united to Jesus Christ their Head by His Spirit and by faith, have fellowship with Him in His graces, sufferings, death, resurrection, and glory: and, being united to one another in love, they have communion in each other's gifts and graces, and are obliged to the performance of such duties, public and private, as do conduce to their mutual good, both in the inward and outward man.

2. 신앙고백에 의해 [확립된] 성도들은 하나님께 예배하는 중에 교통하고, 거룩한 화목을 유지해야 한다. 상호 건덕에 도움을 주는 영적 사역

---

[1] fellowship은 교제, 친교 등으로 번역하는데, 성경에서 fellowship offering을 화목제로 번역하기 때문에 화목(和睦)으로 번역하였다.

(섬김)을 수행하며(히 10:24-25; 행 2:42, 46; 사 2:3; 고전 11:20), 각자의 능력들과 필요들에 따라서 외적인 사안들에서도 서로 돕는다. 이 교통은 하나님께서 주시는 기회를 따라서, 주 예수의 이름을 부르는 모든 곳에 있는 모든 성도에게까지 확장되어야 한다(행 2:44-45; 요일 3:17; 고후 8:9; 행 11:29-30).

II. Saints by profession are bound to maintain a holy fellowship and communion in the worship of God; and in performing such other spiritual services as tend to their mutual edification; as also in relieving each other in outward things, according to their several abilities, and necessities. Which communion, as God offereth opportunity, is to be extended unto all those who, in every place, call upon the name of the Lord Jesus.

3. 성도들이 그리스도와 더불어 갖는 교통은, 그들이 어떤 지혜로운 사람이 아니고, 그리스도의 신성의 실체에 참여하는 것이 아니며, 어떤 면에서도 그리스도와 동등하게 되는 것도 아니다. 그런 주장은 불경하고 참람하다(혹은 신성모독이다, 골 1:18-19; 고전 8:6; 사 42:8; 딤전 6:15-16; 시 45:7; 히 1:8-9). 또한, 성도가 서로 교통하는 것이 각자가 소유하는 재산과 재물에 대한 권리나 소유권을 빼앗거나 침해하는 것은 부당하다(출 20:15; 엡 4:28; 행 5:4).

III. This communion, which the saints have with Christ, doth not make them in any wise, partakers of the substance of His Godhead; or to be equal with Christ, in any respect: either of which to affirm is impious and blasphemous. Nor doth their communion one with another, as saints, take away, or infringe the title or property which each man hath in his goods and possessions.

1. 성도의 교통

　WCF 26장에서는 "교회"에서 수행하는 "성도의 교통"에 대해서 고백합니다. 사도신경에서 "성도의 교통"(Of the Communion of Saints)이 있습니다. 신약성경에 '성도(saints)'는 "그리스도인"을 지칭합니다. 그런데 로마가톨릭에서 "성인"[2]을 다르게 구별하여 "성자 숭배", 혹은 "성자 교통"을 시행하고 있습니다. '성인'(St. 聖人)이라는 용어 사용을 자제해야 합니다. WCF에서 성도의 교통은 철저하게 현세에서, 그리스도 안에서, 인격적 교제 방식으로 영적, 물질적 교통까지 언급합니다.

　장로교회는 치리 장로는 영적 교통을 감당하고, 집사는 물적 교통을 담당하도록 체계화하였습니다. 치리 장로는 목사와 협력하여 성도가 복음 이해를 살피는 치리를 감당하며, 집사는 목사와 협력하여 가난과 경제 등을 살펴 돕고 세우는 구제를 감당합니다. 코이노니아(*Koinonia*, 교제)는 케리그마(*Kerygma*, 복음선포)와 디다스코(*Didasko*, 교육) 그리고 디아코니아(*Diakonia*, 봉사)입니다. 목사(teaching elder), 장로(ruling elder), 집사(deacon)는 함께 교통(koinonia)과 협력으로 교회를 섬깁니다.

---

[2] 천주교는 성인(聖人) 시복(諡福)을 위해서 교황청 시성성을 두고 있다. 즉각 성인이 되는 경우도 있지만, 자연사한 뒤 복자(福者)가 선포된 후에 성인이 된다. 요한 바오로 2세는 2005년 사망한 뒤에 9년 만에 성인에 올랐다. 복자는 "죽은 사람의 덕행성(德行性)을 증거하여 부르는 존칭으로, 그 경칭을 받은 사람을 말한다"(가톨릭 사전). 그리고 성인이 되려면 일반적으로 두 가지 이상의 기적이 있어야 하지만, 순교자는 순교사실만으로 기적심사가 면제된다. 우리나라에는 124위의 복자, 103위의 성인이 있다고 한다.

1) 성령과 믿음으로 그리스도께 연합된 성도의 교제

　WCF 26:1에서 교통(communion)은 사도신경의 문장으로 소통(communication)과 구분됩니다. 교통(communion)은 하나의 상태에서 일어나는 것이고, 소통은 구별된 개체에서 일어나는 것입니다. 성령과 믿음으로 중생된 성도는 예수 그리스도를 머리로 한 지체가 됩니다. 그래서 그리스도의 은혜, 고난, 죽음, 부활, 영광에서 그리스도와 화목(fellowship)한 성도들은 각양 은사와 은혜를 따라서 그리스도 안에서 교통(communion)을 합니다. 그리스도 밖에서, 교회 밖에서 그리스도 안, 교회 안으로 영적 교통을 할 수 없습니다.

　피차에 덕을 세우는 것은 속사람과 겉사람 모두에게 유익이 되어야 합니다. 이런 유익을 위해서 성도는 개인적으로 공적으로 사역을 수행할 의무가 있습니다. 성도의 의무는 이웃을 사랑하는 것으로, 이웃에게 덕을 끼치는 것이 의무입니다.

　성도의 교통으로 얻어지는 유익은 육적으로 영적으로 유익을 받는 것입니다. 유익이 영적인 영역에 국한되는 것이 아닙니다. 또한, 유익은 성도 개인의 유익이 아니라 이웃을 위한 유익이고, 이 유익을 위해서 개인적으로 공적인 사역을 수행해야 합니다. 개인의 유익을 위한 교통은 존재할 수 없기 때문입니다.[3]

---

[3] 그리스도인들이 교회에서 하는 친목 활동, 스포츠 활동, 취미 활동 등을 성도의 교통이라고 이해하지 않고, 단순한 인간관계로 이해해야 합니다.

2) 신앙고백으로 세워진 성도

WCF 26:2에서 "성도의 교통의 임무 범위"에 대해서 고백합니다.

첫째, 성도는 예배에서 성도와 교통하며 하나님과 이웃과 거룩한 화목을 이룹니다.
둘째, 성도는 서로의 건덕을 위해서 영적인 섬김을 수행합니다. 영적 섬김은 말씀 전파와 들음을 기본으로 합니다. 그리고 시와 노래와 찬미로 영광을 돌립니다.
셋째, 성도는 은사와 은혜를 따라서 외적 사안들을 돕습니다. 성도에게 주어진 은사는 영적 유익이 아니라 외적 유익을 위한 것으로 고백하고 있습니다. 은혜는 받은 말씀을 이해하고 순종하여 수행하는 외적 수행(말씀의 실제 적용)으로 볼 수 있습니다.

이런 교통도 하나님께서 주신 기회, 하나님의 때가 있습니다. 사안을 아는 것과 때를 아는 것이 있어야 하나님의 일을 할 수 있습니다.

이 봉사의 범위를 WCF는 "모든 그리스도인까지"라고 규정하고 있습니다. 장로교회는 지역교회(Local Church)를 기초로 합니다. 교황주의처럼 세계를 교구로 삼지 않고, 제한된 지역을 교회의 사역 범위로 삼습니다.

그런데 모든 그리스도인은 교파의 울타리를 벗어나서 교통할 수 있으며, 함께 동일한 구주를 고백하며 연합합니다. 교회와 교회, 그리고 사역자와 사역자의 교통으로 섬김은 모든 그리스도인과 땅끝까지 효력을 확장할 수 있습니다. 동역과 협력은 장로교회의 기본적인 사역 원리입니다.

지역교회를 충실하게 섬기고 책임지며, 이웃 지역을 돕는 방식입니다.[4]

3) 교통에 대한 교황주의의 그릇된 이해

WCF 26:3에서 성도가 그리스도와 함께 교통할 때에 어떤 특별한 지혜를 얻는 것이 아님을 고백합니다. 그리스도와 연합되었기 때문에 어떤 지혜나 지식이 증가되는 것이 아닙니다. 그리스도와 연합됨으로 그리스도의 신성 실체에 참여하지 않음을 인지해야 합니다. 신비주의는 신성체에 직접 참여하여 어떤 영적 지식이나 경험을 산출할 수 있다고 생각합니다. 장로교는 신성체에 직접 접촉하지도 않으며, 접촉해서 어떤 신적 경험이나 영적 지식을 얻으려 하지 않습니다. 신성체의 교류를 추구하는 성향에서는 하나님과 합일을 주장하는 현상이 나타납니다.

이단 종파에서는 그리스도와 동등됨을 넘어서 그리스도보다 더 높은 지위를 주장합니다. 이것은 교황주의에서 꽃을 피웠고, 모든 이단이 갖는 성향입니다. 그리스도를 높인다고 칭송하면서 자기 자신을 그리스도보다 더 높이는 행위를 일삼고 있습니다. 둘 중에 하나라도 주장하거나 인정하거나 동참하면 불경하고 참람합니다. 하나님의 신성이 인간에 내주하는 것이 아니며(성령 위격의 내주), 그리스도와 어떤 면으로도 동등하거나 혹 비교하는 것은 부당합니다. 교회 사역자가 참람한 죄를 일삼는 것은 성령 훼방죄에 해당합니다.

그리고 성도의 교통에서 물건과 재산도 포함되어 있는데, 물건이나 재산을 부당하게 손실 입히는 방식은 부당합니다. 성도 개인이 소유한 재산

---

[4] 국가 안에 있는 교단이 국경선 밖에 노회를 두는 것은 좋지 않습니다. 교단이 해외에 선교회를 운영하면서 자립(自立)이 되면 교단을 형성하여 형제 교단으로 협력하는 방식을 취해야 합니다.

이나 재물은 개인의 헌신과 기쁨의 섬김으로 교통합니다. 잘 보이려고 부당하게 많이 출연하는 것이나 상대방에게 섬김을 부당하고, 또한 도움의 범위 밖으로 과도하게 요구하는 것은 바르지 않습니다. 힘써 사랑하고 섬김을 넘어서지 않도록 해야 합니다.

한국 교회는 구제를 교회의 근본 가치로 확립해야 합니다. 사도행전에서 교회는 구제를 우선가치로 진행했고, 효과적 구제 사역을 위해서 집사를 세웠습니다. 정상적인 직분자 구조는 장로 숫자가 많고, 집사 숫자가 적은 방식이어야 합니다.

집사는 경제 전문 지식이 있는 전문가들로 구성되어야 하기 때문입니다. 교회와 성도들이 적정한 경제 규모를 합리적으로 산출할 수 있어야 합니다.

장로는 성경과 교리에 관해서 체계적인 지식을 가진 자입니다. 교회의 직분은 모두 사도에게서 비롯되었습니다. 사도행전 6장에서 집사로, 16세기 종교개혁 시기에 치리 장로가 세워졌습니다. 사도행전 6장에서 구제하는 일(집사)를 분리시킨 것은 사도가 복음선포에 집중하도록 하기 위함입니다. 교회는 말씀이 흥왕할 때에 부흥합니다. 목사, 장로, 집사는 협력하여 말씀이 흥왕하도록 하는 것이며, 사랑과 봉사가 풍성하도록 하는 것입니다.

제27장

성례에 대하여
(CHAPTER XXVII. Of the Sacraments)

1. 성례는 은혜 언약의 거룩한 표시와 인장으로(롬 4:11; 창 17:7, 10) 하나님께서 직접 제정해 주신 것으로(마 28:19; 고전 11:23), 그리스도와 그의 은택을 실현하여, 그리스도 안에 있는 우리의 유익을 확인하고(고전 10:16; 11:25-26; 갈 3:27, 17), 교회에 속한 사람과 세상의 나머지 사람들을 가시적인 차이를 주며(롬 15:8; 출 12:48; 창 34:14), 또한 성도들이 그리스도의 말씀을 따라 그리스도 안에서 하나님을 섬길 때 엄숙하게 관계를 유지하기 위한 것이다(롬 6:3-4; 고전 10:16, 21).

I. Sacraments are holy signs and seals of the covenant of grace, immediately instituted by God, to represent Christ and His benefits; and to confirm our interest in Him; as also, to put a visible difference between those that belong unto the Church, and the rest of the world; and solemnly to engage them to the service of God in Christ, according to His Word.

2. 모든 성례에는 표시와 그 표상되는 것 사이에 영적 관계 혹은 성례적 연합이 있다. 그런데 이름(성례의 명목)과 다른 편에 나온 한 속성의 효과에서 [효력이] 통과해서 나온다(창 17:10; 마 26:27-28; 딛 3:5).

II. There is in every sacrament a spiritual relation, or sacramental union, between the sign and the thing signified; whence it comes to pass, that the names and effects of the one are attributed to the other.

3. 바르게 집행된 성례에 의해서나 그 안에서 실현된 은혜는 성례 안에 있는 어떤 힘에 의한 것이 아니며, 성례를 집행하는 사람의 경건이나 의도에 의존하여 성례의 효능이 생성되는 것이 아니고(롬 2:28-29; 벧전 3:21), 오직 성령의 역사(마 3:11; 고전 12:13)와 성례 제도에 관련된 말씀에 의존한다. 그 말씀은 성례의 권위있는 명령으로 집례하는 것과 함께, 성례를 귀하게 받는 성도에게 주는 은택에 대한 약속이 포함되어 있다(마 26:27-28; 28:19-20).

III. The grace which is exhibited in or by the sacraments rightly used, is not conferred by any power in them: neither doth the efficacy of a sacrament depend upon the piety or intention of him that doth administer it: but upon the work of the Spirit and the word of institution, which contains, together with a precept authorizing the use thereof, a promise of benefit to worthy receivers.

4. 복음에는 우리 주 그리스도께서 제정하신 오직 두 가지 성례가 있다. 즉, 세례와 주의 만찬[1]이다. 세례와 성찬은 아무나 수행할 수 없고, 반드시 합법적으로 임직된 말씀의 사역자로 말미암아 집행되어야 한다(마 28:19; 고전 11:20, 23; 4:1; 히 5:4).

IV. There be only two sacraments ordained by Christ our Lord in the Gospel; that is to say, Baptism and the Supper of the Lord: neither of which may be dispensed by any but by a minister of the Word lawfully ordained.

---

1 '주의 만찬'은 '성만찬'으로 사용하기도 하는데, 우리가 수행하는 떡과 잔은 '만찬(晚餐)'이 아니기 때문에 '성찬'으로 축약하여 사용한다. '성만찬'으로 사용하는 것은 '주의 마지막 만찬'으로는 맞겠지만, '만찬'이 아닌 우리의 행위와 맞지 않다.

> 5. 구약성경의 성례는 영적인 사안으로 간주하여 상징되고 시행되었지만, 실체에서는 신약성경의 성례와 같다(고전 10:1-4).
>
> V. The sacraments of the Old Testament, in regard of the spiritual things thereby signified and exhibited, were, for substance, the same with those of the New.

1. 성례

WCF 27장에서는 "성례"(the Sacraments)에 대해서 고백합니다. 성례는 교회에서 말씀과 함께 2대 표지(marks)입니다. WCF에서 "말씀(설교)"에 대한 고백은 없는 것처럼 보입니다. WCF는 복음의 대략이 교회 강단에서 반드시 선포되어야 할 내용으로 제시합니다. WCF는 복음 사역자의 심장이며, 복음 사역자가 선포하는 복음의 기초입니다. 개혁파는 성례를 둘, "세례(28장)와 성찬(29장)"만을 인정합니다. 로마교회는 칠성례를 가지고 있습니다.[2]

---

2   로마 가톨릭의 7성례. 교황주의는 주님이 세우신 두 성례에 자기 교회에서 만든 5 가지를 첨가시켰다. 1. 영세(Baptism), 2. 성체 성사(미사의 전병-영성체), 3. 견진성사(堅振聖事, confirmation)-2nd Blessing, 4. 고해성사(고백성사), 5. 혼인성사(*Matrimony*), 6. 성품성사(*Ordination*) 7. 종유성사(*Extreme unction*), 종부성사이다. 성례에 준성사(準聖事, *Sacramentalia*)를 더해서, 강복(降福, *Benedictio*), 구마(驅魔, *Exorcismus*), 축성(祝聖, *Consecratio*)이 있다(*Trent Session* XXII, 15). 그리고 성수, 분도패, 십자고상 등 성물(聖物)을 보조 수단으로 사용한다.

1) 성례는 은혜 언약의 표시이며 인(seal)

WCF 27:1에서 성례는 하나님께서 제정하신 것으로 은혜 언약의 백성에게 그리스도의 은혜가 실현되는 한 방편입니다. 성례는 그리스도 안에 있는 성도에게만 유익을 줍니다. 성례는 교회의 안과 밖을 확실하게 구분시키는 표지이기도 합니다. 그래서 교회 밖에는, 즉 성례를 시행하지 않는 곳에는 구원이 없습니다. 그런데 현재에는 교회 밖에서 성례(성찬)를 수행하는 경우가 있습니다.

거룩한 주의 예식을 함부로 남용하는 것은 신성모독입니다. 성례를 그리스도의 말씀을 따라 엄숙하게 집행해야 합니다. 그래서 성례에 참여한 자는 하나님 앞에 경건한 자세로 서야 합니다. 교황주의의 미신적 성례에서는 주의 살을 만병통치약으로 생각해서 교회 밖에서 복용하는 현상도 있었다고 합니다. 지금은 사제가 직접 입에 넣어주는 형태를 합니다. 우리는 직접 떡과 잔을 취하고 있습니다.

2) 모든 성례는 표시와 표상된 것이 있습니다

WCF 27:2에서 모든 성례가 표지이고, 실재적인 것이 있음을 고백하고 있습니다. 떡과 잔은 표시이고, 실재는 그리스도의 몸과 피입니다. 성례에서 표시인 떡과 잔을 취함으로 실재로 그리스도의 몸과 피를 취하게 됩니다. 우리는 성례의 떡과 잔이 실재 그리스도의 몸과 피가 되기 위해서 반드시 복음선포를 선행시킵니다. 복음선포가 없는 성례 집례는 우상숭배이며 신성모독입니다. 공동체 의식을 증명하기 위한 수단이 아니라, 오직 그리스도의 몸과 피를 취하는 의식(儀式)입니다.

우리는 학교를 졸업하면 졸업증명서를 받게 되는데, 졸업을 증명하기 위해서 졸업식을 반복하지 않습니다. 졸업장으로 졸업을 증명합니다. 졸업장이 존재함으로 졸업함의 실재를 증명합니다. 졸업장은 아무 때나 내놓지 않으며, 반드시 요구하는 때와 장소에 제출합니다.

3) 성례는 성령의 사역과 말씀 전파에서 효력이 발생함

WCF 27:3에서 성례의 효과에 대해서 말씀합니다. 성례의 효과는 어떤 신비한 힘에 의한 것이 아니라는 고백은 로마교회의 미신적인 행태를 비판하며 주의하는 고백입니다.

로마교회는 사효론(事效論, Ex Opere Operato)과 인효론(人效論, Ex Opere Operantis)으로 논의를 하지만, 개혁파는 성령의 사역과 복음선포를 선행시킵니다. 성례 수행 자체나 성례 수행자의 공덕으로 영향이 있는 것이 아니라, 주의 성령과 복음선포에 근거해서 수행해야 합니다.

성례는 성령의 사역과 말씀에 있습니다. 그래서 성례 시행 전에 합당한 말씀이 선포되어야 성례의 효력이 발생합니다.

4) 성례는 그리스도께서 제정하심

WCF 27:4에서 성례는 그리스도께서 제정하신 두 성례, 세례와 성찬을 고백합니다. WCF는 오직 두 성례, 세례와 성찬을 고백합니다.

성례의 시행은 법적으로 안수 받은 말씀의 사역자(목사)만이 집행해야 합니다. 그 외에는 누구도 집례할 수 없습니다. 성례 집행은 실용적이나 편의적으로 주장되어서는 안 됩니다. 성례를 수행하는 것이 특혜가 아니며, 성례를 수행하는 것이 어떤 특수성을 나타내는 것이 아닙니다.

사도 바울은 오히려 자신이 세례를 베풀지 않았음을 기쁘게 생각하였습니다(고전 1:17). 복음을 전하는 자가 반드시 세례를 주지 않아도 되며, 복음의 사람이 반드시 성례를 집례하지 않아도 됩니다.

성례는 반드시 수행되어야 하지만, 성례가 구원을 확증하는 수단은 아닙니다. 구원은 오직 전파된 복음을 듣고 순종함에 있습니다. 우리 시대에 성례를 베푸는 자가 아니라 복음을 전하는 자가 필요합니다. 한국 교회는 사역자는 증가하는데 성도 숫자는 감소하는, 있지 않아야 할 구도가 발생하고 말았습니다.

5) 구약성경의 성례

WCF 27:5에서는 구약성경의 성례에 대해서 고백합니다. WCF에서 구약의 성례를 명시적으로 제시하지 않았지만, 구약의 성례는 할례, 유월절(무교병과 양의 피)로 볼 수 있습니다. 할례는 평생에 한 번, 유월절은 매년 규칙적으로 수행해야 합니다. 다른 제사들은 죄에 대한 회개와 화목, 헌신 등을 의미하였습니다. 신약성경의 성례는 세례와 성찬입니다. 그리스도께서 세례를 받으셨고, 그리스도께서 마지막 만찬을 베푸셔서 성례를 제정하셨습니다.

WCF는 구약의 성례는 그림자로 상징적으로 집례되었습니다. 구약 시대는 구원의 실체이신 하나님의 성육신이 일어나기 전입니다. 실체가 오시지 않았기 때문에 상징적, 예표적(Type)으로 수행한 것입니다.

신약의 성례와 실체적으로 동일하다고 고백합니다. 그것은 성례를 제정하신 주님이 같다는 것입니다. 구원의 실체, 원형(原型, original type/antitype)이신 예수 그리스도는 과거가 아닌 구약 시대 후인 신약 시대에 계시되었습니다. 구약의 성례는 아브람에게 할례를 명령하신 여호와, 시내 산에서 율법을 주신 여호와께서 제정하셨습니다.

사도 바울은 이스라엘 백성이 홍해에서 세례를 받았고, 광야에서 만나를 먹었다고 말씀하였습니다(고전 10-11장). 말씀이 육신이 되셔서 이 땅에 오신 주께서 신약의 성례를 제정하셨습니다. 예수님께서 유월절 무렵 광야에서 오병이어로 오천 명을 먹이시면서, 광야에서 주신 만나를 먹었어도 죽었지만, 주께서 주신 생명의 양식을 먹으면 죽지 않고 영생하실 것이라고 말씀하셨습니다(요 6장).

제28장

세례에 대하여
(CHAPTER XXVIII Of Baptism)

1. 세례는 예수 그리스도께서 제정하신 신약성경에 [기록된] 성례로서(마 28:19), 세례에 참여한 자를 엄숙하게 보이는 교회에 가입시켜 허용하는 것만이 아니라(고전 12:13), 그에게 은혜 언약(롬 4:11; 골 2:11-12), 그리스도께 접붙임이 되는 것(갈 3:27; 롬 6:5), 중생(딛 3:5), 죄 사함(막 1:4), 그리고 하나님께서 예수 그리스도를 통해 주시는 생명의 새로움 가운데 걷고 있음을 표시하는 것과 인침이다(롬 6:3-4). 이 성례[세례]는 그리스도께서 몸소 제정하신 것이고, 세상 끝날까지 자기의 [몸 된] 교회에서 계속될 것이다 [혹은 준수하도록 명령하셨다](마 28:19).

I. Baptism is a sacrament of the New Testament, ordained by Jesus Christ, not only for the solemn admission of the party baptized into the visible Church; but also, to be unto him a sign and seal of the covenant of grace, of his ingrafting into Christ, of regeneration, of remission of sins, and of his giving up unto God through Jesus Christ, to walk in newness of life. Which sacrament is, by Christ's own appointment, to be continued in His Church until the end of the world.

2. 성례에 사용되는 외적 요소는 물이고, 이 [물]세례에 참여하는 자는 성부와 성자와 성령의 이름으로 직분에 소명 받은 합법적인 복음의 사역

자에게 세례를 받아야 한다(마 3:11; 요 1:33; 마 28:19-20).[1]

II. The outward element to be used in this sacrament is water, wherewith the party is to be baptized, in the name of the Father, and of the Son, and of the Holy Ghost, by a minister of the Gospel, lawfully called thereunto.

3. [세례받는] 사람을 물에 침수시키는 것은 필요하지 않다. 즉, 세례에서 그 사람에게 물을 붓는 것이나 뿌리는 것이 올바른 집행이다(히 9:10,19-22; 행 2:41; 16:33; 막 7:4).

III. Dipping of the person into the water is not necessary; but Baptism is rightly administered by pouring or sprinkling water upon the person.

4. 실제로 그리스도에 대한 믿음을 고백하며 순종하는 신자들뿐만 아니라(막 16:15-16; 행 8:37-38), 믿는 부모나 혹 한 편만 믿을지라도 유아에게 세례를 베풀어야 한다(창 17:7, 9; 갈 3:9,14; 골 2:11-12; 행 2:38-39; 롬 4:11-12; 고전 7:14; 마 28:19; 막 10:13-16; 눅 18:15).

IV. Not only those that do actually profess faith in and obedience unto Christ, but also the infants of one or both believing parents, are to be baptized.

5. 비록 성례를 모독하거나 무시하는 것은 큰 죄일지라도(눅 7:30; 출 4:24-26), 은혜와 구원이 반드시 세례에 떨어지지 않고 연결된 것은 아니다. 즉, 세례가 없으므로 구원이나 중생이 없는 것이 아니고(롬 4:11; 행

---

[1] 정성호는 수동형을 능동형으로 번역하였다. "세례를 집행하는 일에 합법적으로 부름 받은 복음 사역자는 세례 받을 당사자에게 물을 가지고 성부와 성자와 성령의 이름으로 세례를 베풀어야 한다." WCF가 사역자 교범이기에 정성호 번역이 유효하다. 그러나 우리는 문자적 이해인 수동형으로 번역을 제시하였다. 그것은 세례받는 사람도 자기에게 유효적인 세례를 위해서 확증해야 한다는 것을 주지시키려는 의도가 있다.

10:2, 4, 22, 31, 45, 47), 세례를 받았기 때문에 의심할 것 없이 중생된 것도 아니다(행 8:13, 23).

V. Although it be a great sin to contemn or neglect this ordinance, yet grace and salvation are not so inseparably annexed unto it, as that no person can be regenerated or saved without it; or, that all that are baptized are un-doubtedly regenerated.

6. 세례의 효과는 세례가 집행되는 그 시간에 제한되지 않는다(요 3:5,8). 그리고 이 성례를 바르게 행함으로 약속된 은혜가 제공되는데, (성인이나 유아든지) 그 은혜에 속해 있는 자에게, 하나님께서 자기의 뜻의 의논을 따라, 자기가 정한 때에, 성령으로 말미암아, 실제로 나타내고 실현하신다(갈 3:27; 딛 3:5; 엡 5:25-26; 행 2:38,41).

VI. The efficacy of Baptism is not tied to that moment of time wherein it is administered; yet notwithstanding, by the right use of this ordinance, the grace promised is not only offered, but really exhibited and conferred by the Holy Ghost, to such (whether of age or infants) as that grace belongeth unto, according to the counsel of God's own will in His appointed time.

7. 세례의 성례는 누구든지 오직 한번만 받아야 한다(딛 3:5).[2]

VII. The sacrament of Baptism is but once to be administered unto any person.

---

[2] 번역의 일관성으로 세례자, 그리스도인이 단 한 번만 받음으로 번역하였다. 목회하면서 재세례를 요구한 교회 성도에 대한 문의를 받은 적이 있었다. 필자는 재세례는 언제나 불가하기에, 입교 의식을 거행할 것을 제언하였다. 장로교는 기본적으로 구교(천주교), 기타 종파 그리고 강단 교류가 허용되지 않은 집단에서 입회를 요청할 때는 입교 절차를 수행하는 것이 기본 질서이다. 입교 의식이 없이 단순하게 교회가입을 허용하는 것은 바르지 않으며, 너무 엄격한 가입 절차도 좋은 것이 아니다. 입교 절차는 개교회적인 성향이 아니라, 교단적 교리, 신학 성향이다.

1. 세례

성례는 세례와 성찬입니다. WCF 28장에서 '세례'에 대해서 고백합니다. 필자는 성례란 주님이 제정하신 예식으로 주일에 행할 수 있는 예식이라고 표현합니다. 장로교는 혼인식이나 장례식이 성례가 아니므로 주일에 시행하는 것을 피하지만[3], 구교는 성례(7성례)이기에 주일 날에도 집전합니다.

1) 세례는 예수 그리스도께서 제정하신 예식

1절에서 세례를 제정하신 분이 예수 그리스도라고 고백합니다(마 28:19). 그리고 제정자께서 교회에 제정하신 세례를 세상 끝날까지 지켜 준행하라고 명령하셨습니다. 세례는 가시적인 교회에 가입되는 엄숙한 선언이며 은혜 언약의 인침, 그리스도께 접붙힘 됨, 중생, 죄 사함, 하나님께서 예수 그리스도를 통해 주신 생명의 새로움의 길에 있음을 아는 것입니다.

세례는 곧 죄에 대해 죽음과 의에 대해 삶이라는 죽임과 살림(*modicatio et vivicatio*)의 표시입니다. 칼빈의 『기독교 강요』 3권에서 죽임과 살림을, 4권에서 세례를 제시합니다. 참된 세례 구도는 천상의 그리스도께서 성령세

---

[3] 칼빈 시절에는 주일에 장례식을 거행하였다. 칼빈은 1564년 5월 27일 저녁 8시 무렵에 소천했다(55세). 칼빈의 장례식은 다음날 28일 주일에 시행하였다. 그러나 17세기 잉글랜드청교도 시대에 엄격한 주일 성수를 가졌다. 한국 교회는 "청교도 개혁주의"라는 규정으로 주일에 장례식 거행을 금지하고 있다. 주일에 행하는 예식에 대해서 많은 주의를 기울여야 한다. 특히, 현재는 주일에 임직식을 거행하는 경우가 많은데, 천주교는 성직 서품이 성례에 있으므로 금지할 필요가 없다. 그러나 우리는 세례와 성찬을 성례로 보기 때문에, 주일에 임직식을 하는 것도 주의해야 한다. 예식에 대한 좀 더 다른 의견은 예식 거행이 반드시 낮에 시행해야 한다고 생각한다. 그것은 예식이 합법적인 행동이기 때문이다. 밤에 합법적인 행동을 하는 것은 상식적이지 않다. 예식과 예배를 구분해야 한다. 혼인, 장례, 임직은 모두 예배가 아닌 예식이다.

례를 베푼 자에게 교회 복음 사역자가 물세례를 베푸는 구도입니다.

2) 물세례와 목사 집례자

WCF 28:2에서 세례의 외적 형식은 '물'로 시행함을 고백합니다. 그리고 합법적인 '목사'가 '성부와 성자와 성령의 이름'으로 세례를 거행합니다. 우리는 수동형으로 번역해서 세례자가 합법적인 목사에게 받음을 제시하였습니다.

WCF에서 내적 요소는 부르심에서 제시하였습니다. 세례는 주 예수께 부르심을 받아 구원받은 자에게 주의 사역자가 거행하는 의식입니다. 세례는 신앙고백을 하는 사람에게 주는 것임으로(실재), 먼저 내적 변화가 있는 사람에게 베풉니다(원리). 세례는 믿음을 고백하는 자에게 물로 베풉니다. 세례 집례자는 능동적으로 세례를 베푸는 것이 아니라, 주께서 행하심에 근거한 수동적인 자세로 집례를 수행합니다.

그리고 세례를 베풀 수 있는 사람은 합법적으로 소명 받은 사역자입니다. 사도 바울은 자신은 세례를 베풀 수 있는 사역자이지만 복음을 전함에 만족한다고 고백하였습니다(고전 1:17). 세례는 그리스도께서 자기 십자가의 은혜로 세우신 것입니다. 복음을 전하는 자나 세례를 베푸는 자는 모두 그리스도의 십자가의 은혜를 높이는 자입니다. 그 십자가의 은혜로 사함 받고 믿음을 고백하는 사람에게 십자가의 은혜를 위해서 세움 받은 사역자가 세례를 베풉니다.

3) 침례와 세례

WCF 28:3에서는 '침례'(浸禮, dipping)의 필요성을 인정하지 않습니다. 그런데도 장로교 사역자들은 침례에 대해서 강한 거부 의식을 갖지 않은 것 같습니다.

WCF는 세례를 시행할 때 물을 '부음과 뿌림'(pouring or sprinkling)에 대해서 인정합니다. 장로교는 침례 방식의 세례도 거부하지 않으며, 붓는 것, 뿌리는 것 등을 거부하지 않습니다. 세례 예전은 부음(로마교회), 부음(성공회), 잠김(침례교) 등이 있으며, 물을 사용할 것을 권고하고 있습니다. 필자는 세례에 참여한 고백자가 물을 경험하는 방안이면 좋겠다고 생각합니다. 세례 집례자의 선언 이전에 물을 경험하는 것이 필요합니다. 물을 경험한 뒤에 세례 집례자가 성부, 성자, 성령으로 세례를 선포합니다.

4) 세례와 입교 예식

WCF 28:4에 세례는 예수 그리스도를 믿음과 그의 가르침에 순종을 공개적으로 고백한 사람에게 줍니다. 또한, 유아세례는 양부모 혹은 부모 한쪽만 신자일 때에도 시행하는 것이 바람직합니다. 유아세례는 종교개혁 시대에 뜨거운 감자였는데, 장로교회는 정통 교회의 가르침대로 유아세례를 시행합니다.

5) 거룩한 세례

WCF 28:5에서는 세례의 엄중함과 거룩함에 대해서 고백합니다. 그렇지만 세례가 구원의 절대적인 표지라고 주장하지 않습니다. 세례 받음을 중생의 완전한 표지로도 보지 않습니다. 세례와 중생이 불가분의 관계가 아님을 고백합니다. 세례를 베풀어야 할 가시적 교회의 한계를 인정하는 것입니다. 또한, 세례(영세)를 교회 입교의 표시로 보고 바로 신자의 규례로 견진례(堅振聖事, Confirmation)까지 유지하는 방안에 대한 개혁된 모습을 고백하는 것입니다.

천주교는 세례 후 견진성사를 통해서 참 신자를 세우지만, 그런데도 탈락 여부를 교회가 결정합니다. 그러나 개혁파는 세례를 구원에 대한 외적 표시로 인정하며, 참된 구원에서 탈락 가능성을 부정합니다(성도의 견인교리). 외적 표증으로 구원을 확실하게 여기지 않습니다.

6) 세례의 효과

6절에서는 세례의 효과는 집례하는 자체에서 발생하는 것이 아니라, 하나님 예정과 성령으로 이루어진다고 하였습니다. 사효론(事效論, Ex Opere Operato)과 인효론(人效論, Ex Opere Operantis)의 갈등은 의미가 없습니다. 오직 믿음을 고백하는 자에게 세례를 베풀고, 믿음을 고백하면 성찬에 참여할 수 있습니다. 아무리 믿음이 좋게 보인다 할지라도 그 사람이 고백하지 않으면 세례를 줄 수 없습니다.

또한, 세례 자체에 어떤 효력이 없다 할지라도 예식은 너무나 중요합니다(5절 참조). 교회는 실제 효력을 국가 기관의 인증이 아닌, 교회 사역자의 주재로 수행된 예식을 시작으로 세웁니다. 세례, 혼인식, 임직식 등 허락이 되었지만 효력은 예식 후에 발생합니다. 믿음이 확실하다 할지라도 외적 표증인 세례를 받지 않은 그리스도인은 성찬에 참여할 수 없습니다.

WCF는 세례를 받은 자에게 하나님께서 반드시 효과적인 구원의 유익을 베푸신다고 고백합니다. 그래서 믿는 자에게 어떤 효력이 나타나지 않을 때 행위를 요구할 수 있겠습니다. 그 행위를 행한다면 하나님께서 원하시는 때에 구원의 효과, 세례의 효과가 실제가 될 것입니다.

7) 한 번 세례: 세례는 한 번입니다

재세례는 바람직하지 않습니다. 재세례를 시행하는 것은 하나님의 이름에 대한 모욕이 될 수 있습니다. 콘스탄티노플 신경(381년)에 명시적으로 고백되는 것입니다. 세례는 삼위일체, 성부, 성자, 성령으로 받은 성례이기 때문에, 두 번 수행하는 것은 부당합니다. 한 번 세례는 하나님의 이름의 거룩함을 복되게 고백하며 찬양하는 것입니다.

타종파에서 장로교로 입교할 때에는 입교 예식을 거행하며, 재세례는 베풀지 않습니다. 이단 집단에서 이탈해서 교회에 입교할 때에도 재세례를 시행하지 않습니다. 구원은 구주의 이름을 부르는 자에게 주시는 은혜입니다(욜 2:32; 행 2:21; 롬 10:11-14; 행 4:12; 시 8:1; 63:4; 86:12).

제29장

주의 만찬에 대하여[1]
(CHAPTER XXIX Of the Lord's Supper)

1. 우리 주 예수께서 배신당하시던 그 밤에 주의 만찬이라고 부르는 성례 즉, 자기 몸[2]과 피를 [기념하는 규례를] 제정하셨다. 주의 교회는 세상 끝날까지 [주께서] 제정하신 [성찬을] 준수해야 한다. 이는 주의 죽으심이 대속 제물인 것을 영구적으로 기억하며 그리스도 안에서 영적인 양식을 취하며 성장하는 신자에게 각종 유익을 인치심이다. 그리고 신자들은 [성찬을 준수함으로] 자기에게 부과된 모든 의무를 준수할 것을 그리스도께 맹세하는 것이다. 성찬은 신자와 그리스도가 연합되고 서약된 상태로서, [신자가] 신비한 몸의 지체로서 [그리스도와] 연합된 것을 [가시적으로 확인하는 것이다](고전 11:23-26; 10:16-17, 21; 12:13).

I. Our Lord Jesus, in the night wherein He was betrayed, instituted the sacrament of His body and blood, called the Lord's Supper, to be observed in His Church, unto the end of the world, for the perpetual remembrance of the sacrifice of Himself in His death; the sealing all benefits thereof unto true believers, their spiritual nourishment and growth in Him, their further

---

1 '주의 만찬'은 주께서 가진 마지막 저녁식사로, '성만찬', '성찬'으로 번역하는데, 우리는 주께서 행하신 것은 '주의 마지막 만찬'으로 그리고 현재는 '성찬'으로 이해하고 있다. '성만찬'이라는 번역은 저녁이 아니기 때문에, '성찬'으로 이해해야 한다고 생각한다. 예수님의 마지막 식탁을 성만찬으로 이해하는 것은 바람직하지 않다.

2 몸과 살, body and flesh, 우리는 'body'를 '몸'으로 번역하였다.

engagement in and to all duties which they owe unto Him; and to be a bond and pledge of their communion with Him, and with each other, as members of His mystical body.

2. 이 성례[성찬]는 그리스도께서 성부께 바쳐진 것은 아니며, 산 자나 죽은 자의 모든 죄 사함을 위해서 만든 실재 속죄 제사도 아니다(히 9:22, 25-26, 28). 성찬은 그리스도께서 자기가 십자가 위에서 단 한 번 드린 속죄 제사를 기념하는 것이며, 동시에 하나님께 드리는 모든 찬양의 영적 봉헌이다(고전 11:24-26; 마 26:26-27). 그리고 교황주의가 (부르는) 속죄 제사라고 주장하는 미사는 택자의 모든 죄를 위해 드린 유일한 화목 제사, 한 속죄 제사, 그리스도의 유일하신 [구속 사역]에 가장 가증스럽고 해로운 것이다(히 7:23-24, 27; 10:11-12, 14, 18).

II. In this sacrament, Christ is not offered up to His Father; nor any real sacrifice made at all for remission of sins of the quick or dead; but only a commemoration of that one offering up of Himself, by Himself, upon the cross, once for all: and a spiritual oblation of all possible praise unto God for the same: so that the Popish sacrifice of the mass (as they call it) is most abominably injurious to Christ's one, only sacrifice, the alone propitiation for all the sins of His elect.

3. 주 예수는 이 질서(성찬)를 수행할 때, 자기 사역자를 지명하셔서 백성에게 제도에 관련한 말씀을 선포한 뒤에, 기도하고, 떡[3]과 포도주를 가지고 축복하도록 하였다. [떡과 포도주]는 일반적인 형태를 가지고 있지만 거룩한 용도이고, [성찬 집례자는] 수찬자에게 둘, 떡을 취해서 떼어 주고, 포도주를 들어 제공한다(그들도 스스로 성찬에 참여하면서). 그러나 모

---

3   bread를 성경 번역 용례로 '떡'으로 번역하고 있지만, 문자적으로 '빵'으로 번역하는 것도 틀리지 않다. 1세기 유대 사회에서 '빵'은 주식이기 때문에, 우리에게 좀 더 실재적인 번역은 '밥'으로 해야 할 것 같다.

임에 참석하지 않은 어떤 사람에게 떡과 포도주를 제공할 수 없다.

III. The Lord Jesus, hath, in this ordinance, appointed His ministers to declare His word of institution to the people; to pray, and bless the elements of bread and wine, and thereby to set them apart from a common to a holy use; and to take and break the bread, to take the cup, and (they communicating also themselves) to give both to the communicants; but to none who are not then present in the congregation.

4. 사적(私的)인 미사, 혹은 사제에 의해서 제공되는 성찬, 혹은 혼자서 받는 성찬(고전10:6), 회중에서 포도주를 제공하지 않음(막 14:23; 고전 11:25-29), 그것을 들어 올리거나 공경하며 회중 사이로 다니며 두 요소를 숭앙하거나, 어떤 다른 종교적 용도로 사정하여 보관하는 것은 그리스도께서 제정하신 것, 곧 우리의 성례의 본성에 반대되는 것이다(마 15:9).

IV. Private masses, or receiving this sacrament by a priest or any other alone; as likewise, the denial of the cup to the people, worshipping the elements, the lifting them up or carrying them about for adoration, and the reserving them for any pretended religious use; are all contrary to the nature of this sacrament, and to the institution of Christ.

1. 성찬 (1)

WCF에서 성찬, 주의 만찬은 비교적 많은 내용을 고백합니다. 17세기 당시 성찬에 대한 첨예한 모습을 엿볼 수 있으며, 로마교회(교황주의) 혹은 루터파 이해와 현격한 차이를 명료하게 고백하는 것입니다. 미신적으로 전락한 로마교회 미사에 있는 화체설(化體說, transsubstantiation)을 거부하고, 루터파의 견해와 같지 않습니다. 그러나 칼빈은 루터에 대해서 존경과 연합을 추구하였습니다. WCF에서도 개혁된 신앙으로 한 체계를 이루도록 노력하고 있습니다.

또한, 칼빈은 쯔빙글리의 성찬 이해(기념설)를 좋아하지 않았습니다. WCF는 칼빈의 성찬 이해, "믿음으로 주의 몸과 피를 먹음"을 정립하였습니다. 성찬에는 "주의 살과 피를 먹음"의 구도가 있어야 합니다.

1) 주의 마지막 만찬에서 주 예수께서 세우신 성례, 성찬

주 예수께서 제자 가룟 유다에게 배신당하시던 그 날 밤에 만찬을 베푸시며, 마지막 만찬의 의미를 설명하시며 교회가 지켜야 할 규례로 말씀하셨습니다(마 26:26-29; 막 14:17-25; 눅 22:7-22; 요 13:21-30). 예수께서 자기 죽음이 희생 제물(속죄 제물)이심을 항상 기억하도록 하시는 명령입니다. 유대인인 제자들은 유월절 전날에 유월절 어린양(무교병)을 취하던 규례를 포기하고, 첫 모임에서부터 모일 때마다 빵과 포도주로 주께서 명령하신 규례를 준수하였습니다(행 2:42).

참된 신자들은 성찬을 준수함으로 주 안에서 영적 양식과 성장의 유익을 보증받았습니다. 또한, 언약 백성으로 더 주께 위탁받은 모든 사명을 감당할 수 있게 합니다. 성찬에 참여하는 모두는 주의 신비한 몸의 지체임을 확인할 수 있습니다(고전 10장, 11장, 12장). WCF는 성찬에 참여하는 신자가 가시적이고(우리는 오감[五感]이라고 첨언함) 실재적으로 그리스도와 연합된 것과 언약 백성인 것을 확증하는 유익을 제시하였습니다.

2) 로마교회의 성례관에 대한 비판

WCF에서 로마교회(교황주의)의 성찬에 대해서 명확하게 거부합니다. 먼저 성찬만으로 실제 희생 제사가 아니며 죄 사함을 효과적 실행이 없음을 고백합니다. 속죄 제사는 십자가에서 단 한 번 드려진 것이며, 예수께서 자기 고난과 죽으심에 대해 기념(commemoration)하도록 명령하셨습니다. 즉, 성찬은 한 번 시행된 속죄 제사를 기념하는 것이며, 그 은혜와 사랑의 주 하나님께 모든 찬양을 하는 영적 봉헌(spiritual oblation)입니다.

그런데 교황주의는 미사를 희생 제사로 규정하면서, 속죄 제사를 반복하며 참여자에게 속죄(propitiation)를 주장합니다. 그것은 그리스도께서 속죄하는 구원 진리를 심각하게 폄훼하는 것이기 때문에, 가증스러울 뿐만 아니라 매우 해롭습니다. (참고. the popish를 '가톨릭'으로 번역하는 것은 바람직하지 않습니다. 우리는 '교황주의'로 번역하였습니다. WCF 25장 교회에서 우리의 교회를 가톨릭교회[The Catholic Church]라고 고백하고 있습니다).

3) 성찬을 위한 직분 목사

주 예수께서 성찬 예식을 위해서 사역자(목사)를 세우셨습니다. 사역자는 성찬 제정 이유를 선포하며 기도와 축복으로 떡과 포도주를 먹도록 합니다. 떡과 포도주는 일상적 음식과 동일한 재료로 만든 떡과 포도주를 수찬자에게 나누어주도록 하였습니다. 그러나 성찬에 참여하는 신자는 일반 떡과 포도주가 아니라 거룩한 주의 몸과 피에 참여하도록 집례하여야 합니다.

우리는 성찬에서 떡과 포도주를 제공한다고 하지만 실제로는 빵과 포도주(포도즙)을 제공합니다. 또한, 공적 예배에 세례를 받지 않은 사람에게는 성찬의 떡과 포도주를 제공하지 않아야 합니다. 참고로 WCF가 제시하는 성찬 집례 방법은 명료한 매뉴얼은 아닙니다. 「예배 모범」에서 좀 더 구체적인 성찬 집례에 대해서 제시할 것입니다.

우리는 빵을 성도들이 보는 앞에서 들어 쪼개는 예전이 없으며, 포도주를 모두 함께 앉아서 취하는 것이 일반입니다. 성찬은 교회마다 조금씩 다름에도 매우 예민한 분야이기도 합니다. 합당한 성찬을 위해 교회가 공동 이해를 하며 꾸준히 개혁하는 방도를 취하는 것이 좋은 모습이라고 생각합니다.

WCF에서는 부당한 성찬에 대해서 제시하며, 합당한 성찬으로 떡과 포도주를 취함을 제시하고 있을 뿐입니다.

4) 사적인 성찬의 금지

WCF에서는 성찬을 사적으로 하는 것을 금지하였습니다. 그리고 포도주를 일반 회중에 나누도록 하였습니다. 떡과 포도주를 높이 들어 숭배하도록 하는 것을 금지하였습니다. 즉, 성례의 본성과 그리스도께서 제정하신 원리에 반대하는 거짓된 종교 예전을 금지했습니다. 그리고 성찬의 떡과 포도주를 다른 용도로 사용하는 것을 금지했습니다. 다른 용도는 의료용, 부적 등으로 사용하는 것입니다.

로마교회는 성체성사(聖體聖事, Sacramentum Eucharistiae)라고 하여, 변함을 '성사의 신비'라고 합니다. 천주교는 성체강복이라고 하여 성체를 현시(顯示, Expositio Eucharistiae)하여 신자들이 조배(朝拜, Adoratio Eucharistiae)하게 하고 사제가 성체로써 강복해 주는 것을 주장합니다. WCF 25:4은 개인을 위해 수행하는 사적 성찬을 명시적으로 거부한 조항입니다.

이것은 구교(교황주의)의 거짓 예전에 대한 개혁이며, 바른 교회를 세우기 위한 노력입니다. 기독교는 반드시 말씀과 성례가 합당하게 집행되어야 하는데, 말씀이 앞서며 성례가 뒤에 섭니다.

5. 그리스도께서 제정하신 용도에 따라 합당하게 성별된 이 성례(성찬)의 외적 요소들은, 그리스도께서 달리신 십자가와 관련한다. 진실로 성찬은 오직 그리스도의 몸과 피라고 불리는 것을 대체하는 각각의 이름(떡과 포도주)과 관계한다. 그렇지만 떡과 포도주의 실체와 본성은 [성찬] 전(前)과 같이 여전히 유지한다.

V. The outward elements in this sacrament, duly set apart to the uses ordained by Christ, have such relation to Him crucified, as that, truly, yet sacramentally only, they are sometimes called by the name of the things they represent, to wit, the body and blood of Christ; albeit in substance and nature they still remain truly and only bread and wine, as they were before.

6. 사제(司祭)가 시행하는 축성(祝聖)에 의해서 혹은 다른 방법으로 떡과 포도주의 본체가 그리스도의 몸과 피의 본체로 변한다는 (일반적으로 불리는 화체설은) 성경뿐만이 아니라, 상식과 이성에도 모순된다. 또한, 그것은 성례의 본성을 뒤엎은 것으로, 역겨운 우상숭배이고, 여러 가지 미신의 원인이며 지금도 그렇다(행 3:21; 고전 11:24-26; 눅 24:6,39).

VI. That doctrine which maintains a change of the substance of bread and wine into the substance of Christ's body and blood (commonly called transubstantiation) by consecration of a priest, or by any other way, is repugnant, not to Scripture alone, but even to common sense and reason; overthroweth the nature of the sacrament, and hath been, and is the cause of manifold superstitions; yea, of gross idolatries.

7. 합당하게 성찬을 받는 자(고전 11:28)는 이 성례(성찬)에 보이는 요소에 외적으로 참여할 때, 그때 또한 믿음으로 내적으로 참여한다. 이는 실재적이고 확실한 육체나 몸이 아니고, 영적인 것으로 그리스도의 죽으심의 유익과 십자가로 주시는 유익을 받는다. 그리스도의 몸과 피가 육적이나 본체적으로 떡과 포도주 안에, 함께 아래에 있는 것이 아니다. 즉,

요소들 자체가 외적 감각에 대하여 가지고 있으며, 이 질서에 참여하는 영적으로 그리스도인의 믿음에서 실재한다(고전 10:16).

VII. Worthy receivers outwardly partaking of the visible elements in this sacrament, do then also, inwardly by faith, really and indeed, yet not carnally and corporally, but spiritually, receive and feed upon Christ crucified, and all benefits of His death: the body and blood of Christ being then, not corporally or carnally, in, with, or under the bread and wine; yet, as really, but spiritually, present to the faith of believers in that ordinance, as the elements themselves are to their outward senses.

8. 혹 무지하고 악한 사람들이 이 성례(성찬)의 외적인 요소를 받는다 할지라도, 그들은 그 물질이 상징하는 것을 받지 못할 뿐 아니라, 그들이 불법을 시도한 것으로 주의 몸과 피를 범해 자기를 지옥으로 정죄하는 것이다. 그러므로 모든 무지하고 불경건한 사람들은 그리스도와 교통의 즐거움에 합당하지 않기 때문에, 오히려 그들은 주의 성찬에 참석하기 부당하고, 그나마 그리스도를 반역하여 큰 죄악을 범하지 않으려면 거룩한 신비에 참여하지 않아야 하고(고전 11:27-29; 고후 6:14-16), 허락되지 않아야 한다(고전 5:6-7,13; 살후 3:6, 14-15; 마 7:6).

VIII. Although ignorant and wicked men receive the outward elements in this sacrament: yet they receive not the thing signified thereby, but by their unworthy coming thereunto are guilty of the body and blood of the Lord to their own damnation. Wherefore, all ignorant and ungodly persons, as they are unfit to enjoy communion with Him, so are they unworthy of the Lord's table; and cannot, without great sin against Christ while they remain such, partake of these holy mysteries, or be admitted thereunto.

2. 성찬 (2)

　WCF에서 성찬은 그리스도의 몸과 피가 신자와 실재적인 교통을 고백합니다. 주께서 제정하신 합당한 규례로 성찬에 참여하는 신자에게 약속하신 영적 유익을 실재적으로 제공합니다. 성찬은 주의 규례에 순종하는 것과 주님과 연합을 가시적으로 확인할 수 있습니다. 이 신비에 대한 이해가 기독교의 종파들 사이에서 차이를 갖고 있습니다. WCF는 칼빈 이해를 준수하고 있습니다.

1) 성례전의 효력과 실제(WCF 29:5)

　성찬은 그리스도께서 제정하신 질서를 따라서 정당하게 집례되어야 합니다. 성찬의 떡과 포도주는 보이는 요소입니다. 그래서 성찬은 '보이는 요소들'에 모든 성도가 참여해야 합니다. 그리고 보이는 요소들은 그리스도의 몸과 피에 관계합니다.
　WCF에서 성찬을 그리스도께서 십자가에서 죽으심과 관계시켰습니다. 성찬은 주께서 제정하신 질서이며, 진실로 성찬에 있는 떡과 포도주는 그리스도의 몸과 피를 대표합니다. 그렇다 할지라도 떡과 포도주의 실체와 본성은 성찬의 전후로 변하지 않습니다.

2) 로마교회에 교리 비판(WCF 29:6)

　WCF에서 로마교회의 성체 변화에 대한 교리를 거부하는 고백을 합니다. 사제의 축성(consecration)으로 떡과 포도주가 실재적으로 그리스도의 몸과 피로 변화된다는(화체설) 교리는 어떤 방법으로도 맞지 않습니다. 그것은 성경뿐만 아니라, 일반상식과 이성으로도 인정할 수 없습니다. 로마교회가 성찬의 본래 취지를 폐지하는 것이며, 미신들의 원인이 되며 역겨운 우상숭배로 지금까지 유지하고 있습니다. 17세기에도 그러하였고, 21세기도 동일합니다.[4]

성찬에서 실제로 그리스도의 몸과 피를 취함에 대해서는 쯔빙글리(기념설)를 제외하고 모두 같습니다. 그런데 구교(교황주의)는 화체설(transsubstantiatio)이고, 루터파는 공재설(consubstantiatio)이고, 칼빈파는 실재설입니다(『기독교 강요』, 4, 17, 33, *mystica caro, res significata et contenta significata et non contenta*[5]). 루터파는 그리스도의 인성 편재에 근거한 공재설이지만, 교황주의와 다르게 포도주를 성찬 참여자에게 제공합니다. WCF는 칼빈의 성찬 견해(real presence of Christ in Eucharist)를 명확하게 견지하고 있습니다.

3) 외적으로 빵과 포도주이지만, 믿음으로 내적으로는 예수의 몸과 피로 실재

WCF는 칼빈에 의해서 개진된 성찬 개념을 계승합니다. 종교개혁 진영에서 성찬 이해에서는 루터, 쯔빙글리, 칼빈이 합의하지 못하였습니다. 칼빈파는 떡과 포도주가 실재적으로 예수의 몸과 피가 되지 않음을 정확히 고백합니다. 그러나 내적으로 성령의 감동과 감화로 실재 몸과 피를 취하

---

[4] 교회는 성체성사로 산다 (*Ecclesia de Eucharistia*) "제2차 바티칸 공의회가 "그리스도교 생활 전체의 원천이며 정점"(교회 헌장, 11항)이라고 강조한 성체성사의 핵심을 깊이 성찰하여, 공의회 이후의 문화적 급변과 다양화, 새로운 교회 일치 운동 등으로 나타난 현대의 상황 속에서 성체성사의 참된 본질과 올바른 실현의 의미와 그에 필요한 조건들을 제시하는 교황 요한 바오로 2세의 회칙이다. 교회의 정체성과 기원, 사도 전래성에서 나오는 성체성사의 유일한 특성을 다양한 측면에서 강조하며, 거룩한 성체성사의 은총과 그 유효성과 관련하여 신자들의 의식이 심화되기를 촉구한다."(2003년에 "요한 바오로 2세가 발표한 교황문헌". 한국천주교주교회의 홈페이지에서)

[5] 『기독교 강요』 4, 17, 33. 신비로운 육, "의미되고 지시된 실재"는 그리스도의 본래적인 육(caro)을 지시하지만, 실재 육을 지시하는 것은 아니다.

는 것입니다. 요소들에 영적 임재가 아닌 성도의 마음에 주는 은혜입니다 (참고. 대요리문답 170문).

칼빈은 성찬 이해에 합의하지 못하였지만, 개신교 진영이 연합될 수 있다고 생각하였습니다. 루터와 쯔빙글리는 성찬의 다른 이해 때문에 연합에 심각한 장애를 앓았습니다. 개혁파는 사소한 차이는 연합에 장애를 두지 않아야 하는데, 네덜란드 등 개혁파 진영에서 사소한 차이 때문에 교단이 분열되는 모습은 칼빈이 가진 연합 의지와 동일하지 않습니다. 개혁파는 언약의 신실성을 견지하는 집단으로 타인의 오류(미숙함)가 연합에 방해 요소가 되지 않습니다.

4) 부당하게 성찬에 참여한 자에게 있을 화(禍)

WCF에서 성찬을 교리에 의해서 바르게 집행하는 것을 주의 몸과 피에 합당한 것으로 고백합니다. 무지와 불경건으로 성찬에 참여하는 것을 큰 죄(great sin)로 규정합니다. 비록 불법의 사람(가짜 그리스도인)이 성찬에 참여할 수 있는데, 그들에게 성찬에 부여된 그리스도의 몸과 피의 영적 유익이 제공되지 않으며, 오히려 불법으로 그리스도의 몸과 피를 범하였기 때문에 지옥행을 스스로 정죄하는 꼴입니다.

즉, 그리스도와 교제의 즐거움이 없는 불신자(가면 그리스도인)가 성찬에 참여하는 것은 부당합니다. WCF의 고백은 상당히 엄격하면서도 위트가 있다고 생각합니다. 그것은 가짜 그리스도인에게 오히려 성찬에 참여하지 말라고 당부하기 때문입니다. 큰 죄악, 이중 죄악(안 믿는 죄와 주의 몸과 피를 모욕하는 죄)을 범하지 않도록 권면합니다. 그리고 사역자는 그런 사람이 성찬에 참여하지 않도록 하여야 그에게 유익을 주는 것입니다. 목사가 임의로 성찬을 남용시키는 것은 오히려 그에게 화를 더 하는 것입니다(마 18:6-7).

장로교는 당회에서 성찬을 주장합니다. 성찬에 참여할 명단을 당회에서 결의하여, 목사가 성찬 집례를 장로와 함께 준행합니다. 그런데도 성찬을 수행할 때, 다른 교회에서 참여한 성도들에게 자유롭게 참여를 허용하는 것은 한국 교회 한 풍토입니다. 존중의 의미로 가능하겠지만, 교회정치원리로는 성찬에 참여하는 모든 지체는 당회가 정확하게 확인해야 합니다.

　다른 교회 지체가 참여하기 위해서는 합당한 증명서가 필요합니다. 자유로운 증명서가 아니라, 담임목사가 어떤 교회에 참여하는지 지목된 1:1의 증명서이어야 합니다. 한국 교회는 교회력을 준수하지 않기에 성찬 수행이 교회마다 차이가 있는 것도 인지하여야 합니다.

제30장

교회 치리에 대하여
(CHAPTER XXX. Of Church Censures)

1. 교회의 왕과 머리이신 주 예수께서 시민 정부가 아닌 교회 직원들의 손에 [교회] 정치를 위탁하셨다(사 9:6-7; 딤전 5:17; 살전 5:12; 행 20:17-18; 히 13:7,17,24; 고전 12:28; 마 28:18-20).

I. The Lord Jesus, as King and Head of His Church, hath therein appointed a government, in the hand of Church officers, distinct from the civil magistrate.

2. [주 예수께서 교회] 직원들에게 천국의 열쇠를 맡기셨다. [주 예수께서 주신] 덕(德)으로 직원들은 각각 죄를 결정하기도 하고, 사면할 수 있는 권세를 가진 것이다. 회개하지 않는 자에게 말씀과 치리로 천국[문]을 닫힘을 선언하고, 회개한 죄인에게는 복음 사역의 유효함과 치리를 해제하여 천국 문을 열어줄 수 있다(마 16:19; 18:17-18; 요 20:21-23; 고후 2:6-8).

II. To these officers, the keys of the kingdom of heaven are committed: by virtue whereof, they have power respectively to retain, and remit sins; to shut that kingdom against the impenitent, both by the Word and censures; and to open it unto penitent sinners, by the ministry of the Gospel, and by absolution from censures, as occasion shall require.

3. 교회 치리는 죄를 범한 형제를 고쳐서 잃어버리지 않기 위해, 다른 사람들이 과오를 범하는 것을 방지하기 위해 필요하다. [밀반죽] 온 덩어리에 퍼질 누룩을 제거해야 하는 것과 같으며, 그리스도의 명예와 복음의 거룩한 고백을 입증하기 위함이다. 만약 악명 높고 고집이 센 신성모독자들이 하나님의 언약과 인장을 더럽히는 악행 때문에 교회 위에 떨어질 하나님의 진노를 방지하기 위해서도 [필요하다](고전 5장, 딤전 5:20; 마 7:6; 딤전 1:20; 고전 11:27-34; 유 1:23).

III. Church censures are necessary, for the reclaiming and gaining of offending brethren, for deterring of others from the like offences, for purging out of that leaven which might infect the whole lump, for vindicating the honour of Christ, and the holy profession of the Gospel, and for preventing the wrath of God, which might justly fall upon the Church, if they should suffer His covenant and the seals thereof to be profaned by notorious and obstinate offenders.

4. 이 목적을 좀 더 효과적으로 성취하기 위하여 교회 직원들은 범죄의 성격과 범죄자의 과실에 따라서, 권계, 성찬 참여를 일시 금지시킴 그리고 교회 밖으로 출교를 판결할 수 있다[1](살전 5:12; 살후 3:6,14-15; 고전 5:4-5,13; 마 18:17; 딛 3:10).

IV. For the better attaining of these ends, the officers of the Church are to proceed by admonition; suspension from the sacrament of the Lord's Supper

---

1 (참고. 합동 총회 예배모범. 16장 시벌, 17장 해벌) 우리는 현재 징계의 수준은 비밀로 권계하는 유기책벌과 공포하는 무기책벌로 구분한다. 권계는 고범(故犯)이 아닐 때는 무기책벌로 공적범죄에 대해서는 유기책벌로 진행한다. 수찬정지, 출교로 구성하였다. 치리당한 자를 교회 치리자들이 살펴서 기도하면서 해벌을 진행해야 한다. 성경은 치리 받은 자와 일반 성도가 교류하는 것을 부당하게 규정하였다. 그러나 치리한 자들은 돌이키기 위해서 그들을 살피며 기도해야 한다. 치리 기간이 끝났거나 해벌이 된 경우에는 형제로서 동등한 자리를 주어야 한다.

> for a season; and by excommunication from the Church; according to the nature of the crime, and demerit of the person.

1. 교회의 치리

교회의 치리(Church Censures)는 약간의 논란이 있습니다.[2] 그것은 교회의 표지에 넣어야 한다는 주장이 있기 때문입니다. 교회의 표지는 말씀과 성례(세례와 성찬) 2대 표지이고, 권징은 교회운영에 매우 필요한 요소라고 해야 할 것입니다. 치리는 Censures인데, Discipline과 유사합니다. discipline은 '권징'으로 '경건을 위한 훈련'의 의미가 있습니다. 교회에서 사역자들이 협력하여 성도들을 그리스도의 군사로 양육하는 실재적인 방식입니다. 치리, 권징이라는 번역이 일반적이기 때문에 함께 사용하지만, 필자는 '훈련'이라는 어휘를 선호합니다.

1) 치리의 효력

교회의 왕이며 머리이신 주 예수께서 교회에 직원을 세우셨습니다. 주께서 세우신 직분은 사도입니다. 우리는 사도를 임시 직분(혹은 비상직분, extraordinary office), 사도에게만 적용되는 직분으로 이해합니다. 사도로 말미암아 파생된 교회의 직원(officers)이 목사, 장로, 집사입니다. 주 예수께서 자기 직원의 손으로 몸 된 교회를 운영(government)하도록 하셨습니다.

---

2 장대선 역, 『스코틀랜드장로교회의 제2치리서』 (서울: 고백과 문답, 2019); 사무엘 밀러, 『사무엘 밀러의 장로회 제도』, 장대선 역 (서울: 고백과 문답, 2019)

교회의 치리(정치)에 대해서 장로교는 당회(session)를 구성하여 진행합니다. 장대선 목사는 장로교회에서 직원이 아닌 성도가 참여한 공동의회의 치리적 성격에 대해서 의문을 제기하였습니다.

교회정치는 국가 정치와 구별된 영역과 형태입니다. 그러므로 교회의 권세가 세속에 들어가지 않고, 세속 권력도 교회에 들어오지 않아야 합니다. 17세기 WCF에서 국가 권력이 거룩한 교회에 개입하지 못하도록 하고, 직분에 위계(位階) 의식을 철저하게 배격하였습니다. 교회 안에서 계급의식을 느꼈을 때는 반드시 자기인지를 표현하여 계급의식이 발생하지 않도록 해야 합니다.

2) 직원에게 부여된 천국의 열쇠

치리는 질서, 권위, 무서움입니다. 장로교는 성도에 대한 치리권을 목사와 장로에게 주는 정치 형태입니다. 감독 정치는 감독에게, 교황정치는 교황에게(주교), 회중 정치는 회중에게 등 다양한 정치 형태가 있습니다. 장로교는 노회에서 부여한 목사와 교회에서 선출한 장로가 협력하여 교회에 부여된 천국문 열쇠를 사용하도록 합니다. 시벌(施罰)에는 천국 문을 닫음(제명, 출교)과 천국 문을 엶(사면)의 권세를 갖습니다.

당회는 이런 영적인 일에 전무하여 성도의 영적 안위를 돌보는 권위기관입니다. 당회는 성도의 영적 상태를 평가할 수 있습니다. 당회는 주님께서 주신 가장 엄중한 천국 문의 열쇠를 수행하여야 합니다. 죄를 결정하면 회개하는 죄인에게 위로와 도움을, 회개하지 않는 자에게 엄중한 권위를 보여주어야 합니다.

교회의 모든 사안이 당회로 들어가는 것은 장로교 정치 원리에 부합하지 않습니다. 당회는 성도의 영적 안위를 돌보는 일에 전무합니다. 대한민국 장로교는 당회에서 교회 부동산을 장리(掌理)하도록 하고 있습니다. 집사는 교회운용 재정과 성도의 경제 활동을 돌보는 일을 합니다.

3) 치리의 목적

WCF 30:3에서 치리의 목적에 대해서 고백합니다.

첫째, 치리는 범죄한 형제를 교정하여 잃지 않게 하려 함입니다.
둘째, 죄인을 권계함으로 다른 교우들이 죄를 짓지 않도록 방지하는 것입니다.
셋째, 죄인을 징계하지 않음으로 교회에 하나님의 진노가 내리는 것을 방지하는 것입니다.

구약의 율법 제도와 제사제도가 있는 것처럼, 교회에 거룩한 표지(말씀과 성례)와 실재적인 치리가 있습니다. 거룩한 교회, 주의 백성에게 범죄의 가능성이 있음을 주지시키지만, 교정의 가능성을 확보하였습니다. 그리스도인의 범죄(악행)는 그리스도의 명예와 복음의 증진, 교회의 건덕을 심각하게 훼손합니다. 비록 그리스도인이지만 죄를 범하면 하나님의 진노 대상이 되기에, 교회는 그것을 방지하기 위하여 먼저 바르게 치리를 실시하여야 합니다. 교회가 치리를 게을리 할 때 하나님께서 교회에 진노를 내리는 것이 마땅합니다.

4) 치리의 종류

　　WCF 30:4에 치리의 종류에 대해서 제시합니다. 교회의 직원들(당회)은 범죄의 과실에 따라 권계, 수찬 정지, 출교시킬 수 있습니다. 수찬 정지는 교회 밖으로 추방이 아니라, 교회 안에 있으면서 성찬에 참여하지 못하는 것이며 성도의 권리를 행사하지 못하는 심각한 징계입니다. 출교는 교회 밖으로 추방하는 가장 엄중한 징계입니다. 징계의 기간이 끝나면 징계에 해당하는 모든 사안이 종료됩니다.

　　또한, 징계 기간 안에 사면이 될 수 있습니다. 그리고 출교에 대해서 회개가 인정되면, 파문한 당회에서 다시 입교 절차로 교회의 지체가 됩니다. 시벌한 당회 외에서 동등한 권위체인 다른 당회에서 해 벌할 수 없습니다. 죄인과 동행하는 것은 그 죄에 대한 책임과 함께하는 것입니다. 권위체가 이단으로 단정한 집단과 교류하는 회원들은 이단에 해당하는 벌을 받을 것입니다.

제31장

총회와 공의회에 대하여[1]
(CHAPTER XXXI Of Synods and Councils)

1. 교회에보다 나은 정치와 건덕을 위해 일반적으로 총회와 공의회라고 불리는 회의가 필요하다(행 15:2, 4, 6).[2]

---

[1] 존 낙스로 기원하는 장로교 정치원리는 직분에 위계가 없음을 세우는 것이었다. 1560년 낙스가 제언하였고(Book of Common Order, 제1치리서), 앤드류 멜빌에 의해서 1578년에 개정된 권징서(제2치리서)는 당회, 노회, 대회와 총회로 구성하였다. 1592년 스코틀랜드는 장로교회정치원리로 국가를 형성하였다. 1645년 잉글랜드 웨스터민스터 사원에서 <장로교회정치형태와 목회자 임직>으로 성문화되었다. 당회(Congregational assemblies), 노회(Classical assemblies), 총회(Synodical assemblies)로 구성하였다. 우리는 synod는 총회로 Council는 공의회로 번역을 시도하였다. synod는 교단 총회로 council은 교단을 통합하는 공의회로 이해를 구성하였다. 최덕성 박사는 "신학자 100인 회의"를 제언하였는데, 그것은 200여개 장로 교단이 자체 규범으로 무질서가 증폭되기 때문에 공의회적 규범을 세워 바른 가르침으로 한국 교회의 질서를 잡으며 증진하기 위해 제언한 것이다. 이단 규정에 대한 체계적이고 규범적인 사안을 세우기 위한 제언이기도 하다. 사도행전 15장에서 교회 회의는 예루살렘 교회(유대인의 교회)와 안디옥 교회와 여러 이방인의 교회가 믿음 일치를 위한 최초의 공의회라고 볼 수 있다.

[2] 1788년 미국 장로교회가 다음을 첨언하여 수정하였다. "그리스도께서 교회를 파괴하기 위해서가 아니라 세우기 위해서 개별 교회의 감독자들과 기타 치리자들에게 주신 직무와 권한으로, 그런 치리회들을 정한 것과, 그들이 그런 치리회들이 교회의 유익을 위해 적당하다고 판단할 때마다, 그런 치리회들을 위해 함께 모이는 것은 그들의 일이다." and it, belongeth to the oversees and other rulers of the particular churches, by virtue of their office, and the power which Christ hath given them for edification, and not for destruction, to appoint such assemblies: and to convene together in them, as often as they shall judge it expedient for the good of the church.

I. For the better government, and further edification of the Church, there ought to be such assemblies as are commonly called synods or councils.

2.³ 위정자가 종교 문제에 대하여 조언을 구하고 의논하기 위하여 사역자들과 그 외에 적합한 인물들로 구성한 총회를 합법적으로 소집할 수 있다(사 49:23; 딤전 2:1-2; 대하 19:8-11; 대하 29,30장; 마 2:4; 잠 11:14). 만일 위정자가 교회를 공개적으로 반대한다면, 그리스도의 사역자들은 자기 직무의 권한으로 교회들로부터 위임받은 적합한 인물들과 더불어 동일한 총회를 회합할 수 있다(행 15:2, 4, 22-25).

II. As magistrates may lawfully call a synod of ministers, and other fit persons, to consult and advise with, about matters of religion; so, if magistrates be open enemies to the Church, the ministers of Christ of themselves, by virtue of their office, or they, other fit persons, upon delegation from their Churches, may meet together in such assemblies.

3. 총회와 공의회가 수행하는 사역은 믿음에 관한 논쟁과 양심에 관한 문제를 규정하고, 하나님께 드리는 공예배와 교회정치를 더 질서 있게 하는 규칙과 질서를 규정하며, 이런 것들에 부당한 불평을 접수하여 권위 있게 규정한다. 그리고 총회와 공의회의 규례와 결정이 하나님의 말씀과 일치한다면 겸손과 복종으로 수납해야 한다. 이는 총회와 공의회의 명령이 하나님의 말씀으로 정해진 하나님의 규례와 결정이기 때문이다(행 15:15, 19, 24, 27-31; 16:4; 마 18:17-20).

---

3   1788년 미국 장로교회에서 이 항을 삭제하였다. 미국독립전쟁(1775-1783), 프랑스 혁명(1789-1794)에서 정교분리 의식이 시작된 것으로 볼 수 있다. 미국은 식민지 시절 제1차 대각성운동(The First Great Awakening, 1720-1770), 제2차 대각성운동(The Second Great Awakening, 1790-1840)이 발생하였다. 2차 대각성운동은 독립된 미국에서 발생한 부흥운동이다. 무디를 중심으로 3차 대각성운동(1857-1859)이 발생하였고, 남북전쟁(1861-1865)에서 미국이 분리되지 않은 원인이라고도 분석하기도 한다. 3차 대각성운동의 여파로 선교 운동이 활발하게 일어났고, 그 여파로 1884년 알렌, 1885년 언더우드와 아펜젤러가 조선에 선교사로 들어왔다.

III. It belongeth to synods and councils, ministerially to determine controversies of faith and cases of conscience, to set down rules and directions for the better ordering of the public worship of God, and government of His Church; to receive complaints in cases of maladministration, and authoritatively to determine the same: which decrees and determinations, if consonant to the Word of God, are to be received with reverence and submission; not only for their agreement with the Word, but also for the power whereby they are made, as being an ordinance of God appointed thereunto in His Word.

4. 사도 시대 이후의 총회와 공의회는 일반적이든지 특별하든지 오류를 범하였다. 그러므로 [확인한 오류 결정을] 믿음과 실천의 규범으로 삼지 않아야 하고, 믿음과 행위 모두에 유익하게 사용하여야 한다(엡 2:20; 행 17:11; 고전 2:5; 고후 1:24).

IV. All synods or councils, since the Apostles' times, whether general or particular, may err; and many have erred. Therefore they are not to be made the rule of faith or practice; but to be used as a help in both.

5. 총회와 공의회는 교회에 관한 주제만 논의하고 결의해야 한다. 특별한 경우에 겸손하게 청원하는 방법으로, 또는 위정자의 요청이 있을 때 양심의 만족을 위하여 충고하는 방법으로 하는 것이 아니라면, 국가에 관한 세상적인 일에 간섭하지 않아야 한다(눅 12:13-14; 요 18:36).

V. Synods and councils are to handle, or conclude, nothing, but that which is ecclesiastical: and are not to intermeddle with civil affairs which concern the commonwealth; unless by way of humble petition, in cases extraordinary; or by way of advice, for satisfaction of conscience, if they be thereunto required by the civil magistrate.

1. 총회와 공의회에 관하여

교회는 건덕 혹은 선(edification, good)을 위해서 회의(assembly)를 만들고, 자주 모여 교회를 세우며 돌보아야 합니다. synod는 '총회'로, council은 '공의회'로 번역하였습니다. 총회는 교단의 총회로, 공의회는 장로 교단들의 회합으로 제안하고 있습니다. 장로교는 바른 교회를 세우기 위한 믿음의 선진들 피 흘림과 각고의 노력 끝에 태동되었습니다. 자신들이 세운 교리에도 겸손과 한계를 규정하고 있습니다.

1) 교회의 회의

교회 연합체는 그리스도의 직분과 권세로 파괴가 아닌 건덕(健德, edification)을 위해서 이루어집니다. WCF에서 교회 회의를 총회(synods)와 공의회(councils)로 세웠습니다. 교회는 종종 회의를 열어서 교회의 선을 위해서 판단해야 합니다.

한국 교회는 당회, 노회, 총회의 정치 구도가 있으며, 대회는 헌법에만 존재하지 실제로 이루어지지 않고 있습니다. 교회 문제에 대한 효과적인 대처를 위해서 대회 운영의 필요성이 요구되고 있습니다. 필자는 대회에서 교회의 실재적인 문제를 처리하고, 총회에서 신학, 교리, 이단 문제들을 처리하는 형태를 제언합니다.

2) WCF 31:2은 1788년 미국 장로교에서 삭제한 조항입니다

그것은 18세기에 들어오면서 정교분리가 원칙으로 자리 잡았기 때문입니다. 미국은 독립하면서 국가가 교회에 개입하지 않는 종교 자유를 선언하였습니다. 그런데 WCF 31:2은 위정자가 교회 회의 소집권을 주장하고 있습니다. 그리고 위정자가 하나님의 뜻에 반하는 결정을 할 때는 교회가 회의를 소집하여 대체 권력을 만들 것을 제언하기도 합니다.

대한민국의 교회는 정교분리 원칙을 준수하여야 합니다. 국가 권력에 과도하게 침묵하거나 칭송하는 것, 과도하게 자기 주장을 하는 것은 정교분리 원칙에 위배됩니다. 정교분리이지만 세상 속에 사는 그리스도인을 위해서 바른 역사의식을 세울 수 있도록 교육하며 협력하여야 합니다. 바른 역사의식이 중요합니다.

(1) 국가 생존권
(2) 생명 존종
(3) 법 준수

유럽 기독교와 미국 기독교는 국가 생존권이 아닌 국가 탐욕에 교회가 침묵하였다고 생각합니다. 필자는 전쟁에 항거한 기독 지식인은 보았지만, 식민지 정책에 항거하거나 회개한 양심인이 찾지 못하였습니다. 국가의 탐욕은 준-진리일지 모르겠습니다. 그러나 양심적인 그리스도인은 국가 탐욕에 대해서 정확하게 지적하며 선한 양심을 가질 수 있도록 해야 합니다. 대한민국 교회의 자녀는 대한민국 정부가 합리적이고 양심적인 국가 운용을 할 수 있도록 정치 활동을 전개하여야 합니다.

대한민국 정부가 장로교 총회에 총회를 소집할 권위를 제공하지 않는다는 것입니다. 그러나 교회 지도자는 국가 위정자가 국가 통치에 효율적인 혜안(慧眼)을 제공할 능력을 갖고 있어야 한다고 생각합니다.

3) WCF 31:3에서 총회와 공의회가 믿음에 관한 논쟁

양심에 관한 문제를 규정합니다. 그 결정은 최종 결정이며, 당회에서도 결정할 수 있습니다.

당회와 총회의 결정이 동일한 것이 바른 이해 구도이며, 총회의 결정과 다를 때 당회는 더욱 바른 이해를 추구하고, 자기를 교정하며 하나님의 말씀과 규례에 복종하여야 합니다.

양심에 관한 문제는 교리와 관계는 없지만, 동성애 등 윤리에 관한 규정은 민감한 시대적 사안입니다. 우리는 1938년 27회 총회에서 신사참배를 합당한 국가의식으로 결의하였습니다. 국가가 추구하는 의식이기 때문에 윤리적인 문제이기도 하지만, 우상숭배를 허용한 것으로 본다면 제2계명을 범하는 결의를 한 것입니다.

신사참배를 비윤리적 결정으로 보지 않고 하나님의 계명을 배도한 결의로 본다면, 어떤 변명을 허용할 수 없습니다. 우리는 일제강점기에 총회 결의를 철회하지 못하였고, 죄를 더하여 전쟁 무기 구매를 위한 헌납에 적극적으로 참여하였습니다.

한상동 목사를 중심으로 신사불참배 운동을 전개하기도 하였습니다. 주기철 목사는 신사참배를 인정하지 않아 노회에서 면직되었고, 불법으로 강점한 권위체에 의해서 감옥에서 죽음을 맞이하였습니다. 해방된 후 한국 교회가 신사 참배를 결의한 것을 철회하고 회개하였는데, 그 행위는 부당합니다. 그것은 일제강점기라는 규범이 대변환되었기 때문입니다. 또한, 법적 기관은 총회입니다. 총회가 그릇된 결정을 하면 수정할 주체가 없기 때문에, 총회는 매우 엄중한 의식을 가져야 합니다.

총회와 공의회는 비록 역사 안에 있는 일반 기관이지만, 하나님 말씀에 근거한 것으로 권위가 있습니다. 그러므로 회의 결정에 대해서 하나님의 규정으로 알고 존경과 복종으로 받아들여야 합니다.

4) WCF 31:4에서는 성경과 회의의 규정에 대한 이해입니다

WCF에서 사도 시대 이후의 총회와 공의회에 오류가 있다는 결정은 매우 큰 겸손과 주의를 요구하는 것입니다. 우리는 니케아 공의회(325년), 콘스탄티노플 공의회(381년), 에베소 공의회(431년), 칼케돈 공의회(451년)를 정통 교회의 바른 교리 결정으로 보고 있습니다. 그 네 공의회에서 결의한 것은 네 개의 내용이 아니라 두 개, "삼위일체와 그리스도 양성 교리"입니다. 두 교리가 기독교이며, 다른 교리 결정에 대해서는 유연성을 갖습니다.

부활절 날짜를 결정한 니케아 공의회에는 절대적 가치를 주지 않습니다. 그리고 에베소 공의회를 폐기하기 위한 에베소 회의(449년)는 도적회의로 규정하고 그 결정을 전부 폐기하기도 합니다. 그러나 칼케돈 공의회에서 회복하는 결의를 하여 정통신학을 확립하였습니다.

WCF는 사도시대 이래로 노회와 총회에서 행한 결의에 대해서 오류에 대한 가능성을 지적하였습니다. 비록 사도이지만 실수에 대해서는 규칙이나 모범으로 여겨서는 안 됩니다. 예를 들면 사도 베드로께서 안디옥 식탁에서 행한 오류에 대해서 사도 바울에게 책망을 받는 모습에서 볼 수 있습니다. 사도 베드로는 바울의 책망을 겸손하게 수용하여 교회에 바른 믿음 이해가 정착되도록 하였습니다(갈 2장).

그릇된 회의의 결정을 믿음의 법칙과 생활의 원리가 아닌 도움의 역할을 합니다. WCF는 법칙과 원리가 아니라, 법칙과 원리를 추구함에 도움을 주는 역할을 합니다. 그런데 신앙고백서가 기독교 교리(삼위일체, 그리스도 양성 교리)를 수정할 수 없습니다. 신앙고백서는 기독교 교리를 확립하고 부흥시키려는 개혁입니다.

5) 교회 회의의 한계

WCF 31:5에 교회 회의의 한계에 대해서 언급합니다. 즉, 교회 회의에서는 국가와 사회 문제에 관한 간섭을 할 수 없다는 것입니다. 부득불 해야 한다면 겸손하게 청원을 받아 진행하는 방법을 취합니다. 또한, 위정자의 요구가 있을 때는 양심에 의해 충고할 수도 있습니다. '양심의 만족'이란 표현이 쉽지 않습니다.

우리는 앞에서 국가의 탐욕이라는 표현을 사용하였습니다. 교회의 사역자는 국가의 탐욕에 동조할 수는 없지만, 정당한 학문과 법리를 해석하여 바른 국정 방향을 제언할 수 있어야 합니다.

제32장

사람의 사후 상태와 죽은 자의 부활에 대하여

(CHAPTER XXXII. Of the State of Men after Death and the Resurrection of the Dead)

1. 사람의 몸은 죽은 후에 먼지로 돌아가 썩어버린다(창 3:19; 행 13:36). 그러나 그들의 영혼은 (죽거나 자는 것이 아니라) 죽지 않는 실체를 가지고 있으므로, 죽은 후에 곧 그것을 주신 하나님께로 즉시 돌아간다(눅 23:43; 전 12:7). 의인의 영혼은 완전히 거룩하게 되어 지극히 높은 하늘에 영접되어 그곳에서 그들의 몸이 완전히 구속되기를 기다리는 가운데, 빛과 영광 중에 하나님의 얼굴을 본다(히 12:23; 고후 5:1,6,8; 빌 1:23; 행 3:21; 엡 4:10). 악한 자의 영혼은 지옥에 떨어져 고통과 가장 짙은 흑암에서 마지막 심판의 날까지 갇혀 있다(눅 16:23-24; 행 1:25; 유 1:6-7; 벧전 3:19). 성경은 그들의 몸에서 분리된 영혼에 대해서 두 장소 외에 어느 것도 인정하지 않는다.

I. The bodies of men, after death, return to dust and see corruption; but their souls (which neither die nor sleep) having an immortal subsistence, immediately return to God who gave them: the souls of the righteous, being then made perfect in holiness, are received into the highest heavens, where they behold the face of God, in light and glory, waiting for the full redemption of their bodies. And the souls of the wicked are cast into hell, where they remain in torments and utter darkness, reserved to the judgment of the great day. Beside these two places, for souls separated from their bodies, the Scripture acknowledgeth none.

2. 마지막 날에 살아 있는 상태로 [그 날을] 맞이하는 사람은 죽지 않고 변화될 것이다(살전 4:17; 고전 15:51-52). 모든 죽은 자들은 비록 다른 상태이지만, 동일한 몸이고 이전과 다른 상태로 영혼과 연합하여 영원히 살도록 부활할 것이다(욥 19:26-27; 고전 15:42-44).

II. At the last day, such as are found alive shall not die, but be changed: and all the dead shall be raised up, with the selfsame bodies and none other, although with different qualities, which shall be united again to their souls for ever.

3. 불의한 자들의 몸은 그리스도의 권능으로 말미암아 불명예스럽게 부활한다. 의로운 자들의 몸은 그리스도의 영으로 말미암아 영광을 얻기 위해 [부활하는데], 그리스도께서 가지신 영광스러운 몸을 닮게 된다(행 24:15; 요 5:28-29; 고전 15:43; 빌 3:21).

III. The bodies of the unjust shall, by the power of Christ, be raised to dishonour; the bodies of the just, by His Spirit, unto honour; and be made conformable to His own glorious body.

1. 사후(死後)와 부활(復活)

기독교 안에는 사람의 죽음에 대한 이해에 관해서 차이가 있습니다. WCF에서도 신자의 죽음에 대해서 사후 상태와 죽음에서 부활에 대해서 고백하여, 바른 믿음의 내용을 명확하게 제시합니다. 이것은 로마 가톨릭주의와 명백한 차이를 드러내는 고백 중 하나입니다.

1) 죽음과 동시에 영혼은 하나님께로. 사람은 육체와 영혼으로 구성되어 있습니다

사람이 이 땅에서 죽으면, 육체는 땅으로 돌아가게 썩게 되지만, 영혼은 불멸적인 구조이기 때문에 죽거나 잠들지 않고 하나님께 바로 돌아갑니다(return)[1]. WCF에서 '돌아간다'(return)이란 표현을 사용하였는데, 기독교 사고가 없는 우리 사회도 동일하게 표현하고 있었습니다. 그래서 우리는 천국을 '본향'(本鄕)이라고 표현한 것이 낯설지 않았습니다.

의인의 영혼은 죽음과 함께 즉각 영화되어 하나님의 얼굴의 빛과 영광에서, 몸의 완전한 구속을 기다립니다. 악인의 영혼은 지옥에 던져져 마지막 날의 심판을 기다립니다(대요리 86문). WCF는 성경의 가르침이 죽은 영혼이 갈 곳은 두 장소밖에 없다고 규정합니다.

이는 로마 가톨릭주의에 있는 '림보'(Limbo)와 '연옥'(煉獄, purgatory)을 가르치는 것이 비성경적인 것이기 때문에 WCF에서 명확하게 거부하는 것입니다.

림보는 선조림보(Limbus Patrum)와 유아림보(Limbus Infantum)로 나누어 선한 불신자나 유아 사망에 대한 이해 가능한 수단이고, 연옥도 믿지만 부족한 믿음이 있는 사람들이 연단을 통해서 천국으로 갈 수 있다는 발상입니다. 천주교는 2007년에 유아림보를 800년간 유지하던 교리를 폐지하였

---

[1] 사람이 죽음과 동시에 하나님께로 가기 때문에 장례의 일정이 큰 의미가 없다. 예수님 당시에는 죽은 날 바로 장사(葬事)를 지냈다. 우리의 일상은 3일 장례를 하며, 위인의 장례에는 위력에 따라서 기간을 다르게도 한다. 우리가 3일 장례에도 입관(入官), 발인(發靷), 하관(下官)등을 기본 의식을 갖고 있다. 그것은 죽음에 대한 애도(哀悼)의 표현이지 합당한 체계라고 할 수 없다. 우리는 장례예식에서 예배라는 어휘를 사용하지 않아야 한다. 그것은 예배 행위가 아니기 때문이며, 죽은 자는 이미 영혼이 결정되었기 때문이다. 그럼에도 장례의식을 집행하는 것은 우리의 생활의식을 바로 거부하지 않은 것이며, 슬픔을 애도하는 방식을 존중하는 것이다.

습니다. 사후 상태에서 변동이 가능한 교리는 백성을 혼미하게 하며, 경제적 착취의 수단이 됩니다. 사후 상태에 진혼(鎭魂)이나 상태 변경을 거부하는 종교는 기독교 중에서도 개혁파들이 견지합니다. 우리 개신교 진영에서도 가끔 사후 영혼의 기복(祈福), 진혼, 왕생(往生)을 허용하는 경우가 있는 데 상상할 수 없는 일입니다.

2) 몸의 부활(selfsame bodies)

마지막 날, 주님께서 다시 오시는 그 날에 살아 있는 자들은 죽지 않고 변화되는 지체가 될 것입니다. 죽음을 보지 않고 천국에 간 에녹과 엘리야와 달리 주의 영광 중에 몸의 부활을 이룹니다.

그리고 부활한 몸은 이 땅의 몸과 비교할 수 없는 전혀 다른 질적인 상태입니다. 그러나 WCF는 동일한 몸을 강조합니다. 기독교의 독특성은 '몸의 부활'입니다. 단순히 영혼의 영생이 아니라, 동일한 몸의 부활을 고백합니다. 몸의 부활과 영생은 매우 독특한 기독교 교리입니다. 몸의 부활은 기쁨과 생명력을 영원히 향유하는 것입니다.

그런데 부활의 몸은 현세의 몸의 상태와 다릅니다. 마지막 날에 부활한 몸은 더 이상 영혼과 분리 없이 영원토록 연합된 상태입니다(고전 15:42-44). 부활한 몸은 다른 상태로 변화되지 않을 영원한 몸이기도 합니다.

3) 불의한 자와 의로운 자의 부활(죄인과 의인)[2]

불의한 자는 그리스도의 능력으로 불명예스럽게 부활됩니다. 의로운 자는 그리스도의 영에 의해서 명예롭게 부활됩니다. 의인의 부활은 그리스도의 영광스러운 몸과 비슷한 몸입니다. WCF는 '그리스도의 권능'과 '그리스도의 영'으로 악인과 의인의 부활 근거를 구별시켜 놓았습니다. 그러나 그리스도로 말미암아 모두 부활합니다. 심판의 부활로 생명의 부활로 나뉩니다.

참고로 WCF에는 천년기의 내용이 없이 마지막 날에 바로 악인과 의인의 부활로 귀결합니다. 개혁파의 종말론은 천년기(전천년, 후천년)가 없습니다. 그럼에도 청교도주의자들은 후천년을 지지하였고, 세대주의자들은 전천년론기를 지지하였습니다. 후천년기의 맹점은 교회가 이 땅에 완전한 그리스도의 나라를 세울 수 있다는 발상입니다.

우리나라에서는 세대주의적 천년기가 아닌 역사적 천년기를 바른 체계로 지지하는 경향이 많습니다. 분명한 것은 WCF에 천년기에 대한 고백은 없습니다.

---

[2] 의와 불의, 선과 악의 차이. 의(義)에는 반대어가 없고 부정형을 조합해서 반대어가 있고, 선(善)과 악(惡)은 반대어이다. 영어도 유사하다(just and unjust, good and evil). 의인과 불의인, 선인과 악인으로 번역해야 좀 더 정확할 것 같다. 의인은 죄인과 악인으로 대립되는데, 우리는 통상 죄인으로 사용한다.

제33장

최후 심판에 대하여
(CHAPTER XXXIII Of the Last Judgment)

1. 하나님께서 예수 그리스도로 말미암아 의로써 세상을 심판하실 한 날을 정하셨는데(행 17:31), 성부께서 그에게 모든 권세와 심판을 맡기셨다(요 5:27). 그 날에 반역한 천사가 심판을 받을 뿐만 아니라(고전 6:3; 유 1:6; 벧후 2:4), 이 세상에 살았던 모든 사람이 그리스도의 심판대 앞에 서서, 자기들의 생각과 언어와 행동들을 진술하여, 자기들의 몸으로 선이나 악을 행함을 따라서 [심판을] 받을 것이다(고후 5:10; 전 12:14; 롬 2:16; 14:10, 12; 마 12:36-37).

I. God hath appointed a day, wherein He will judge the world in righteousness, by Jesus Christ, to whom all power and judgment is given of the Father. In which day, not only the apostate angels shall be judged, but likewise all persons that have lived upon earth shall appear before the tribunal of Christ, to give an account of their thoughts, words, and deeds; and to receive according to what they have done in the body, whether good or evil.

2. 하나님께서 이날을 정하신 목적은 택자의 영원한 구원에서, 그의 자비로운 영광을 현시하시며, 악하고 불순종하는 유기자들을 정죄에서 그의 공의를 [현시하기] 위함이다. 그때 의인은 영생에 들어가 주의 존전에서 오는 충만한 기쁨과 재생을 받게 되지만, 하나님을 알지 않고 예수 그리스도의 복음을 순종하지 않은 악인은 영원한 고통에 던짐을 받아 주의 존

전에서 영광과 권능으로부터 오는 영원한 파멸의 징벌을 받을 것이다(마 25:31-46; 롬 2:5-6;9: 22-23; 마 25:21; 행 3:19; 살후 1:7-10).

II. The end of God's appointing this day is for the manifestation of the glory of His mercy, in the eternal salvation of the elect; and of His justice, in the damnation of the reprobate who are wicked and disobedient. For then shall the righteous go into everlasting life, and receive that fulness of joy and refreshing, which shall come from the presence of the Lord: but the wicked, who know not God, and obey not the Gospel of Jesus Christ, shall be cast into eternal torments, and be punished with everlasting destruction from the presence of the Lord, and from the glory of His power.

3. 그리스도께서 심판의 날이 반드시 올 것을 우리에게 확실하게 [가르쳐] 주셨다. 이는 택자나 유기자 모두가 죄에서 멀어지도록 하는 것이고, 역경에 처한 경건한 자들에게 더 큰 위로를 주시기 위함이다(벧후 3:11,14; 고후 5:10-11; 살후 1:5-7; 눅 21:7,28; 롬 8:23-25). 그런데 그리스도께서는 그날을 모든 사람이 알지 못하게 하셨는데, 그들이 육적 안전을 취하지 않게 하신 것이다. [경건한 자들은] 주께서 언제 오실지 모르지만, 항상 준비된 상태에서 고백한다.

"주 예수여, 속히 오소서, 아멘"(마 24:36, 42-44; 막 13:35-37; 눅 12:35-36; 계 22:20).

III. As Christ would have us to be certainly persuaded that there shall be a day of judgment, both to deter all men from sin, and for the greater consolation of the godly in their adversity; so will He have that day unknown to men, that they may shake off all carnal security, and be always watchful, because they know not at what hour the Lord will come; and may be ever prepared to say, Come, Lord Jesus, come quickly Amen.

1. 최후 심판(最後審判)

　　WCF는 33장까지를 1643년에 회집하여 1647년에 제정하였습니다. 1647년 스코틀랜드 교회가 이 신앙고백을 채택하였고, 그 외 미국과 영국의 여러 장로교파가 약간 수정하여 채택하였습니다. 1903년 미국 장로교회가 웨스트민스터 신앙고백에 제34장 "성령에 관하여"와 제35장 "하나님의 사랑의 복음과 선교에 관하여"를 첨가하여 수정하였습니다. 한국에서는 1647년의 신앙고백서를 고백하는 교단은 합동(1971년), 합신, 대신이고, 수정된 본문은 고신(1972년), 더 수정한 본문은 통합(1986년), 새로운 표준문서를 작성하고 웨스트민스터신앙고백서를 인증하는 형태로 기장(1976년)은 취하고 있습니다.

1) 하나님의 날: 심판 주 예수 그리스도(1절)

　　예수 그리스도는 하나님께서 지정하신 날에, 아버지께서 주신 권능과 판단으로 세상을 심판하실 의로운 재판장입니다. 그 날에는 반역한 천사들과 사람들이 심판주이신 그리스도의 법정에서 자기의 생각과 언어와 행위대로 자기 진술에 대해서 보응(報應)을 받게 될 것입니다. 자기의 죄를 스스로 고백하는 모습은 너무나 참담합니다. 자기 죄를 담당하는 검사(檢事)가 자기의 입이 됩니다.

　　그러므로 결코 죄를 핑계할 수 없습니다. 그런데도 확실한 변호자, 땅에서는 위로자였던 주 예수 그리스도께서 택자 앞에 있습니다. 이미 심판 주께서 변호하신다고 약속을 주신 것입니다.

　　성자 하나님, 예수 그리스도는 창조주, 구속주, 심판주이십니다. 하나님의 날, 종말에는 믿는 자를 보기 힘든 혼돈의 시대이기에 후천년설은 현재 자리가 없습니다. 전천년기에 대해서 한국 교회가 합의하지 못한 상태입니다. 그러나 WCF에서 심판은 "그 한 날, 오직 한 번"으로 고백하고 있습니다.

반역한 천사에게 징벌이 내려짐으로 더 이상 효력을 발휘할 수 없습니다. 그래서 최후 심판 뒤에 있는 영생에는 시험이 존재하지 않습니다.

2) 하나님께서 날을 지정하신 목적

영생과 영벌(2절). 하나님께서 정하신 마지막 날은 택자에게 영원한 구원과 영광을 현시하며, 악하고 불순종한 사람, 유기된 자에게는 공의를 현시합니다. 그러나 하나님께서 그 날과 때를 알려주시지 않았습니다. 의인에게 영생의 충만한 기쁨과 생명이 있는 날을 가르쳐 주시면 좋을 것인데 그렇게 하지 않으셨습니다.

그리고 악인에게 가르쳐 주시면 속히 회개하고 돌이킬 것인데 그렇게 하지 않으셨습니다. 상당히 역설적인 가르침입니다. 의인은 알지 못하지만, 현세의 고통에서 영생의 기쁨과 생명을 기뻐하며 기다리지만, 악인은 알지 못하기 때문에 현세의 쾌락에서 영원한 고통을 부정하며 심판 주 이름을 모욕하고 조롱합니다.

하나님께서 지정하신 마지막 날의 심판은 주의 영광과 공의가 실현되는 날입니다. 의인에게는 영생으로, 악인에게는 영벌이 내려집니다. 그날에는 의인과 악인이 충만한 기쁨과 영원한 고통으로 명확하게 구별됩니다. 악인은 주께서 공의로 임하셔서 영원한 파멸의 징벌을 받게 됩니다.

마지막 날이 마지막 날이 되는 구도가 WCF의 구도입니다. 마지막 날은 주께서 오시는 재림입니다. 그런데 전천년주의(Premillennialism)는 주의 재림 후에 천년이 전개되기 때문에 주의 재림의 위력이 없어지는 폐단을 갖고 있습니다.

3) 하나님의 날은 악(惡)의 중단과 신자의 위로(3절)

그리스도께서 우리에게 주신 확실한 가르침은 심판의 날이 온다는 것입니다. 이 날은 모든 악과 죄가 사라지는 것과 신자에게 세상 환난에서 큰 위로를 주시는 것입니다. 경건한 자는 재림 전에 육욕(肉慾)을 떨쳐버리고 그리스도께서 다시 오실 때까지 항상 경계하며 영적전투를 진행합니다. 불의한 자들은 아직 오시지 않은 심판 주로 말미암아 하나님을 모욕하며 악을 더합니다.

그러나 택자는 죄가 관영한 세상에서 거룩한 삶으로 죄를 억제하며, 자기 몸과 영혼을 지키며 세상의 안녕을 추구하지 않습니다. 아무리 죄가 관영하여도 거룩한 자는 거룩을 유지합니다. 사도 베드로는 소돔에서 구원된 롯을 지목하였습니다(벧후 2:6-8). 롯과 그의 딸들의 패악을 알고 있지만(창 19장), 사도 베드로는 소돔과 고모라에서 경건을 유지하였다고 말씀하였습니다. 거룩한 백성이 패악한 땅에서 사는 괴로움을 표현한 말씀입니다.

경건한 자들은 주님께서 언제 오실지 모르지만, 항상 준비하고 있습니다. 우리는 준비를 복음 전파로 규정하였습니다. 우리는 요한계시록의 메시지를 고난에 처한 성도들에게 주께서 주신 위로와 함께 복음 전파를 독려하는 것으로 이해하였습니다. 주께서 다시 오심을 준비하는 경건한 자들은 현세의 고난에서 고백하는 말은 "주 예수여 속히 오소서"라고 고백합니다. 죄악이 관영한 땅에서 주의 백성은 주께서 택하신 백성을 구원하기 위해서 복음을 전도합니다.

주께서 택하신 백성의 총수가 충족될 때가 주께서 다시 오실 날입니다. 주 예수께서 다시 오시는 그 날에 경건한 자는 이 땅의 모든 수고를 쉴 것이며, 성도의 신원(伸冤)이 성취되는 승리의 날이며, 영생의 충만한 기쁨과 영광이 넘치는 날입니다. 그 날이 오기 전까지 성도는 쉴 수 없이 준비합니다. 그리고 고백합니다. 마라나타(Maranatha),

"주 예수여 속히 오소서, 아멘"

나가는 말

우리는 웨스트민스터 신앙고백서 문장을 간략하게 살펴보았습니다. 한국 장로교회의 개혁은 끊임없이 주창되고 있습니다. 개혁은 신학 내용이 아닌 틀을 바꾸는 것입니다. 우리의 신학 내용은 정통신학에서 결정되어 있습니다.

기독교는 1세기 예루살렘 교회와 3-5세기 교부들에 의해서 체계화된 가치입니다. 5세기부터 성경 가르침에서 이탈되는 행태로 교회가 부패되었습니다. 교회가 교부들의 가르침에서 이탈한 것이며, 사도들의 가르침에서 이탈한 것입니다. 그것을 바로 잡아 회복할 기틀은 16세기 루터와 칼빈의 개혁을 통해 세워졌습니다.

17-18세기 종교개혁 후 개신교 진영이 루터와 칼빈의 가르침을 잘 계승했는지에 대한 논쟁이 있습니다. 우리는 그 논쟁에 들어가려고 하지 않습니다. 장로교회는 WCF와 대, 소요리 문답을 표준문서로 채택하고 있고, 네덜란드 개혁파는 세 일치 신조를 표준문서로 채택하고 있다는 것을 분명하게 세우는 것입니다. 장로교회와 개혁파는 동일한 원류인 칼빈 신학을 근거하고 있습니다.

종교개혁 후 그리스도인은 자기 표준문서를 밝힐 수 있어야 합니다. 성경이 자기 표준이라고 말하는 것은 정답인 것처럼 보이지만 실재는 독단입니다. 우리 표준문서로 하는 믿음 생활이 성경적이라는 함축적 의미이고 전제적인 의미입니다. 그 전제를 빼고 성경을 표준으로 하는 것은 독단입니다.

그리스도인은 역사의 한 산물이기 때문에, 그 역사를 부정하는 것은 신앙인을 떠나 인간적이지 않습니다.

대한민국에 살면서 대한민국을 부정할 수 있겠지만, 그 사람은 감옥이나 국외로 망명을 가야 정당합니다. 공동체를 부정하는 세력이 공동체 안에서 권력을 획득하는 것을 체제 전복(顚覆)이라고 합니다. 그리스도인은 기본적으로 체제 전복을 인정하지 않습니다. 체제를 유지하기 위해서 퇴출을 강제하지도 않습니다. 조용히 자기 믿음을 고백하면서 믿음의 정진과 은혜의 확산을 추구할 뿐입니다.

표준문서는 명확한 신앙문서이기 때문에 사변적일 수 있습니다. 믿음 체계는 하나님의 선물이기 때문에 인간 사변으로 체계화할 수 없습니다. 그런데도 교회는 긴박한 상황에서 사상 체계를 갖춘 신앙고백서를 양산하였습니다. 그 신앙문서를 자기 문서로 고백하는 것은 겸손한 자세를 요구합니다.

칼빈파는 끊임없는 연합을 추구합니다. 스위스는 스위스 신앙고백서를 작성한 불링거의 문서에 칼빈이 서명하여 연합을 이루었습니다. 네덜란드 개혁파는 하이델베르크 요리문답을 표준문서로 채택하였습니다.

WCF는 스코틀랜드 언약도들이 잉글랜드 개혁파와 아일랜드 개혁파와 연합하여 한 믿음 고백으로 한 교회를 이루려고 노력한 것입니다. 그런데도 개혁파들은 배척되었고 영향력을 상실하였습니다.

그러나 진리는 사라지지 않고 아골골짜기 교회들이 바른 믿음 체계로 교회를 이루고 있습니다. 진리의 불이 도시에서 빛나는 것이 아니라 산등성이에서 빛나고 있습니다. 그 빛을 어둠이 잠재울 수 없습니다. 하나님의 일은 사람의 많음에 있지 않습니다. 그리스도인은 고난이 문제가 아니라, 자기 입에서 하나님을 부정하는 일이 발생할 것을 두려워합니다. 자기 믿음을 체계화하여 만민에게 공포하는 일을 부끄러워하지 않습니다.

한국 교회는 500년 전에 작성한 문서를 표준문서로 채택하고 있습니다. 한국 교회 위상으로 합당한 장로교회 표준문서를 작성할 수 있어야 합니다. 그것이 개혁의 첫걸음일 것입니다. 표준이 없으면 시비할 근거가 없습니다. 장로교회가 부패되었다고 주장할 때, 근거가 자기 주관에 있다면 동일한 부류와 흐름에 있는 것입니다. 현재 부패 된 조류에서 개혁한다면 자기 위치를 분명하게 밝혀야 합니다.

우리의 작업은 교회의 직분자들이 자기가 서약하는 문서를 이해하는 훈련을 기본으로 하였습니다. WCF의 내용은 성도가 숙지하여 목사가 편중되게 설교할 때, 부족한 내용을 포함하라고 요구할 수 있는 신앙문서입니다.

더 거대한 포부로는 한국 장로교회의 합당한 문서 작성을 위한 기본 작업이 기존한 표준문서를 정확하게 이해하는 것입니다. 더욱 성경에 부합한 표준문서, 한국 교회와 세계 교회에 부합한 표준문서를 한국장로교회가 작성한다면 주 앞과 모든 이 앞에서 상 받을 일이 될 것입니다.

구원을 주신 주 하나님께 영광을

주 하나님의 피로 사신 교회의 덕을

주의 모든 형제자매의 연합의 아름다움을

이 땅에 창조에의 충만과 번성을 위해서

아멘.